Introduction to Service Science
Innovation by Mathematical Modeling and Data Analysis

サービスサイエンス ことはじめ

数理モデルとデータ分析による イノベーション

高木 英明 編著
Edited by Hideaki TAKAGI

筑波大学出版会

Introduction to Service Science
Innovation by Mathematical Modeling and Data Analysis

Edited by Hideaki TAKAGI

University of Tsukuba Press, Tsukuba, Japan
Copyright © 2014 by Hideaki TAKAGI

はじめに

　サービス産業におけるイノベーションに科学的・工学的手法で貢献する学際分野として「サービスサイエンス」が 10 年ほど前にアメリカで提唱され，我が国でも政府・産業界により推進されて以来，種々の分野からのアプローチが試みられているが，その中で，数理的アプローチはあまり有用・有望と認識されていない嫌いがある．その理由の 1 つとして，数理的アプローチの研究者が，オペレーションズ・リサーチなどの理論研究に専念する一方で，それらの分かりやすい説明や現実社会の課題への応用には必ずしも積極的ではなかったことが挙げられる．しかしながら，「こと」が起こる仕組みを人工的に創造して産業の振興や生活の質の向上を図る「サービス」においては，論理に基づく数理的アプローチが極めて有効である．情報科学・統計科学・数理科学を融合したサービスシステムの分析と設計の研究・教育・実践・人材育成は，「社会経済のサービス化」が進行する我が国において，もっと多くの活動がなされるべき分野であり，本書の刊行は，この目的に資することに挑戦するものである．

　本書は，サービス産業分野における堅実なイノベーションをもたらす数理的アプローチを紹介するとともに，サービスの価値評価の基礎となる顧客・従業員満足の計測と分析に係る統計的手法を，具体的な数値例とともに解説する．数学，コンピュータ，経営学などの体系的専門知識がハードスキルと言われるのに対して，創造力，問題解決能力，説明力，対話力，交渉力などはソフトスキルと呼ばれる．複雑なサービスシステムにおけるイノベーションの達成には，ハードスキルとソフトスキルを兼ね備えた人材が必要である．『論語』為政第二に

　　　学びて思わざれば即ち罔(くら)し，思いて学ばざれば即ち殆(あやう)し

とある．これをサービス・イノベーションの文脈で解釈すれば，数学・コンピュータ・経営学などの知識を本や e-learning による自習や教室の座学で学んでも，個々のサービス現場に適用できなければ分かったことにはならない．一方，確固たる科学知識に欠ける文系 MBA の経験と勘と度胸 (KKD) または愛嬌 (KKA) だけでは，サービス・イノベーションは無理ということである．本書がハードスキルとソフトスキルの橋渡しの一助となることを祈念する．

は じ め に

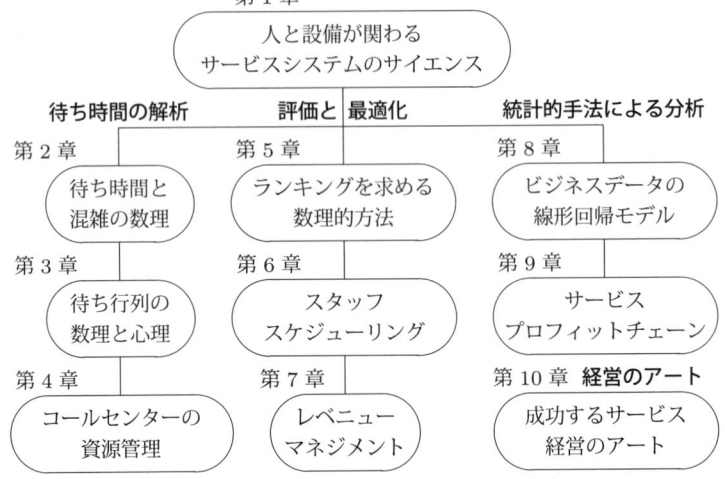

　本書の構成を上図に示す．本書では①待ち時間の解析，②評価と最適化，および③統計的手法による分析に関して，基礎理論と応用例の丁寧な説明を示す．各章は独立に読むことができる．読者に想定する予備知識は，大学1年次程度の微分積分，線形代数，および確率統計である．第10章は数学的内容ではないが，成功するサービス経営の処方箋として，ぜひ読んで欲しい．

　本書の執筆者は，筑波大学システム情報系社会工学域の教員を中心として依頼した．原稿のすべてに編者が目を通し，全体にわたる統一性と，個別の記述における正確さと分かりやすさの観点から多くの修正・増補を行ったが，最終段階で適当な価格での出版を可能にするために紙数を大幅に削減した．著者の先生方には，多忙な教育研究の傍ら，草稿から最終原稿の完成に至るまで，編者の無理な注文に我慢強く対応していただいたことに深く感謝する．また，吉瀬章子教授には，本書の構想と執筆者の選定に関する助言に感謝する．末筆ながら，筑波大学出版会編集長の伊藤純郎教授，匿名の査読委員，および事務局の安田百合さんには出版に至るまで大変お世話になり，お礼申し上げます．

2013年11月　高木英明（編者）

目　次

はじめに

略語一覧

記号一覧

第1章　人と設備が関わるサービスシステムのサイエンス
　　　　（高木英明）

　1.1　サービスサイエンスの発端 …………………………………………　1
　1.2　人と設備が関わるサービスシステム …………………………………　5
　1.3　待ち時間の心理 …………………………………………………………　8
　1.4　サービスシステムの定量的マネジメント …………………………… 12
　1.5　サービス・イノベーションへの数理的アプローチ ………………… 13
　Column　サービスの特徴今昔 …………………………………………… 15
　参考文献 ……………………………………………………………………… 16

第2章　待ち時間と混雑の数理（高木英明）

　2.1　はじめに ………………………………………………………………… 19
　2.2　人を待つ ………………………………………………………………… 20
　2.3　バスを待つ ……………………………………………………………… 22
　　　2.3.1　指数分布の無記憶性 ……………………………………………… 23
　　　2.3.2　待ち時間のパラドックス ………………………………………… 25
　　　2.3.3　寺田寅彦が観測した電車の到着間隔 …………………………… 27

目次

- 2.4 Little の定理 ··· 29
  - 2.4.1 簡単な証明 ····································· 30
  - 2.4.2 有限時間におけるシステム内客数の標本経路 ········ 35
  - 2.4.3 様々なシステムへの応用例 ······················· 39
- 参考文献 ··· 47

第3章 待ち行列の数理と心理 (高木英明)

- 3.1 はじめに ··· 49
- Column 待ち行列理論の2人の始祖 ························· 50
- 3.2 客の到着過程とサービス時間 ··························· 51
  - 3.2.1 Poisson 到着過程 ······························· 51
  - 3.2.2 指数分布に従うサービス時間 ····················· 53
  - 3.2.3 指数分布の和 ··································· 53
- 3.3 M/M/1 待ち行列 ······································ 55
  - 3.3.1 システム内客数の確率分布 ······················· 55
  - 3.3.2 混み具合の指標 ································· 58
  - 3.3.3 待ち時間の確率分布 ····························· 61
- 3.4 M/M/m 待ち行列 ···································· 63
  - 3.4.1 システム内客数の確率分布 ······················· 63
  - 3.4.2 混み具合の指標 ································· 65
  - 3.4.3 待ち時間の確率分布 ····························· 68
  - 3.4.4 サーバ増員の効果 ······························· 71
- 3.5 規模の経済：大きいことはいいことか ··················· 73
  - 3.5.1 分散待ち行列と集中待ち行列 ····················· 73
  - 3.5.2 分散待ち行列の短所と長所 ······················· 76
- 3.6 フォーク並び待ち行列 ································· 78
  - 3.6.1 フォーク並び待ち行列の長所と短所 ··············· 79
  - 3.6.2 分散，集中，フォーク並び待ち行列の性能比較 ····· 81
  - 3.6.3 先着順サービスが保証される分散待ち行列 ········· 83

3.7	サービス規律の影響		84
	3.7.1 最短順サービスは平均待ち時間が最小		84
	3.7.2 先着順サービスは待ち時間の分散が最小		88
3.8	客に優先順位がある待ち行列		92
3.9	おわりに		96
Column 行列名人の勘違い			98
参考文献			98

第4章　コールセンターの資源管理（菱沼千明・高木英明）

4.1	はじめに		101
4.2	コールセンターの評価指標		104
	4.2.1 着信コールの処理		104
	4.2.2 重要業績指標		105
	4.2.3 サービス品質を表す指標		106
	4.2.4 応答率かサービスレベルか		108
	4.2.5 生産性を表す指標		110
	4.2.6 収益性を表す指標		111
	4.2.7 目標指標値の設定		111
	4.2.8 品質・生産性・収益性のバランス		112
4.3	コールセンターの数理モデル		112
	4.3.1 待ち行列モデルの諸元		113
	4.3.2 3つの数理モデル		116
	4.3.3 待合せ放棄のない無限呼源モデル $M/M/s$		118
	4.3.4 待合せ放棄のある無限呼源モデル $M/M/s/(s+m)$		119
	4.3.5 待合せ放棄のある有限呼源モデル $M(n)/M/s/(s+m)$		121
	4.3.6 3つのモデルの数値比較		122
	4.3.7 後処理と再呼の取り扱い		125
	4.3.8 実測データと理論値		127
4.4	ワークフォース・マネジメント		128
	4.4.1 コールセンターにおける勤務スケジューリング		128

		4.4.2 スケジューリングのステップ ·································	130

         4.4.2 スケジューリングのステップ ································· 130
         4.4.3 スケジュール作成は大規模組合せ問題 ················· 131
  4.5 おわりに ··· 133
  付録：待合せ放棄のある無限呼源モデル M/M/s（無限待合室） ········ 134
  参考文献 ··· 135

第5章　ランキングを求める数理的方法（関谷和之・高木英明）

  5.1 はじめに ··· 137
  5.2 Analytic Hierarchy Process (AHP) ··· 138
         5.2.1 2つの観点に対する感覚を数値化する ················· 138
         5.2.2 3つの学科名候補に対する感覚を数値化する ················· 142
         5.2.3 複数の選好度を総合化する ··································· 144
         5.2.4 感度分析を用いた再検討 ······································· 145
         5.2.5 一対比較行列の整合性 ·· 146
         5.2.6 超行列と階層構造 ·· 150
         5.2.7 幾何平均法 ·· 153
  5.3 Analytic Network Process (ANP) ··· 157
         5.3.1 ANP の手順 ·· 157
         5.3.2 超行列とフィードバック構造 ································· 159
         5.3.3 ANP による総合評価値の特徴 ································· 161
         5.3.4 幾何平均法の難点 ·· 165
  5.4 Perron-Frobenius の定理 ·· 166
         5.4.1 Frobenius の標準形 ··· 166
         5.4.2 Perron の定理 ··· 167
         5.4.3 Frobenius の定理 ·· 168
         5.4.4 可約な非負行列に対する Frobenius の定理 ················· 169
         5.4.5 Frobenius の Min-Max 定理 ······································· 172
  5.5 おわりに ··· 175
  参考文献 ··· 176

第 6 章　スタッフ・スケジューリング（繁野麻衣子・池上敦子）

- 6.1 高い質のサービスのためのスタッフ・スケジューリング ………… 177
- 6.2 スケジュール構成の特徴に基づく分類 ……………………………… 181
  - 6.2.1 スケジュールの割当方法 ……………………………………… 182
  - 6.2.2 スケジュール対象期間 ………………………………………… 187
  - 6.2.3 周期的スケジュール …………………………………………… 188
  - 6.2.4 チームのスキル混成に対する考慮 …………………………… 192
- 6.3 スタッフ・スケジューリングの数理モデル作成 …………………… 192
  - 6.3.1 シフト制約条件とスタッフ制約条件 ………………………… 192
  - 6.3.2 要素の割り当てを表す変数 …………………………………… 194
  - 6.3.3 シフト制約条件を表す不等式 ………………………………… 195
  - 6.3.4 スタッフ制約条件を表す不等式 ……………………………… 197
  - 6.3.5 最適スケジュール ……………………………………………… 198
- 6.4 スタッフ・スケジューリングの具体例 ……………………………… 200
  - 6.4.1 病棟看護師スケジューリング ………………………………… 200
  - 6.4.2 訪問介護士スケジューリング ………………………………… 204
- 6.5 おわりに ………………………………………………………………… 208
- Column　スタッフ・スケジューリングに関する言葉 ……………………… 209
- 参考文献 …………………………………………………………………………… 209

第 7 章　レベニューマネジメント（増田靖・高木英明）

- 7.1 はじめに ………………………………………………………………… 211
- 7.2 2 クラスのレベニューマネジメント ………………………………… 212
  - 7.2.1 Littlewood の問題 …………………………………………… 213
  - 7.2.2 最適プロテクションレベルの性質 …………………………… 216
- Column　新聞売り子問題 ………………………………………………………… 218
- 7.3 多クラス・多期間の静的モデル ……………………………………… 219
  - 7.3.1 動的計画法による定式化 ……………………………………… 220
  - 7.3.2 限界座席価値の単調性 ………………………………………… 221

7.3.3　最適方策のプロテクションレベル ……………………………… 222
　　　7.3.4　数値例 …………………………………………………………… 224
　　　7.3.5　近似解法 ………………………………………………………… 225
　7.4　多クラス・多期間の動的モデル ………………………………………… 227
　　　7.4.1　動的計画法による定式化 ……………………………………… 228
　　　7.4.2　数値例 …………………………………………………………… 229
　7.5　離散的購買選択モデル …………………………………………………… 231
　　　7.5.1　動的計画法による定式化 ……………………………………… 231
　　　7.5.2　数値例 …………………………………………………………… 233
　7.6　オーバーブッキング ……………………………………………………… 235
　　　7.6.1　ノーショウとキャンセルの取り扱い ………………………… 236
　　　7.6.2　動的計画法による定式化 ……………………………………… 237
　　　7.6.3　数値例 …………………………………………………………… 240
　7.7　おわりに …………………………………………………………………… 240
　付録：限界座席価値の単調性に係る定理の証明 ……………………………… 243
　参考文献 …………………………………………………………………………… 247

第8章　ビジネスデータの線形回帰モデル
　　　　　（イリチュ美佳・高木英明）

　8.1　はじめに …………………………………………………………………… 249
　8.2　線形単回帰モデル ………………………………………………………… 251
　　　8.2.1　回帰係数の推定 ………………………………………………… 252
　　　8.2.2　分散分析 ………………………………………………………… 255
　　　8.2.3　誤差分散と回帰係数の区間推定 ……………………………… 256
　　　8.2.4　回帰係数の仮説検定 …………………………………………… 258
　　　8.2.5　目的変数の推定値と新しい観測値の区間推定 ……………… 260
　　　8.2.6　数値例 …………………………………………………………… 262
　8.3　線形重回帰モデル ………………………………………………………… 264
　　　8.3.1　偏回帰係数の推定 ……………………………………………… 266
　　　8.3.2　偏回帰変数の平均と分散共分散 ……………………………… 268

	8.3.3	分散分析 ····································	269
	8.3.4	誤差分散と偏回帰係数の区間推定 ··············	270
	8.3.5	偏回帰係数の仮説検定 ························	274
	8.3.6	目的変数の推定値と新しい観測値の区間推定 ····	275
	8.3.7	数値例 ····································	276

付録1：回帰分析に現れる統計分布 ································· 279
付録2：回帰係数の平均と分散共分散の導出 ······················· 283
付録3：S_E と S_R に関する性質の証明 ······························ 285
参考文献 ·· 291

第9章 サービス・プロフィットチェーン（鈴木秀男）

9.1 はじめに ·· 293
9.2 内部サービスを顧客サービス価値につなげるパス ············· 295
　9.2.1 内部サービスの品質 ····································· 295
　9.2.2 従業員満足度 ·· 296
　9.2.3 従業員ロイヤルティ ···································· 296
　9.2.4 従業員生産性 ·· 297
9.3 サービス品質を経営成果につなげるパス ······················ 298
　9.3.1 サービス品質 ·· 298
　9.3.2 顧客満足度 ·· 299
　9.3.3 顧客ロイヤルティ ······································· 300
　9.3.4 経営成果 ·· 302
9.4 金融リテールサービスの実証分析 ······························ 304
　9.4.1 回答者属性と質問への回答結果 ······················· 304
　9.4.2 構成概念の因果関係分析 ······························ 308
9.5 おわりに ·· 310
付録1：Cronbach のアルファ信頼性係数 ·························· 311
付録2：共分散構造分析モデルの適合度指標 ······················ 313
参考文献 ·· 314

目 次

第 10 章 成功するサービス経営のアート
（岡田幸彦・倉田久・生稲史彦）

- 10.1 経営課題としての「成功するサービス」 ················· 317
- 10.2 社会科学の規範と経験則 ····························· 318
- 10.3 「成功するサービス」はどのようにして生み出されるのか ········· 320
  - 10.3.1 サービスの原価企画活動 ······················ 320
  - 10.3.2 高業績事業者におけるサービス開発のパターン ········· 321
- 10.4 サイエンスを使いこなすアートの実践例 ················· 325
  - 10.4.1 従業員の観点と顧客の観点 ····················· 326
  - 10.4.2 問題発見の手順 ···························· 327
  - 10.4.3 サイエンスを使いこなすアートの妙 ··············· 330
- 10.5 今後の研究課題 ································· 331
- 参考文献 ··· 332

索 引 ·· 335

略語一覧

略語	フルスペル
ACD	Automatic Call Distribution
AGFI	Adjusted Goodness of Fit Index
AHP	Analytic Hierarchy Process
ANP	Analytic Network Process
ATM	Automatic Teller Machine
CEO	Chief Executive Officer
CFI	Comparative Fit Index
CTI	Computer Telephony Integration
DEA	Data Envelop Analysis
EMSR-b	Expected Marginal Seat Revenue -version b
FCFS	First-Come First-Served
GA	Genetic Algorithm
GFI	Goodness of Fit Index
IC	Integrated Circuit
ISDN	Integrated Services Digital Network
IT	Information Technology
IVR	Interactive Voice Response
KPI	Key Performance Indicator
LAN	Local Area Network
LCFS	Last-Come First-Served
LJF	Longest Job First
LOS	Length of Stay
OR	Operations Research
OS	Operating System
PASTA	Poisson Arrivals See Time Averages
PBX	Private Branch Exchange
PfGA	Parameter-free Genetic Algorithm
RM	Revenue Management
RMSEA	Root Mean Square Error of Approximation
ROS	Random Order of Service
SJF	Shortest Job First
SL	Service Level
SSME	Service Science, Management and Engineering
TS	Taboo Search
TR	第7章の参考文献 Talluri and Ryzin (2004a)
WFM	Workforce Management

xiii

記号一覧

記号	意味
$\equiv$	恒等的に等しい，または事象として等しい
$:=$	定義する
$\approx$	ほとんど同じ
$\ll$	非常に小さい
$\mathbf{1}$	要素がすべて 1 である列ベクトル
$\mathbf{0}$	要素がすべて 0 である列ベクトル
I	単位行列
$\mathcal{O}$	零行列（要素がすべて 0 である行列）
$|A|$	正方行列 A の行列式
A^{-1}	正方行列 A の逆行列
$A^{\top}$	行列 A の転置行列
$\mathrm{trace}(A)$	正方行列 A のトレース（対角要素の和）
$\mathrm{rank}(A)$	行列 A の階数（線形独立な行または列の数）
$P\{A\}$	事象 A が起こる確率
$P\{A, B\}$	事象 A と事象 B が同時に起こる確率
$P\{A|B\}$	事象 B が起こるという条件のもとで事象 A が起こる確率
$E[X]$	確率変数または統計量 X の期待値
$E[X|A]$	事象 A が起こるという条件のもとでの確率変数または統計量 X の期待値
$\mathrm{Var}[X]$	確率変数または統計量 X の分散
$\mathrm{Cov}[X, Y]$	確率変数または統計量 X と Y の共分散
$\mathcal{N}(\mu, \sigma^2)$	平均 μ，分散 σ^2 の正規分布
$\mathcal{N}(\boldsymbol{\mu}, \Sigma)$	平均ベクトル $\boldsymbol{\mu}$，分散共分散行列 Σ の多変量正規分布
$a \in A$	a は集合 A の要素
$A \subseteq B$	集合 A は集合 B の部分集合（$A = B$ の場合を含む）
$n!$	$= 1 \times 2 \times \cdots \times n$（$n$ の階乗）
$\binom{n}{m}$	$= \dfrac{n!}{m!(n-m)!}$（2 項係数）
$\max\{a, b, c, \ldots\}$	$\{a, b, c, \ldots\}$ のうちで最大のもの
$\min\{a, b, c, \ldots\}$	$\{a, b, c, \ldots\}$ のうちで最小のもの
x^{+}	$= \max\{x, 0\}$
$\lfloor x \rfloor$	x を超えない最大の整数
$o(x)$	$\lim_{x \to 0} o(x)/x = 0$ となる量
M/M/1	Poisson 到着，指数分布サービス時間，単一サーバ待ち行列
M/M/m	Poisson 到着，指数分布サービス時間，m 人のサーバの待ち行列

1章 人と設備が関わるサービスシステムのサイエンス
Science of Service Systems Involving Humans and Facilities

高木 英明 (筑波大学)
takagi@sk.tsukuba.ac.jp

社会経済で比重が増したサービス産業における生産性向上とイノベーションは，今後の経済の持続的発展のみならず個人の生活の質の向上にも不可欠である．本章では，サービスサイエンスの発端を紹介し，人と設備が関わるサービスシステムについて，「サービスの価値は提供者（従業員）と受け手（顧客）がともに創る」という観点に立って，システムの品質解析・設計・制御を科学的に研究するモデルと方法論を考察する．最後に，コンピュータサイエンス，統計科学，オペレーションズ・リサーチ，人間組織の科学などの4つの分野を基礎とするサービス・イノベーションへの数理的アプローチのスキームを提案する．

キーワード：Clark-Fisher の仮説，社会経済のサービス化，サービスサイエンス，イノベーション，顧客満足度，従業員満足度，待ち行列，輻輳，待ち時間の心理，解析，設計，制御，賢い地球，3つのI，データマイニング，オペレーションズ・リサーチ．

1.1 サービスサイエンスの発端

2011年3月11日の東日本大震災のあと，AC ジャパン（旧 公共広告機構）によって流されたテレビコマーシャル「思いやり編」の

「こころ」はだれにも見えないけれど「こころづかい」は見える．
「思い」は見えないけれど「思いやり」はだれにでも見える．

（宮澤章二，『行為の意味・青春前期のきみたちに』，ごま書房新社，2010 より）を覚えておられる読者も多いと思う[*1]．

[*1] 宮澤章二さん (1919–2005) の命日は奇しくも3月11日．

1章 人と設備が関わるサービスシステムのサイエンス

サービスの古典的研究では，サービスの特徴の1つとして**無形性** (intangibility) が挙げられる (Fitzsimmons and Fitzsimmons, 2008, p.20; Lovelock and Wight, 1999, 邦訳, p.18)．英語で言えば，"service" という単数形で概念として表される無形のサービスを，1つ2つと数えることができる複数形 "services" が表すサービスシステムとして「見える化」することで，科学的・工学的アプローチによる品質の計測とカイゼン，そしてイノベーションが可能になると考えるのが**サービスサイエンス** (service science) である[*2]．

「労働力は生産性の低い分野に移行する」という **Clark-Fisher の仮説** (Clark-Fisher hypothesis) に従って[*3]，人類の経済は

農業経済 ⟹ 工業経済 ⟹ サービス経済

と変遷してきたと言われ，今や多くの国々においてサービス産業が占める割合は労働力においても国内総生産（GDP）においても6〜7割を占めるに至っている (Fitzsimmons and Fitzsimmons, 2008, p.3)．さらに Pine and Gilmore (1998) は，サービス経済に続くのは，心に残る体験を提供する**経験経済** (experience economy) であると指摘している．

工業社会では，いろいろなモノを作る技術を研究する工学が役に立った．大学の工学部や企業における製品の開発，製造（モノづくり）技術の革新・カイゼンにより，モノの機能，品質，生産性は極限にまで向上してきた．工業製品の科学的研究が実現した理由は，工業製品は普遍的な自然科学の原理に基づいて機能するので，いったん確立された製造方法はいつでもどこでも誰によっても再現可能となり，技術革新を単調増加で進めることができたからである．

これに対して，人が関わるサービスは多分に各民族の地域性，文化，宗教，歴

[*2] 一方，サービスマネジメントにおける新しい考え方である**サービス・ドミナントロジック** (service-dominant logic) では，議論の進展につれ，個々の製品を表す "services" が，提供プロセスを表す "service" に置き換えられていった (Vargo and Lusch, 2008).

[*3] Allan George Barnard Fisher が経済はサービス分野の発展に向かうと唱え (*The Clash of Progress and Security*, Macmillan, London, 1935)，それを受けて，Colin Grant Clark (1905–1989, イギリス・オーストラリアの経済学者) が *The Conditions of Economic Progress* (1940) を著して，経済の発展モデルを示した．ただし，この仮説を疑問視する研究もあるようである．

史などの要因に依存して発達してきた英知と技能の結晶であり（日本の「おもてなし」など），現在の私たちの生活に大きな便宜と潤いをもたらしている．私たちはこの経済的・文化的遺産を尊重し継承しなければならない一方で，普遍性に欠けるサービスは，これまで「経験と勘と度胸 (KKD)」「結果オーライ」で行われ，科学的手法による研究開発が未発達であり，（特に我が国のサービス産業について）生産性が低いと言われている．製造業においては，部品展開・機能展開に基づく製品の原価計算法や品質管理技法が確立されているのに対して，サービスでは未だに生産性の測定やコストの積算法さえ明確に定まっていない．**社会経済のサービス化**が進んだ今，サービスの生産性向上とイノベーションの方法を科学的に研究し，その知識と技術を身に付けた人材を育成することが，国の経済的発展に不可欠であるとの認識が広まるにつれ，10 年ほど前から，**サービスサイエンス (科学)**，サービス工学，Service Science, Management and Engineering (SSME) などと呼ばれる分野の研究と人材育成を目指す動きが多くの国で始まった．

もちろん，サービス産業は以前から経済学および経営学・商学などの文系分野で研究されていたが，理系を含む学際的アプローチによる研究振興の発端となったのは，2004 年 11 月に IBM Almaden 研究所で開催された会議 *Service Innovations for the 21st Century* と，同年 12 月に発表されたアメリカの競争力評議会報告書 *Innovate America*（通称 Palmisano レポート）において提唱された "services science" という言葉である（図 1.1）[*4]．その後，IBM などアメリカの IT 企業の経営者・研究者や大学の研究者によるサービスサイエンスの強力

Nowhere is the need for new multidisciplinary approaches clearer than in the area of emerging "services science" - the melding together of the more established fields of computer science, operations research, industrial engineering, mathematics, management sciences, decision sciences, social sciences and legal sciences that may transform entire enterprises and drive innovation at the intersection of business and technology expertise.

図 1.1　Palmisano レポート (2005, p.58) におけるサービスサイエンスの提唱．

[*4] Samuel J. Palmisano, 1951–, 2002〜2012 年に IBM の Chief Executive Officer.

な推進が 2010 年頃まで続いた.

図 1.1 に示した Palmisano レポートの引用部分では,以下の点に注目されたい.

- "services science" という複数形が使われている.
- 新興の学際分野であるサービスサイエンスの基礎となる既存の分野として,計算機科学,オペレーションズ・リサーチ,数学などが明示されている.
- イノベーションはビジネスとテクノロジーの交差点にあるとされている.

我が国においても,第 3 期科学技術基本計画(2006〜2011 年)において,新興領域・融合領域への対応として,人文・社会科学と自然科学との知の統合によるサービス分野が挙げられた(図 1.2）[*5]. 当時の問題意識については経済産業省 (2007) を,以後のサービス産業の振興や人材育成に係る諸事業の展開については,大隈 (2011),高木・吉瀬 (2011) などを参照されたい. 筑波大学における初期の研究教育の取り組みは,高木ほか (2010) にまとめられている.

> 国際的に生産性が劣後しているサービス分野では科学技術によるイノベーションが国際競争力の向上に資する余地が大きいほか,科学技術の活用に関わる人文・社会科学の優れた成果は製造業等の高付加価値化に寄与することが期待されることから,イノベーション促進に必要な人文・社会科学の振興と自然科学との知の統合に配慮する.

図 1.2 第 3 期科学技術基本計画におけるサービス分野への言及.

提唱されてから僅か数年の努力で多様なサービス分野の革新を一気に実現することはもともと望むべくもなかったが,これまでのサービスサイエンスが十分な成果を生み出しているとは言い難い. その理由として,①「サービス・イノベーションは経済成長をもたらし,社会を豊かにする」という前提が明確な経済モデルにより理論的に裏づけられていない,②サービス分野において,従来の「モノづくり」とは異なる新たな科学的・工学的アプローチによるサービスシステムの設計思想が確立されておらず,サービス現場の実務者が使えるサー

[*5] ほとんど知られていないが,榎本 (1984) による「サービス工学」の先駆的提案に注目すべきである.

ビス効率改善の処方箋やソフトウェアも普及していない，という 2 点が指摘できる（岡田幸彦・筑波大学准教授）．

サービス分野において統一した設計思想（アーキテクチャ）に基づくシステムを実装するという点で，サービスサイエンスは，20 世紀半ばから発展したコンピュータ・サイエンスに譬えられる．コンピュータのオペレーティングシステム (Operating System, OS) は，中央演算装置や入出力装置をバランスよく稼働させることにより，システムとして使いやすく最大の性能が出せるように設計された．人を対象とするサービスにおいては，顧客が生産プロセスと価値の創造に本質的に関わることから，「サービスシステムの OS」は，サービス提供効率の最適化により，提供者（従業員）と受け手（顧客）の双方に価値（満足感）をもたらす仕組みでなければならない．

初期のコンピュータの設計には John von Neumann (1903–1957) ら最高の数学者が中心的役割を果たし，近年では Steven Paul Jobs (1955–2011) の iPad のような人に優しいインターフェースが歓迎されているのと同様に，私たちは，数理科学のアルゴリズムを駆使した経営資源の最適割り当て（効率性の追求）により，顧客と従業員の満足度向上を実現（効果性を追求）するサービスシステムの設計方法を研究開発することが必要である．同時に，コンピュータの OS がユーザからのフィードバックを得て進化したように，従業員と顧客の満足度を測定・分析し，設計にフィードバックする循環進化型システム開発が，サービスサイエンスの研究方法であると確信する．

1.2　人と設備が関わるサービスシステム

サービスは「経営資源を最適に運用して，受け手（顧客）と提供者（従業員）の双方に価値（満足感）をもたらす活動」と捉えることができる．サービスサイエンスの課題は，多様なサービス分野に共通する「顧客・従業員満足と経営資源有効利用のトレードオフ」を解決する設計思想（アーキテクチャ）とシステムの実装である．サービスシステムは，インターネットでのホテルの部屋の予約のように，人がリアルタイムで関わらないシステムも多いが，ここでは，人と設備が関わるサービスシステムの汎用モデルを図 1.3 に示す．

1章 人と設備が関わるサービスシステムのサイエンス

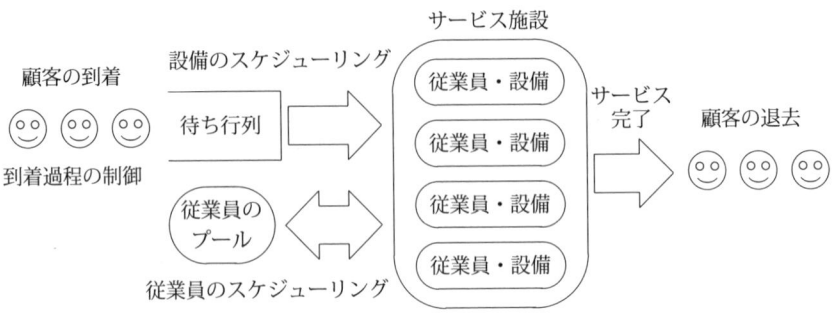

図 1.3　人と設備が関わるサービスシステムの汎用モデル．

　サービス施設では，人（従業員）が設備を使ってサービスを提供する．人と設備（経営資源）は無限にあるわけではなく，それらを備えておくためにはコストがかかるので有限である．提供されるサービスを受けるために，外部から人（顧客）がやって来る．各顧客にサービスを与えるためには，従業員と設備を必要な時間（サービス時間）だけ割り当てなければならないが，それらが足りない場合は，顧客はサービスの提供を待つことになる．待合室で待っている顧客の集団を**待ち行列** (queue) と呼ぶ．待合室の収容能力も有限である．従業員とサービス設備に空きができると，待っている顧客のうちの 1 人を選んでサービスを始めるが，通常，同一のサービスを受ける客は先着順に選ばれる．サービスを終了した顧客はサービス施設から退去する．有限の従業員と設備を顧客に効率良く割り当てるためには，それらの適切なスケジューリング（勤務・稼働時間の割り当て）が必要である．

　人と設備が関わる多くのサービスシステムは図 1.3 のモデルに当てはまる．簡単な例は，スーパーマーケットのレジである．コーヒーショップでは，飲み物を注文するときにはカウンターをサービス設備として従業員が注文を受けるが，飲み物を受け取った後は，客の座るテーブルがサービス設備で，顧客のセルフサービスに任せられる．また，病院では，患者が顧客，診察室・手術室・病床がサービス設備，医師・看護師・医療技術者らが従業員となって，診察・検査・手術・治療・リハビリなどのサービスを提供するが，内部管理は非常に複雑である．

1.2 人と設備が関わるサービスシステム

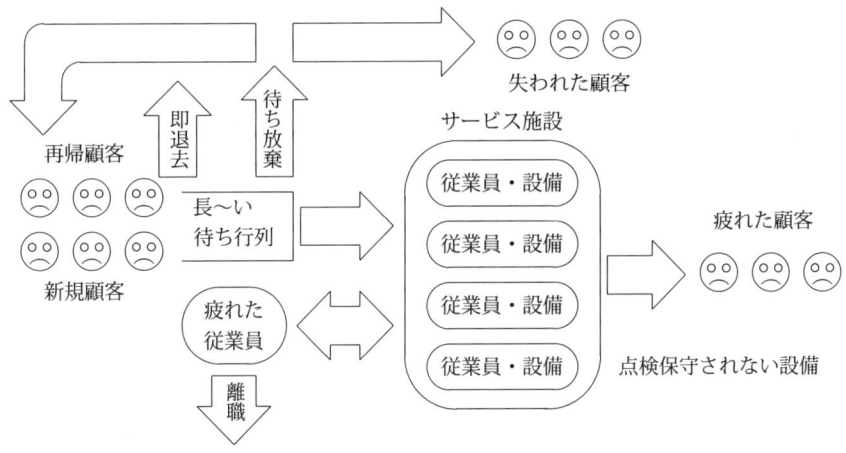

図 1.4 混雑したサービスシステム．

　サービス施設に十分な従業員と設備がある場合には上記のようなサービスが円滑に行われるが，顧客の需要（到着率 × サービス時間）に対して施設の供給能力が十分でない場合には，システム全体が混んだ状態になる．この状態を**輻輳**(congestion) と呼ぶ（図 1.4）．システムが混んでくるとサービス施設内の従業員と設備の空き時間が少なくなり，待合室にいる顧客を取り込む機会が減るので，待合室に多くの客が溜まる（待ち行列が長くなる）．待合室が満杯のときに到着する顧客は待合室に入れないし，そうでなくても，あまり多くの人が待っているのを見たら，行列に並ぼうとしないだろう．一方，「行列のできるラーメン店」のように，長い待ち行列があるのは料理がおいしい証拠であると考えて，むしろ並ぶ人もある．待合室に入って待っている顧客でも，待ち時間が長いと待つことを諦めて，離脱することがある．初めから行列に並ばなかったり，待っている途中で離脱したりする顧客は，ある程度の時間が経ってから再びやって来るかもしれない．そのような再帰顧客と新規顧客が混在してシステムに到着するので，到着率がますます高くなる．コールセンターなどでは，長く待たされた客は，開口一番に文句を言うので，サービスにかかる時間が余計に長くなる．サービスを提供する側の従業員の勤務状態にも配慮が必要であ

7

る．長時間労働と顧客のクレーム処理に疲れた従業員は，仕事の効率を落としたり，離職する割合が高くなる．

1.3 待ち時間の心理

　サービスを受ける顧客の満足度は，サービス自体とともに（むしろそれ以上に）サービスを受けるために待たされる時間に大きく依存する．現代人には「待ち時間は人生の中の無駄な時間」という感覚があるからである．待ち時間の絶対値は需要と供給の関係から数理的に決まるものである．従って，サービスシステムの経営者は，待ち時間の最適化を図るとともに，結果として生じる待ち時間を客ができるだけ苦痛に感じないようにすることに砕身することになる．前田 (2010) は，医療クリニックにおける患者の待ち時間を緩和する様々な工夫を実践的に論じている．

　サービスマネジメント分野では，待っている人の心理を分析し，待ち時間を苦痛に感じさせない工夫が研究され，実践されている．経営コンサルタントのMaister (1985) は，待ち時間に関する心理と，それに対応するために顧客が待ち時間を短く感じる対策の例を 8 つ挙げているが，Lovelock and Wirtz (2011, pp.244–245) および Lovelock and Wright (1999, 邦訳, p.352–355) はそれに 2 つ追加して，以下のような「待ち時間の心理学：10 の原理」を示している．なお，ここで挙げた例は筆者が多くを補った．

(1) 無為に過ごす待ち時間は長く感じる．

　医療クリニックの待合室に雑誌，テレビ，子供用のおもちゃなどを置いて気を紛らわせる．より好ましいのは，診療に関係のある情報の提供や血圧測定器などを置くことである．また，レストランで席が空くまでの間に，バーに通して簡単な飲み物を出す（これは売上増加にもつながる）．また，待ち時間に料理の注文を取っておくと，客が待ちきれずに帰ってしまうことを防ぐことができる（席に着いてから料理を注文するまでの時間を省略できるという利点もある）．テーマパークでは，人気キャラクターや音楽隊が巡回してくる．コールセンターで顧客がオペレータにつながるのを

待っている間に音楽やスポーツ中継を聞かせたり，顧客の名前やコールの用件を聞き出す（そうすると，オペレータにつながったとき，顧客の情報が直ちにオペレータのモニタ画面に示される）．飛行機への搭乗を待つ間に，航空会社のラウンジで軽食を取ったり，無線 LAN でインターネットに接続できる．これらは，待ち時間を無為に過ごさせないための工夫である．

(2) 本来のサービスの前後に付随する待ち時間は長く感じる．

テーマパークで入場券を買うために待つことは苦痛であるが，入場したあとジェットコースターに乗るのを待つときは期待に胸が膨らんでいる．レストランで食事の最後にウエイトレスがデザートを持って来るのを待つときと，食事が終わったあと清算伝票を持って来るのを待つときや，料金を払うためにレジに並んで待つときの気持ちでは大きな違いがある．病院では，診察の順番を待つのは仕方ないと思うが，診察が終わったあとの薬局や会計でさらに待たされるのはやりきれない．

(3) 不安があると，待ち時間が長く感じられる．

レストランで自分の注文が忘れられているのではないかという不安を感じる．診療所で診察券を渡してあるのに，いつまで経っても自分の名前が呼ばれない．銀行の窓口で通帳を渡して処理をしてくれているはずなのに，なかなか終わらない．スーパーマーケットのレジ，高速道路の料金ゲート，空港での入国審査などで「自分が並んだのとは別の列がいつも自分の列よりも速く進む」と感じる．

小説『宮本武蔵』にあるように，武蔵は，巌流島での佐々木小次郎との決闘において，約束の時間にわざと遅れて到着し，小次郎を待たせて苛立たせることで，決闘に勝った．小次郎は武蔵が時間どおりに来なかったことに腹を立て，いつ現れるのかという不信感から心理的に動揺して不覚を取ったのである．

(4) 不確定な待ち時間は長く感じる．

どのくらい待てばよいのかが分からないと，待ち時間が苦痛である．東京都や京都市のバスでは，次のバスがどこまで来ているかがバス停で表示される．地下鉄の駅でも，そのような表示がある．最近では，バス会社の運行情報サイトにつながる「バスあと何分？」というスマホのアプリで，バスの到着予想時刻が分かる．観光スポットや人気の店舗に長い待ち行列ができているとき，その途中や最後に，そこからの推定待ち時間を示す立て札を出す．

(5) 理由の分からない待ち時間は長く感じる．

筆者が，金曜日の夕方に，つくばの並木大橋で東京行きの高速バスを待っているとき，バスが時刻表のとおりに来ることはまずない．バスがなかなか来ないとき，道路が混んでいるのか，事故があったのか，間引き運転をしているのか分からないので，待ち時間が長く感じられる．

(6) 不公正と思われる待ち時間は長く感じる．

私たちが待ち行列に並んでいるとき，最も苛立つ不公正さは，あとから来た人が割り込んで自分より先にサービスされることである．銀行の窓口やフードコートなどでも実践されているように，番号札を配って先着順を保証することが重要である．Larson (1987) は，待ち行列において先着順が守られないという**社会的不正** (social injustice) についての考察を示している．

サービスが先着順に行われなくても仕方ないと思われるのは，次のような場合である．

- 緊急性（病院では，救急患者が先に診察される．）
- 短いサービス時間（アメリカのスーパーマーケットでは，買い物の数が少ない人だけが並ぶことができるエクスプレス・レーンがある．）
- 高額の料金（飛行機に搭乗するとき，ファーストクラスやビジネスクラスの客がエコノミークラスの客よりも早く呼び込まれる．）
- 社会的弱者（飛行機に搭乗するとき，障碍者，老人，妊婦，幼児を連

- 重要な顧客（お店の常連（リピータ），お得意様，マイレージクラブのゴールド会員，高額の取引先，妻の両親，美人，イケメン）

(7) サービスの価値が高いほど長く待つことができる．

おいしい料理を出すレストランや高級レストランで食事をするときは，待ち時間が多少長くても我慢ができる．「早い，うまい，安い」食事のために入ったファストフードのレストランで，食事がすぐに運ばれてこないと苛立つ．人気の高い芸能人の公演やスポーツの試合の切符を手に入れるために，喜んで徹夜で並ぶ人がいる．

(8) ひとりぼっちで待つときは，待ち時間を長く感じる．

見ず知らずの人たちの中で1人で待つとき，待ち時間は長く感じられる．友だちと一緒に並んでいれば，その間に世間話もできる．恋人どうしなら，一緒に待っていること自体が楽しいことであり，むしろ長く続いて欲しいと思うかもしれない．知らない者どうしが並んでいるときでも，何かのきっかけで会話が始まれば，共通の話題について盛り上がり，待ち時間を忘れることができる．

(9) 不快な待ち時間や苦痛を与える待ち時間は長く感じられる．

待合室を快適にする工夫が大事である．バス停に屋根を付けて風雨を避けられるようにする．待合室に冷暖房を入れる．航空会社のマイレージクラブでは，優良メンバー会員に専用の待合室を提供する（例：スターアライアンス・グループの United Club や ANA ラウンジ）．

(10) 不慣れな場所で待つときは，待ち時間が長く感じられる．

何度も行ったことがある場所で待つのは，様子が分かっているので安心である．初めて汽車を降りた外国の田舎の駅で，バスを待っているときなどは不安になる．

1.4 サービスシステムの定量的マネジメント

本節では，人と設備が関わるサービスシステムを運用する場合の定量的管理を紹介する．一般に，何かを処理する「システム」には，それに対する「入力」（需要，負荷などと言ってもよい）と，それが生み出す「出力」（供給能力，性能などと言ってもよい）という3つの要素がある（図1.5）．そこで，経営・運営上の問題は，これらのうちの2つが与えられたときに，残りの1つを決定することである．従って，3とおりの問題設定が考えられる．まず，システムとそれに対する負荷が与えられたとき，どのような性能が出るかを計算するのが**解析** (analysis) である．また，所与の負荷に対して，望む性能を生み出すために必要なシステムを考案するのが**設計** (design) である．最後に，システムを変えることができない場合に，望みどおりの性能を出すために負荷を調整するのが**制御** (control) である．例えば，高速道路の経営者が，既存の道路に流入する自動車の量から道路の混み具合や目的地に着くまでの時間を考察することは，道路網の性能解析である．また，自動車の流量とそれぞれの自動車が目的地まで到達するのに要する時間を保証するために，道路の車線の数を決めることは，道路網の設計である．最後に，既設の道路を走る自動車に到着時間を保証するために混雑緩和を目指して，道路への入り口を閉鎖することは流入制御である．システムの負荷と性能の観点から整理した経営課題を表1.1に示す．

サービスシステムでは，表1.1に示した「解析」に相当する問題を**性能評価** (performance evaluation)，「設計」の問題を**キャパシティプランニング** (capacity planning)，「制御」の問題を**イールドマネジメント** (yield management) という．キャパシティプランニングは，顧客の需要に応じてサービス施設の能力（例えば，サービスに当たる従業員の数）を変更しやすい場合に適用される．例えば，コールセンター，レストラン，美容院などでは，毎日予測される顧客の数に応

図 1.5　サービスシステムの負荷と性能．

1.5 サービス・イノベーションへの数理的アプローチ

表 1.1 サービスシステムの経営課題．

	負荷	システム	性能
解析（性能評価）	与えられる	与えられる	求める
設計（キャパシティプランニング）	与えられる	求める	与えられる
制御（イールドマネジメント）	求める	与えられる	与えられる

じて，それぞれ勤務するオペレータ，給仕，美容師らの数を決めることが（雇用契約などを別にすれば）可能である．一方，ホテル，飛行機の客室，遊園地，駐車場のような固定したサービス設備の運営においては，設備の利用率を上げるために，顧客の到着過程を（料金の調整や予約制度などにより）制御するというイールドマネジメント（第7章のレベニューマネジメント）が有効になる．

1.5 サービス・イノベーションへの数理的アプローチ

我が国でサービスの研究を推進するに際して，「サービス科学だ」「サービス工学だ」「いや，サービス学というべきだ」というような神学論争を交わしているうちに，本家のアメリカでは IBM が 2009 年 8 月に **賢い地球** (smarter planet) というビジョンを打ち出し，それを実現する技術は

Instrumented Intelligent Interconnected

という 3 つの I で表されると提唱した．具体例として，電力グリッド，ビル管理，都市交通管理，ビジネスデータ解析などにおいて，現代の複雑な社会や経営の問題を大量のデータ計測と情報通信・処理技術を駆使して解決する成功例が示された．その後，日本でも「スマート○○」が流行り，東日本大震災からの復興特需やアベノミクスにも乗って「スマートコミュニティ」「スマートインフラ」などが提案されている．流行の移り変わりは速く，最近の IT 企業のセミナーでは既にスマート云々の言葉は聞かれず，**モバイル** (mobile)，**クラウド・コンピューティング** (cloud computing) と **ビッグデータ** (big data) 一色である．サービス・イノベーションのための基幹技術がこれらに絞られてきたと思われる．一方，応用においては，一部の人々がサービスサイエンスの初期に夢見たような第 3 次産業全体を統一する原理や方法論を探すことは非現実的なことが

1 章　人と設備が関わるサービスシステムのサイエンス

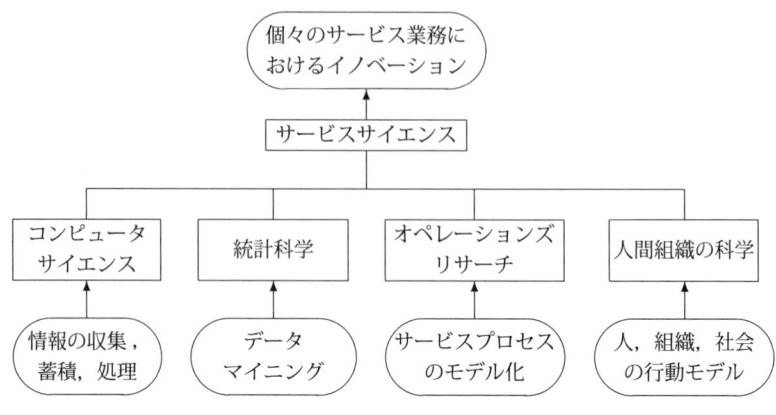

図 **1.6**　サービス・イノベーションへの数理的アプローチ．

漸く分かり，医療介護サービス，公共サービス，ビジネス・アナリティクスなど，個々のサービス分野でそれぞれの特性に基づく発展を遂げ始めた．2011 年 2 月 14〜16 日にアメリカで人気のクイズ番組 "Jeopardy!" で最高賞金を獲得した IBM の質問応答システム "Watson" は，医療応用として診断支援に向かっている．

　筆者は，このような傾向はサービスサイエンスの衰退を意味するものではなく，10 年間にわたるサービスサイエンスの基礎となる技術と応用の追求がこれまでに到達した結果であると見る．この展望に基づき，筆者が考えるサービス・イノベーションへの数理的アプローチのスキームを図 1.6 に示す．この図には，左から右に向かって 4 つの分野を基盤のハード技術から人や社会を対象とするソフトな応用分野へと並べた．それらは以下のとおりである．

(1) 遍く普及した情報収集機器やセンサーから情報通信網を通して集積される膨大なデータの蓄積，処理，可視化のためのハードウェアとソフトウェアを開発する**コンピュータ・サイエンス**．

(2) 大量データの統計的分析によって意味のある情報を抽出する手法である**データマイニング** (data mining) の基礎となる統計科学．特に，回帰分析，因子分析，共分散構造分析，クラスター分析，ベイジアン・ネットワーク

など．

(3) サービスプロセスの数理的モデル化により，その性能解析，設計，制御の方法論と計算法を研究する**オペレーションズ・リサーチ** (operations research)．特に，数理最適化，動的計画法，AHP/ANP，DEA，待ち行列理論など．

(4) 人・組織・社会の行動をモデル化する人間組織の科学．特に，産業心理学，管理会計，組織経営論，行動経済学など．

これらの基礎技術が一斉に多様なサービス分野や各企業に適用できるというわけにはいかない．工業製品とは異なり，サービスの意義は多様な「個」客へのきめ細かい対応にある．**サービスの世界はフラットではない**[*6]．しかし，多様な個別サービスに対する科学的研究を可能にするのは，21 世紀における上記

Column　サービスの特徴今昔(いまむかし)

1990 年代までのサービスマーケティングやサービスマネジメントの研究では，農林水産物や工業製品のようなモノ（goods）と比較して，サービスの特徴を

- 提供される価値に手を触れることができないという**無形性** (intangibility)
- 提供される側の知覚によって品質が評価されるので標準化が難しいという**異質性** (heterogeneity)
- 生産と消費が同時に起こるという**同時性** (inseparability)
- 後刻の消費のために蓄えておくことができないという**消滅性** (perishability)

という 4 つの性質で論じていた．これらは頭文字を取って**IHIP**(アイヒップ)と呼ばれる．

2000 年代になると，情報通信技術の応用により，これらの性質に縛られないサービスが多く現れたこともあり，この特徴づけに対する批判が起こった．その後，Vargo and Lusch (2008) が，もともと顧客が買っていたのは「機能」であって（例えば，空腹を癒す機能をもつ食物，自分を遠くへ運んでくれる機能をもつ自動車，雨露を凌ぐ機能をもつホテルの部屋，知識を得て友人を作る機能をもつ学校など），それがモノであろうとサービスであろうと区別はないのだ，という**サービス・ドミナントロジック** (service-dominant logic) を提唱し，今では（文系の）サービス研究の主流になっている．

[*6] Thomas L. Friedman は，著書 *The World is Flat: A Brief History of the Twenty-first Century*, 2005（伏見威蕃訳『フラット化する世界』上下，日本経済新聞社，2006 年 5 月）において，情報通信の発達により世界中でビジネスの国境がなくなると説いた．

の基礎技術の進歩である．サービスの研究者は，個々のサービス分野において，また個々の企業や組織において，現場の実務家と一緒になって，数理モデルとデータ分析によるシステムの最適化に挑むことがイノベーションには必須である．サービスの神も細部に宿る[*7]．

謝　辞

病院における患者の満足度に関する多くの調査結果と見解を教えていただいたスナッジ・ラボ株式会社 前田泉代表取締役に感謝します．

参考文献

榎本肇 (1984), サービス工学の提案, 電子通信学会誌, Vol.67, No.5, pp.487–492, 1984 年 5 月.

大隈隆史 (2011)：経済産業省の取り組み～サービス工学の確立と普及に向けて～，木下栄蔵編著『サービスサイエンスの理論と実践』第 5 章, pp.63–74, 近代科学社, 2011 年 9 月.

経済産業省編 (2007), サービス産業におけるイノベーションと生産性向上に向けて, 経済産業調査会, 2007 年 10 月.

前田泉 (2010), 待ち時間革命, 日本評論社, 2010 年 4 月.

高木英明・岡田幸彦・吉瀬章子・繁野麻衣子 (2010), 顧客志向ビジネス・イノベーションのためのサービス科学に基づく高度専門職業人育成プログラムの開発, 人工知能学会誌, Vol.25, No.5, pp.726–734, 2010 年 9 月.

高木英明・吉瀬章子 (2011), サービスサイエンスの動向, 電子情報通信学会誌, Vol.94, No.9, pp.756–759, 2011 年 9 月.

Council on Competitiveness (2005), *Innovate America*: *Thriving in a World of Challenges and Change*, National Innovation Initiative Summit and Report, May 2005. http://www.innovationtaskforce.org/docs/NII%20Innovate%20America.pdf（2013 年 8 月 20 日アクセス）.

Fitzsimmons, J. A. and M. J. Fitzsimmons (2008), *Service Management*: *Operations, Strategy, Information Technology*, Sixth edition, McGraw-Hill, 2008.

Larson, R. C. (1987), Perspectives on queues: social justice and the psychology of queuing, *Operations Research*, Vol.35, No.6, pp.895–905, November–December 1987.

Lovelock, C. and J. Wirtz (2011), *Services Marketing*: *People, Technology, Strategy*, Seventh edition, Prentice Hall, 2011.

Lovelock, C. H. and L. Wright (1999), *Principles of Service Marketing and Management*, Prentice Hall, 1999. クリストファー・ラブロック＋ローレン・ライト著『サー

[*7] God is in the detail（神は細部に宿る）は，アメリカの建築家 Ludwig Mies van der Rohe (1886–1969) が好んで使っていた言葉とされる．

参考文献

ビス・マーケティング原理』小宮路雅博監訳,高畑泰・藤井大拙訳,白桃書房,2002年7月.

Maister, D. H. (1985), The psychology of waiting. In: *The Service Encounter*, edited by J. A. Czepiel, M. R. Solomon and C. F. Suprenant, pp.113–123, D. C. Heath & Company, 1985.

Pine II, B. J. and J. H. Gilmore (1998), Welcome to the experience economy, *Harvard Business Review*, Vol.76, No.4, pp.97–105, July–August 1998.

Vargo, S. L. and R. F. Lusch (2008), Service-dominant logic: continuing the evolution, *Journal of the Academy of Marketing Science*, Vol.36, No.1, pp.1–10, March 2008.

著者紹介

高木英明

1950年3月兵庫県淡路島に生まれる.1972年東京大学理学部物理学科卒業.1974年同大学院理学系研究科物理学専攻修士課程修了.1974年日本アイ・ビー・エム株式会社,システムズエンジニア.1983年6月 University of California, Los Angeles (UCLA) 大学院計算機科学科修了.Ph.D. in Computer Science.1983～1993年日本アイ・ビー・エム株式会社東京基礎研究所.1993年10月筑波大学教授社会工学系.2002～2003年同副学長(研究担当).2004年同大学院システム情報工学研究科教授.2012年同システム情報系長・大学執行役員,現在に至る.研究分野は確率過程モデル,待ち行列理論,情報通信ネットワーク,サービス科学.主な著書は,*Analysis of Polling Systems* (The MIT Press, 1986), *Queueing Analysis: A Foundation of Performance Evaluation*, Volumes 1–3 (Elsevier, 1991, 1993, 1993), *Spectrum Requirement Planning in Wireless Communications* (共編著, Wiley, 2008).IEEE Fellow (1993), IFIP Silver Core (2000), 日本オペレーションズ・リサーチ学会フェロー (2010), 監事 (2013–2014), サービスサイエンス研究部会主査 (2011–2012), サービス・イノベーションへの数理的アプローチ研究部会主査 (2013–).

2章　待ち時間と混雑の数理

Mathematics of Waiting Times and Congestion

高 木 英 明 (筑波大学)
takagi@sk.tsukuba.ac.jp

　本章の前半では，現代人の生活と切り離せない待ち時間について，歴史的エピソードに言及しながら数理的に考察する．まず，携帯電話がない時代における恋人どうしの待ち合わせの数理モデルを示す．次に，寺田寅彦も注目した電車やバスの待ち時間を例として，指数分布と待ち時間のパラドックスを説明する．

　本章の後半では，サービスシステムへの客の到着率 λ，システム内平均客数 L，および客の平均滞在時間 W の間に成り立つ普遍的な関係である Little の定理 $L = \lambda W$ について，直感的証明と日常における様々な応用例を挙げる．

キーワード：人を待つ，出合いの問題，幾何学的確率，バスを待つ，指数分布，無記憶性，待ち時間のパラドックス，Little の定理，標本経路，大学生の在学年数，患者の在院日数，ダムの水，水循環，炭素循環

2.1　はじめに

　私たちは1日24時間のうちどのくらいの時間を「待つ」ことに使っているだろうか？　人間は，絶海の孤島で1人で暮らしているならば自分の順番が回って来るのを待つということはなく，自分だけで着々と物事を進めることができる．しかし，社会の仕組みの中で暮らす現代人は，他の人や組織との関わり合いがあるところで，関係者との和を保つために待たなければならない状況が多々生じる．個人生活でも職場でも，レストランでも遊園地でも，忙しい現代人にとっては，待つことは時間の浪費であるが，ある程度は仕方がない必要悪と考えて，ひたすら我慢するだけである．現代社会は「待たされる社会」である（鷲田, 2006）．

　本章と次章では，待ち時間に関する数理的解析を紹介し，待ち時間の心理的

側面が数学的にどのように理解できるかの説明を試みようと思う．現代のサービス産業においては，顧客の待ち時間はビジネスの対象となる経営上の問題である．顧客満足度は待たされる時間に大きく依存する．「行列のできるラーメン店」は，待ち時間が長いにもかかわらず多くの顧客を引き寄せる．なぜあとから来た人が先にサービスされると不公平であると感じるのか？医者に行ったとき，長く待たされるのはいやだが，自分の番になるとゆっくり診て欲しいという感情は妥当なのか？待ち時間を解析する応用数学の分野**待ち行列理論** (queueing theory) というが，ほとんどの読者は聞いたこともないだろう．文部科学省の学習指導要領に沿った高校までの数学では扱われていないし，大学でも経営工学や情報通信工学のような特定の学科でしか教えられていない．しかし，生活時間のうちで「待つ」ことが無視できない時間の割合と心労を占めていることを考えれば，待ち時間の科学的説明がもっと普及してよいと思われる．

2.2 人を待つ

1952年4月10日から1954年4月8日まで，毎週木曜日午後8時半からNHK連続ラジオドラマとして放送された菊田一夫作『君の名は』では，東京に大空襲のあった1945年5月25日夜，銀座の数寄屋橋上で偶然に出会い，再会を約束して別れた後宮春樹と氏家真知子のその後のめぐり合いが，敗戦後の世相を背景に描かれた．「番組が始まる時間になると，銭湯の女湯から人が消える」と言われるほどの人気であったらしい．また，若い女性の間で「真知子巻き」というマフラーの巻き方が流行した[*1]．

ケータイやスマホのない時代の話である．このドラマからヒントを得て，次のような**出会いの問題** (encounter problem) を創作してみた．

春樹と真知子は，数寄屋橋で夕方6時と7時の間に会う約束をし，最初に来た方は20分待って，その間に相手が来なければ帰ることにした．2人は6時と7時の間にばらばらに到着すると仮定すれば，2人が会える確率はいくらか？

[*1] 1964年の東京オリンピックを控えて，皇居外堀を埋めて高速道路が造られることになり，数寄屋橋は撤去された．今は，銀座5丁目の数寄屋橋公園に，菊田一夫の筆による「数寄屋橋 此処に ありき」と記された小さな石碑が建っているだけである．

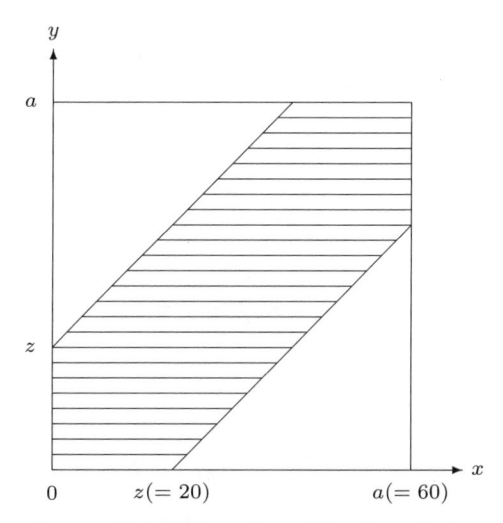

図 2.1 数寄屋橋での待ち時間を表す平面図.

この問題は「長さ 60 cm の線分の上に任意に取った 2 つの点の間の距離が 20 cm 以下である確率はいくらか？」という**幾何学的確率** (geometric probability) の問題と同等である．春樹の到着時刻を 6 時 x 分とし，真知子の到着時刻を 6 時 y 分とすると，2 人が会うことができるのは，$|x-y| \leq 20$ が成り立つときである．2 人の到着時刻は，図 2.1 に示されているように，(x,y) 平面上の 1 辺の長さが 60cm の正方形の内部の 1 点で表され，それが斜線で示された領域に落ちるとき，2 人は会えることになる．従って，その確率は，正方形の面積に対する斜線部の面積の比として

$$\frac{60^2 - 40^2}{60^2} = \frac{5}{9}$$

である．20 分まで待つので，会える確率は $\frac{1}{3}$ と思いませんでしたか？

なお，長さ a の線分上の任意の 2 点間の距離を区間 $[0, a]$ 上の連続的な値を取る確率変数 Z で表せば，Z の分布関数と密度関数は，上の考え方から

分布関数 $\quad F(z) = \dfrac{a^2 - (a-z)^2}{a^2} = \dfrac{2az - z^2}{a^2} \quad 0 \leq z \leq a$

密度関数 $\quad f(z) = \dfrac{2}{a}\left(1 - \dfrac{z}{a}\right) \quad 0 \leq z \leq a$

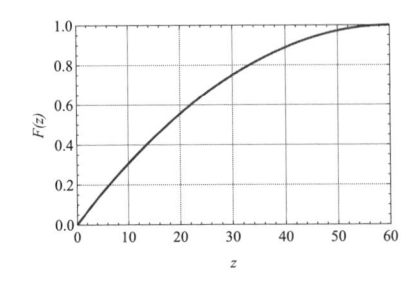

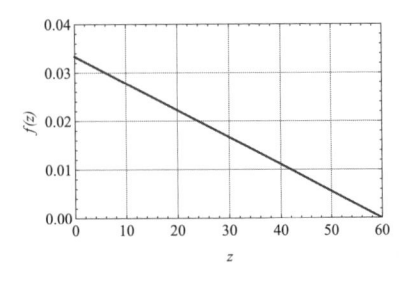

図 2.2 数寄屋橋での待ち時間の分布関数と密度関数.

で与えられる．$a = 60$ のとき，これらの関数を図 2.2 に示す．また，Z の平均と分散は

$$\text{平均} \quad E[Z] = \frac{a}{3} \quad ; \quad \text{分散} \quad \text{Var}[Z] = \frac{a^2}{18}$$

となる．数寄屋橋でのデートで言えば，到着時刻の差の平均は 20 分ということになる．ただし，これは会える場合も会えない場合も含めての到着時刻の差の平均であるから，会える場合の平均待ち時間は，条件付き確率の期待値として

$$E[Z \mid Z < \tfrac{a}{3}] = \frac{\int_0^{\frac{a}{3}} z f(z) dz}{\int_0^{\frac{a}{3}} f(z) dz} = \frac{\int_0^{\frac{a}{3}} z \left(1 - \frac{z}{a}\right) dz}{\int_0^{\frac{a}{3}} \left(1 - \frac{z}{a}\right) dz} = \frac{7a}{45}$$

となる．$a = 60$ 分とすれば，$\frac{28}{3}$ 分 = 9 分 20 秒である．

2.3 バスを待つ

筆者は，官舎から大学に行くときにときどき（午後東京に行くときとか，夕方に飲み会があるときなど），近くの学園並木というバス停から K 社のバスに乗る．バスの時刻表は存在するが，バスは JR 常磐線の荒川沖駅辺りの遠くから来るらしく，到着時刻はランダムである．そのため，私がバス停にやって来たとき，次のバスがいつ来るのか分からない．このようなランダムに到着するバスの待ち時間を考察しよう．

2.3.1 指数分布の無記憶性

バスの到着時間間隔を T で表す．T は連続的な値を取る確率変数である．このとき，T の分布関数は

$$F(t) := P\{T \leq t\} \qquad t \geq 0$$

であり，密度関数を $f(t)$ とすると，微小時間 Δt に対して

$$f(t)\Delta t := P\{t < X \leq t + \Delta t\} \qquad t \geq 0$$

である．分布関数と密度関数の間には次の関係がある．

$$f(t) = \frac{dF(t)}{dt} \quad ; \quad F(t) = \int_0^t f(u)du$$

特に，T の分布関数が

$$F(t) := 1 - e^{-\lambda t} \qquad t \geq 0$$

で与えられるとき，これを**指数分布** (exponential distribution) という．ここで，パラメータ λ は与えられた正の定数であり，その物理的な次元は「1/時間」「1/分」「1秒」などである．このとき，密度関数は

$$f(t) := \frac{dF(t)}{dt} = \lambda e^{-\lambda t} \qquad t \geq 0$$

となる．図2.3に $\lambda = 0.5$ と $\lambda = 1$ のときの分布関数 $F(t)$ と密度関数 $f(t)$ を示す．λ の値が小さい方が分布の裾が長いことが分かる．

バスの**平均到着時間間隔**は，パラメータ λ の指数分布の期待値として

$$E[T] = \int_0^\infty tf(t)dt = \int_0^\infty \lambda t e^{-\lambda t} dt = \frac{1}{\lambda}$$

となる．従って，λ は単位時間当たりの平均到着数であることが分かる．これを**到着率** (arrival rate) という．例えば，バスの平均到着時間間隔が10分ならば，1時間にやって来るバスの台数の平均値は

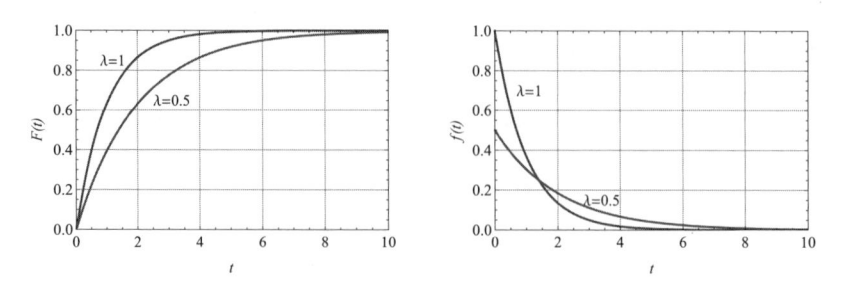

図 2.3　指数分布の分布関数と密度関数.

$$\lambda = \frac{1\,\text{台}}{10\,\text{分}} = \frac{1\,\text{台}}{(10/60)\,\text{時間}} = \frac{6\,\text{台}}{1\,\text{時間}}$$

である．

指数分布には，**無記憶性** (memoryless property) と呼ばれる次の性質がある．

$$P\{T > t+x \mid T > t\} = P\{T > x\} \qquad x \geq 0 \qquad (2.1)$$

この性質の意味は，指数分布に従う到着時間間隔をもつ到着過程においては，ある到着時刻から x だけ経った時点から計って次の到着が起こる時刻までの時間の確率分布は，あたかも x だけ経った時点から計り始めたことを忘れたかのように，もとの到着時間間隔と同じ確率分布に従うということである．

式 (2.1) の証明は，条件付き確率の定義を使って，以下ように示される．

$$\begin{aligned}
P\{T > t+x \mid T > t\} &= \frac{P\{T > t+x,\, T > t\}}{P\{T > t\}} = \frac{P\{T > t+x\}}{P\{T > t\}} \\
&= \frac{e^{-\lambda(t+x)}}{e^{-\lambda t}} = e^{-\lambda x} = P\{T > x\}
\end{aligned}$$

逆に，この性質をもつ連続型確率分布は指数分布だけであることも証明できる．

例えば，もしバスの到着時間間隔が平均 10 分の指数分布に従っているならば，あなたが前のバスが出た直後にバス停に来ても，5 分後にバス停に来ても，次のバスが到着するまでの時間は，やはり平均 10 分後ということになる．もしバスの到着時間間隔が 10 分という一定値であれば，このようなことはない．あなたが前のバスが出た直後にバス停に来たならば，次のバスが到着するまでの

時間は 10 分であり，前のバスの発車 5 分後にバス停に来たなら，次のバスは必ず 5 分後に到着する．

2.3.2 待ち時間のパラドックス

それでは，一般にバスの到着時間間隔 T が密度関数 $f(t)$，分布関数 $F(t)$ の確率分布に従うとき，あなたがバス停に来たあと，次のバスが到着するまでの時間 T^+ は，どのような確率分布に従うのだろうか？これを Kleinrock (1975, pp.169–173) に従って導いてみよう．厳密には，この問題は**再生過程** (renewal process) と呼ばれる確率過程の理論に基づいて解析されるものである．

その前に，「あなたがバス停に来る」ということが起こるようなバスの到着時間間隔 $\hat{T}$ を取り上げる．そのようなバスの到着時間間隔は，一般の到着時間間隔よりも長いと考えられる．例えば，あなたが 20 分の到着時間間隔の間にバス停に来る確率は，10 分の到着時間間隔の間にバス停に来る確率の 2 倍であると考えるのが自然である．従って，$\hat{T}$ の密度関数 $\hat{f}(t)$ は，t に比例すると考える[*2]．また，$\hat{f}(t)$ はもとの T の密度関数 $f(t)$ にも比例するだろう．そこで

$$\hat{f}(t) = c\,t f(t)$$

(c は比例定数) とおくと，確率変数 $\hat{T}$ についての正規化条件

$$1 = \int_0^\infty \hat{f}(t)dt = c\int_0^\infty tf(t)dt = cE[T]$$

より，$c = 1/E[T]$ であることが分かる．従って，$\hat{T}$ の密度関数として

$$\hat{f}(t) = \frac{tf(t)}{E[T]} \qquad t \geq 0 \tag{2.2}$$

が得られる．このとき，$\hat{T}$ の平均値は

[*2] ある村では，すべての家の子供たちが 1 つの小学校に通っているとする．その小学校で，子供たちの家の兄弟の数の分布を調べるために，すべての子供に自分を含む兄弟の数を尋ねて度数分布表を作ったとすれば，これは間違いである．なぜならば，1 人っ子の家の子供は 1 人しか「1 人です」と言わないが，3 人兄弟の家では，3 人の子供が「3 人です」と言うからである．当然，「0 人です」と答える子供はいない．

2 章 待ち時間と混雑の数理

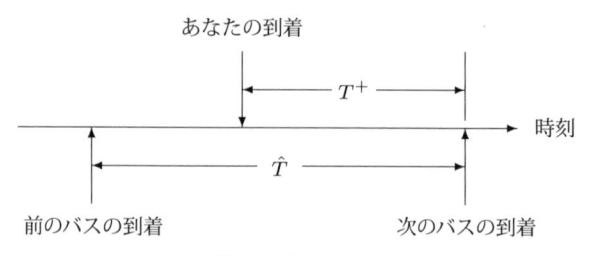

図 2.4 待ち時間のパラドックス.

$$E[\hat{T}] = \int_0^\infty t\hat{f}(t)dt = \frac{1}{E[T]} \int_0^\infty t^2 f(t)dt = \frac{E[T^2]}{E[T]}$$

で与えられる.

それでは，任意の時点から次のバスの到着までの時間 T^+ の密度関数 $f^+(t)$ を導こう．あなたがバス停に来るときのバスの到着時間間隔が $\hat{T} = t$ であるとき，次のバスが来るまでの時間 T^+ は区間 $[0, t]$ 上のどの点でも同じ確からしさで起こると考えられる（**一様分布**に従う）ので，T^+ と $\hat{T}$ の同時分布は

$$P\{x < T^+ \leq x+\Delta x,\, t < \hat{T} \leq t+\Delta t\} = \frac{\Delta x}{t} \cdot \frac{tf(t)\Delta t}{E[T]} = \frac{f(t)\Delta x \Delta t}{E[T]}$$

で与えられる (図 2.4)．これを t の可能な範囲 $[x, \infty)$ にわたって積分すると

$$f^+(x)\Delta x = \int_{t=x}^\infty \frac{f(t)dt\Delta x}{E[T]} = \frac{1-F(x)}{E[T]}\Delta x$$

となる．従って，T^+ の密度関数として

$$f^+(t) = \frac{1-F(t)}{E[T]} \qquad t \geq 0 \tag{2.3}$$

が得られる．このとき，T^+ の平均は

$$E[T^+] = \int_0^\infty tf^+(t)dt = \frac{1}{E[T]} \int_0^\infty t[1-F(t)]dt = \frac{E[T^2]}{2E[T]} = \frac{E[\hat{T}]}{2}$$

で与えられる（部分積分を使って計算せよ）．平均値だけなら，$E[T^+ \mid \hat{T} = t] = t/2$ より

$$E[T^+] = \int_0^\infty \left(\frac{t}{2}\right)\hat{f}(t)dt = \frac{1}{2E[T]}\int_0^\infty t^2 f(t)dt = \frac{E[T^2]}{2E[T]}$$

と計算できる．

もしバスの到着時間間隔 T が平均 $1/\lambda$ の指数分布に従うなら，$E[T] = 1/\lambda$, $E[T^2] = 2/\lambda^2$ であるから

$$f^+(t) = \lambda e^{-\lambda t} \quad t \geq 0 \quad ; \quad E[T^+] = \frac{1}{\lambda}$$

となり，T^+ は T と同じ指数分布に従うことが分かる (上では，このことを指数分布の無記憶性から導いた). しかし，もし T が一定ならば

$$E[\hat{T}] = T \quad ; \quad E[T^+] = \frac{T}{2}$$

となる．また，もし $E[T^2] > 2(E[T])^2$ であるような (裾の長い) 場合には $E[T^+] > E[T]$ となる．このような一見奇妙な結果を**待ち時間のパラドックス**という．

2.3.3 寺田寅彦が観測した電車の到着間隔

物理学者にして随筆家の寺田寅彦 (てらだとらひこ, 1878–1935) は，随筆「電車の混雑について」(大正 11 (1922) 年 9 月『思想』に発表) の中で，「去る 6 月 15 日の晩，神保町の停留所近くで八時ごろから数十分間巣鴨三田間を往復する電車について行なった観測の結果を次に掲げてみよう．表中の時刻は，同停留所から南へ一町ぐらいの一定点を通過する時を読んだものである.」として，南北行き 20 本ずつの電車の到着時刻の表を書き，「今これら各種の間隔の頻度 (フリクエンシー) について統計してみると次のとおりである.」として，表 2.1 を示している．また，1 分ごとのヒストグラムを図 2.5 に示す．この分布は指数分布のような形ではないことが分かる．

寅彦は，この表について，上記のパラドックスにおける式 (2.2) に通じる考察を記しているので，少し長いが以下に引用してみよう．90 年も前の再生理論も発達していない時代に，驚くべき洞察である．

表 2.1 寺田寅彦が観測した電車の到着間隔．

間隔	4 分以上	3 分以上	2 分以上	2 分以下	1 分以下	40 秒以下
回数	4	9	15	23	11	5

2章 待ち時間と混雑の数理

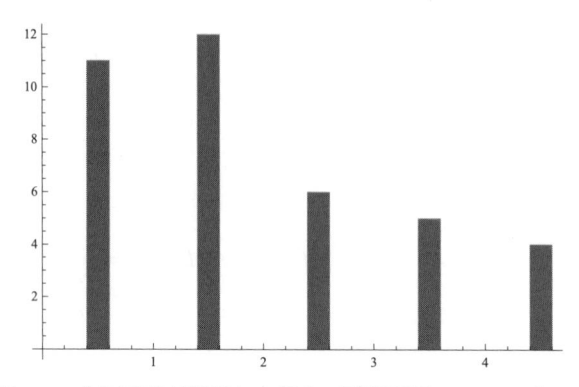

図 2.5 寺田寅彦が観測した電車の到着間隔のヒストグラム．

これでわかるように，間隔の回数から言うと，長い間隔の数はいったいに少なくて，短いものが多い．全体三十八間隔の中で，四分以上のものは四回，すなわち全体の約一割ぐらいのものである．しかしここで誤解してならない事は，乗客がこれらの長短間隔のいずれに遭遇する機会(チャンス)が多いかという問題となると，これは別物になるのである．この点を明らかにするには，各間隔の回数に，その間隔の時間を乗じた積の和を比較してみなければならない．今試みに間隔を一分ごとに区別分類して，各区分内の間隔回数にその区分の平均時間数を乗じたものの和を求めてみると，かりに五分以上の間隔を度外視して計算してみても，二分以下のものに対して二分以上五分までのもののこの積分の比は二三，五と四六，五すなわち約一と二の比になる．もしこれに時々起こる五分以上の間隔を加えて計算すると，この懸隔はさらに著しくなる．

これは何を意味するか．

個々の乗客が全く偶然的に一つの停留所に到着したときに，ある特別な間隔に遭遇するという確率(プロバビリティ)は，あらゆる種類の間隔時間とその回数との相乗積の総和に対するその特別な間隔の回数と時間との積の比で与えられる．そこでたとえば前の例について言えば二分以下の間隔に飛び込む機会は三度に一度で，二分以上五分までの長い間隔にぶつかるほうは三度に二度の割合になる．実際は五分以上のものが勘定に加わるからおそらくこの割合は四度に三度ぐらいになる場合が多いだろうと思われる．（停留所で待つ時間の確率を論じるには，もう少し立ち入る必要があるが，これは略

して述べない.）以上はただ一例に過ぎないが，私の観測したその他の場合にも，だいたいこれと同様な趨勢が認められるのである.

本節では，寅彦が上で「停留所で待つ時間の確率を論じるには，もう少し立ち入る必要があるが，これは略して述べない」と言っている点について，数学的に立ち入って解説した.

2.4 Little の定理

ある「施設」に「客」がやって来てしばらく「滞在」したあとに出て行くというシステム (図 2.6) について，次の 3 つの量を考える.

$\lambda :=$ 客の単位時間内平均到着数（到着率）
$W :=$ 客の施設内平均滞在時間
$L :=$ 施設内にいる客の数の時間平均

このシステムが定常状態にあるとき，次の関係式が成り立つ.

$$L = \lambda W \tag{2.4}$$

待ち行列理論において有名なこの定理は経験的に知られていたが，1961 年に初めて John D. C. Little（1928–，Massachusetts 工科大学教授）が「証明した」(Little, 1961) ので，**Little の定理** (Little's theorem) と呼ばれる (Kleinrock, 1975, p.17)．2011 年は，それ以来ちょうど半世紀に当たり，彼自身が回想記を書いている (Little, 2011)．Little は，1961 年の論文発表後，確率過程論に基づく待ち行列の理論的研究を離れてオペレーション管理の実践的研究に移り，今

図 2.6 定常状態にあるシステム.

では「マーケティングサイエンスの創始者」と讃えられている (Sloan School of Management, 2011).

Little (1992) は工業製品の製造システムに "laws of manufacturing" と呼べるような法則はないかと探求し，Little の定理をそのような法則の 1 つと位置づけた．彼はこのような簡単な公式 ("rule of thumb") による即席の計算 ("back of the envelop" calculation) を好んだようである．製造システムの代表的教科書である Hopp and Spearman, *Factory Physics* (2008) には，表紙の裏に示された公式集の最初に Little の定理が挙げられている．

筆者は，Little の定理はサービスシステムにおいても定量的評価の第 1 公式であると思うので，以下においてやや詳しく紹介したい．

2.4.1 簡単な証明

現在では，Little による最初の証明 (1961) は欠陥があると言われている (Whitt, 1991, p.249)．Stidham (1974) による標本経路を用いた証明が数学的に正しくて分かりやすい．厳密な証明を示すことは本書の主旨ではないので，以下では直感的な説明を示すことにする．厳密な証明に興味のある読者は，例えば Wolff (1989, p.286) を参照されたい．

(1) 累積到着数と累積退去数の差が作る面積による証明

時刻 0 においてシステムが空であるとき

$$A(t) := 時間\ [0,t]\ に到着する客の数（累積到着数）$$
$$D(t) := 時間\ [0,t]\ に退去する客の数（累積退去数）$$

を定義すると

$$L(t) := A(t) - D(t)$$

は，時刻 t においてシステム内にいる客の数である．これらの**標本経路** (sample path) を図 2.7 に示す．このとき，時間 $[0,T]$ において，$A(t)$ と $D(t)$ で囲まれた部分の面積を

$$S(T) := \int_0^T L(t)dt$$

2.4 Little の定理

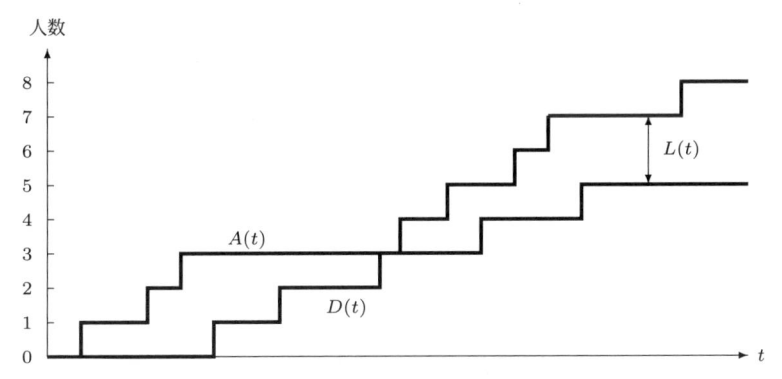

図 2.7　累積到着数と累積退去数の標本経路.

とする.

一方，この面積を時間方向に切って見れば，それぞれの到着時刻と退去時刻の時間差をすべて足し合わせたものである．ところが，これはそれぞれの客の到着時刻と退去時刻の差，すなわちシステム内滞在時間を足し合わせたものに等しいことが，以下のように証明できる.

（証明）時間 $[0, T]$ に n 人の客が到着して退去したとする．これは時刻 T においてシステムが空であることを意味する．このとき

$$t_i := i \text{ 番目の客の到着時刻}$$
$$t'_i := i \text{ 番目の退去時刻}$$
$$\tau_i := i \text{ 番目の客のサービス終了時刻}$$

を定義する $(i = 1, 2, \ldots, n)$. このとき，サービスの順序にかかわらず，退去時刻の集合 $\{t'_i; 1 \leq i \leq n\}$ はサービス終了時刻の集合 $\{\tau_i; 1 \leq i \leq n\}$ と同じものであるから

$$\sum_{i=1}^{n} t'_i = \sum_{i=1}^{n} \tau_i$$

である．従って，

$$S(T) = \sum_{i=1}^{n}(t'_i - t_i) = \sum_{i=1}^{n} t'_i - \sum_{i=1}^{n} t_i$$

31

$$= \sum_{i=1}^{n} \tau_i - \sum_{i=1}^{n} t_i = \sum_{i=1}^{n} (\tau_i - t_i)$$

が成り立つ．証明終わり．

ここで，次の3つの量を定義する．

$$L(T) := \frac{S(T)}{T} \quad \text{時間 } [0,T] \text{ におけるシステム内客数の時間平均}$$
$$\lambda(T) := \frac{A(T)}{T} \quad \text{時間 } [0,T] \text{ における客の平均到着率} \tag{2.5}$$
$$W(T) := \frac{S(T)}{A(T)} \quad \text{時間 } [0,T] \text{ における客1人当たりのシステム内平均滞在時間}$$

これらの間には関係

$$L(T) = \lambda(T) W(T) \tag{2.6}$$

が成り立つ．これは有限時間におけるシステム内客数の標本経路に関する Little の定理である．

時刻 0 においてシステムが空でない場合は，式 (2.5) の代わりに

$$L(T) := \frac{S(T)}{T} \quad ; \quad \lambda(T) := \frac{L(0) + A(T)}{T} \quad ; \quad W(T) := \frac{S(T)}{L(0) + A(T)} \tag{2.7}$$

と定義すれば，やはり関係 (2.6) が成り立つ (Little, 2011)．しかし，このように定義される $\lambda(T)$ と $W(T)$ を平均到着率および客の平均滞在時間と呼ぶことは適切ではないと思われる．この定義は，時刻 0 に $L(0)$ 人の客が集団到着し，時刻 T にシステム内にいるすべての客が一斉に退去するという仮定に相当する．

上の定義において $T \to \infty$ とするとき，もし極限

$$\lim_{T \to \infty} \lambda(T) = \lim_{T \to \infty} \left(\frac{L(0)}{T} + \frac{A(T)}{T} \right) = \lim_{T \to \infty} \frac{A(T)}{T} = \lambda$$
$$\lim_{T \to \infty} W(T) = \lim_{T \to \infty} \frac{S(T)/A(T)}{L(0)/A(T) + 1} = \lim_{T \to \infty} \frac{S(T)}{A(T)} = W$$

が存在すれば，式 (2.6) により極限

$$\lim_{T \to \infty} L(T) = L$$

も存在し，関係

$$L = \lambda W$$

が成り立つ．これが Little の定理 (2.4) である．

(2) 解析的方法による証明

客1人当たりのシステム内滞在時間の分布関数を $W(x) := P\{W \leq x\}$ で表す．定常状態にあるシステムにおいて，任意の時刻 t を考える．時刻 t においてシステム内にいる客は，t よりも前に到着し，t よりもあとに退去する客である．時刻 t よりも x だけ前の微小時間 $[t-x, t-x+\Delta x]$ に到着する客の平均数は $\lambda \Delta x$ であり，それらの客はそれぞれ確率 $1-W(x) = P\{W > x\}$ で時刻 t においてまだシステム内に滞在している．従って，時間 $[t-x, t-x+\Delta x]$ に到着する客が時刻 t におけるシステム内客数に寄与する量は

$$\lambda \Delta x [1 - W(x)]$$

である．これを x について 0 から ∞ まで加える（積分する）ことにより

$$L = \lambda \int_0^\infty [1 - W(x)] dx = \lambda W$$

が得られる (部分積分を使って計算せよ)．

(3) 流体近似による証明

多くの客が施設に到着し，ある時間ずつ滞在してから退去する過程は，図 2.8 に示されているように，水が容器に流れ込んで，ある時間だけ滞留してから出ていく様子に似ている．このように，客の到着と退出を水のような流体の流れで近似すると，流入量と流出量を表す直線の傾きが客の到着率 λ に対応する．図 2.8 では，時刻 t までの水の流入量を $A(t)$ で表し，時刻 t までの水の流出量を $D(t)$ で表している．これらの量の差 $L(t) = A(t) - D(t)$ が時刻 t において容器内に溜まっている水の量である．

容器内に溜まっている水の量はシステム内客数に対応する．議論を簡単に

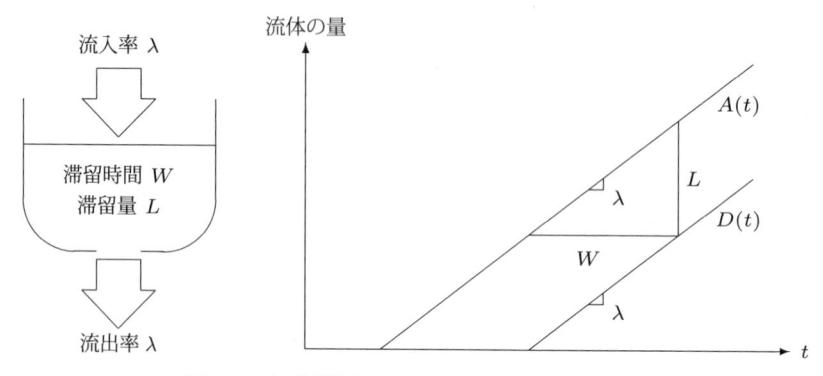

図 2.8 流体近似による Little の定理の説明.

するために，流入率と流出率が同じ値 λ であると仮定すると（同じでなければ，時間が経つと水が容器から溢れてしまうか空になってしまい，ある程度溜まっている定常状態にならない），図 2.8 のように，$A(t)$ と $D(t)$ は直線となり，その傾き (勾配) が λ となる．このとき，2 つの直線の縦方向の差がシステム内客数 L である．一方，客の退出が先着順であると仮定すると，2 つの直線の時間差（横方向の差）が客のシステム内滞在時間 W である．従って，直線の傾きが関係

$$\lambda = L/W$$

で与えられることが分かる．

(4) 滞在時間に対する課金による証明

システム内にいる客には単位時間当たり 1 円が課金されると想定する．各時刻におけるシステム内の平均客数を L とすれば，長い時間 T の間にシステムが受け取る総金額の平均は $L \cdot T$ 円である．同じことを，客は毎時間に 1 円を支払うのではなく，システムから退去するときに，滞在時間分の料金をまとめて支払うと想定してもよい．1 人の客のシステム内平均滞在時間を W とすれば，長い時間 T の間には，λT 人の客がシステムを通過するので，それらの客が支払う金額の総和は $\lambda T \cdot W$ 円である．これらの 2 とおりの方法で計算した金額を等しいとおくと，関係

$$LT = \lambda TW$$

が得られる．これより，Little の定理 (2.4) が成り立つ．

2.4.2　有限時間におけるシステム内客数の標本経路

Little の定理 (2.4) は，上で見たような $t \to \infty$ の極限まで考えた無数の標本経路の平均値についてのみならず，有限時間内の 1 本 1 本の標本経路についても成り立つ．このことを，以下の例で確認してみよう．

表 **2.2**　7 人の客の到着時刻とサービス時間．

客	C_1	C_2	C_3	C_4	C_5	C_6	C_7
到着時刻	1	2	4	8	13	14	16
サービス時間	5	1	3	2	4	1	2

時刻 0 において空であった単一サーバの待ち行列において，表 2.2 に示すような到着時刻とサービス時間で，時間 [0, 20] に 7 人の客をサービスする場合を考える．このとき，客の到着率（単位時間当たりに到着する客の平均数）は

$$\lambda = \frac{7}{20}$$

である．以下に示すように，システム内客数の標本経路は，サービス規律により異なったものになるが, Little の定理がそれぞれの経路について成り立つ．

(1) 先着順サービス

　　客が到着順にサービスされる**先着順サービス** (first-come first-served, FCFS) を仮定すると，システム内客数の標本経路は図 2.9 のようになる．このとき，時間 [0, 20] にわたってシステム内に滞在する延べ客数は

$$S = 0+1+2+2+3+3+2+1+2+2+1+1+0+1+2+2+3+2+1+1 = 32$$

であるから，1 時間ごとに観測されるシステム内客数の平均は

$$L = \frac{S}{20} = \frac{32}{20} = \frac{8}{5}$$

2 章　待ち時間と混雑の数理

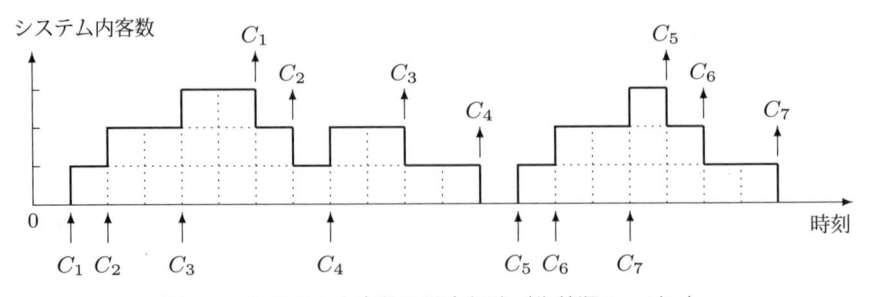

図 2.9　システム内客数の標本経路（先着順サービス）．

である．また，客 1 人当たりのシステム内平均滞在時間は

$$W = \frac{5+5+6+4+4+4+4}{7} = \frac{32}{7}$$

となる．従って，Little の定理 $L = \lambda W$ が確認できる．

(2) 後着順サービス

あとから来た客が先にサービスされる**後着順サービス** (last-come first-served, LCFS) を考えると，システム内客数の標本経路は図 2.10 のようになる[*3]．

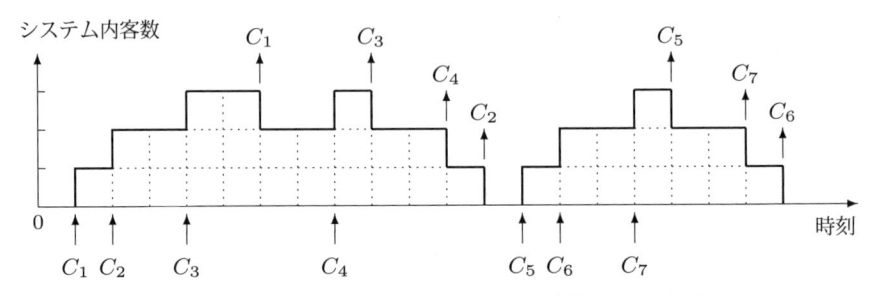

図 2.10　システム内客数の標本経路（後着順サービス）．

[*3] 人が並ぶ待ち行列で後着順サービスは稀にしかないと思われるが，アメリカの「911 救急電話」の受け付け処理は後着順であると言われている．その理由は，緊急性の高い電話ほど，すぐにつながらないと，いったん切ってかけ直すので，長く待っている人からの電話は緊急性が低いだろうと判断され，後回しにされるということである．コンピュータのアルゴリズムにおいて，**スタック** (stack) と呼ばれるデータ構造でも，データ項目は後着順で取り出される．

このとき，システム内客数の時間 $[0, 20]$ にわたる平均は

$$L = \frac{0+1+2+2+3+3+2+2+3+2+2+1+0+1+2+2+3+2+2+1}{20}$$
$$= \frac{36}{20} = \frac{9}{5}$$

である．また，客1人当たりのシステム内平均滞在時間は

$$W = \frac{5+10+5+3+4+6+3}{7} = \frac{36}{7}$$

となる．従って，この場合においても，Little の定理 $L = \lambda W$ が確認できる．ただし，先着順サービスの場合とは，L と W がともに異なることに注意する．

(3) 初期に空でないシステムの場合

図 2.9 の標本経路について，時間 $[3,15]$ を考えると，始点と終点においてシステム内客数は 0 でない．式 (2.7) において $T = 12$, $L(0) = 2$, $A(T) = 4$,

$$S(T) = 2+3+3+2+1+2+2+1+1+0+1+2 = 20$$

であり，6人の客の滞在時間はそれぞれ 3, 4, 6, 4, 2, 1 で合計 20 であるから

$$L = \frac{S(T)}{T} = \frac{20}{12} \quad ; \quad \lambda = \frac{L(0)+A(T)}{T} = \frac{6}{12} \quad ; \quad W = \frac{20}{6}$$

となり，Little の定理 $L = \lambda W$ が確認できる．

(4) システム内平均滞在時間の賢い求め方

あるレストランに客が滞在する平均時間をレストランの外にいる人が計測しようとすると，レストランに入って行く客を1人ずつ覚えていて，各人について入店時刻と退出時刻の差を記録し，すべての客についての平均を取らなければならないので，かなり面倒である．客が店内で服を着替えたり変装したりすれば区別できない．また，以下に挙げるダムの水や地球上の水循環・炭素循環では，個々の水の分子や炭素原子の跡をたどることはできない相談である．しかし，システム内客数の標本経路は，客を個別に

覚えておかなくても，誰でもよいから入店時刻と退出時刻を記録しておけば描くことができる．そして，Little の定理を適用すれば平均滞在時間を計算することができる．

(5) NHK 総合テレビ「頭がしびれるテレビ 行列名人になろう！」より

2012 年 4 月に放送された NHK 総合テレビ「頭がしびれるテレビ 行列名人になろう！」では，待ち行列に並ぶときに自分の待ち時間を推定する方法が紹介された．その方法は，到着時に自分の前で待っている（待合室にいる）客の数を L とし，自分の到着後 1 分間に来た客の数を λ とすれば，自分の待ち時間（の期待値）は

$$W = \frac{L}{\lambda} \quad (\text{分})$$

で与えられるというものである．しかし，この計算方法は間違いである[*4]．実際，もし客の到着時に誰も待合室にいなくても（$L=0$），そのときすべてのサーバがサービス中なら，その客はどこかでサービスが終わるまで待たなければならないので，待ち時間は 0 でない．到着する客は，到着する直前まで，待たなければならないか待たなくてもよいかを知ることはできない．しかし，到着したときに待たなければならないことが分かったとすれば，そのときすべてのサーバはサービス中であるから，彼の待ち時間の期待値は

$$W = \frac{L+1}{\mu} \tag{2.8}$$

で表される．ここで μ は 1 分間にサービスが終了する客の平均数（**サービス率**）であり，待っている客は待合室の出口を見ていれば，先頭の客が呼び出される時間間隔からサービス率が計算できる．待ち時間を気にするのは，待つことになった客だけであるから，上の式ではなく，式 (2.8) を使わなければならない．しかし，式 (2.8) はもはや Little の定理ではないことに注意する．式 (2.8) の導出を第 3 章末の **Column** に示す．

[*4] ここでの考察は，草稿に対する高橋幸雄東京工業大学名誉教授の指摘に基づいて，筆者が再考したものである．

2.4.3 様々なシステムへの応用例

Little の定理は，待ち行列システムに留まらず，様々な分野に応用できる．待ち行列システムに限っても，次のような汎用性がある．

- サービスの順序は何でもよい（先着順，サービス時間の短い順など）．
- サービスを提供する人は何人いてもよい．
- 客の到着過程やサービス時間の分布は何でもよい．集団を成して（三々五々）到着したり，何人かがまとまってサービスを受けてもよい．
- 待合室はまったくなくてもよいし，有限でもよいし，無限でもよい．
- システム全体についても，待合室だけについても，サービスを受けている客だけについても成り立つ．
- 待ち行列のネットワークにおいて，ネットワーク全体についても，その一部についても成り立つ．

また，サービスが行われるということが明示的でなくても，やって来るものがただ滞在するだけのダムの水量や地球上の炭素循環についても成り立つ．このような分野では「Little の定理」という認識なしに使われているようである．

Little の定理が成り立つための唯一の条件は，**システムが定常状態にある**ことである．これは，時間が経過してもシステム内の客数が無限に増加していかないことを意味する．

以下では，システムが定常状態にあるという仮定のもとで，まず待ち行列システムへの応用を示した後，他の多くの身近なシステムへの応用を紹介しよう．「サービス」の範囲を逸脱する例もあるが，ご容赦を請う[*5]．

(1) 待ち行列

任意の時刻において 1 つの待ち行列システムを見るとき

$$N := \text{システム内客数}$$

[*5] Little 自身も多くの応用例を論じている (Little and Graves, 2008; Little, 2011)．高橋・森村 (2001, 第 4 章 滞留型混雑アラカルト) には，多くの滞留型システムの例が挙げられているので，それらについても数値的考察をすると面白いだろう．Little の定理は，渋滞学の本（西成, 2006, p.32）や時間学の本（辻, 2008, p.191）でも引用されている．

$$L := 待合室内客数$$
$$S := サービス中の客数$$

と定義すれば (図 2.11),これらの確率変数の間に関係

$$N = L + S \quad ; \quad E[N] = E[L] + E[S]$$

が成り立つ(通常,L と S は独立ではない).
一方,1 人 1 人の客について

$$T := 平均遅延時間 (システム内滞在時間)$$
$$W := 平均待ち時間 (待合室内滞在時間)$$
$$X := サービス時間$$

と定義すれば (図 2.11),これらの確率変数の間に関係

$$T = W + X \quad ; \quad E[T] = E[W] + E[X]$$

が成り立つ(通常,W と X は独立である).
ここで,Little の定理をシステム全体,待合室だけ,およびサーバだけにそれぞれ適用すれば

$$E[N] = \lambda E[T] \quad ; \quad E[L] = \lambda E[W] \quad ; \quad E[S] = \lambda E[X]$$

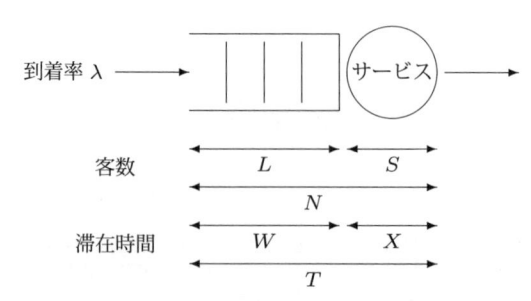

図 2.11 待ち行列システムにおける客数と滞在時間.

が成り立つ.

待ち行列システムの解析においては，通常，到着率 λ とサービス時間 X の確率分布が与えられる．そして，システム内客数 N に関する確率過程を解析して平均客数 $E[N]$ を求めると，上の関係式を利用することで，$E[L]$, $E[T]$, および $E[W]$ が計算できる．これらの式は第3章における M/M/1 および M/M/m 待ち行列の解析結果でも確認できる．

(2) 大学生の在学年数

大学の教育は，学生を「顧客」とするサービス事業である（佐野, 2013）. Little の定理により，学生の平均在学年数を

$$\text{平均在学年数} = \frac{\text{平均在学者数}}{1 \text{年当たりの平均入学・編入学者数}}$$

により計算することができる．

2011 年 5 月 1 日に筑波大学理工学群社会工学類 (入学定員 120 人) に在籍する学生数を表 2.3 に示す．全体で $L = 576$ 人が在籍する．また，過去 4 年間の入学・編入学者数を表 2.3 に示す．ただし，編入学者は全員が 3 年次に編入している．表 2.3 より，過去 4 年間における 1 年間の平均入学・編入学者数は

$$\lambda = \frac{543 + 16}{4} = 139.75 \text{ 人}$$

であった（定員をかなりオーバーして入学させている）．従って，学生の平均在学年数は

$$W = \frac{L}{\lambda} = \frac{576}{139.75} = 4.12 \text{ 年}$$

表 2.3 筑波大学理工学群社会工学類在籍者数と入学・編入学者数.

	1 年次	2 年次	3 年次	4 年次	合計
在学者数	131	132	145	168	576

(平成 23 年 5 月 1 日現在)

年度	2008	2009	2010	2011	合計
入学者数	136	142	134	131	543
編入学者数	7	11	4	4	16

である.これは(通常2年の在学期間で卒業する)編入学者を含む数値であるから,1年次に入学する学生だけについて計算すると,もっと長くなるだろう.

(3) 病院の患者の在院日数

病院の患者の平均在院日数 (length of stay, LOS) は,調査期間中に退院した患者について

$$\text{退院患者の平均在院日数} = \frac{\text{退院した患者の在院日数の総和}}{\text{退院した患者の総数}}$$

で計算される.これを計算するためには,退院した患者1人1人についての在院日数の記録が必要である.小林仁 (2006) によれば,医療法により毎日在院している患者数の調査期間中の総和を在院患者延べ日数と呼び,調査期間について,以下の式で計算する.

$$\text{平均在院日数} = \frac{\text{在院患者延べ日数}}{(\text{新入院患者数} + \text{退院患者数}) \div 2} \tag{2.9}$$

これは Little の定理に近い計算法である.

大学病院の場合,在院している患者数の数え方が2とおりある.厚生労働省(厚労省)方式では,午前0時に在院患者数を数える (midnight census) のに対し,文部科学省(文科省)方式では,1日のうち朝早くに退院患者がありそのあと入院患者があった場合は2人と数える.従って,文科省方式による年間在院患者延べ日数は,年間新入院患者数の分だけ,厚労省方式による年間在院患者延べ日数よりも多くなる.

筑波大学附属病院は800床を有する.2010年度の在院患者延べ日数と新入院および退院患者数を表2.4に示す.1日当たりの平均では,在院患者

表 2.4 筑波大学附属病院の在院・新入院・退院患者数.

2010 年度	年間	1 日当たり
在院患者延べ日数 (文科省方式)	255,930 人	701 人
在院患者延べ日数 (厚労省方式)	242,003 人	663 人
新入院患者数	13,897 人	38 人
退院患者数	13,927 人	38 人

数が 701 人 (文科省方式) または 663 人 (厚労省方式) で，ちょうど入退院患者数 38 人の差があることが分かる．

病院全体における病床稼働率は

$$\text{文科省方式:} \quad \frac{255{,}930}{365 \times 800} \times 100 = 87.6\%$$

$$\text{厚労省方式:} \quad \frac{242{,}003}{365 \times 800} \times 100 = 82.9\%$$

である．式 (2.9) により，文科省方式による平均在院日数は

$$\frac{255{,}930}{(13{,}897 + 13{,}927) \div 2} = 18.4 \text{ 日}$$

であり，厚労省方式では 17.4 日となる[*6]．

これは，アメリカなどの病院の平均在院日数と比べて非常に長い．例えば，「患者第一」(The needs of the patient come first) の医療サービスで有名な Mayo Clinic の Saint Marys Hospital では 5.8 日である (Mayo Clinic, 2011)．

(4) ダムに水が滞留する時間

神奈川県の水源の 1 つである宮ヶ瀬ダムについて，2009 年における諸量を関東地方のダム諸量データベース (2012) から拾うと，表 2.5 のようになっている．ここで総貯水量 とは，堆砂容量を含むダムに溜めることができる最大の水量であり，有効貯水量とは，堆砂容量を含まないダムに溜めることができる最大の水量のことであって，それぞれ値が決まっている

表 2.5 宮ヶ瀬ダムの諸量 (2009 年)．

総貯水量	有効貯水量	平均貯水量	流入量	放流量
193.00	183.00	150.74	252.49	230.09

(単位は百万 m^3)

[*6] 筑波大学附属病院が医療報酬のために報告している平均在院日数は 16.3 日である．上記の値と一致していない理由は，精神科身体合併症管理加算や，児童・思春期精神科入院医療管理加算などを算定する患者を除いたり，在院期間が 90 日を超える患者については 90 日としていることによる（筑波大学病院総務部経営管理課 鈴木将貴課長）．

ようである.

$$総貯水量 = 有効貯水量 + 堆砂容量$$

$$有効貯水量 = 利水容量 + 洪水調節容量$$

一方,実際に溜まっている水量である貯水量は時々刻々に変化し,同データベースに 10 分ごとのリアルタイムで表示されているので,2009 年の保存データから年間平均貯水量を計算した.

ダムについては

$$回転率 := \frac{年間総流入量}{有効貯水量}$$

が,溜まっている水が 1 年間に何回入れ替わるかを示す指標として使われている.回転率の逆数が水の平均滞留時間であるが,有効貯水量の代わりに実際に溜まっていた平均貯水量と,流入量と放流量の平均値を用いて

$$平均滞留時間 = \frac{平均貯水量}{(年間総流入量 + 年間総放流量) \div 2} \qquad (2.10)$$

で計算するのがよいと思われる.これらの式を用いると,宮ヶ瀬ダムでは,2009 年において

$$回転率 = \frac{252.49}{183.00} = 1.39$$

$$平均滞留時間 = \frac{150.74}{(252.49 + 230.09) \div 2} \times 365 = 227.6\,日\,(約\,7\,か月)$$

であった.

(5) 地球上の水循環

地球上の水は,大きく分けて,図 2.12 のように,大気中(水蒸気),陸域(湖沼,河川,地下水,氷河など),および海洋に存在して(単位は千 km^3),それらの間を循環している(単位は千 km^3/年).各場所で流入量と流出量が等しいので,定常状態と考えることができる(小笠原ほか,2012, p.190).杉田・田中 (2009, p.9) には,Little の定理に相当する式

$$平均滞留時間 = \frac{平均水貯留量}{平均輸送量}$$

が示されている.ウェブサイト(水循環,2012)に示されている数値(図

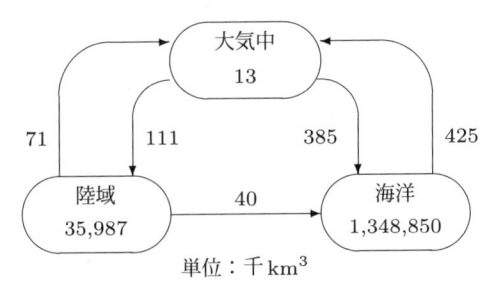

```
           大気中
            13
  71   111      385    425
     陸域    40   海洋
    35,987      1,348,850
          単位：千 km³
```

図 **2.12** 地球上の年間水循環.

2.12) をこの式に代入して，水の平均滞留時間を計算すると

$$\text{大気中:} \quad \frac{13}{71+425} = 0.0262 \text{ 年} = 9.6 \text{ 日}$$

$$\text{陸域:} \quad \frac{35,987}{111} = 324 \text{ 年}$$

$$\text{海洋:} \quad \frac{1,348,850}{40+385} = 3,174 \text{ 年}$$

となり，大気中に水蒸気として滞留する平均日数は 9.6 日と非常に短いことに驚く．

(6) 地球上の炭素循環

地球温暖化に関係があると言われる大気中の二酸化炭素の量は，炭素の重量に換算され，地球上の炭素循環として捉えられる (小笠原ほか, 2012, p.185, p.306)．気象庁のウェブサイト（海洋の炭素循環, 2012）によれば，化石燃料が使われていなかった産業革命前には，大気と陸海域の間の炭素

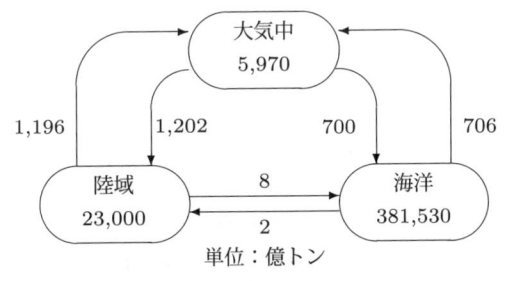

```
           大気中
           5,970
 1,196  1,202    700    706
     陸域    8   海洋
    23,000    2  381,530
          単位：億トン
```

図 **2.13** 地球上の年間炭素循環 (産業革命以前).

2 章 待ち時間と混雑の数理

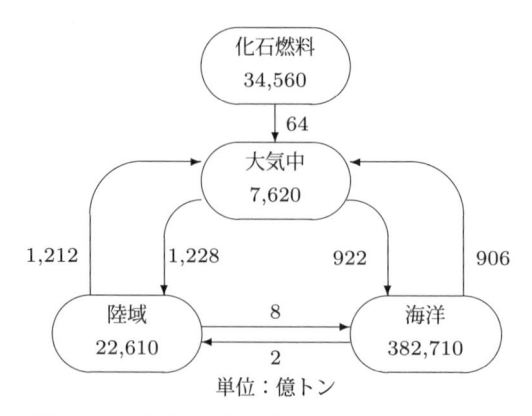

```
           化石燃料
           34,560
              │
              │64
              ▼
            大気中
            7,620
    ↑    ↑    │    ↑
 1,212 1,228 922  906
    │    │    ▼    │
   陸域 ←─8──→ 海洋
  22,610 ──2─→ 382,710
         単位：億トン
```

図 2.14 地球上の年間炭素循環（1990 年代）．

移動量は 1,902 億トン/年で均衡していた（図 2.13）．このとき，大気中に炭素が 5,970 億トン含まれていたので，炭素原子が大気中に滞留する平均期間は

$$5{,}970 \div 1{,}902 = 3.14 \text{ 年}$$

であった．

現在は，化石燃料の消費など人間活動の影響により，毎年 64 億トンが大気中に移っており，大気中の炭素量は平衡状態にない（図 2.14）．2012 年 1 月 4 日の朝日新聞朝刊に，歴史学者ジャレド・ダイヤモンド (Jared Mason Diamond, 1937–) 氏へのインタビュー記事「文明崩壊への警告」の中で，彼は「放出された二酸化炭素は 200 年間は大気中にとどまるのです」と言っている．上記の平衡状態における計算から類推しても，これはいかにも長すぎる．気象庁のウェブサイト（大気・海洋環境観測報告, 2012）には次のように書かれている．

> 大気中での二酸化炭素の滞留時間は，その吸収放出のメカニズムによって変わるため，単一に定めるのが困難である．大気と陸上生物圏および海洋との間の交換量から見積もられる大気中の二酸化炭素の滞留時間（寿命）は約 5 年であるが，大気に二酸化炭素が付加されたときに大気・海洋表層間で平衡に近付くには，付加された炭素が海洋表

層水から中深層水に移動するために最大 200 年の応答時間を要するとみられている．

ダイヤモンド氏は確率変数の最大値を平均値のように語っている．

謝　辞

本章で扱った数値データを提供していただいたシステム情報エリア支援室学群教務 筒井祐子さん，筑波大学病院総務部経営管理課 鈴木将貴課長，また，議論をしていただいたアメリカ Columbia 大学 Ward Whitt 教授，東京工業大学 高橋幸雄名誉教授，神奈川大学工学部経営工学科 松井正之教授，筑波大学生命環境系 杉田倫明教授および内海真生准教授，筑波大学理工学群社会工学類（2012 年度卒業）根本達哉君に感謝します．

参 考 文 献

小笠原正明・新井一郎・澤村京一・杉田倫明・守橋健二 (2012)，現代人のための統合科学－ビッグバンから生物多様性まで，筑波大学出版会，2012 年 11 月．

気象庁：海洋の炭素循環，http://www.data.kishou.go.jp/db/co2/knowledge/carbon_cycle.html（2012 年 3 月 23 日アクセス）．

気象庁：大気・海洋環境観測報告，http://www.data.kishou.go.jp/obs-env/cdrom/report/html/2_.html（2012 年 3 月 23 日アクセス）．

小林仁 (2006)，医療制度改革における平均在院日数とは何か～新たな政策目標の意義と問題点～，立法と調査，257 号，特集：第 164 国会の議論の焦点 (1)，参議院，2006 年 7 月．http://www.sangiin.go.jp/japanese/annai/chousa/rippou_chousa/backnumber/2006pdf/2006070784.pdf（2013 年 11 月 12 日アクセス）．

佐野享子 (2013)，教育を対象としたサービス・エンカウンター研究の視座－サービス特性の検討を手がかりとして－，大学研究，第 39 号，pp.31–42，筑波大学 大学研究センター，2013 年 3 月．

杉田倫明・田中正 編著 (2009)，水文科学，共立出版，2009 年 2 月．

高橋幸雄・森村英典 (2001)，混雑と待ち，朝倉書店，2001 年 7 月．

ダム諸量データベース，http://www2.river.go.jp/dam/summary.do?damCode=10301442200000（2012 年 3 月 23 日アクセス）．

辻正二監修・山口大学時間学研究所編 (2008)，時間学概論，恒星社厚生閣，2008 年 4 月．

寺田寅彦 (1922)，電車の混雑について，思想，1922 年 9 月．寺田寅彦全集，第 3 巻，pp.206–217，岩波書店，1960 年 12 月に所収．

西成活裕 (2006)，渋滞学，新潮社，2006 年 9 月．

水循環，http://www.physicalgeography.net/fundamentals/8b.html（2013 年 11 月 12 日アクセス）．

鷲田清一 (2006)，「待つ」ということ，角川学芸出版，2006 年 8 月．

Hopp, W. J. and M. L. Spearman (2008), *Factory Physics*, Third edition, Weavelan Press, 2008.

Kleinrock, L. (1975), *Queueing Systems*, Volume I: *Theory*, John Wiley & Sons, 1975.

Little, J. D. C. (1961), A proof for the queuing formula: $L = \lambda W$, *Operations Research*, Vol.9, No.3, pp.383–387, May–June 1961.

Little, J. D. C. (1992), Tautologies, models and theories: can we find "laws" of manufacturing?, *IEE Transactions*, Vol.24, No.3, pp.7–13, July 1992.

Little, J. D. C. (2011), Little's law as viewed on its 50th anniversary, *Operations Research*, Vol.59, No.3, pp.536–549, May–June 2011.

Little, J. D. C. and S. C. Graves (2008), Little's law. In: *Building Intuition: Insights from Basic Operations Management Models and Principles*, edited by D. Chhajed and T. J. Lowe, pp.81–100, Springer, 2008.

Mayo Clinic (2011), http://www.mayoclinic.org/saintmaryshospital/about.html (2011年12月28日アクセス).

Sloan School of Management (2011), *Inventing Marketing Science: John D. C. Little*, http://sloan.mit.edu/faculty/pdf/marketing.pdf (2011年12月28日アクセス).

Stidham, S., Jr. (1974), A last word on $L = \lambda W$, *Operations Research*, Vol.22, No.2, pp.417–421, March–April 1974.

Whitt, W. (1991), A review of $L = \lambda W$ and extensions, *Queueing Systems*, Vol.9, No.3, pp.235–268, October 1991.

Wolff, R. W. (1989), *Stochastic Modeling and the Theory of Queues*, Prentice Hall, 1989.

著者紹介

高木英明

第1章を参照.

3章 待ち行列の数理と心理
Mathematics and Psychology of Waiting Lines

高木 英明（筑波大学）
takagi@sk.tsukuba.ac.jp

　レストランでも遊園地でも，銀行でも病院でも空港でも，サービスを受けに来る顧客は待たされることが多い．顧客満足度は待たされる時間に大きく依存するが，待っている間に隣の行列が速く進んだり，あとから来た人が先にサービスされたりすることがあれば，心理的反応にも大きく依存する．従って，サービスの価値が経営者と顧客の共同で創られるなら，待ち時間の数理的および心理的研究は重要である．

　本章では，単一サーバの待ち行列と複数サーバの待ち行列モデルについて，待ち行列の長さや待ち時間を計算する数理的方法（待ち行列理論）を紹介し，その結果を用いて，サーバの数，待ち行列の配置，サービスの順序などが待ち時間と客の満足度に与える影響を考察する．

キーワード：Poisson 過程，指数分布，Erlang 分布，PASTA，M/M/1，M/M/m，Erlang の C 公式，待ち時間，遅延時間，規模の経済，待ち時間の分散，分散待ち行列，集中待ち行列，フォーク並び待ち行列，サービス規律，先着順サービス，後着順サービス，ランダム順サービス，最短順サービス，客に優先順位のあるサービス．

3.1 はじめに

　郵便局の窓口やスーパーマーケットのレジなど，サービスを提供する施設において，サービスを受けるためにやって来る客の需要が一時的にサービス供給能力を超えるとき，**待ち行列** (waiting line, queue) が発生する．待ち行列はこのように日常的に観察される現象であるが，この現象を早くも 1910 年代に最初に数学的モデルとして解析したのは，普及し始めた電話網の設計理論の研究者として，いずれも当時の電話会社に勤務していたデンマークの Agner Krarup Erlang (1878–1929) とノルウェーの Tore Olaus Engset (1865–1943) である．

　その後，数学的に確率過程として研究が進むとともに，1970 年代以降になる

と，情報通信ネットワーク，コンピュータ，生産システムなどの性能評価に対する応用に牽引されて，現在では**待ち行列理論** (queueing theory) と呼ばれるオペレーションズ・リサーチの中の一大分野となっている[*1]．

待ち行列理論の参考書は，初等的な教科書から高度に数学的な専門書および特定の応用分野に関するものまで多数ある．日本語の本では，基礎として鈴木 (1972) が分かりやすく，情報通信ネットワークへの応用として藤木・雁部 (1980) と高橋敬隆ほか (2003) が薦められる．英語の本では Allen (1990), Cooper (1981), Gross et al. (2008), Kleinrock (1975) などが分かりやすい．数学に強い読者には Wolff (1989) を薦める．Hall (1991) はサービスおよび製造システムへの応用に焦点を当てている．

本章の目的は，待ち行列理論を人と設備が関わるサービスシステムに応用して得られる有用な結果と観点を紹介することである．

Column 待ち行列理論の 2 人の始祖

Erlang と Engset の伝記と研究業績は，それぞれ以下の文献に紹介されている．

E. Brockmeyer, H. L. Halstrøm, and A. Jensen, The Life and Work of A. K. Erlang, *Transactions of the Danish Academy of Technical Sciences*, No. 2, 1948, Copenhagen. http://oldwww.com.dtu.dk/teletraffic/Erlang.html. 高木英明訳，A. K. Erlang の伝記，待ち行列シンポジウム「確率モデルとその応用」報文集，pp.134–138，広島ガーデンパレス，2010 年 1 月 21〜23 日．

Arne Myskja and Ola Espvik (editors), *Tore Olaus Engset 1965–1943, The Man Behind the Formula*, Tapir Academic Press, Trondheim, Norway, 2002. 高木英明訳，公式の舞台裏にいる人：Tore Olaus Engset の伝記，待ち行列シンポジウム「確率モデルとその応用」報文集，pp.256–268，ホテルクラウンパレス浜松，2012 年 1 月 18〜20 日．

[*1] "queueing" は，母音が 5 つ連続して現れる唯一の（通常の）英単語である．Microsoft 社の WORD 文書で queueing と書くと誤スペルの警告が出て，queuing が正しいとされるが，待ち行列の研究者は queueing を使うことが多い．もっとも，アメリカの普通の人が queue という語を使うことは少なく，"waiting line" と言うようである．

3.2 客の到着過程とサービス時間

待ち行列モデルを解析するに際しては，客の到着過程と，それぞれの客が要求するサービス時間の統計的性質を規定することが必要である．そこで，最も基本的な到着過程として Poisson 過程を，またサービス時間の確率分布として指数分布を説明する．

3.2.1 Poisson 到着過程

無限母集団からの客の到着過程は，最も単純な場合に，Poisson 過程としてモデル化される．時間 $[0,t]$ に到着する客の数を $N(t)$ で表す．$N(t)$ は時刻 t について単調非減少であり，$0, 1, 2, \ldots$ という非負の整数値を取る確率変数である．

確率過程 $\{N(t); t \geq 0\}$ は，次の性質 (i) と (ii) を満たすとき，単位時間当たりの平均到着数を表す**到着率** (arrival rate) が λ の **Poisson 過程** (Poisson process) と呼ばれる．λ の物理的次元は「1/時間」「1/分」「1/秒」などである．

(i) オーバーラップしていない時間帯に起こる到着数は互いに独立である．

(ii) 時間 $[0,t]$ に起こる到着の数は平均 λt の **Poisson 分布** (Poisson distribution) に従う．

$$P\{N(t) = k\} = \frac{(\lambda t)^k}{k!} e^{-\lambda t} \qquad k = 0, 1, 2, \ldots$$

このとき，微小時間 Δt について，以下が成り立つ．

$$P\{N(\Delta t) = 0\} = 1 - \lambda \Delta t + o(\Delta t)$$
$$P\{N(\Delta t) = 1\} = \lambda \Delta t + o(\Delta t)$$
$$P\{N(\Delta t) \geq 2\} = o(\Delta t)$$

すなわち，Poisson 過程では，非常に短い時間 Δt の間に確率 $\lambda \Delta t$ で 1 人だけ到着し，確率 $1 - \lambda \Delta t$ で誰も到着しない．2 人以上到着する確率は無視できる．言い換えれば，集団到着は起こらないと考えてよい．客がばらばらと到着すると

3章 待ち行列の数理と心理

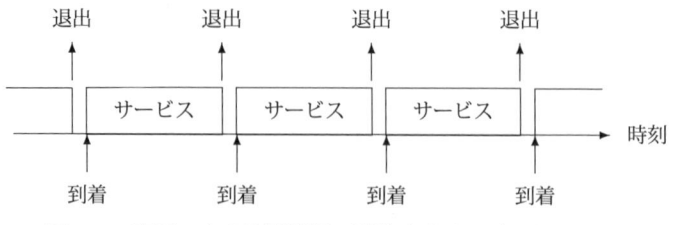

図3.1 客が一定の時間間隔で到着するサービスシステム．

き，その時間間隔 T は連続的な値を取る確率変数であり，その分布関数を $F(t)$ とすれば

$$1 - F(t) := P\{T > t\} = P\{N(t) = 0\} = e^{-\lambda t} \qquad t \geq 0$$

となる．従って，到着率 λ の Poisson 到着過程においては，到着時間間隔は平均 $1/\lambda$ の**指数分布**に従うことが分かる．このような到着過程の性質は第 2.3 節において，バスの到着として考察したところである[*2]．

Poisson 到着過程の重要な性質として，**Poisson 到着は時間平均を見る** (Poisson arrivals see time averages, **PASTA**) という定理があり，後述の待ち行列理論において，サービスシステムに到着する客の待ち時間を解析するときに使われる．この定理の証明は易しくないので，ここには示さない．（証明に興味のある読者は，例えば Wolff (1989, pp.293–298) を参照されたい．）しかし，Poisson 過程ではない到着過程に従って到着する客がシステムの状態の時間平均を見ないサービスシステムの例を図 3.1 に示しておこう．客の到着は正確に 1 時間ごとに起こり，それぞれの客のサービス時間は必ず 59 分であるとする．このとき，サーバが使用中である時間の割合の長時間にわたる平均は $\frac{59}{60}$ である．しかし，客が到着する直前にサーバが使用中である確率は 0 である（このシステムはまた，サーバの使用率が 1 に近くても客の待ち時間が 0 であるという特例になっている）．

[*2] 別の例では，1,000 年に一度の大地震が Poisson 過程に従って発生すると仮定すれば ($1/\lambda = 1{,}000$ 年)，そのような大地震は約 90%の確率で 100 年間に一度も起こらない ($e^{-100\lambda} = e^{-0.1} = 0.9048$)．

3.2.2 指数分布に従うサービス時間

本章では，それぞれの客のサービス時間 X は，平均が $1/\mu$ の**指数分布**に従うと仮定する．従って，X の分布関数 $F(x)$ と密度関数 $f(x)$ は

$$F(x) := P\{X \leq x\} = 1 - e^{-\mu x} \quad ; \quad f(x) = \frac{dF(x)}{dx} = \mu e^{-\mu x} \qquad x \geq 0$$

で与えられる．これらのグラフは第 2.3.1 項の図 2.3 に示されている．

このとき，サービスの開始から x だけ時間が過ぎたとき，次の微小時間 Δx にサービスが終了する確率は

$$P\{x \leq X \leq x + \Delta x \mid X > x\} = \frac{P\{x \leq X \leq x + \Delta x\}}{P\{X > x\}} = \frac{f(x)\Delta x}{1 - F(x)} = \mu \Delta x$$

である．これはサービス開始からの時間 x に依存せず一定であることに注意する．μ は単位時間に何人の客のサービスが終了するかという**サービス率** (service rate) であり，その物理的な次元は（到着率と同じく）「1/時間」「1/分」「1/秒」などである．サービス率は**平均サービス時間**の逆数である．例えば，平均サービス時間が 10 分 (=1/6 時間) なら 1 時間に 6 人のサービスをすることができる．

指数分布に従うサービス時間については，第 2.3.1 項に示したような確率分布と**無記憶性** (memoryless property) と呼ばれる性質が成り立つ．すなわち，サービス途中の任意時点からサービス終了までの時間の確率分布は，完全なサービス時間の確率分布と同じく，平均が $1/\mu$ の指数分布である．

3.2.3 指数分布の和

サーバが 1 人であるサービス施設に客が到着したとき，そこには既に k 人の客がいて，サービスが先着順に行われるとすれば，この客の**待ち時間**は k 個の独立なサービス時間の和である．後出の第 3.3.3 項および第 3.4.3 項において待ち時間の確率分布を導くときのために，k 個の独立な同じ指数分布に従う確率変数 X_i ($i = 1, 2, \ldots, k$) の和

$$S_k = X_1 + X_2 + \cdots + X_k$$

の分布を考えよう．それぞれの X_i の平均を $1/\mu$ とすると，S_k の平均と分散は

$$E[S_k] = \frac{k}{\mu} \quad ; \quad \mathrm{Var}[S_k] = \frac{k}{\mu^2}$$

であることが分かる．

S_k の分布関数と密度関数を

$$F_k(x) := P\{S_k \le x\} \quad ; \quad f_k(x) = \frac{dF_k(x)}{dx} \qquad x \ge 0$$

とする．到着率 λ の Poisson 過程においては，到着時間間隔は平均 $1/\lambda$ の指数分布に従うことを示した．これを逆に見ると，連続した k 個の到着時間間隔の和が t より大きいことは，時間 $[0,t]$ に起こる到着の数が k より少ないことを意味する．ここで λ の代わりに μ を，t の代わりに x を考えると，$N(x)$ を時間 x の間に終了するサービスの数として，事象の関係

$$\{S_k > x\} \equiv \{N(x) < k\}$$

が成り立つ．この式の両辺の事象が起こる確率は

$$1 - F_k(x) = \sum_{i=0}^{k-1} \frac{(\mu x)^i}{i!} e^{-\mu x}$$

である．両辺を x で微分することにより，密度関数

$$f_k(x) = \frac{\mu^k x^{k-1}}{(k-1)!} e^{-\mu x} \qquad x \ge 0$$

が得られる．この分布を **k 次 Erlang 分布**という．1 次 Erlang 分布とは指数分布のことである．$\mu = 1$ のときの $F_k(x)$ と $f_k(x)$ のグラフを図 3.2 に示す．

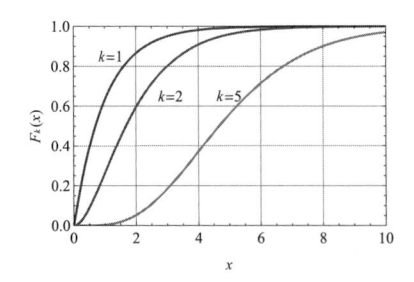

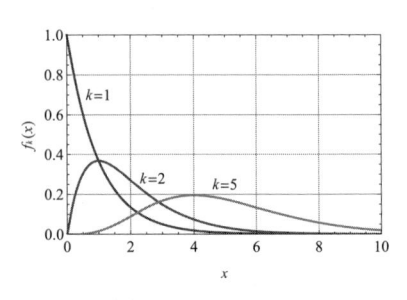

図 3.2　k 次 Erlang 分布の分布関数と密度関数 ($\mu = 1$).

3.3 M/M/1 待ち行列

本節では，最も基本的な M/M/1 待ち行列について，システム内客数に対する離散型確率分布と，客の待ち時間に対する連続型確率分布を導出する．以下の性質をもつ待ち行列を **M/M/1** という **Kendall の記号** (Kendall's notation) で表す（図 3.3）．

図 3.3　M/M/1 待ち行列．

- 客の到着は到着率 λ の Poisson 過程に従う．
- 客のサービス時間は平均が $1/\mu$ の指数分布に従う．
- サーバの数は 1 人である．待合室の容量は無限大とする．

サーバは，1 人の客のサービスが終わると，直ちに待合室にいる客の中から次の客を取り込んでサービスを始める．このとき，次にサービスをする客を選ぶ種々の方法が考えられる．最も自然な方法は**先着順サービス** (first-come first-served) であろう．しかし，待合室にいる客の中から無作為に（到着順にかかわらず）1 人の客を選ぶという方式も可能である．システム内客数の確率分布は，このようなサービスの順序に依存しない．客の待ち時間の平均もサービスの順序に依存しないが，その確率分布はサービスの順序に依存する（第 3.7 節）．

3.3.1　システム内客数の確率分布

待ち行列では，客の到着率がサービス率よりも大きいと，時間が経つにつれて，待合室に客が無限に溜まってしまう．このようなことが起こらない状況を，システムが**安定** (stable) であるという．システムが安定な状態において，システム内に k 人の客がいる確率を P_k で表し，これを**状態確率** (state probability) という $(k = 0, 1, 2, \ldots)$．システム内の客数は，到着が起こると 1 だけ増加し，サービスが終了すると 1 だけ減少する．この様子は図 3.4 のような**状態推移率**

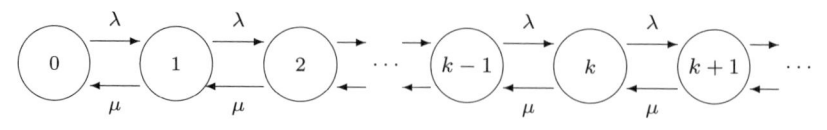

図3.4 M/M/1 待ち行列の状態推移率図.

図 (state transition rate diagram) に示すと分かりやすい．

状態確率 $\{P_k; k=0,1,2,\ldots\}$ は**平衡方程式** (balance equation)

$$\mu P_1 = \lambda P_0 \quad ; \quad \underbrace{\lambda P_{k-1} + \mu P_{k+1}}_{\text{状態 } k \text{ に入って来る率}} = \underbrace{(\lambda+\mu)P_k}_{\text{状態 } k \text{ から出て行く率}} \quad k \geq 1$$

を満たす．この2階の漸化式は，より簡単な1階の漸化式

$$\underbrace{\mu P_k}_{\text{状態推移 } k \to k-1 \text{ の発生率}} = \underbrace{\lambda P_{k-1}}_{\text{状態推移 } k-1 \to k \text{ の発生率}} \quad k \geq 1$$

と同等であることが証明できる．従って，数列 $\{P_k; k=0,1,2,\ldots\}$ は等比数列であることが分かり，逐次的に

$$P_k = \frac{\lambda}{\mu} P_{k-1} = \left(\frac{\lambda}{\mu}\right)^2 P_{k-2} = \cdots = \left(\frac{\lambda}{\mu}\right)^k P_0$$

が得られる．ここで

$$\rho := \lambda/\mu$$

とおくと，

$$P_k = P_0 \rho^k \quad k \geq 0$$

と書くことができる．ρ は**トラフィック強度** (traffic intensity) と呼ばれ，システムのサービス処理能力（サービス率）に対して需要（客の到着）がどれだけあるかを表す尺度である．

$$\rho = \frac{\text{サービスの需要}}{\text{サービス処理能力}}$$

最後に，P_0 は状態確率の総和が1になるという**正規化条件** (normalization condition) から決めることができる．すなわち，$\rho < 1$ のとき

3.3 M/M/1 待ち行列

$$1 = \sum_{k=0}^{\infty} P_k = P_0 \sum_{k=0}^{\infty} \rho^k = \frac{P_0}{1-\rho}$$

より，システムが空である確率として

$$P_0 = 1 - \rho$$

が得られる．従って，定常状態におけるシステム内客数は**幾何分布** (geometric distribution)

$$P_k = (1-\rho)\rho^k \qquad k \geq 0 \tag{3.1}$$

に従うという結果が得られる．$\rho = 0.6$ のときのこの確率分布を図 3.5 に示すと，k とともに等比数列として減少していることが分かる．

システム内客数が無限大にならないための**安定条件** (stability condition) は

$$\rho < 1$$

で与えられる．これは $\lambda < \mu$，すなわち客の到着率がサービス率よりも小さいということである．さらに言い換えれば，サーバの処理能力がサービスの需要よりも大きいということである．

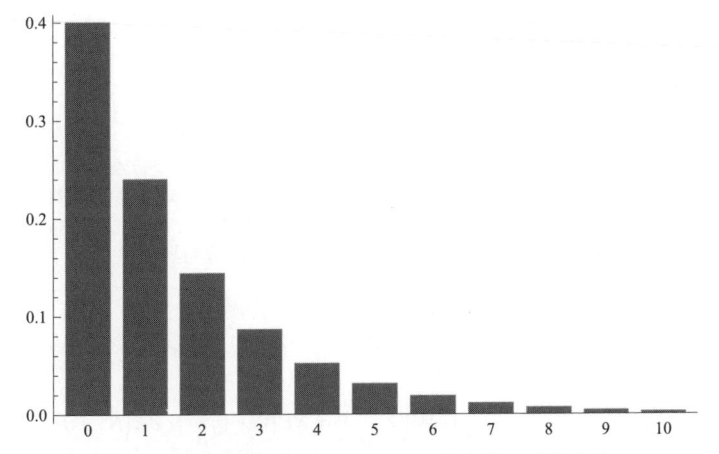

図 3.5 M/M/1 待ち行列におけるシステム内客数の確率分布 ($\rho = 0.6$).

3.3.2 混み具合の指標

式 (3.1) に与えられたシステム内客数 N の確率分布を使って，システムの**混み具合**を表す種々の指標 (measures of congestion) を計算することができる．

まず，N の平均は

$$E[N] = \sum_{k=1}^{\infty} k P_k = (1-\rho) \sum_{k=1}^{\infty} k \rho^k = \frac{\rho}{1-\rho} = \frac{\lambda}{\mu-\lambda}$$

である[*3]．サービスを受けている客の数 S は確率 P_0 で 0 人であり，確率 $1-P_0$ で 1 人であるから，その平均は

$$E[S] = 0 \times P_0 + 1 \times (1-P_0) = \rho$$

である．

システム内客数 N，待合室内客数 L，およびサービス中の客数 S の間には

$$N = L + S$$

という関係がある．L と S は互いに独立ではないが，**平均値の加法性**により

$$E[N] = E[L] + E[S]$$

が成り立つ．従って，待合室内客数 L の平均は

[*3] M/M/1 待ち行列については，システム内客数の平均値 $E[N]$ だけなら簡単に求められる．すなわち，PASTA により，客の到着時刻におけるシステム内客数の期待値は任意時刻における期待値 $E[N]$ に等しく，指数分布の無記憶性により，それらの客はすべて平均 $1/\mu$ のサービスを要求するので，到着する客の待ち時間の期待値は

$$E[W] = (1/\mu) E[N]$$

で与えらえる（これは Little の定理ではないことに注意）．そして，システム内滞在時間を T とすれば，Little の定理により

$$E[N] = \lambda E[T] = \lambda \left(E[W] + \frac{1}{\mu} \right) = \lambda E[W] + \frac{\lambda}{\mu} = \rho E[N] + \rho$$

となるので，$E[N] = \rho/(1-\rho)$ が得られる．

$$E[L] = E[N] - E[S] = \frac{\rho}{1-\rho} - \rho = \frac{\rho^2}{1-\rho}$$

となる[*4].

待ち時間（待合室内滞在時間）W の平均については，「待合室にいる客」に Little の定理を適用することにより（第 2.4.3 項 (1) を参照），

$$E[W] = \frac{E[L]}{\lambda} = \frac{\rho}{\mu - \lambda}$$

が得られる．最後に，**遅延時間**（システム内滞在時間）T の平均についても，「システム全体にいる客」に Little の定理を適用することにより，

$$E[T] = \frac{E[N]}{\lambda} = \frac{1}{\mu - \lambda} = E[W] + \frac{1}{\mu}$$

が得られる（$1/\mu$ は平均サービス時間）．このように，平均待ち時間や平均遅延時間は，サービスの順序に依存しないシステム内客数に Little の定理を適用して導かれるので，サービスの順序に依存しないことに注意する．

$\mu = 1$ の場合に，これらの結果を ρ に対してプロットしたものが図 3.6 である．この図を見ると，M/M/1 待ち行列は次のような性質をもつことが分かる．

- $\rho \to 0$ $(\lambda \to 0)$ のとき，客はほとんど到着しないので，$E[N]$, $E[L]$, および $E[W]$ はそれぞれ 0 に近づく．遅延時間には自身のサービス時間が含まれているから，$E[T]$ は $1/\mu$ に近づく．
- $\rho \to 1$ $(\lambda \to \mu)$ のとき，$E[N]$, $E[L]$, $E[T]$, および $E[W]$ はすべて無限大に発散する．$\rho = 1$ なら到着率とサービス率が等しいので，待ち行列は

[*4] 待合室内客数 L の確率分布は

$$P\{L = 0\} = P\{N = 0\} + P\{N = 1\} = 1 - \rho^2,$$
$$P\{L = k\} = P\{N = k+1\} = (1-\rho)\rho^{k+1} \qquad k \geq 1$$

で与えられる．これより，L の平均が

$$E[L] = \sum_{k=1}^{\infty} kP\{L = k\} = (1-\rho)\rho^2 \sum_{k=1}^{\infty} k\rho^{k-1} = \frac{\rho^2}{1-\rho}$$

と計算できる．

3章 待ち行列の数理と心理

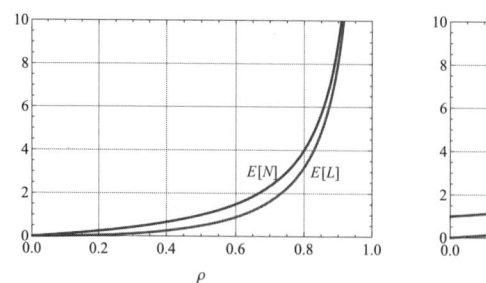

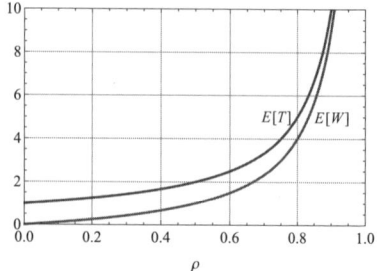

図 3.6 M/M/1 待ち行列のシステム内平均客数と平均滞在時間 ($\mu = 1$).

無限大にならないように思える（到着時間間隔とサービス時間がともに一定なら確かにそうなる）が，M/M/1 待ち行列では，到着過程とサービス時間のランダムな性質により，待ち行列は無限に長くなる．

- $E[N]$, $E[L]$, $E[T]$, および $E[W]$ はすべて ρ の単調増加関数であるのみならず，凸関数 (convex function) である．すなわち，ρ が増えると増加率も増大するので，これらは ρ が 1 に近づくにつれて急に増大する．高橋・森村 (2001, p.154) は，$\mu = 1$ のときの平均待ち時間 $E[W]$ について，表 3.1 に示す数値例を挙げて，

$\rho = 0.5$ のときは $\rho = 0.3$ のときの 2 倍以上，
$\rho = 0.7$ のときは $\rho = 0.5$ のときの 2 倍以上，
$\rho = 0.9$ のときは $\rho = 0.7$ のときの 3 倍以上で，
$\rho = 0.5$ のときの 9 倍にもなる，

と指摘している．

表 3.1 M/M/1 待ち行列における平均待ち時間 ($\mu = 1$).

ρ	0	0.3	0.5	0.7	0.9	1
$E[W]$	0	0.42857	1.00000	2.33333	9.00000	∞

3.3.3 待ち時間の確率分布

M/M/1 待ち行列における任意の客の待ち時間 W の確率分布を導こう．そのために，Poisson 到着過程の性質 PASTA（第 3.2.1 項）により，客の到着時刻におけるシステム内客数の確率分布は，任意時刻における分布 $\{P_k; k \geq 0\}$ と同じであることを利用する．まず，到着時にシステム内に客がいなければ待ち時間は 0 である．

$$P\{W = 0\} = P_0 = 1 - \rho$$

一方，**先着順サービス**を仮定すると，システム内に $k\ (\geq 1)$ 人の客がいるときに到着する客の待ち時間は

- 待合室にいる $k-1$ 人の客のサービス時間，および
- サービスを受けている客の「残りサービス時間」

から成る．ここで，指数分布の無記憶性により，「残りサービス時間」の分布も平均 $1/\mu$ の指数分布である．従って，システム内に k 人の客がいるときに到着する客の待ち時間は k 個の独立な指数分布の和，すなわち k 次 Erlang 分布（第 3.2.3 項）に従うことが分かる．

よって，待つことになる客の待ち時間 W の密度関数は

$$\begin{aligned}
f_W(t \mid W > 0) &= \sum_{k=1}^{\infty} \frac{\mu^k t^{k-1}}{(k-1)!} e^{-\mu t} \cdot (1-\rho)\rho^{k-1} \\
&= \mu(1-\rho)e^{-\mu t} \sum_{k=1}^{\infty} \frac{(\lambda t)^{k-1}}{(k-1)!} = (\mu - \lambda)e^{-(\mu-\lambda)t}
\end{aligned}$$

すなわち，平均が $1/(\mu - \lambda)$ の指数分布となる．ここで「待つ」という条件を外すと，待たない客も含めて，任意の客についての待ち時間の密度関数

$$\begin{aligned}
f_W(t) &= f_W(t \mid W = 0) \cdot P\{W = 0\} + f_W(t \mid W > 0) \cdot P\{W > 0\} \\
&= \rho(\mu - \lambda)e^{-(\mu-\lambda)t} \qquad t > 0
\end{aligned}$$

が得られる．このとき，待ち時間 W の分布関数は

$$F_W(t) := P\{W \leq t\} = P\{W = 0\} + \int_0^t f_W(x) dx$$

$$= 1 - \rho + \rho(\mu - \lambda) \int_0^t e^{-(\mu-\lambda)x} dx$$
$$= 1 - \rho e^{-(\mu-\lambda)t} \qquad t \geq 0$$

で与えられる．$\mu = 1$ のとき，待ち時間の分布関数と密度関数を図 3.7 に示す．ここで，$F_W(0) = P\{W = 0\} = 1 - \rho$ に注意する．

待ち時間の分布の平均と 2 次モーメントは

$$E[W] = \frac{\rho}{\mu - \lambda} \quad ; \quad E[W^2] = \frac{2\rho}{(\mu - \lambda)^2}$$

となる．この平均値は前項において Little の定理から求めたものと一致している．待ち時間の分散は以下のようになる．

$$\text{Var}[W] = E[W^2] - (E[W])^2 = \frac{\rho(2-\rho)}{(\mu-\lambda)^2}$$

同様にして，遅延時間（システム内滞在時間）T の分布関数および密度関数が次のように得られる．

$$F_T(t) := P\{T \leq t\} = 1 - e^{-(\mu-\lambda)t} \qquad t \geq 0$$
$$f_T(t) := \frac{dF_T(t)}{dt} = (\mu - \lambda)e^{-(\mu-\lambda)t} \qquad t \geq 0$$

これより，遅延時間 T は平均 $1/(\mu - \lambda)$ の指数分布に従うことが分かる．$T = W + X$（サービス時間 X は平均 $1/\mu$ の指数分布に従う）であることと，W と X は独立であることから，遅延時間 T の平均と分散

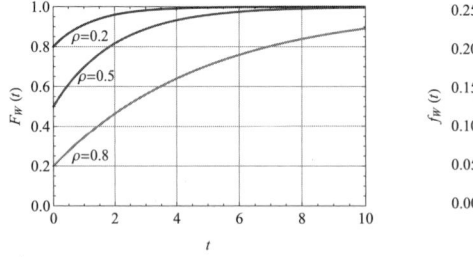

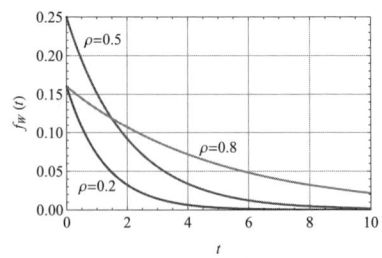

図 3.7 M/M/1 待ち行列における待ち時間の分布関数と密度関数 ($\mu = 1$).

$$E[T] = E[W] + \frac{1}{\mu} = \frac{1}{\mu - \lambda} \quad ; \quad \mathrm{Var}[T] = \mathrm{Var}[W] + \frac{1}{\mu^2} = \frac{1}{(\mu - \lambda)^2}$$

が確認できる．

3.4　M/M/*m* 待ち行列

次に，複数のサーバを有する待ち行列の解析を示す．以下の性質をもつ待ち行列を Kendall の記号で **M/M/*m*** と表す（図 3.8）．
- 客の到着は到着率 λ の Poisson 過程に従う．
- 客のサービス時間は平均が $1/\mu$ の指数分布に従う．
- サーバの人数は m 人である．待合室の容量は無限大とする．

M/M/*m* 待ち行列においても，システム内客数の確率分布はサービスの順序に依存しない．

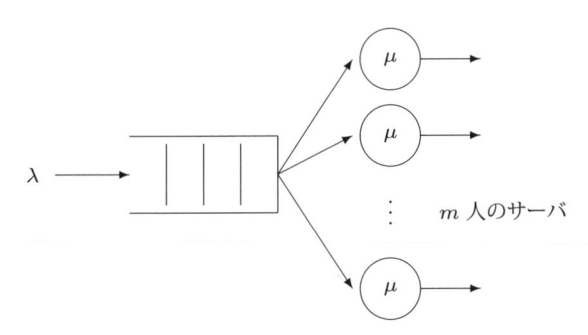

図 3.8　M/M/*m* 待ち行列．

3.4.1　システム内客数の確率分布

システムが安定であると仮定して，システム内に k 人の客がいるという状態の確率を P_k で表す（$k = 0, 1, 2, \ldots$）．M/M/1 待ち行列と同様に，M/M/*m* 待ち行列においても，システム内客数は到着が起これば 1 だけ増加し，サービスが終了すれば 1 だけ減少する．しかし，サービスが終了する速さは，$1 \leq k \leq m-1$ のときは k 人のサーバが稼動しているので $k\mu$ であり，$k \geq m$ のときは m 人の

サーバが稼動しているので $m\mu$ である．従って，状態確率 $\{P_k; k = 0, 1, 2, \ldots\}$ について，以下の平衡方程式が成り立つ．

$$\mu P_1 = \lambda P_0$$
$$\lambda P_{k-1} + (k+1)\mu P_{k+1} = (\lambda + k\mu)P_k \qquad 1 \leq k \leq m-1$$
$$\lambda P_{k-1} + m\mu P_{k+1} = (\lambda + m\mu)P_k \qquad k \geq m$$

この 2 階の漸化式は，より簡単な 1 階の漸化式

$$k\mu P_k = \lambda P_{k-1} \quad 1 \leq k \leq m \quad ; \quad m\mu P_k = \lambda P_{k-1} \quad k \geq m$$

と同等である．従って，逐次的に

$$P_k = \frac{\lambda}{k\mu}P_{k-1} = \frac{\lambda^2}{k(k-1)\mu^2}P_{k-2} = \cdots = \frac{1}{k!}\left(\frac{\lambda}{\mu}\right)^k P_0 \qquad 1 \leq k \leq m$$

$$P_k = \frac{\lambda}{m\mu}P_{k-1} = \left(\frac{\lambda}{m\mu}\right)^2 P_{k-2} = \cdots = \left(\frac{\lambda}{m\mu}\right)^{k-m} P_m$$
$$= \frac{(\lambda/\mu)^k}{m!m^{k-m}}P_0 = \frac{m^m}{m!}\left(\frac{\lambda}{m\mu}\right)^k P_0 \qquad k \geq m$$

が得られる．ここで，システム全体に対する負荷を $\rho := \lambda/\mu$ と書くと，サーバ 1 人当たりの負荷が $(\lambda/m)/\mu = \rho/m < 1$ のとき，正規化条件

$$\sum_{k=0}^{\infty} P_k = 1$$

から，以下のように P_0 を決めることができる[*5]．

$$\frac{1}{P_0} = \sum_{k=0}^{m-1} \frac{\rho^k}{k!} + \frac{m^m}{m!}\sum_{k=m}^{\infty}\left(\frac{\rho}{m}\right)^k = \sum_{k=0}^{m-1}\frac{\rho^k}{k!} + \frac{\rho^m}{(m-1)!(m-\rho)}$$

[*5] 文献によっては，また本書第 4 章において，M/M/m 待ち行列について，m の代わりに s を用いるとともに，

$$a := \frac{\lambda}{\mu} \quad ; \quad \rho := \frac{a}{s} = \frac{\lambda}{s\mu}$$

と定義される記号を使っているので，注意されたい．

3.4 M/M/m 待ち行列

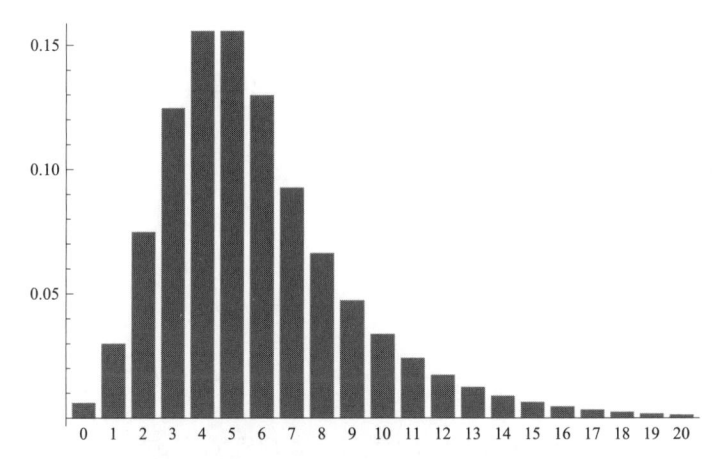

図 3.9 M/M/m 待ち行列におけるシステム内客数の確率分布 ($\rho = 5, m = 7$).

従って，システム内客数の確率分布は

$$P_k = \begin{cases} P_0 \dfrac{\rho^k}{k!} & 0 \leq k \leq m \\ P_0 \dfrac{m^m}{m!} \left(\dfrac{\rho}{m}\right)^k = P_m \left(\dfrac{\rho}{m}\right)^{k-m} & k \geq m \end{cases}$$

で与えられる．システム内客数が無限大にならないための安定条件は

$$\rho < m$$

である．これは客の到着率 λ が全サーバのサービス率 $m\mu$ よりも小さくなければならないこと ($\lambda < m\mu$) を意味する．

$\rho = 5$, $m = 7$ のときのこの確率分布を図 3.9 に示す．k が小さいところでは Poisson 分布のように分布し，$k \geq m$ では k とともに等比数列として減少していることが分かる．

3.4.2 混み具合の指標

M/M/m 待ち行列についても，システムの混み具合の指標を計算する．サービスを受けている客の数 S とシステム内客数 N の関係は

3章 待ち行列の数理と心理

$$S = \begin{cases} N & 0 \leq N \leq m \text{ のとき} \\ m & N \geq m+1 \text{ のとき} \end{cases}$$

で与えられるので, S の平均は

$$E[S] = \sum_{k=1}^{m} kP_k + \sum_{k=m+1}^{\infty} mP_k$$

$$= P_0 \sum_{k=1}^{m} k \cdot \frac{\rho^k}{k!} + P_0 \frac{m^m}{m!} m \sum_{k=m+1}^{\infty} \left(\frac{\rho}{m}\right)^k$$

$$= \rho P_0 \left[\sum_{k=0}^{m-1} \frac{\rho^k}{k!} + \frac{m^m}{m!} \sum_{k=m}^{\infty} \left(\frac{\rho}{m}\right)^k\right] = \rho P_0 P_0^{-1} = \rho$$

である. 従って, サーバ1人当たりの利用率は $E[S]/m = \rho/m$ ということになる. この結果は「サービスを受けている客」に Little の定理を適用しても得られる.

$$E[S] = \lambda \times (1/\mu)$$

次に, やって来る客が**待つ確率**を求める. すべてのサーバが使用中であるときに到着する客は待合室で待つ. PASTA (第3.2.1項) により, 客の到着時におけるシステム内客数の確率分布は任意の時刻における確率分布 $\{P_k; k = 0, 1, 2, \cdots\}$ に等しいので, 客が待つ確率は

$$P\{W > 0\} = \sum_{k=m}^{\infty} P_k = P_m \sum_{k=m}^{\infty} \left(\frac{\rho}{m}\right)^{k-m} = \frac{P_m m}{m - \rho} = \frac{P_0 \rho^m}{(m-1)!(m-\rho)}$$

$$= \frac{\dfrac{\rho^m}{m!}}{\left(1 - \dfrac{\rho}{m}\right) \sum_{k=0}^{m-1} \dfrac{\rho^k}{k!} + \dfrac{\rho^m}{m!}} := C(m, \rho) \tag{3.2}$$

である. これを **ErlangのC公式** (Erlang's C formula) といい, 待ち行列理論において最も基本的な公式の1つである (Allen, 1990, p.275; Kleinrock, 1975, p.103; 藤木・雁部, 1980, p.75).

式 (3.2) で定義された関数 $C(m, \rho)$ を図3.10 (ρ の関数) と図3.11 (m の関数) に示す. 図3.10 では縦軸が対数表示なので, 負荷 ρ を一定の値に保ちながらサーバの人数 m を増やすと, 待つ確率が激減することが分かる. 逆に, 負荷

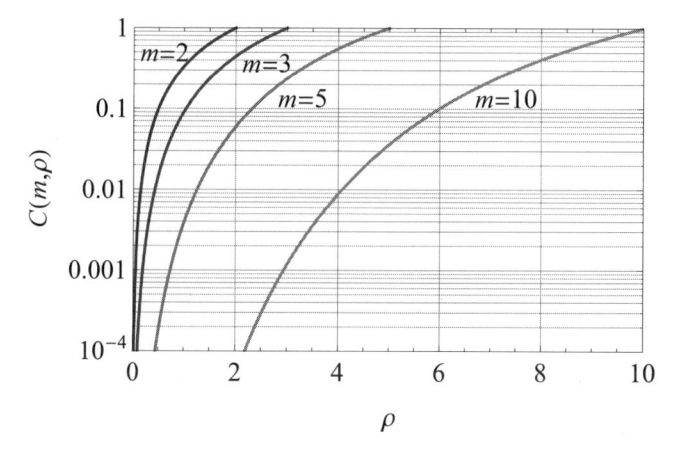

図 3.10 M/M/m 待ち行列に到着する客が待つ確率（ρ の関数）．

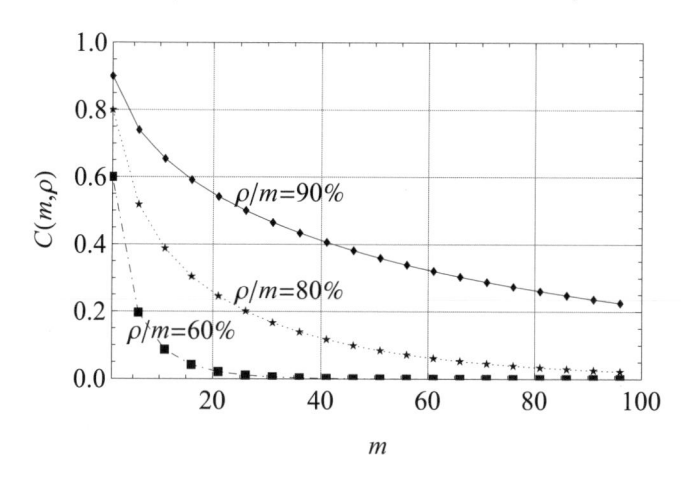

図 3.11 M/M/m 待ち行列に到着する客が待つ確率（m の関数）．

ρ が増えても待つ確率を一定の値に保つためには，サーバの人数をどれくらい増やせばよいかも見当が付く．図 3.11 では，サーバ 1 人当たりの利用率に応じて，待つ確率が m の増加とともに減少する様子が分かる．

到着した客が待つことになった場合，自分より先に来て待合室にいる客の数は幾何分布に従う．この場合の待合室内客数は，サービス率 $m\mu$ をもつ M/M/1

待ち行列における待合室内客数と確率的に同じであることが分かる.

$$P\{L = k \mid W > 0\} = \frac{P\{N = m+k\}}{P\{W > 0\}} = \left(1 - \frac{\rho}{m}\right)\left(\frac{\rho}{m}\right)^k \qquad k \geq 0$$

システム内平均客数と待合室内平均客数は，以下のように与えられる.

$$E[N] = \rho\left[1 + \frac{C(m,\rho)}{m-\rho}\right] \quad ; \quad E[L] = \frac{\rho C(m,\rho)}{m-\rho}$$

(証明)

$$\begin{aligned}
E[N] &= \sum_{k=1}^{\infty} k P_k = P_0 \sum_{k=1}^{m}\left(k \cdot \frac{\rho^k}{k!}\right) + P_m \sum_{k=m+1}^{\infty} k\left(\frac{\rho}{m}\right)^{k-m} \\
&= P_0 \rho \sum_{k=0}^{m-1} \frac{\rho^k}{k!} + P_m \sum_{k=1}^{\infty}(m+k)\left(\frac{\rho}{m}\right)^k \\
&= P_0 \rho \sum_{k=0}^{m-1} \frac{\rho^k}{k!} + P_m\left[\frac{\rho}{1-\rho/m} + \frac{\rho/m}{(1-\rho/m)^2}\right] \\
&= P_0 \rho\left[\sum_{k=0}^{m-1} \frac{\rho^k}{k!} + \frac{\rho^m}{(m-1)!(m-\rho)}\right] + \frac{\rho m P_m}{(m-\rho)^2} \\
&= \rho + \frac{\rho C(m,\rho)}{m-\rho}
\end{aligned}$$

このうち ρ がサービス中の平均客数であるから，$\rho C(m,\rho)/(m-\rho)$ が待合室内平均客数である．証明終わり．

さらに，Little の定理を適用することにより，以下の結果が得られる.
平均遅延時間（システム内平均滞在時間）

$$E[T] = \frac{E[N]}{\lambda} = \frac{1}{\mu}\left[1 + \frac{C(m,\rho)}{m-\rho}\right]$$

平均待ち時間（待合室内平均滞在時間）

$$E[W] = \frac{E[L]}{\lambda} = \frac{C(m,\rho)}{m\mu - \lambda} = E[T] - \frac{1}{\mu}$$

3.4.3 待ち時間の確率分布

M/M/m 待ち行列における任意の客の待ち時間 W の確率分布も M/M/1 の場合と同様にして導くことができる．ここでも，Poisson 到着過程の性質 PASTA

3.4 M/M/m 待ち行列

(第 3.2.1 項) により，客の到着時刻におけるシステム内客数の確率分布は，任意時刻における分布 $\{P_k; k \geq 0\}$ と同じであることを利用する．まず，到着時にシステム内にいる客が m 人未満であれば，少なくとも 1 人のサーバは空いているので，待ち時間は 0 である．

$$P\{W=0\} = \sum_{k=0}^{m-1} P_k = 1 - \sum_{k=m}^{\infty} P_k = 1 - C(m,\rho)$$

一方，**先着順**サービスを仮定すると，システム内に $k\ (\geq m)$ 人の客がいるときに到着する客の待ち時間は

- 待合室にいる $k-m$ 人の客のサービス時間，および
- サービスを受けている m 人の客のうち，誰か 1 人のサービスが終わるまでの時間

から成る．m 人のサーバがいるので，サービス率は $m\mu$ であるが，このとき，指数分布の無記憶性により，最初にサービスが終わるまでの時間も平均 $1/(m\mu)$ の指数分布に従うことが示される．従って，システム内に k 人の客がいるときに到着する客の待ち時間は，それぞれが平均 $1/(m\mu)$ をもつ $(k-m+1)$ 個の独立な指数分布の和，すなわち $(k-m+1)$ 次 Erlang 分布（第 3.2.3 項）に従うことが分かる．

よって，待つ客の待ち時間 W の密度関数は

$$\begin{aligned}
f_W(t \mid W > 0) &= \sum_{k=m}^{\infty} \frac{(m\mu)^{k-m+1} t^{k-m}}{(k-m)!} e^{-m\mu t} \cdot \frac{P_k}{P\{W>0\}} \\
&= \frac{P_m m\mu}{C(m,\rho)} e^{-m\mu t} \sum_{k=m}^{\infty} \left(\frac{\rho}{m}\right)^{k-m} \frac{(m\mu t)^{k-m}}{(k-m)!} \\
&= \mu(m-\rho) e^{-m\mu t} \sum_{k=m}^{\infty} \frac{(\lambda t)^{k-m}}{(k-m)!} \\
&= (m\mu - \lambda) e^{-(m\mu-\lambda)t} \qquad t > 0
\end{aligned}$$

すなわち，平均が $1/(m\mu - \lambda)$ の指数分布となる．「待つ」という条件を外すと，待たない客も含めて，任意の客についての待ち時間の密度関数

$$f_W(t) = f_W(t \mid W = 0) \cdot P\{W = 0\} + f_W(t \mid W > 0) \cdot P\{W > 0\}$$

3章 待ち行列の数理と心理

$$= C(m,\rho)(m\mu - \lambda)e^{-(m\mu-\lambda)t} \qquad t > 0$$

が得られる.

待ち時間 W の分布関数は

$$F_W(t) := P\{W \leq t\} = P\{W = 0\} + \int_0^t f_W(x)dx$$
$$= 1 - C(m,\rho)e^{-(m\mu-\lambda)t} \qquad t \geq 0$$

で与えられる.これより

$$E[W] = \frac{C(m,\rho)}{m\mu - \lambda} \quad ; \quad E[W^2] = \frac{2C(m,\rho)}{(m\mu - \lambda)^2}$$

であるから,待ち時間の分散は

$$\mathrm{Var}[W] = \frac{C(m,\rho)[2 - C(m,\rho)]}{(m\mu - \lambda)^2}$$

である.$\mu = 1$, $m = 10$ のとき,待ち時間の分布関数と密度関数を図3.12に示す.ここで,$F_W(0) = P\{W = 0\} = 1 - C(m,\rho)$ に注意する.

遅延時間(システム内滞在時間)T については,分布関数,平均,および分散が

$$F_T(t) := P\{T \leq t\}$$
$$= 1 - e^{-\mu t} - \frac{C(m,\rho)}{m - 1 - \rho}\left[e^{-\mu t} - e^{-(m\mu-\lambda)t}\right] \qquad t \geq 0$$
$$E[T] = E[W] + \frac{1}{\mu} \quad ; \quad \mathrm{Var}[T] = \mathrm{Var}[W] + \frac{1}{\mu^2}$$

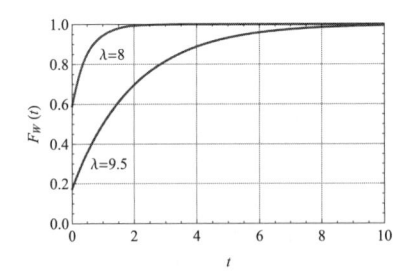

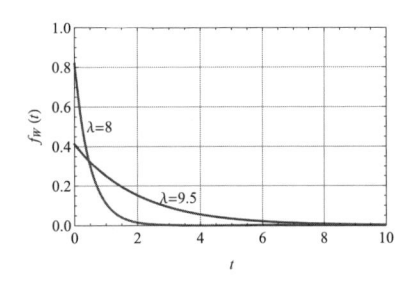

図3.12 M/M/m 待ち行列における待ち時間の分布関数と密度関数 ($\mu = 1, m = 10$).

で与えられる[*6].

3.4.4 サーバ増員の効果

M/M/m 待ち行列に対する上記の解析結果に基づいて，サーバの人数を増やすときの混み具合に与える影響を Kleinrock (1976, pp.283–285) と高橋・森村 (2001, pp.155–156) に従って考察してみよう．

まず，サービス率 $\mu = 1$ のサーバの人数を増やす場合を考え，システム内平均客数と平均遅延時間をシステム全体の負荷 ρ に対してプロットしたものを図 3.13 に示す．同じ場合について，サーバ 1 人当たりのシステム内平均客数と平均遅延時間を，サーバ 1 人当たりの負荷 ρ/m に対してプロットしたものを

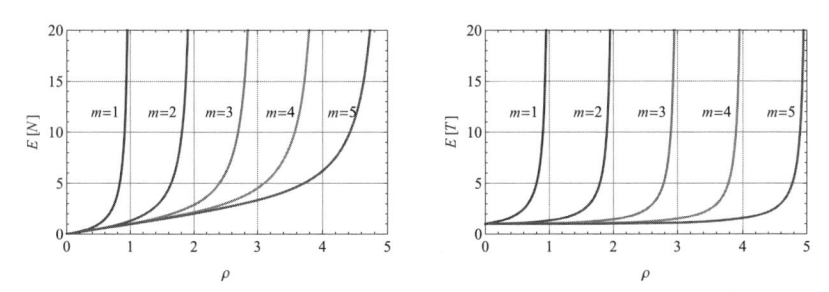

図 3.13 M/M/m 待ち行列におけるシステム内平均客数と平均遅延時間（システム全体の負荷に対して）．

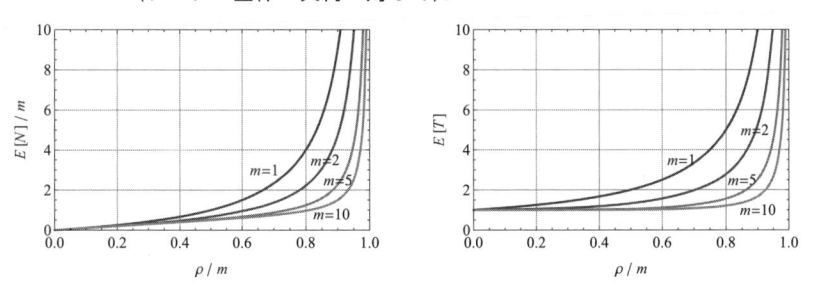

図 3.14 M/M/m 待ち行列におけるサーバ 1 人当たりのシステム内平均客数と平均遅延時間（サーバ 1 人当たりの負荷に対して）．

[*6] ちょうど $\rho = m - 1$ の場合には，分布関数は次のように表される．
$$F_T(t) = 1 - [1 + C(m, m-1)\mu t]e^{-\mu t} \quad t \geq 0.$$

3章 待ち行列の数理と心理

図 3.14 に示す．これらは，特に ρ/m が大きいとき，サーバの人数 m を増やすと大きく減少することが分かる．しかし，これはシステム全体のサービス能力を増やしているので，得られて当然の効果である．例えば，スーパーマーケットでレジが1つしか開いてなくて長い行列ができているときに，もう1つのレジが開くと行列の長さが格段に短くなることは，よく経験するところである．

それでは，システム全体のサービス率を一定に保ちながらサーバの人数を増やしてみよう．すなわち，m 人のサーバがいるときには各サーバのサービス率を μ/m とする．$\mu=1$ として，平均待ち時間と平均遅延時間をシステム全体の負荷 ρ に対してプロットしたものを図 3.15 に示す．これを見ると，平均待ち時間はサーバの数が増えると減少する．ところが，平均遅延時間はサーバの人数が増えるとむしろ増加してしまうことが分かる．その理由は，m 人のサーバがいると，平均サービス時間が m 倍（m/μ）になってしまうからである．

M/M/m 待ち行列におけるサーバ1人当たりのシステム内平均客数 $E[N]/m$ と待つ確率 $P\{W>0\}$ を，$\rho=99.8$ の場合に，サーバの人数 m に対してプロットしたものを図 3.16 に示す．システムの安定のためには

$$m \geq \lfloor \rho \rfloor + 1 = 100$$

でなければならないが（記号 $\lfloor x \rfloor$ は x を超えない最大の整数），$E[N]/m$ は m について単調減少かつ凸関数となっている．従って，サーバの人数を1人だけ増やすときの，$E[N]/m$ の減少幅は $m = \lfloor \rho \rfloor + 1$ から $m = \lfloor \rho \rfloor + 2$ になるとき

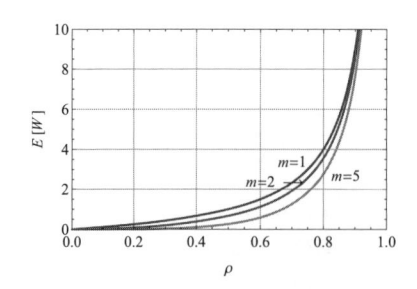

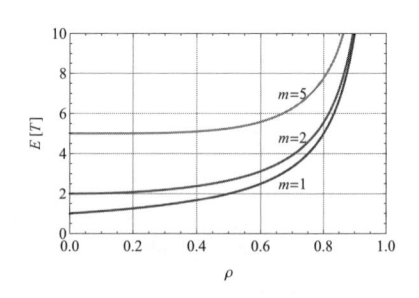

図 3.15 M/M/m 待ち行列における待ち時間と平均遅延時間（システム全体のサービス率を一定に保つ場合）．

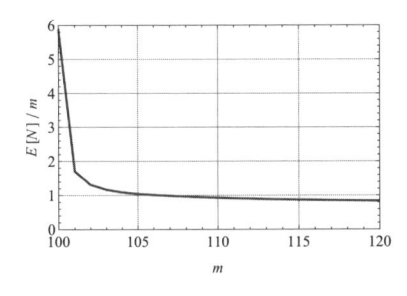

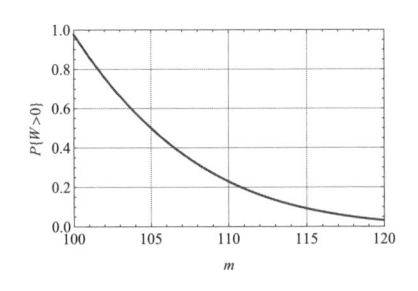

図 3.16　M/M/m 待ち行列におけるサーバ増員の効果.

に最大になる．すなわち，システムの安定性のために必要最小限のサーバの人数から1人増やすときの効果が最大であり，それ以上に増やしていっても限界投資効果は逓減することが分かる（収穫逓減の法則）．待つ確率 $P\{W>0\}$ も m の増加とともに減少する．

3.5　規模の経済：大きいことはいいことか

多くのサーバを用意して，それぞれに専用の待ち行列を作らせるシステムと，到着するすべての客を1つの待ち行列に集め，それを強力な1つのサーバでサービスをさせるシステムは，どちらが良いだろうか？ サービス施設の経営者と顧客の観点から考察する．

3.5.1　分散待ち行列と集中待ち行列

m 個の独立な M/M/1 待ち行列を並列に並べで個々に運用する**分散待ち行列**（図 3.17 に示したシステム 1）と，それらの到着過程を1つに集約するとともに m 倍のサービス速度を有する1つの強力なサーバを備えた巨大な M/M/1 **集中待ち行列**（図 3.18 に示したシステム 2）について，システムの混み具合を定量的に比較する．

分散待ち行列（システム 1）では客は到着時にどれかの待ち行列をランダムに選び（例えば，最も短い待ち行列に並ぶというようなことはしない），いったん1つの行列に並んだら他の行列に鞍替えすることはないと仮定する（他の待ち行列についての情報がない，遠く離れているので移るためにコストがかかる，

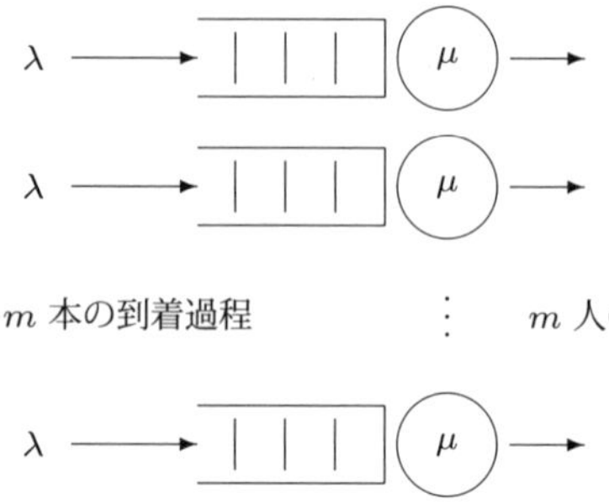

図 3.17　分散待ち行列（システム 1）．

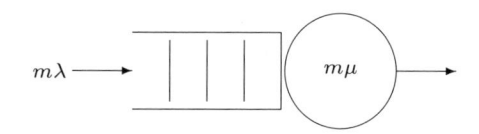

図 3.18　集中待ち行列（システム 2）．

あるいは，高速道路の料金所のように危なくて移れないなどの理由による）[*7]．集中待ち行列（システム 2）においては，いくつかの独立な Poisson 到着過程を 1 本に合流させると，到着率がもとの各過程の到着率の和で与えられる Poisson 過程になることが知られている．従って，2 つのシステムについては，ともに M/M/1 待ち行列として，第 3.3 節の結果により，以下のように混み具合の指標が計算できる．$\rho := \lambda/\mu$ とする．

- 全体として，サーバの使用率は等しい．

$$\rho_1 = \frac{\lambda}{\mu} = \rho \quad ; \quad \rho_2 = \frac{m\lambda}{m\mu} = \frac{\lambda}{\mu} = \rho$$

[*7] 客は到着時に**最短の列** (shortest queue) に加わり，待っている間にも他の行列の様子を見て最短の列に**鞍替え** (jockeying) する待ち行列システムにおいては，すべてのサーバでのサービス時間が同じ指数分布に従うならば，待ち行列の長さの分布は M/M/m の場合と同じである．Zhao and Grassmann (1990) は，サーバごとにサービス時間の分布が異なる場合における待ち行列の長さの分布を導き，Little の定理によって平均待ち時間を示している．しかし，待ち時間の分布の解析は，すべてのサーバでのサービス時間が同じ指数分布に従う場合でも難しそうである．3 つのサーバの場合（髙橋・森村，2001, p.160）に示されたシミュレーション結果では，最短列への到着と鞍替えのあるシステムにおける待ち時間の分散は M/M/m 待ち行列の場合よりも大きくなっている．

3.5 規模の経済：大きいことはいいことか

- サーバ1人当たりのシステム内平均客数と待合室内平均客数は等しい．

$$\frac{E[N_1]}{m} = \frac{\rho}{1-\rho} \quad ; \quad E[N_2] = \frac{\rho}{1-\rho}$$

$$\frac{E[L_1]}{m} = \frac{\rho^2}{1-\rho} \quad ; \quad E[L_2] = \frac{\rho^2}{1-\rho}$$

システム全体で見ると，システム1ではシステム2に比べて，平均してm倍の客が行列に並んでいることになる．

- 平均遅延時間と平均待ち時間は，システム2ではシステム1の$1/m$になる．

$$E[T_1] = \frac{E[N_1]}{m\lambda} = \frac{1}{\mu-\lambda} \quad ; \quad E[T_2] = \frac{E[N_2]}{m\lambda} = \frac{1}{m(\mu-\lambda)}$$

$$E[W_1] = \frac{E[L_1]}{m\lambda} = \frac{\rho}{\mu-\lambda} \quad ; \quad E[W_2] = \frac{E[L_2]}{m\lambda} = \frac{\rho}{m(\mu-\lambda)}$$

従って，客の到着過程ごとに小さな待ち行列を個別に設置するよりも，すべての客に対して1つの強力なサーバでサービスを行うことにより，遅延時間や待ち時間を大きく減らすことができる．

以上のように，集中待ち行列は分散待ち行列に比べてm倍の効率をもつ．これは待ち行列における**規模の経済** (economy of scale) である．このような効果が現れる直感的理由は，分散待ち行列においては，どこかの待ち行列が空になっても，そこのサーバは他の混雑している待ち行列を手伝いに行くことができないことと，集中待ち行列では，客がいる限りサービスが行われ，いったん始まったサービスもm倍の速度で実行されるからである[8]．

このような規模の経済は，客の到着過程を集めることとサーバの能力を上げることができる場合に実現可能である．例えば，会社の各部門において処理能力が小さい卓上計算機が行っていた個別処理を，全社で1台の大型コンピュータで行う集中処理に統合すると，ユーザにとっての平均応答時間が短くなる．ま

---

[8] 大きいことはいいことだ (The bigger, the better). 日本が高度経済成長期にあった昭和42 (1967) 年頃，富士山を背景にした気球に乗った大きな身体の山本直純が「大きいことはいいことだ，ソレ，おいしいことはいいことだ，ソレ，森永エールチョコレート」という大合唱を指揮するテレビコマーシャルが放映され，「大きいことはいいことだ」が流行語になった．

た，データ通信システムにおいては，多くの狭帯域幅の通信回線で個別にデータを伝送するよりも，まとめて1本の広帯域通信回線で伝送する方が，伝送遅延が短くなることが挙げられる．

しかし，人間がサービスを行うシステムでは，サービスをする人の処理能力は研修や訓練によって多少は向上するが，何倍にも上げることは難しい．また，顧客が時間をかけた丁寧な対応を望む場合もある．さらに，人間の客が人間のサーバからサービスを受けるときには，客とサーバは同じ時間に同じ場所にいなければならない．これをサービスにおける**生産と消費の同時性** (simultaneous production and consumption) という (Fitzsimmons and Fitzsimmons, 1988, p.19)．例えば，人は散髪のために最寄りの床屋に行き（客がサーバのところに行く），村の医者は年老いた患者の自宅に往診をする（サーバが客のところに行く）．このような場合に，全県の理髪店を1か所に集めたり，診察のスピードを倍増したりすることはできない．「1000円カット」のQBハウスが到る所にあり，赤ひげ先生が感謝される所以である．経営者が集中処理によって規模の経済のみを追求することは，従業員の負担増大や顧客の不満を招くことになりかねず，必ずしも経営業績の向上にはつながらないと言える[*9]．

3.5.2 分散待ち行列の短所と長所

周りの待ち行列の様子が見える分散待ち行列では，客は次のような不満を感じる．読者の体験はどうだろうか？

- 他の行列のサーバは，手が空いていても，混んでいる行列のところにやって来てサービスを手伝うということがない．
- 他の待ち行列のサービスが速く進み，自分よりあとから来た人が先にサービスされると腹が立つ（逆の場合は，ラッキー！と思う）．
- それぞれの待ち行列では先着順にサービスされるが，他の列に移るときには最後尾に並び直さなければならない．
- 自分がサービスを受けているときに，すぐうしろに次の人が待っているので，サービスの内容（個人情報）を見られるのがいやだ．

[*9] Small is beautiful.

- （数学的には）待ち時間のばらつきが大きい．先着順サービスでは，

$$\mathrm{Var}[W_1] = \frac{\rho(2-\rho)}{\mu^2(1-\rho)^2} \quad ; \quad \mathrm{Var}[W_2] = \frac{\rho(2-\rho)}{m^2\mu^2(1-\rho)^2}$$

しかし，集中待ち行列では実現できない状況や，分散待ち行列が有する次のような長所もある (Fitzsimmons and Fitzsimmons, 2008, p.304; Rothkopf and Rech, 1987).

- サービスの種類により待ち行列を区別して，きめ細かいサービスを提供することができる．

  例えば，マクドナルドでは，ドライブスルーで買う客は店内で食べる客とは別の窓口でハンバーガーを受け取る．郵便局では，郵便を出す窓口と貯金や振込をする窓口は別に設けられている．アメリカのスーパーマーケットでは，少数の商品だけを買う客は**エクスプレス・レーン**に並ぶことができる（ただし，小切手やクレジットカードでは払えない）．アメリカの都市近郊のハイウェイでは通勤時間帯に，バスと複数の人が乗った乗用車（カープール）しか通行できない**ダイヤモンド・レーン**が設けられる．

- 客は好みのサーバがいる列に並ぶことができる．

  例えば，個人的な知り合い，信頼できそうな人，美人やイケメンがいる窓口，座り心地の良い椅子があるレストラン，自宅に近い銀行の支店，スーパーマーケットで「研修中」でないレジ係がいるレーンなど．サービスには客とサーバの信頼関係の構築が重要である．

- 客は時間をかけた丁寧なサービスを期待する．

  例えば，病院での医者の診察（2時間待っての3分診療はいやだ）や，**第3の場所**[*10]としてのスターバックスで過ごす時間など．

- 個々には処理能力が高くないサーバ（例えば，経験が浅いパートタイム従業員）でも，大勢を並べて配置することで，全体として高いサービス能力が供給できる．

[*10] 1983年に当時のCEOだったHoward Schultzは，スターバックスを家庭と職場の間にある第3の場所 (a third place between home and work) と位置づけた．

3.6 フォーク並び待ち行列

前節で示したように，集中待ち行列（図 3.18）は分散待ち行列（図 3.17）に比べて規模の経済により格段の効率をもたらすものであるが，計算機システムや通信回線とは異なり，個々の人間が提供するサービスの処理能力を数倍に引き上げることは不可能である．そこで，待合室の部分だけを統合し，サービスの部分は通常の能力をもったサーバを数多く配置することで，先着順サービスの保証と高い能力のサービスを提供する方法が考えられる．これは第 3.4 節で考察した M/M/m 待ち行列にほかならないが，巷間ではその形から「フォーク並び」と呼ばれている[*11]．

フォーク並び待ち行列は，待っているすべての客を 1 か所に収容する広い場所が必要となる．そこで，空港のチェックインカウンタに見られるように，蛇がとぐろを巻くように列を折り曲げることで，行列が占める面積を有効利用す

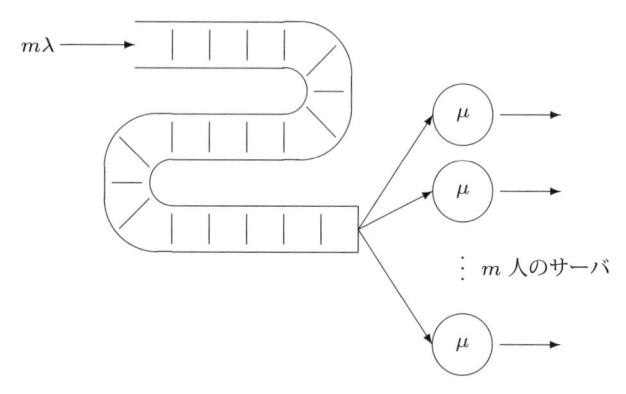

図 3.19 蛇型の待合室をもつフォーク並び待ち行列（システム 3）．

[*11] 「フォーク並び待ち行列」は日本での造語のようである．アメリカの複数の知り合い（待ち行列理論の研究者）にこれを表す日常英語があるかと尋ねてみたら「普通の並び方なので，特別な呼び名はない」ということであった．Hall (1991, p.432) は "single queue for all servers"，Lovelock and Wirtz (2011, p.241) は "single line to multiple servers"，Rothkopf and Rech (1987) は "combined queue" と呼んでいる．

る（図 3.19）．Lovelock and Wirtz (2011, p.241) はこの形を "snake" と言っている．また，Anderson et al. (2010, p.660) は "serpentine line" と呼んでいる（日本語で**長蛇の列**と言うときは，必ずしも折れ曲がっていない）．

フォーク並び待ち行列は以下のような場面に見られる．読者は，これらのほかにも多くの実例を見たことがあるだろう．

- マクドナルドなどのファストフード店
- 大きな本屋（例えば，東京駅丸の内北口のオアゾにある丸善書店）
- JR の駅のみどりの窓口
- ショッピングモールなどにある現金自動預払機 (ATM)
- 大きな空港で，荷物をチェックインするカウンタ
- 成田空港での外国人の入国審査（日本人の入国審査は分散待ち行列である）
- 郵便局や銀行の窓口で番号札を取って待つ．居酒屋チェーン店やレストランで，受付リストに記入する．このようにすると目に見える待ち行列は形成されない．

3.6.1 フォーク並び待ち行列の長所と短所

分散待ち行列と比べて，フォーク並び待ち行列には次のような長所がある (Fitzsimmons and Fitzsimmons, 2008, p.305)．

- 先着順サービスが保証される．
- 自分は遅い行列に並んでしまったかもしれないという不安がない．
- 新たに到着する客は待っているすべての人の最後尾にしか並ぶことができないので，割り込みが起こりにくい．
- サービスを受けているとき，背後に他の人がいないのでプライバシーが守られるという安心感がある．
- 到着する客が待たされる確率がはるかに低い（第 3.6.2 項の図 3.20 を参照）．

また，集中待ち行列と比べても次のような長所がある．

- 処理能力が高いサーバを必要としない．
- 客が到着時に待たされる確率が集中待ち行列の場合よりも低く，また平均待ち時間も短い（第 3.6.2 項の図 3.20 および 3.21 を参照）．

一方で，次のような短所が指摘されており (Rothkopf and Rech, 1987)，その対策も検討されている．

- 待っているすべての客を 1 か所で収容する広い場所が必要となる．
  対策として，待ち行列を蛇のように折り曲げて，待合室の面積を有効に利用する（図 3.19）．
- 待ち行列が長そうに見えてしまうので，客が並ぶ意欲を下げる．
  実は，待合室内平均客数は集中待ち行列の場合よりも少し短い．対策として，到着順に入店者リストに記入してもらうとか番号札を渡して目に見える待ち行列を作らないようにすることができる．順番が来たら音や光や振動を発生する小さな無線受信機を客に持たせるレストランもある．現在サービス中の客の番号を掲示板やケータイのサイトで知らせると，客は待っている間に安心して他の場所で用を足すことができる．
- 自分の番になったときに，遠くのサーバまで行くのに時間がかかる．
  歩行時間 (movement time) がサービス時間に比べて長ければ，分散待ち行列よりも効率が悪くなることがある．従って，フォーク並びはサービス時間が長い場合に適している（男子トイレは分散待ち行列だが，女子トイレではフォーク並びが普及しているらしい）．対策として，待っている客のうち先頭の客たちが数人ずつ各サーバのところに行って待つという方法があるが，こうすると，先着順の原則が破れる（San Francisco 国際空港の入国審査場に見られるが，いつも大混乱している）．
- 客は好みのサーバを選ぶことができない．
  例えば，外国の航空会社の飛行機にチェックインするとき，日本語の分かるスタッフがいる窓口に行きたくても，窓口を選べない．対策はなさそうである．最低限の英会話を勉強しよう．
- システムの運営側にとって，特定のサーバ群を区別して，それらのサーバに客を誘導することができない（例えば，電気自動車またはハイブリッド車（"green vehicles"）だけが通行できるレーン）．

3.6.2 分散,集中,フォーク並び待ち行列の性能比較

以下では,フォーク並び待ち行列の性能を分散待ち行列(図 3.17)および集中待ち行列(図 3.18)と定量的に比較する.これらのシステムを同一の需要とサービス能力という条件で比較するために,客の到着率が $m\lambda$ で,サービス率 μ のサーバが m 人いる M/M/m 待ち行列を考える.

図 3.19 に示されたフォーク並び待ち行列(システム 3 と呼ぶ)について,待つ確率 $P\{W_3 > 0\}$,待合室内平均客数 $E[L_3]$,システム内平均客数 $E[N_3]$,平均待ち時間 $E[W_3]$,および平均遅延時間(システム内平均滞在時間)$E[T_3]$ は,第 3.4 節の結果から,次のように与えられる.$\rho := \lambda/\mu$ とする.

$$P\{W_3 > 0\} = C(m, m\rho) = \frac{\dfrac{(m\rho)^m}{m!}}{(1-\rho)\displaystyle\sum_{k=0}^{m-1}\frac{(m\rho)^k}{k!} + \frac{(m\rho)^m}{m!}}$$

$$E[L_3] = \frac{\rho C(m, m\rho)}{1-\rho} \quad ; \quad E[N_3] = E[L_3] + m\rho$$

$$E[W_3] = \frac{C(m, m\rho)}{m(\mu - \lambda)} \quad ; \quad E[T_3] = E[W_3] + \frac{1}{\mu}$$

ここで,$C(m, \rho)$ は式 (3.2) に与えられている Erlang の C 公式である.

これらの性能をシステム 1, 2, 3 について $m = 5$ の場合に図示しよう.まず,到着する客が待つ確率 $P\{W > 0\}$ は図 3.20 のようになる.

$$P\{W_3 > 0\} < P\{W_1 > 0\} = P\{W_2 > 0\}$$

フォーク並び待ち行列では,到着した客が待たされる確率が分散待ち行列および集中待ち行列よりもかなり低いことが分かる.その理由は,集中待ち行列ではサービスが速いといってもサーバは 1 人しかいないので,その人がサービス中に到着した客は待つことを余儀なくされるのに対し,フォーク並び待ち行列では多くのサーバのうち 1 人でも空いていれば待たなくてよいからである.

この効果が出て,図 3.21 に示されているように,待合室内平均客数と**平均待ち時間はフォーク並び待ち行列が最も小さい**.

3 章 待ち行列の数理と心理

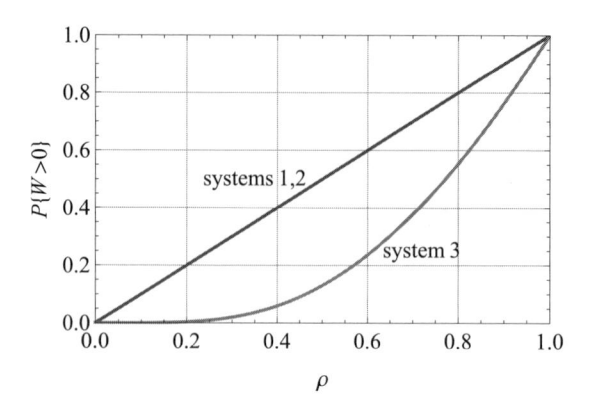

図 3.20 到着する客が待たされる確率の比較.

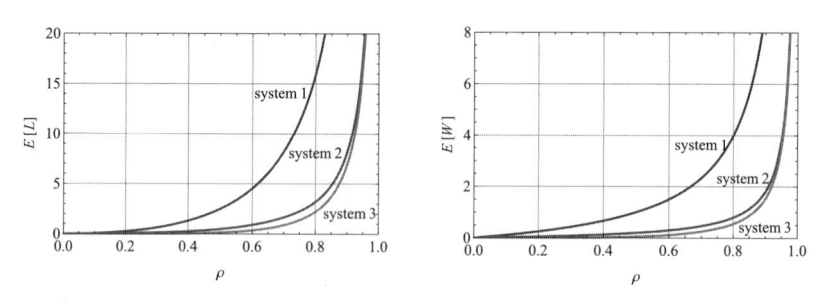

図 3.21 待合室内平均客数と平均待ち時間の比較.

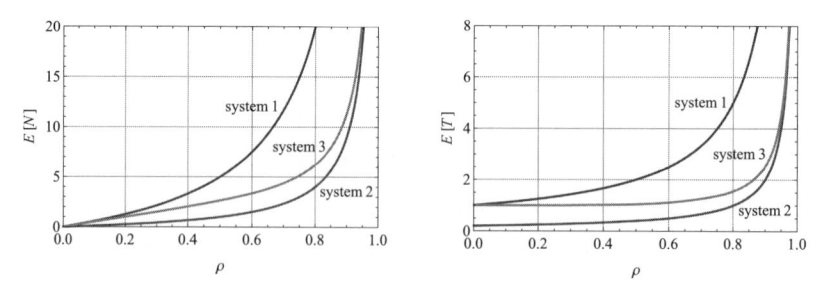

図 3.22 システム内平均客数と平均遅延時間の比較.

$$E[L_3] < E[L_2] < E[L_1] \quad ; \quad E[W_3] < E[W_2] < E[W_1]$$

しかし，図 3.22 を見ると，システム内平均客数と平均遅延時間については，フォーク並び待ち行列は集中待ち行列に劣ることが分かる．

$$E[N_2] < E[N_3] < E[N_1] \quad ; \quad E[T_2] < E[T_3] < E[T_1]$$

その理由は，集中待ち行列では，いったんサービスが始まると，m 倍の速さでサービスが実施されるからである．

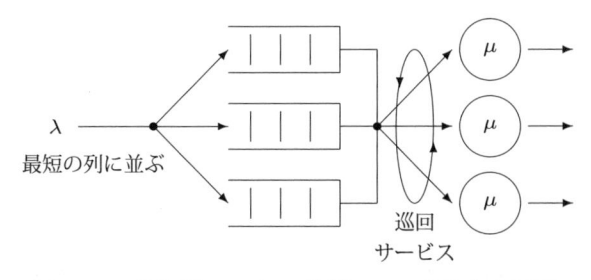

3.6.3 先着順サービスが保証される分散待ち行列

上において，図 3.17 のような分散待ち行列の欠点として，先着順サービスが保証できないことが指摘された．一方，先着順サービスが保証されるフォーク型待ち行列の欠点は，長い待ち行列を収容するスペースが必要となることであった．確かに，レジの近くまでできるだけ多くの商品を並べたいスーパーマーケットでは，フォーク型待ち行列は採用されていない．

Anderson *et al.* (2010, p.660) によれば，New York にある Whole Foods Market というスーパーマーケットでは，両者を折衷して，先着順サービスが保証される分散待ち行列を考案し，客の評判が高いということである．図 3.23 に示すように，この店では 3 つの待ち行列が並列に設置され（これを列 1, 2, 3 と呼ぶ），客は最も短い行列に並ぶ．どこかのレジが空いたとき，どの列の先頭にいる客がレジに行くかは，列 1 → 列 2 → 列 3 → 列 1 → 列 2 → 列 3 → 列 1 → ⋯ のように，巡回的に決められる．このようにすれば，これらの複数の並列待ち行列

図 **3.23** 先着順サービスが保証される分散待ち行列．

は1つの先着順サービスと同じであることが明らかである．この店で巡回サービスを指揮する Bill Jones 氏は街の有名人になっているということである[*12]．

3.7 サービス規律の影響

サービス規律 (service discipline) とは，サービスを完了したサーバが待合室にいる客の中からどの客を次のサービスに選ぶかという規則のことである．客どうしの間にあらかじめ付与された優先順位がないと仮定するとき，解析結果が出ている基本的なサービス規律として，以下のようなものがある．

- 先着順サービス (first-come first-served, FCFS)：最も先に来た客を選ぶ．
- 後着順サービス (last-come first-served, LCFS)：最もあとに来た客を選ぶ．
- ランダム順サービス (random order of service, ROS)：任意の客を選ぶ．
- 最短順サービス (shortest job first, SJF)：サービス時間が最短の客を選ぶ．
- 最長順サービス (longest job first, LJF)：サービス時間が最も長い客を選ぶ．

サーバが最短順または最長順サービスを行うためには，待合室にいるすべての客のサービス時間を知っている必要があることに注意する．

3.7.1 最短順サービスは平均待ち時間が最小

先着順，後着順，およびランダム順サービスの待ち行列では，次のサービスに選ばれる客のサービス時間は統計的にすべて同等であるから，3つの待ち行列におけるシステム内客数の確率過程は統計的に同じものとなる．従って，待合室内およびシステム内平均客数の確率分布も等しい．よって，Little の定理により，平均待ち時間および平均遅延時間は同じになることが分かる．

サービス時間に関する情報を利用して次にサービスをする客を選ぶ最短順および最長順サービスの待ち行列におけるシステム内客数の確率過程は，先着順サービスの待ち行列におけるシステム内客数の確率過程とは統計的に異なるものである．これらについては，以下の定理がある．

[*12] 厳密に先着順サービスを実現するためには，客が到着したときに，もし最短の行列で同じ長さのものが複数個あれば，それらのうちで，次に最初にレジに行く順番が来る行列に並ぶようにしなければならない．

- 平均待ち時間は最短順サービスのとき最小になる．
- 平均待ち時間は最長順サービスのとき最大になる．

これが成り立つことを高橋・森村 (2001, p.162) に従って説明しよう．そのために，あるサービスが終わった時点において，システム内に 3 人の客（到着順に）C_1, C_2, C_3 が残っており，彼らのサービス時間 X_1, X_2, X_3 は

$$X_1 > X_3 > X_2$$

であるとする．このあと，他の客は到着しないと仮定して，3 人へのサービスが先着順，後着順，最短順，および最長順に行われる場合のシステム内客数の標本経路を図 3.24 に示す．

それぞれのサービス規律における 3 人の待ち時間の総和は次のようになる．

$$W(先着順) = 2X_1 + X_2 \quad ; \quad W(後着順) = 2X_3 + X_2,$$
$$W(最短順) = 2X_2 + X_3 \quad ; \quad W(最長順) = 2X_1 + X_3$$

従って，最短順サービスの待ち時間の総和は，先着順および後着順サービスの場合よりも少ない．

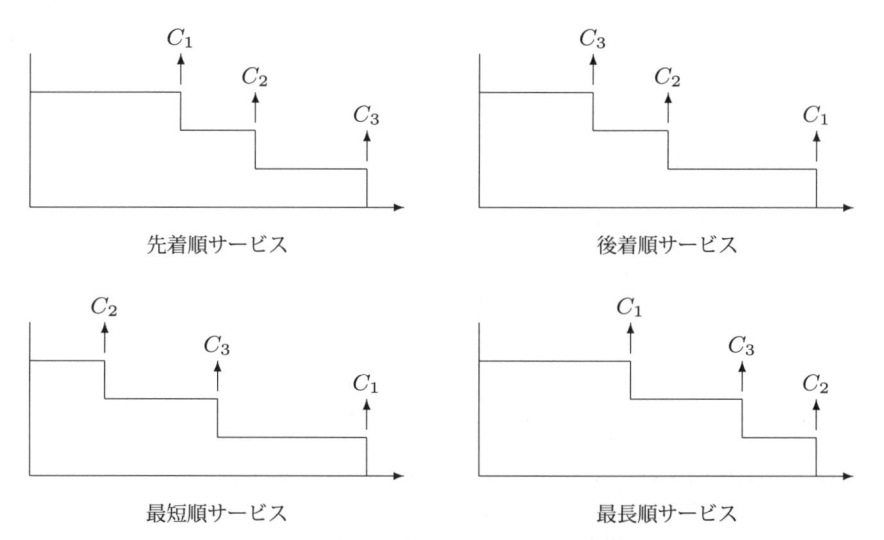

図 3.24 4 つのサービス規律によるシステム内客数の標本経路．

$$W(\text{先着順}) - W(\text{最短順}) = (X_1 - X_2) + (X_1 - X_3) > 0,$$
$$W(\text{後着順}) - W(\text{最短順}) = X_3 - X_2 > 0$$

また,最長順サービスの待ち時間の総和は,先着順および後着順サービスの場合よりも多くなっている.

$$W(\text{最長順}) - W(\text{先着順}) = X_3 - X_2 > 0,$$
$$W(\text{最長順}) - W(\text{後着順}) = (X_1 - X_2) + (X_1 - X_3) > 0$$

図 3.24 を見ると,この結果は標本経路の下の面積を比較していることが分かる.この面積は,サービス時間の短い客からサービスをする場合に最小になり,サービス時間の長い客からサービスをする場合に最大になることは明らかである.

なお,上の例では W(先着順) $> W$(後着順) であるが,逆の場合も起こり得る.以上の議論には,客の到着過程やサービス時間の確率分布に関する仮定を使っていないので,上の定理は一般の到着過程やサービス時間の確率分布をもつ待ち行列について成り立つ.

特に,最短順サービスの M/M/1 待ち行列において,サービス時間 x をもつ客の平均待ち時間は

$$W_{\text{SJF}}(x) = \frac{\rho}{\mu} \bigg/ \left\{ 1 - \rho \left[1 - (1 + \mu x)e^{-\mu x} \right] \right\}^2$$

で与えられる.従って,すべての客にわたる平均待ち時間は

$$E[W]_{\text{SJF}} = \mu \int_0^\infty W_{\text{SJF}}(x) e^{-\mu x} dx$$

となる (藤木・雁部, 1980, p.403).また,最長順サービスの M/M/1 待ち行列において,サービス時間 x をもつ客の平均待ち時間は

$$W_{\text{LJF}}(x) = \frac{\rho}{\mu} \bigg/ \left[1 - \rho(1 + \mu x)e^{-\mu x} \right]^2$$

で与えられる.従って,すべての客にわたる平均待ち時間は

$$E[W]_{\text{LJF}} = \mu \int_0^\infty W_{\text{LJF}}(x) e^{-\mu x} dx$$

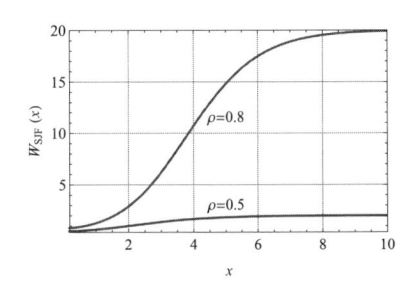

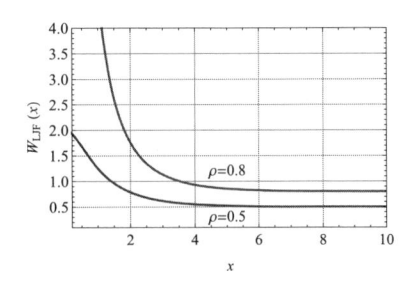

図 3.25 最短順および最長順サービス M/M/1 待ち行列における サービス時間が x の客の平均待ち時間 $(\mu = 1)$.

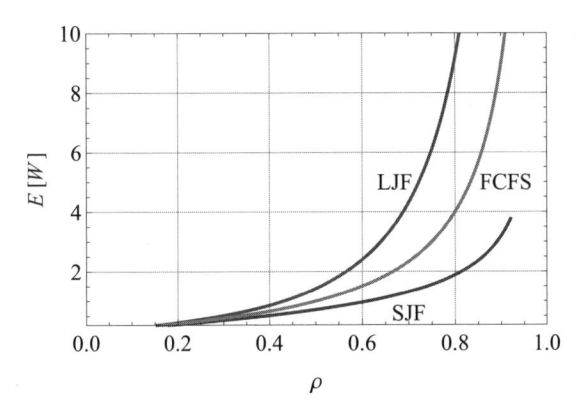

図 3.26 最短順,先着順,および最長順サービス M/M/1 待ち行列における平均待ち時間 $(\mu = 1)$.

となる.$\mu = 1$ のとき,これらのプロットを図 3.25 と図 3.26 に示す.先着順サービスの M/M/1 待ち行列における平均待ち時間との比較ができる[*13].

[*13] 因みに,いつもサーバの稼動期間の最後にサービスを受ける**謙虚な客** (polite customer) の平均待ち時間は

$$W_{\text{SFJ}}(\infty) = W_{\text{LJF}}(0) = \frac{\rho}{\mu(1-\rho)^2}$$

である.一方,いつも待ち行列の先頭に割り込んでくる**強引な客** (rude customer) の平均待ち時間は

$$W_{\text{SFJ}}(0) = W_{\text{LJF}}(\infty) = \frac{\rho}{\mu}$$

(到着時点での残りのサービス時間の期待値)である.

3.7.2 先着順サービスは待ち時間の分散が最小

第1.3節で論じたように，サービスを待っている客を最も苛立たせる要因は，自分よりあとから来た人が先にサービスされることだろう．サービス規律が先着順でも後着順でも平均待ち時間は同じであることは既に述べた．ところが，待ち時間の分散について，次の定理が成り立つ．

- 待ち時間の分散は先着順サービスのとき最小になる．
- 待ち時間の分散は後着順サービスのとき最大になる．

サービスが先着順に行われないとき，待ち時間の平均は同じでも分散が大きくなるということは，待ち時間が長かったり短かったりする振れ幅が大きいということであって，この分散の値も客どうしでは平等であるから，他の客に対して腹を立てる筋合いのものではない．先着順サービスが公平であると感じる客の心理が待ち時間の分散の小ささと関係があるのかどうかは興味深い問題である．

少し長くなるが，上の定理の証明を示す．空の状態にあるシステムに客が初めて到着してサービスが始まり，そのあと次々に到着する客が連続してサービスを受けて最後の客のサービスが終わるまでの期間をサーバの**稼働期間** (busy period) という．n 人の客がサービスされる1つの稼働期間について

$$t_i := i \text{ 番目に到着する客の到着時刻}$$
$$s_i := i \text{ 番目に到着する客のサービス開始時刻}$$
$$w_i := i \text{ 番目に到着する客の待ち時間 } (= s_i - t_i)$$
$$s'_i := i \text{ 番目のサービス開始時刻}$$

を定義する $(i = 1, 2, \ldots, n)$．定義により

$$t_1 < t_2 < \cdots < t_n \quad ; \quad s'_1 < s'_2 < \cdots < s'_n$$

である．また，到着前にサービスが行われることは起こり得ないので

$$t_i \leq s_i \quad ; \quad t_i \leq s'_i \qquad 1 \leq i \leq n$$

である．さらに，2とおりのサービス開始時刻の非順序集合は同じものである．

3.7 サービス規律の影響

$$\{s_i; 1 \le i \le n\} \equiv \{s'_i; 1 \le i \le n\}.$$

先着順サービスなら $s'_i = s_i \ (1 \le i \le n)$ である．

この稼働期間にサービスされる n 人の客の待ち時間の平均は

$$E[W] = \frac{1}{n}\sum_{i=1}^{n} w_i = \frac{1}{n}\sum_{i=1}^{n}(s_i - t_i) = \frac{1}{n}\left(\sum_{i=1}^{n} s_i - \sum_{i=1}^{n} t_i\right)$$
$$= \frac{1}{n}\left(\sum_{i=1}^{n} s'_i - \sum_{i=1}^{n} t_i\right)$$

であり，これはサービス規律に依存しない．また，待ち時間の分散は

$$\mathrm{Var}[W] = \frac{1}{n}\sum_{i=1}^{n}(w_i - E[W])^2 = \frac{1}{n}\left(\sum_{i=1}^{n} w_i^2 - 2E[W]\sum_{i=1}^{n} w_i + n\{E[W]\}^2\right)$$
$$= \frac{1}{n}\sum_{i=1}^{n} w_i^2 - (E[W])^2$$

であり，さらに

$$\sum_{i=1}^{n} w_i^2 = \sum_{i=1}^{n}(s_i - t_i)^2 = \sum_{i=1}^{n} s_i^2 + \sum_{i=1}^{n} t_i^2 - 2\sum_{i=1}^{n} s_i t_i$$
$$= \sum_{i=1}^{n}(s'_i)^2 + \sum_{i=1}^{n} t_i^2 - 2\sum_{i=1}^{n} s_i t_i$$

と書くことができる．右辺の 3 つの和のうち，最初の 2 つの和はサービス規律に依存しないが，最後の和

$$ST := \sum_{i=1}^{n} s_i t_i$$

はサービス規律に依存する．以下では，この ST が先着順サービスのとき最大になり，後着順サービスのとき最小になることを示す．

i 番目のサービス開始時刻 s'_i において，i 番目に到着した客と j 番目に到着した客がシステム内にいると仮定する ($t_i < t_j$, $s'_i < s'_j$ とする)．図 3.27(a) に示されているように，先着順ではないサービス規律を考え，$s'_i = s_j$ および $s'_j = s_i$ であると仮定すれば

3 章 待ち行列の数理と心理

| | j 番目に到着した
客のサービス | | i 番目に到着した
客のサービス | |

$t_i \quad t_j \qquad\qquad s'_i = s_j \qquad\qquad s'_j = s_i$

(a) 先着順サービスでない場合

| | i 番目に到着した
客のサービス | | j 番目に到着した
客のサービス | |

$t_i \quad t_j \qquad\qquad s'_i = s_i \qquad\qquad s'_j = s_j$

(b) 後着順サービスでない場合

図 3.27　サービスの順序.

$$t_i < t_j \leq s_j < s_i$$

が成り立つ．これらの 2 人の客の ST への寄与は $s_i t_i + s_j t_j$ である．2 人のサービスの順序を交換すると，ST への寄与は $s_j t_i + s_i t_j$ となり，その差は

$$s_j t_i + s_i t_j - (s_i t_i + s_j t_j) = (s_i - s_j)(t_j - t_i) > 0$$

である．すなわち，i 番目に到着した客を j 番目に到着した客よりも先にサービスすると，ST の値が大きくなる．従って，先着順以外のサービスなら，サービスを先着順に変えることにより ST の値を増やすことができるが，先着順サービスからでは，サービスの順序の変更により ST の値をそれ以上に増やすことはできない．よって，先着順サービスが ST を最大にする規律であることが分かる．このとき，待ち時間の分散は最小になる．

次に，図 3.27(b) に示されているように，後着順ではないサービス規律を考え，$s'_i = s_i$ および $s'_j = s_j$ であると仮定すれば

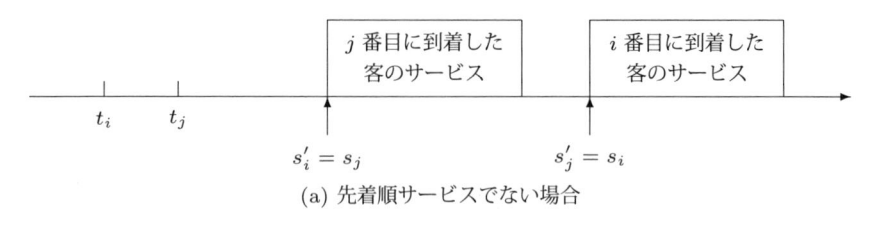

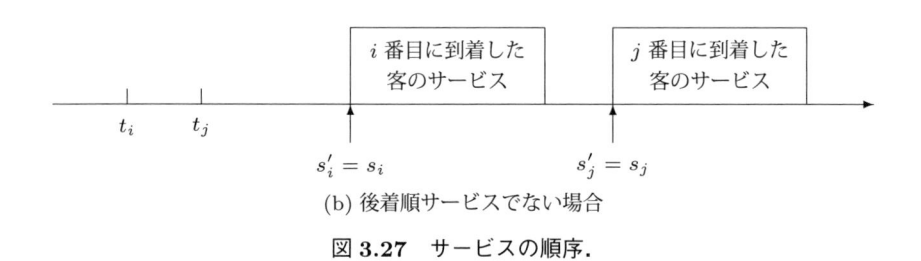

$$t_i < t_j \leq s_i < s_j$$

が成り立つ．これらの 2 人のサービスの順序を交換すると ST への寄与は $s_j t_i + s_i t_j$ となり，その差は

$$s_j t_i + s_i t_j - (s_i t_i + s_j t_j) = (s_i - s_j)(t_j - t_i) < 0$$

となる．すなわち，j 番目に到着した客を i 番目に到着した客よりも先にサービスすると，ST の値が小さくなる．従って，後着順以外のサービスなら，サービスの順序を後着順に変えることにより ST の値を減らすことができるが，後着順サービスからでは，サービスの順序の変更により ST の値を減らせることはできない．よって，後着順サービスが ST を最小にする規律であることが分かる．このとき，待ち時間の分散は最大になる．証明終わり．

実際に，M/M/1 待ち行列においては，先着順，後着順，およびランダム順サービスのときの待ち時間の分散が以下のように与えられることが分かっている．

$$\mathrm{Var}[W]_{\mathrm{FCFS}} = \frac{\rho(2-\rho)}{\mu^2(1-\rho)^2}$$

$$\mathrm{Var}[W]_{\mathrm{LCFS}} = \frac{\rho(2-\rho+\rho^2)}{\mu^2(1-\rho)^3}$$

$$\mathrm{Var}[W]_{\mathrm{ROS}} = \frac{\rho(4-2\rho+\rho^2)}{\mu^2(1-\rho)^2(2-\rho)}$$

$\mu = 1$ の場合に，これらを図 3.28 に示すと，次の不等式が確認できる．

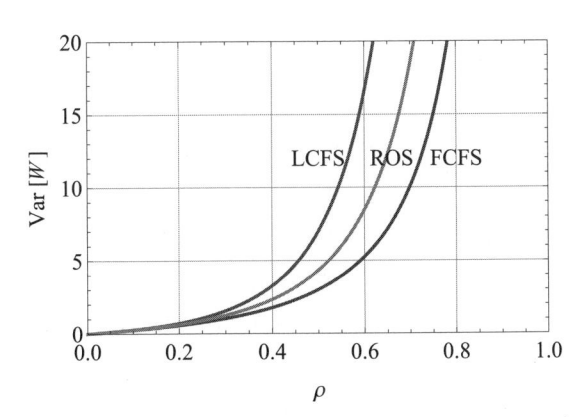

$$\mathrm{Var}[W]_{\mathrm{FCFS}} < \mathrm{Var}[W]_{\mathrm{ROS}} < \mathrm{Var}[W]_{\mathrm{LCFS}}$$

図 3.28　M/M/1 待ち行列における待ち時間の分散 ($\mu = 1$)．

M/M/m 待ち行列については，Erlang の C 公式 (3.2) と $\rho := \lambda/\mu$ を用いて

$$E[W^2]_{\text{FCFS}} = \frac{2C(m,\rho)}{(m\mu - \lambda)^2}$$

$$E[W^2]_{\text{LCFS}} = \frac{2m\mu C(m,\rho)}{(m\mu - \lambda)^3}$$

$$E[W^2]_{\text{ROS}} = \frac{4m\mu C(m,\rho)}{(m\mu - \lambda)^2(2m\mu - \lambda)}$$

であるから，それぞれの場合の分散は

$$\text{Var}[W] = E[W^2] - (E[W])^2 \quad ; \quad E[W] = \frac{C(m,\rho)}{m\mu - \lambda}$$

により計算できる．

3.8 客に優先順位がある待ち行列

　サービスを行う対象に優先順位が付けられているシステムは，情報通信システムでのデータ伝送やコンピュータ内のタスク処理において普通に採用されているが，日常のサービスシステムにおいても多く見られる．例えば，次のような例がある．

- 病院の救急患者
  病院の外来部門では，救急車で運ばれてくる患者は，通常の患者が待っていても先に治療される．
- 飛行機の搭乗
  飛行機の搭乗口では，まず，障碍のある人，介護の必要な老人，妊婦や赤ん坊を連れた人たちが呼び込まれ，続いて，ファーストクラスやビジネスクラスの客，航空会社の高級メンバー会員が呼ばれる．エコノミークラスの客は最後に呼ばれるが，ジャンボ機では，混雑を避けるため，後部座席のゾーンから順に搭乗させられる (zone boarding)．
- ディズニーリゾートのファストパス
  東京ディズニーリゾートの**ファストパス** (fast pass) は，アトラクションのスタンバイ時間が 1 時間以上のとき，ゲストの待ち時間を軽減するための

チケットである．目的のアトラクションの近くにある発券機で発券を受けておき，指定時刻に戻ってくれば，ファストパス・エントランスを通って優先的に入場できる．

客に優先順位があり複数のサーバを有する待ち行列として，以下の性質をもつモデルを考える．

- 客の優先順位クラスを $\{1, 2, \ldots, P\}$ とし，クラス 1 の優先度が最も高く，クラス P の優先度が最も低いと仮定する．
- クラス p の客は，他のクラスの客とは独立に，到着率 λ_p の Poisson 過程に従って到着する $(1 \leq p \leq P)$．すべてのクラスの客の到着率を $\lambda := \sum_{p=1}^{P} \lambda_p$ とする．
- すべてのクラスの客について，サービス時間は同じ平均値 $1/\mu$ をもつ指数分布に従う*14．
- サーバの数は m 人である．待合室の容量は無限大とする．
- 1 つのサービスが終わると，次にサービスされるのは待合室内にいる客の中で最も高い優先順位のクラスの客であり，同じクラスの中では，先着順に選ばれる．いったんサービスが始まれば，サービス中の客よりも優先度が高い客が到着しても，進行中のサービスが中断されることはない．このようなサービス規律を**非割込み優先サービス** (nonpreemptive priority service) という．

このとき，パラメータ

---

*14 複数のサーバを有する待ち行列において，サービス時間が優先順位クラスごとに異なる平均値をもつ指数分布に従う場合には，簡単な解析解は得られていない．単一のサーバの場合には，クラス p の客のサービス率を μ_p とするとき，全クラスにわたる平均サービス時間

$$\frac{1}{\mu} := \sum_{p=1}^{P} \frac{\lambda_p}{\lambda} \left(\frac{1}{\mu_p}\right) = \frac{1}{\lambda} \sum_{p=1}^{P} \frac{\lambda_p}{\mu_p}$$

と $\rho := \lambda/\mu$ を用いて，クラス p の客の平均待ち時間が

$$E[W_p] = \frac{\rho}{\mu(1 - \sigma_{p-1})(1 - \sigma_p)} \quad ; \quad \sigma_p := \sum_{k=1}^{p} \frac{\lambda_k}{\mu_k} \qquad 1 \leq p \leq P$$

で与えられる．

3章 待ち行列の数理と心理

$$\sigma_p := \sum_{k=1}^{p} \frac{\lambda_k}{m\mu} \qquad 1 \leq p \leq P$$

を定義する．これはクラス p 以上の優先順位をもつ客によるサーバ 1 人当たりの利用率である．特に，$\sigma_P = \lambda/(m\mu)$ はすべての客によるサーバ 1 人当たりの利用率であり，システムが安定である（最下位の優先度の客も必ずサービスされる）ための条件は

$$\sigma_P = \frac{\lambda}{m\mu} < 1$$

である．

システムの安定条件 $\sigma_P < 1$ が成り立つとき，クラス p の客の平均待ち時間は

$$E[W_p] = \frac{P\{W > 0\}}{m\mu(1-\sigma_{p-1})(1-\sigma_p)} \qquad 1 \leq p \leq P \qquad (3.3)$$

で与えられる (Allen, 1990, p.334; Cobham, 1954; 藤木・雁部, 1980, p.403; 高橋敬隆ほか, 2003, p.62)．ここで $\sigma_0 = 0$ とする．また，到着する客が待つ確率

$$P\{W > 0\} = C(m, \rho) \quad ; \quad \rho := \frac{\lambda}{\mu}$$

は客のクラスに依存せず，Erlang の C 公式 (3.2) である．

式 (3.3) は次のようにして導くことができる．クラス p の客が到着するとき，この客の平均待ち時間は次の 3 つから成る．

- 既に待合室にいるクラス $1, 2, \ldots, p$ の客の平均サービス時間：待合室にいるクラス k の客の平均数を $E[L_k]$ で表すと，$\sum_{k=1}^{p} \frac{1}{m\mu} E[L_k]$．
- 待ち時間の間に到着するクラス $1, 2, \ldots, p-1$ の客の平均サービス時間：平均待ち時間 $E[W_p]$ の間に到着するクラス k の客の平均数は $\lambda_k E[W_p]$ であるから，$\sum_{k=1}^{p-1} \frac{1}{m\mu} \lambda_k E[W_p]$．
- 到着時に進行中のサービスのうち，どれか 1 つが終わるまでの平均時間：$\frac{P\{W > 0\}}{m\mu}$．

これらを足し合わせることにより，クラス p の客の平均待ち時間を以下のように表すことができる．

$$E[W_p] = \sum_{k=1}^{p} \frac{1}{m\mu} E[L_k] + \sum_{k=1}^{p-1} \frac{1}{m\mu} \lambda_k E[W_p] + \frac{P\{W>0\}}{m\mu}$$

ここで，待合室にいるクラス k の客に対して Little の定理を適用することにより，

$$E[L_k] = \lambda_k E[W_k] \quad 1 \leq k \leq p$$

が成り立つ．これを上の式に代入すると

$$\begin{aligned}E[W_p] &= \frac{1}{m\mu} \sum_{k=1}^{p} \lambda_k E[W_k] + \frac{1}{m\mu} E[W_p] \sum_{k=1}^{p-1} \lambda_k + \frac{P\{W>0\}}{m\mu} \\ &= \frac{1}{m\mu} E[W_p] \sum_{k=1}^{p} \lambda_k + \frac{1}{m\mu} \sum_{k=1}^{p-1} \lambda_k E[W_k] + \frac{P\{W>0\}}{m\mu}\end{aligned}$$

となる．これより，$\{E[W_p]; p=1,2,\ldots,P\}$ に関する漸化式

$$(1-\sigma_p)E[W_p] = \frac{1}{m\mu} \sum_{k=1}^{p-1} \lambda_k E[W_k] + \frac{P\{W>0\}}{m\mu} \tag{3.4}$$

が得られる．この漸化式の解は，p に関する数学的帰納法により，式 (3.3) で与えられることが分かる．

式 (3.3) によれば，**優先順位が高い客ほど平均待ち時間が短い．**

$$E[W_1] < E[W_2] < \cdots < E[W_P] \tag{3.5}$$

このことは

$$\frac{E[W_p]}{E[W_{p+1}]} = \frac{1-\sigma_{p+1}}{1-\sigma_{p-1}} < 1$$

から分かる．

図 3.29 に $m=5, P=3$ の場合の平均待ち時間 $E[W_p]$ ($p=1,2,3$) を示す．不等式 (3.5) が確認できる．優先順位によって平均待ち時間に顕著な差が出ることが分かる．各クラスの平均待ち時間のすべてのクラスにわたる平均値は，優先順位がない（例えば先着順サービス）の場合の平均待ち時間に等しい．

$$E[W]_{\text{FCFS}} = \frac{P\{W>0\}}{m\mu - \lambda} = \sum_{p=1}^{P} \frac{\lambda_p}{\lambda} E[W_p]$$

図 3.29 にはこの値を破線で示す．一般に

3 章 待ち行列の数理と心理

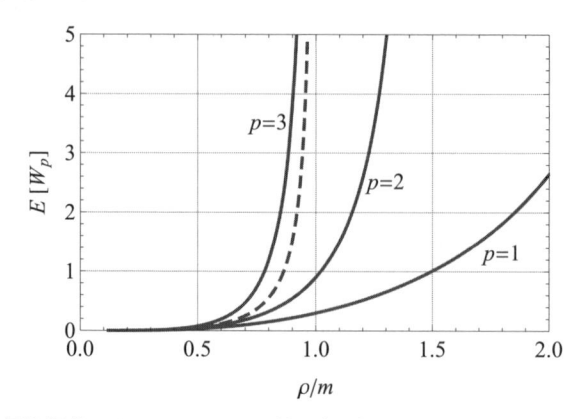

図 3.29 優先順位のある $\mathrm{M/M}/m$ 待ち行列における平均待ち時間 ($\mu = 1$).

$$E[W_1] < E[W]_{\mathrm{FCFS}} < E[W_P]$$

が成り立つ.

3.9 おわりに

モノづくりの時代に情報通信ネットワーク,コンピュータ,生産システムなどの性能評価に応用された待ち行列モデルでは,「客」はそれぞれ通信データ,ジョブ,半製品などであり,「サーバ」はそれぞれ通信回線,演算処理装置,製造機械などであった.これらの場合では,サーバを高速化し,その稼働率をできるだけ高めることで,処理時間をできるだけ短くすることがシステム設計の目標であった.一方,「客」が人間の顧客であり,「サーバ」も人間であるサービスシステムにおいては,客の待ち時間の数値的な長さよりも,客が感じる待ち時間の長さや公平感,サーバへの適正な仕事量の割り当てなどに,システム設計の重点を置かなければならない.

本章では,既存の待ち行列理論がサービスシステムのモデルとしてどのように応用できるか,また,その結果をどのように解釈できるかを書こうと試みた.私たちがサービスの価値の共創者として,サービスシステムについて感じていることが数学的に説明されると,日常生活で楽しく応用できるのみならず,サー

ビス産業の技術的発展にも貢献し，学術的意義も高い成果として評価できる．

人と設備が関わるサービスシステムへの応用を目指すとき，これまでの待ち行列理論では，特に以下のような特徴に対する研究が不足していると思われる．

- **複数のサーバが存在すること**

    コンピュータシステムなら多数の仕事を1台のスパコンで処理し，通信ネットワークなら多数のユーザ間通信を1本の高速回線で送信することは可能である（そうすることで規模の経済が得られる）が，人が関わるサービスシステムでは，多くの需要には通常能力をもつサーバを多く備えることで対処する．確率過程論による待ち行列モデルの取り扱いでは，すべての要素の確率的挙動に指数分布（の無記憶性）を仮定する場合を除き，複数サーバを有するシステムについて厳密な明示的結果を得ることが難しい．

- **客の到着率が時間的に変動すること**

    人が発するサービスの要求は，当然，人の1日の仕事や生活のサイクルに依存する．例えば，レストランに来る客の到着率は，正午頃に鋭いピークがあり，夕方にも緩いピークがある．24時間営業のスーパーマーケットでも，深夜の客は少ないだろう．サーバが人である場合，人件費は労働時間に比例するので，勤務させるサーバの人数を客の到着率の時間的変動に応じて変えることが必要である．現在の待ち行列理論において，時間的に変動する到着過程をもつ待ち行列モデルは流体近似解析の方法などにより研究されているが，実存システムの実用的な解析や設計に簡便に応用できるまでには至っていない．

- **サーバの満足度，客とサーバの信頼関係**

    サーバが通信回線や演算装置である場合，それらの機械の満足度（？）に配慮する必要はない．機械の疲労や故障はあるが，それらが起こる時間の尺度（例えば，日）は，サービスに係る時間の尺度（例えば，ミリ秒）とは桁違いであり，同じモデルに含めて考察することは意味がない．しかし，複数の人がサーバを務めるシステムでは，サーバを働かせ過ぎると効率低下や怠業・離職の原因となる．また，サーバ間での仕事の負荷の公平性，同時に勤務するサーバどうしの相性，客との信頼関係も，サーバの満足度に影響する．従来の待ち行列理論では，客の満足度については物理的な待

ち時間をその尺度として主要な研究対象としてきたが，サーバの満足度や客とサーバの信頼関係などに関する定量的研究は未開拓である．

以上のような特徴をもつサービスシステムを数学的に取り扱うことができるように，待ち行列理論の発展が望まれる．

Column 行列名人の勘違い

ここまで読んだ人は，第 2.4.2 項の (5) に示した行列名人の公式 "$W = L/\lambda$" の間違いを説明できるだろう．M/M/m 待ち行列に到着して待たされることになった客の待ち時間を考えると，第 3.3.2 項により，待合室に既にいる客の数 L の確率分布と期待値は

$$P\{L = k \mid W > 0\} = \left(1 - \frac{\rho}{m}\right)\left(\frac{\rho}{m}\right)^k \quad k \geq 0,$$

$$E[L \mid W > 0] = \frac{\rho/m}{1 - (\rho/m)} = \frac{\lambda}{m\mu - \lambda}$$

で与えられる．一方，この客の待ち時間の期待値は，第 3.4.3 項に示されているように

$$E[W \mid W > 0] = \frac{1}{m\mu - \lambda}$$

である．従って，

$$E[W \mid W > 0] = (\text{平均サービス時間}) \times (E[L \mid W > 0] + 1)$$

が成り立つ．ここで，平均サービス時間 $= 1/(m\mu)$ である．$m = 1$ の場合（M/M/1 待ち行列）が式 (2.8) である．行列名人も勘に頼らずに，サービスサイエンスを勉強して欲しい．

謝　辞

第 2 章と第 3 章の草稿を詳しく読んで，多くのコメントをいただきました高橋幸雄東京工業大学名誉教授に深く感謝します．

参 考 文 献

鈴木武次 (1972)，待ち行列，裳華房，復刊 2011 年 7 月．
高橋幸雄・森村英典 (2001)，混雑と待ち，朝倉書店，2001 年 7 月．
高橋敬隆・山本尚生・吉野秀明・戸田彰 (2003)，わかりやすい待ち行列システム－理論と実

参考文献

践一, 電子情報通信学会, 2003 年 4 月.
藤木正也・雁部頴一 (1980), 通信トラヒック理論, 丸善, 1980 年 9 月.
Allen, A. O. (1990), *Probability, Statistics, and Queueing Theory with Computer Science Applications*, Second edition, Academic Press, 1990.
Anderson, D. R., D. J. Sweeney, T. A. Williams, J. D. Camm, and K. Martin (2010), *Quantitative Methods for Business*, Twelfth international edition, South-Western Cengage Learning, 2010.
Cobham, A. (1954), Priority assignment in waiting line problems, *Journal of the Operations Research Society of America*, Vol.2, No.1, pp.70–76, February 1954.
Cooper, R. B. (1981), *Introduction to Queueing Systems*, Second edition, Elsevier North-Holland, 1981.
Fitzsimmons, J. A. and M. J. Fitzsimmons (2008), *Service Management: Operations, Strategy, Information Technology*, Sixth edition, McGraw-Hill, 2008.
Gross, D., J. F. Shortle, J. M. Thompson, and C. M. Harris (2008), *Fundamentals of Queueing Theory*, Fourth edition, John Wiley & Sons, 2008.
Hall, R. W. (1991), *Queueing Methods: for Services and Manufacturing*, Prentice Hall, 1991.
Kleinrock, L. (1975), *Queueing Systems*, Volume I: *Theory*, John Wiley & Sons, 1975.
Kleinrock, L. (1976), *Queueing Systems*, Volume II: *Computer Applications*, John Wiley & Sons, 1976.
Lovelock, C. and J. Wirtz (2011), *Services Marketing: People, Technology, Strategy*, Seventh edition, Prentice Hall, 2011.
Rothkopf, M. H. and P. Rech (1987), Perspectives on queues: combining queues is not always beneficial, *Operations Research*, Vol.35, No.6, pp.906–909, November–December 1987.
Wolff, R. W. (1989), *Stochastic Modeling and the Theory of Queues*, Prentice Hall, 1989.
Zhao, Y. and W. K. Grassmann (1990), The shortest queue model with jockeying, *Naval Research Logistics*, Vol.37, No.5, pp.773–787, October 1990.

著者紹介

高木英明
　第 1 章を参照.

4章 コールセンターの資源管理
Resource Management of Call Centers

菱沼 千明（東京工科大学）
hisinuma@cs.teu.ac.jp
高木 英明（筑波大学）
takagi@sk.tsukuba.ac.jp

　顧客志向経営の最前線に位置づけられてビジネスの拡大が続いているコールセンターでは，通信技術と情報処理技術の融合により，電話のつながり状況やオペレータの稼働状況などに関する重要な業績指標を自動的に計測し可視化する仕組みが備わっている．これらを利用して，顧客満足度，情報通信設備の有効利用，およびオペレータの人的資源管理などを総合的に設計・運用するために，サービスサイエンスの応用が期待される．
　本章では，まずコールセンターのサービス品質と生産性に関する業務指標を説明する．続いて，着信コール処理に待ち行列理論を応用し，回線数やオペレータ数が与えられたときに，コールの到着率に応じてサービスレベルや待合せ放棄率などのサービス品質指標を計算する諸公式を示す．これらの公式を用いると，与えられた品質要件を満足するために必要な要員数や回線数が算出できる．最後に，必要な要員数からオペレータの勤務スケジュールを作成する方法を示す．

キーワード：コンピュータ・テレフォニー，資源管理，重要業績指標，サービスレベル，応答率，応答時間，待合せ放棄，待ち行列理論，ErlangのC公式，無限呼源モデル，有限呼源モデル，後処理時間，要員配置計画，ワークフォース・マネジメント．

4.1　はじめに

　かつては電話の受け付け窓口という程度の役割でしかなかったコールセンターは，ここ10数年の間に顧客志向経営の中枢に位置づけられ，業種・業界を問わず多くの企業に導入されるようになって，ビジネスの拡大が続くとともに，日本各地において雇用の増加にも貢献している．
　コールセンターにおいては，取り扱うコールの量に合わせて，電話回線や

サーバなどの設備（ハードウェア資源）と，顧客と対話するオペレータの数（人的資源）を調和させて配備する**資源管理** (resource management) が重要課題である．

電話局からの回線設備が少なすぎると，いつ電話をかけても「話し中」になるし，オペレータの在席数が不十分だと，「もうしばらくお待ちください」の繰り返しになったりする．多くの現場では，過去の経験による資源管理に頼りがちである．しかし，経験と勘に頼る資源管理には問題がある．品質と資源との間には単純な比例関係がないからである．通常，品質は目標値を超えると，僅かな向上を達成するのにも過大な投資を必要とする．にもかかわらず，設定された目標値をクリアしてもさらなる向上を追い求めることは，よくある間違いである．目標値をクリアすれば，顧客に与える他の評価指標も満足されているはずだからである．

また，稼働率が高いことは資源の効率的利用であると誤解し，回線数を絞ってしまう行為も散見されるが，これも間違いである．回線を少なくすると，確かにオペレータ1人当たりの稼働率は上がるが，処理できるコールの総数は少なくなる．内線の使用率は上がるが，呼損率（電話をかけたときに「話し中」になる確率）も高くなるので，顧客からの電話に答える割合が低くなるからである．

コールセンター運用の技術的基礎となっているのが，電話通信網の通信機能とコンピュータの情報処理機能を融合させた**コンピュータ・テレフォニー** (computer telephony integration, CTI) である．従来，電話の発信や着信・接続などといったリアルタイム性に厳しい制御が中心だった通信技術と，データベースや各種アプリケーションなど蓄積されたデータの処理に強いコンピュータ技術は，それぞれ異なる分野で発展してきた．その通信とコンピュータの技術的融合として，CTIにより多様な接続機能とコール管理機能がコールセンターに提供されるようになった．

図4.1に公衆電話交換網につながったコールセンターと，センター内部の基本的なシステム構成を示す．コールセンターの側に設置され，交換網への窓口となる装置が**構内交換機** (private branch exchange, PBX) である．

コールセンターの多様な接続機能は，オペレータのスキルレベルなどに応じた**コール自動分配** (automatic call distribution, ACD) を可能とし，コール管理

4.1 はじめに

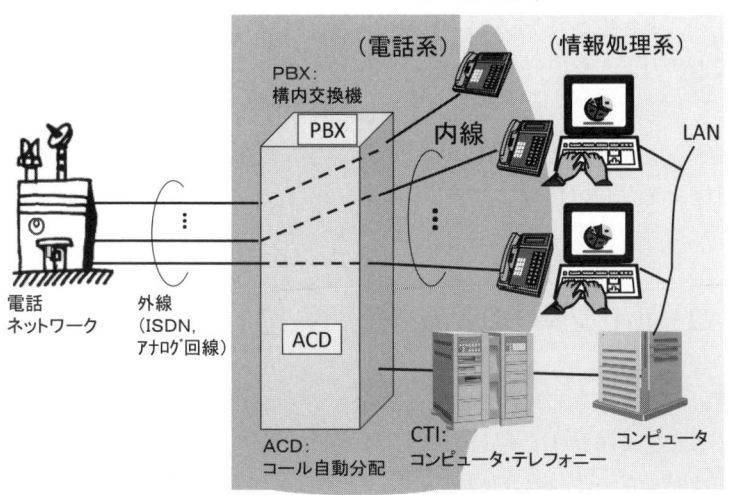

図 4.1 コールセンター内外のシステム構成.

機能により，電話のつながりやすさなどを示す品質基準や生産性を表す指標が，細かく数値的に把握できるようになった．顧客が知覚するサービス品質が，「感覚的」にではなく，設定時間内の応答率，応答時間，待合せ放棄率，通話時間，後処理時間といった具体的な指標の数値で把握できるので，目標とするサービス品質や生産性を明確にした上で，必要とするオペレータ要員数や回線設備数を算出することができる．

システムが出力した大量の履歴データをベースに，**待ち行列理論**の数式を組み入れ，実用上有用な角度からコールセンターの動きを見ることのできる支援システムが開発されている (Mandelbaum and Zeltyn, 2007)．ここでは，人と設備が関わるサービスシステムにおいて，資源の効率的利用と顧客満足度の向上を融合させるサービスサイエンスの考えが根づきつつある (菱沼, 2006, pp.116–125)．

このような定量的把握を背景に，与えられた業務指標値や要員数を満たすようにオペレータの稼動スケジュールを生成することを**ワークフォース・マネジメント** (workforce management, WFM) という．現在市販されている WFM 用ソフトウェアは，測定レポートの見やすさなどは優れているものの，モデルの

厳密性・正確性は限られている．線形計画法などにおいては，従来から，解が求めにくい大規模なスケジューリング問題に対して，遺伝的アルゴリズムやタブー探索法のような近似手法が応用されてきたが，時々刻々に変動する電話トラフィックを取り扱うコールセンターにおけるオペレータ要員スケジューリングに関する研究はまだ緒に就いたばかりである．

本章は，菱沼 (2011) および菱沼・高木 (2011) を，本書のために大幅に加筆・改訂したものである．

4.2 コールセンターの評価指標

一般に，サービスにおいては，商品の形が見えず，生産と消費が同時に行われ，しかも提供側だけでなくサービスを受ける顧客も一緒に参加しないと価値の評価はできないと言われている．また，事前に品質を確かめたり，提供者の生産能力を知ることも難しい (Fitzsimmons and Fitzsimmons, 2008, p.4)．

しかしながら，コールセンターでは，リアルタイム性の強い通信機器をデータ処理を得意とするコンピュータと結合する CTI によって，コールの着信から終話までの事象がすべて記録され，それをコンピュータに記録された情報と対応づけることで，各種の評価指標を生成することができる．このように，顧客対応の状況をリアルタイムに，また統計的に把握することができるので，サービス性能の「可視化」が比較的容易である．

4.2.1 着信コールの処理

コールセンターにおける着信コールに対する処理の標準的な流れを図 4.2 に示す．利用者がコールセンターに電話をかけると，公衆電話交換網内の交換機において，利用者のダイヤル先が使用中かどうかがチェックされ，該当する回線のすべてが塞がっていれば，「話し中」音が利用者に返される．回線に空きがあれば回線はつながるが，利用者はオペレータが空くまで通話を待たされる．この間に音楽やお知らせのアナウンスを聞かせたり，会員番号の入力などを求めることがある．オペレータが空けば，センター内の交換機が所定のルールで適切なオペレータに接続し，通話が開始される．オペレータとの通話が終わる

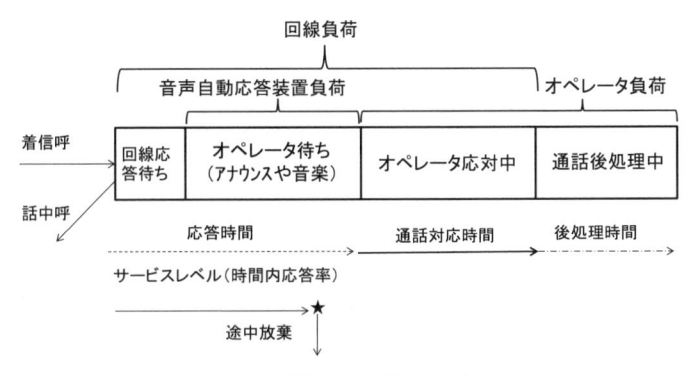

図 4.2 着信コール処理の流れ.

と回線は解放される．その後，オペレータは通話内容を記録するなどの後処理を行う．

4.2.2 重要業績指標

現行のコールセンターにおいて，実際に測定され，利用されている**重要業績指標** (key performance indicator, KPI) は，表 4.1 に示されているように，サービス品質，生産性，および収益性に関する 3 つに分類できる．以下の項において，これらを順に見ていくことにする．

表 4.1 コールセンターの重要業績指標 (KPI).

サービス品質	接続品質	待合せ放棄率，サービスレベル，平均応答時間 話中率，着信呼数，待ち呼数，最大応答時間
	対応品質	1 次解決率，総保留時間，モニタリング・スコア
	正確性	誤発注率，データ入力ミス率
生産性		平均通話時間，平均後処理時間，時間当たり応件数，稼動率，コンタクト率，受注率，キャンセル率
収益性		成約率，コール当たり売上高，アップセル率，クロスセル率，新規顧客獲得数

4.2.3 サービス品質を表す指標

コールセンターにおける**サービス品質**は，オペレータへのつながりやすさを示す**接続品質**，顧客が感じるオペレータの対応の適切さを示す**対応品質**，およびコールでの取引が間違いなく処理されること示す**正確性**の3つに分類できる．

特に，「なかなか電話がつながらない（話し中が多い）」「電話の待ち時間（呼び出し時間）が長い」などの接続品質に関する顧客の欲求は厳しい（コールセンター白書，2011, p.67）．コールセンターの管理者がその症状を聞いただけでは，話し中が多いことや，待ち時間が長いことの原因を見極めることはできない．平常時に比べてコールが殺到しているからなのか，たまたま長電話が多いからなのか，あるいは定常的にコールセンターの回線設備やオペレータの席数が足りないからなのかを分析し，症状を見極めた上で，適切な指標を設定し，体系的な資源管理により目標値を達成することが重要である．

(1) サービスレベル

サービスレベル (service level, SL) という用語は，一般には，組織全体で提供するサービス内容の程度を指すことが多いが，コールセンターにおいては特別の定義がある．すなわち，定められた時間内にどれだけの着信コールに応答できたかを表す指標である．例えば「t 秒以内に $x\%$ のコールに応答すること」（t, x は数値）などと表現される．t には 12 秒や 20 秒が用いられ，x としては 80% から 90% の値が問題にされることが多いが，この業界で特に決まった数値の設定があるわけではない．サービスレベルは，後述する他の指標に比べて，電話をかけてサービスを受けようとする利用者が感じる満足度を最も端的に表す指標ということができる．

サービスレベルは，「t 秒以内応答率」として次式に従って計測される．

$$\mathrm{SL} = \frac{t \text{秒以内の応答コール数} + t \text{秒以内の放棄コール数}}{\text{すべての応答コール数} + \text{すべての放棄コール数}} \quad (4.1)$$

この式では，待合せ放棄は顧客の意思によるものであるとして，放棄コールの数も分子に含めている (Cleveland, 2006, p.53)．しかし，システムによっては計測法が異なり，t 秒以内の応答コール数だけを分子としている

こともあるので，注意が必要である．

(2) 待合せ放棄率

待合せ放棄率とは，ある観測時間内に着信したコールのうち，オペレータが応答する前に利用者が待ち切れずに通話を放棄してしまうコールの割合

$$待合せ放棄率 = \frac{すべての放棄コール数}{すべての応答コール数＋すべての放棄コール数} \quad (4.2)$$

をいう．待合せ放棄率を通話記録から計算することは易しいが，通話放棄は外部回線やコールセンターの混み具合とともに，利用者個人の忍耐強さにも依存するので，業種ごとに運用の目標値を設けることは難しい．

いったん放棄したコールが繰り返し入って来るようなケース（いわゆる再呼）があると待合せ放棄率は高くなり，個別事情により着信直後に利用者が切断することもある．従って，このような短時間の通話放棄は無視し，カウントしないシステムもある．また，コール数は一定の観測時間帯ごとにカウントされるが，観測時間帯を超えて長く待ったあとで放棄したコールの取り扱いについて，特別の規定はない．

(3) 応答率

待合せ放棄率を 1 から引いた値は，放棄されずにオペレータが応答したコールの割合を示すので，**応答率**と呼ばれている．

$$\begin{aligned} 応答率 &= 1 - 待合せ放棄率 \\ &= \frac{応答コール数}{応答コール数＋放棄コール数} \end{aligned} \quad (4.3)$$

この名称とサービスレベルが表す設定時間内応答率 (4.1) とは，紛らわしいが異なる指標である．応答率は，かかってきたコールの何％に応答したかを表す簡単な指標として，よく使われている．

ただし，応答率は応答したコール数を数えるだけなので，どんなに長時間待たせても応答さえすればカウントされることに注意しなければならない．従って，待合せ放棄率 (4.2) や応答率 (4.3) は「つながりやすさ」を適切に表している指標とは言えない．設定時間内応答率としてのサービスレベル (4.1) が，やや複雑ではあるが，より適切な指標と思われる．

(4) 平均応答時間

コールセンターでは，電話回線がつながっても，すぐにオペレータと話せるとは限らない．まずは「ただいま電話がたいへん混み合っています．しばらくお待ちください」といったメッセージが**音声自動応答装置** (interactive voice response, IVR) から流され，オペレータと話せるようになるまでしばらく待たされることがある．この間に待ち切れない利用者は電話を切る．オペレータが応答したコールと待合せ放棄をしたコールを合わせ，すべてのコールについての待ち時間の平均値を**平均応答時間**という（オペレータが応対していた時間ではない）．

(5) 1次解決率

1次解決率 (first-call resolution) とは，1人のオペレータにつながったあと，他のオペレータに転送されたり，かけ直しをさせられたりすることなく，1回の通話で用件が充足される率のことである．電話の「たらい回し」は顧客が感じる対応品質を低下させる．その度合いを測る指標として，1次解決率が重要視され，80～85％ぐらいが目標値とされる．

1次解決をスムーズに実現しているコールセンターでは，顧客満足度が高いとともに，オペレータのストレスが少なく，高度なコール取扱い手順も充実し，定型作業の反復性も高いと言われている．

4.2.4 応答率かサービスレベルか

コールセンターが最も重要視している品質指標に関する172社の調査結果を図4.3に示す（コールセンター白書，2011, p.67）．この結果によれば，コールセンターにおいて最重要視されている品質評価指標は，応答率（＝1－待合せ放棄率）である．次に重要視されている指標はオペレータの対応品質であるが，第3位にサービスレベルが挙がっている．

応答率とサービスレベルは，ともに「つながりやすさ」を表す類似の指標なので，どちらか一方を計測しておけばよいと誤解されていることが多いが，2つは異なる概念であり，両方とも把握していなければならない．その理由は次のとおりである．

4.2 コールセンターの評価指標

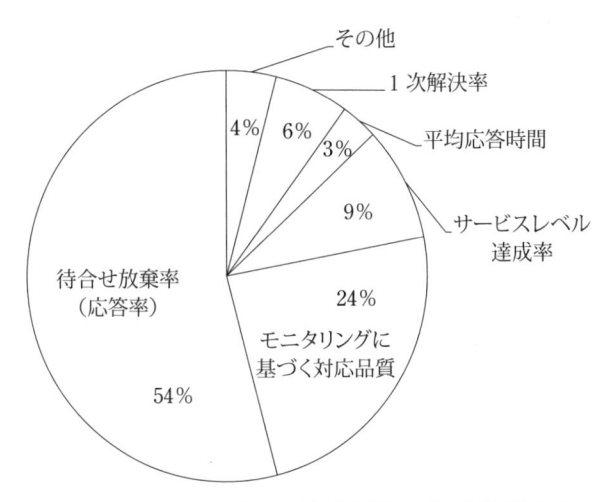

図 4.3 コールセンターが最重要視している品質基準.

- 応答率は，どんなに待たされても応答さえすれば数値は高くなる．すなわち，応答があるまでの待ち時間に依存しない．
- サービスレベルは，決められた時間内に応答した割合を示している．従って，応答時間に依存する．さらに，第 4.3.4 項の式 (4.15) や第 4.3.5 項の式 (4.22) によれば，放棄するまでの時間にも依存する．
- 待ち行列理論でよく知られている Erlang の C 公式 (4.8) は，サービスレベルを求める簡便な方法として有名ではあるが，待合せ途中で放棄されるコールを考慮していない．

図 4.4 は，実在のコールセンターで実測された応答率とサービスレベルの関連を示したものである[*1]．この図から，2 つの指標の間に単純な関係はないことが分かる．しかし，これらのばらつきが何によるものかを見通すことは困難であり，第 4.3.8 項において，理論モデルを用いてその要因を考察する．

[*1] 図 4.4 および 4.8 は，実在する某コールセンターにおける実測値であるが，ここでは社名を秘すことを許されたい．

4 章　コールセンターの資源管理

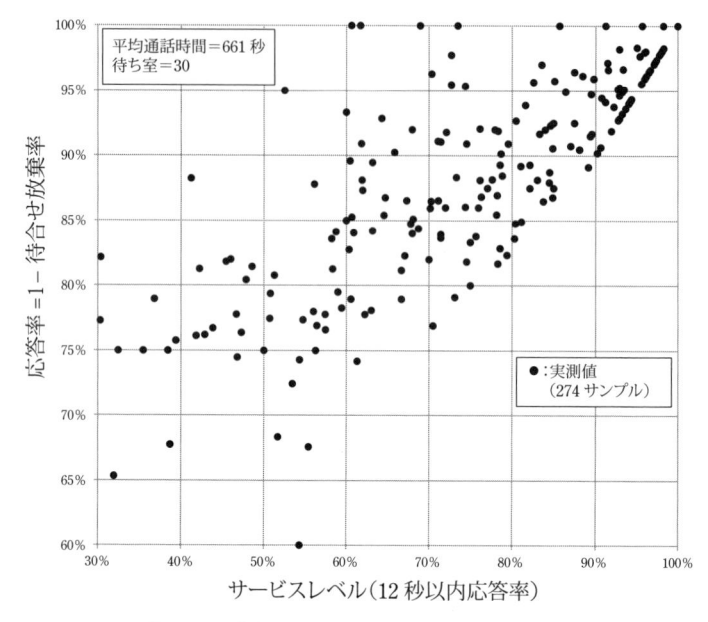

図 4.4　応答率とサービスレベルの実測値.

4.2.5　生産性を表す指標

　顧客からの商品の注文，商品に対する質問，苦情などの電話を受けることを業務とする**インバウンド** (inbound) のコールセンターでは，**生産性**を表す指標として，次の 4 つがよく使われている．

- 通話時間：担当オペレータが受信してからその通話が完了してコールを切断するまでの時間
- 後処理時間：顧客との通話終了後，オペレータがそのコールに関する応対状況の入力や伝票起票などに費やす時間
- 時間当たり応答件数：一定時間内に応答したコールの数
- 稼働率：オペレータの着席時間のうち，通話や後処理など本来の業務に費やされる時間の割合

特に，稼働率はコールセンターのコスト効率を見る指標として重要である．

4.2 コールセンターの評価指標

一方,電話をかけることを業務とする**アウトバウンド** (outbound) のコールセンター(**コンタクトセンター**と呼ばれる)の場合は,顧客と電話がつながって話ができたかどうかを表すコンタクト率,受注に結びついたかどうかを表す受注率,その受注があとで取り消された割合を表すキャンセル率などが,生産性を示す指標である.

4.2.6 収益性を表す指標

コールセンターが企業経営の中核として位置づけられるためには,効率よくコールを処理するだけでは不十分である.利益貢献についてもあらかじめ指標を設けておくことが重要である.コールセンターの**収益性**を表す評価指標としては,成約率,時間当たり売上高,コール当たり売上高,オペレータ当たり売上高,アップセル(ランクが上の商品を買ってもらう)率,クロスセル(他の類似商品も買ってもらう)率,新規顧客獲得数などが利用されている.

利益に貢献するためには,これらを管理指標として明確化しておくとともに,
- 必要な商品情報などの応対参考情報を用意し,容易に参照できること
- オペレータを適切に配備すること
- オペレータの個々のアクションがどれだけ利益に貢献したかを測定・推計できること

などが必要である.

4.2.7 目標指標値の設定

以上の考え方に基づき,サービス品質,生産性,および収益性の各指標のうち,必要とするものについて目標値を設定し,効果的なアクションを取ることが肝要である.1人のオペレータが1時間に何件のコールを取るべきかを決めるなど,システムが表示する指標を単純に追い求め,表面的な生産性のみを追及してはいけない.業績指標は,生産性が高いのか低いのかを判断し,低い場合にはその原因を究明し,改善するために利用するのがよい.例えば,あるオペレータの応答件数が少ない場合,通話時間が長いからなのか,離席時間が長いからなのかなど,複数の指標値から原因を追求することが重要である.

また,オペレータやスーパーバイザに対して,なぜこの指標を用いるのかと

いう理由を事前に説明した上で，目標値を課すのがよい．単に数値目標を示すだけでは，例えば「通話時間は短いほど良い」と誤解し，必要な説明を端折ってまで通話時間を縮めようとしてしまう．たとえ通話時間が長くても，**顧客満足度**が向上したり，アップセルやクロスセルにより受注が増えるなどすれば，結果としてコールセンターの役割を果たしたことになるだろう．特にコールの閑散時間帯には，通話時間を短くしても，待ち受け時間を長くするだけなので，通話時間を問うべきではない．とはいえ，要領よく応対することは顧客満足度の向上にもつながるので，オペレータの通話時間は，センター全体の平均値と比較して極端になっていないかどうかを見るとよい．

なお，目標値とは，ある一定値以上（あるいは以下）を目指す場合があれば，ある幅を持たせた範囲を指す場合もあり，指標によって使い分ける必要がある．例えば，サービスレベルの目標値を90%に設定したとき，100%を目指してさらに頑張ることは無駄な労力を使うだけで，意味がない．余力があるならば，別のサービス品質の向上に当てるべきであろう．

4.2.8 品質・生産性・収益性のバランス

コールセンターは，構築までのイニシャル・コストよりも運営のランニング・コストの方がはるかに大きい．ランニング・コストを抑えるためのイニシャル・コストという考え方に立って，生産性を向上させるための業務標準化とシステム投資計画を作成する．人件費を抑えるためにシステム投資をするのである．

サービス品質，生産性，および収益性の3つの指標をバランスよく運営することが成功の秘訣である．生産性を高めるために短時間に会話を終えようとすると，当然ながら品質は犠牲になる．優れたオペレータを採用すれば生産性と品質の両方を満足させることはできるが，そのためには相当のコストを覚悟しなければならず，今度は収益性に響いてしまう．特に，難易度の高い業務には生産性と品質が両立できるような方法が重要である．

4.3 コールセンターの数理モデル

前節で示したとおり，コールセンター・システムのCTI機能が向上し，各種

の業務指標が数値的に把握できるようになっても，どのような値が適切なのか分からなければ役に立たない．本節では，コール処理の性能評価を待ち行列理論により定式化し，理想的なモデルにおける指標値を求める．これらの数値は，具体的な目標値として活用できるだけでなく，実測値には直接現れない隠れた性能指標として把握することもできる．

4.3.1 待ち行列モデルの諸元

理論的モデルは現実に近いほど良いとは限らない．実体に厳密であるほど，普遍性に欠け，要点が見えづらくなり，計算に時間がかかりすぎるからである．そうは言っても，簡単すぎて解に違いが出ないというのも困る．幸いにして，コールセンターで扱う数値は，回線数やオペレータの人数などの整数値とサービスレベルや待合せ放棄率などのパーセント値である．

そこで，本節では図 4.5 に示した比較的簡単な着信コール処理の待ち行列モデルに対する解析結果を用いて，サービスレベルや待合せ放棄率などのサービス指標と，これを満足させるオペレータ数などとの関係を示す．実際には，すべての回線の「空き」と「塞がり」の状態は公衆電話網内の交換機が把握しており，原則として，コールセンター側の構内交換機 (PBX) において呼損率を計測することはできない．ただし，23B+D 型の ISDN 回線をもつ PBX では，回線が空いていても意図的に PBX から回線を閉塞させることができる．いずれにせよ，図 4.5 の待ち行列モデルは，明示的な解析解をもつという理由で採用

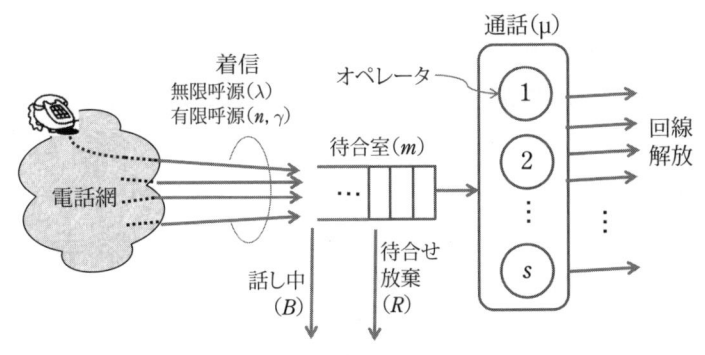

図 4.5 着信コール処理の待ち行列モデル．

したものであり，現実のコールセンターとはやや異なることに注意を要する．

まず，この待ち行列モデルを構成する要素と関連する変数を説明する．

(1) コールの母集団

電話トラフィック理論で用いる待ち行列モデルでは，一般に電話をかける可能性がある顧客の母集団を**呼源** (call population) という．ある地域のすべての人々から電話を受ける場合の呼源は無限と近似することができるが，会員制クラブの会員からの問い合わせや，病院の1病棟に入院している患者からのナースコールの呼源は有限である．

コールセンターのモデルでは，センターに入って来る電話回線を待ち行列モデルにおける呼源に対応させる．回線数が十分に多い場合は，**無限呼源** (infinite population) を仮定してよいが，回線数が少ない場合は，システム全体で $n\ (<\infty)$ 人の客しか存在しない**有限呼源** (finite population) のモデルが適当である．有限呼源モデルでは，通話を終えたコールは直ちに発生源に帰ると仮定する．

(2) コールの到着過程

無限呼源からのコールはばらばらと発生し，単位時間当たりの平均到着数（到着率）λ の **Poisson 過程** (Poisson process) に従って到着すると仮定する（第3.2.1項参照）．このとき，コールの到着時間間隔は平均 $1/\lambda$ の指数分布に従う．また，有限呼源からのコールについては，それぞれの入線においてコールが発生するまでの時間は互いに独立で，平均が $1/\gamma$ の指数分布に従うと仮定する．これを**疑似 Poisson 過程** (pseudo Poisson process) という．どちらの場合でも，ごく微小時間内に2つ以上のコールが発生することはないと仮定する．

(3) 通話時間

本章のすべてのモデルにおいて，1件のコールごとに，顧客とオペレータが通話する時間は平均 $1/\mu$ の指数分布に従うとする．このとき，通話終了率は μ である（単位時間当たりに μ 件の通話を処理することができる）．図4.6に，実際に測定した通話時間のヒストグラム（イスラエル Technion

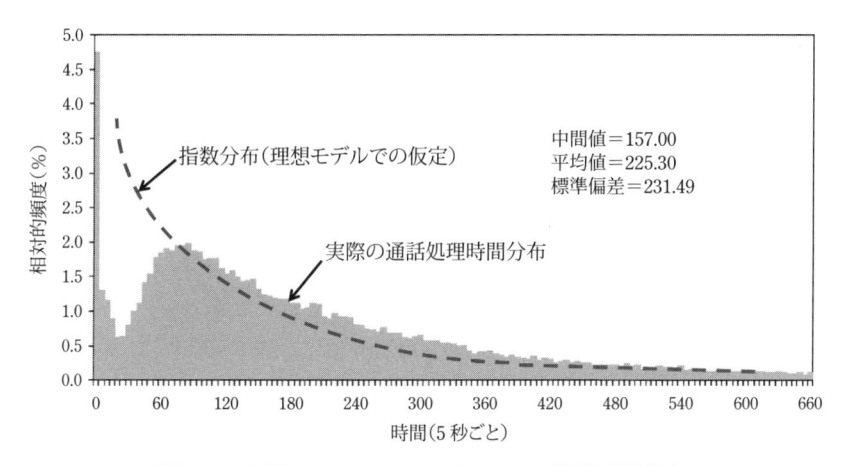

図 4.6 実際のコールセンターにおける通話時間分布.

大学の Avishai Mandelbaum 教授から提供されたアメリカの銀行のコールセンターでの測定データ）に，それから計算した平均時間をもつ指数分布の理論曲線を重ね合わせた結果を示す．

(4) オペレータの人数

オペレータの人数は一定で，s 人であると仮定する．ある時点において，コールセンターに k 人の顧客からの電話がつながっている場合を考えると，$k \leq s$ ならすべての顧客がオペレータと通話中である．$k \geq s+1$ なら，k 人のうち s 人が全員のオペレータと通話中であるが，残りの $k-s$ 人は待合室にいて，オペレータの応答を待っている．

(5) 待合室の容量

着信したコールがオペレータの応答を待っているとき，それは待合室にいると見なされる．この間も電話回線は使用され，音声自動応答装置 (IVR) からのアナウンスや音楽が聞こえている．このようにして待たせることができるコールの最大数を**待合室の容量**と呼ぶ．待合室の容量を無限大と仮定するモデルと，有限で $m\ (<\infty)$ 個までと仮定するモデルが考えられる．有限待合室のモデルでは，待合室が一杯のとき（すなわち，$s+m$ 人

以上から電話を受けているとき）にかかってきた電話には「話し中」の信号音が返され，そのコールは受け付けられない．このようなことが起こることを，電話トラフィック理論の言葉を借りて**呼損** (call loss, blocking) という．到着するコールが呼損となる確率を**呼損率**といい，B で表す．

(6) 待合せ放棄

コールがオペレータの応答を待っているとき（待合室にいるとき），顧客が待ち切れずに電話を切ってしまうことを**待合せ放棄** (abandonment) という．待合せ放棄を含むモデルでは，コールの到着時刻から放棄するまでの時間は，平均 $1/\theta$ の指数分布に従うと仮定する[*2]．このとき，待っているコールが微小時間 Δt の間に放棄する確率は $\theta \Delta t$ である．到着するコールが待合せ放棄となる確率を**待合せ放棄率**といい，R で表す．

4.3.2 3つの数理モデル

本節の第 4.3.3〜4.3.5 項では，入線数（呼源）の無限・有限，待合室の容量の無限・有限，および待合せ放棄の有無を組み合わせた3つの数理モデルについて，サービスレベルや待合せ放棄率などのサービス品質を表す指標と，これを満足させるオペレータ数などとの関係を示す．詳しい導出は省略するので，参考文献に当たって欲しい．

待ち行列モデルの特徴を簡単に表す **Kendall の記号**を紹介する (David George Kendall, 1918–2007, イギリスの数学・統計学者)．これは，待ち行列モデルを

$$A/B/s/K \tag{4.4}$$

という記号で表し，スラッシュ (/) で区切られたそれぞれの場所にある文字は

  A：到着過程　（M は無限呼源からの Poisson 過程，

      M(n) は n 人の有限呼源からの疑似 Poisson 過程）

[*2] 長く待った人ほど「こんなに長く待ったのだから，ここで諦めないで，もう少し待とう」と考えるとすれば，無記憶性がある指数分布は使えない．

B: サービス時間分布 （M は指数分布）

s: サーバの人数 （オペレータをサーバと見なす）

K: システム全体（サービス施設と待合室）の容量

を意味する．なお，$K = \infty$ の場合には記号 "/K" を省略する．

本節で扱う 3 つのモデルは以下のとおりである．すべてのモデルにおいて，サービス時間（通話時間）は指数分布に従うと仮定する．

モデル I：待合せ放棄のない無限呼源モデル M/M/s

コールは無限呼源から Poisson 過程に従って到着し，待合室の容量は無限大で，待合せ放棄はないと仮定する．このモデルの解析結果を用いると，所与の平均応答時間を満足させるために，あるいは設定時間内応答率（サービスレベル）を満足させるためには，何人のオペレータを配置すればよいかなどを算出することができる．

しかしながら，モデル I は前提条件が単純であり，現状を厳密には反映していない．例えば，どんな場合でもコールが受け入れられないことはなく，呼損率は常に 0 である．また，待合せ放棄も考慮されていないので，いったん待合室に入ったコールはどんなに待たされても放棄されないとしている．ここでの指標の主役はサービスレベルである．しかし，呼損や放棄呼の多いセンターでは，実測値と理論値に違いが生じ，必要となる要員数を過剰に算出するなどの支障が出るので，正確な要員計画を求めるコールセンターへの適用は控えた方がよい．

モデル II：待合せ放棄のある無限呼源モデル M/M/s/($s+m$)

コールは無限呼源から Poisson 過程に従って到着するが，待合室の容量は有限（m 人）であり，待合せ放棄もあると仮定する．外線数は十分にあるが，有限のシステム容量と待ち切れずに途中放棄する可能性を考慮に入れた現実に近いモデルであり，設定時間内応答率や待合せ放棄率を所与の数値以下とするために必要なオペレータの人数などを算出することができる．

モデル III：待合せ放棄のある有限呼源モデル M(n)/M/s/($s+m$)

コールは n 人の有限呼源から疑似 Poisson 過程に従って到着し，待合室の

4章 コールセンターの資源管理

表 4.2　3つの数理モデルとパラメータ.

	モデル I	モデル II	モデル III
Kendall の記号	M/M/s	M/M/s/(s+m)	M(n)/M/s/(s+m)
呼（コール）源	無限	無限	有限 (n)
到着過程	Poisson 過程 (λ)	Poisson 過程 (λ)	疑似 Poisson 過程 (γ)
通話時間	指数分布 (μ)	指数分布 (μ)	指数分布 (μ)
オペレータ数	s 人	s 人	s 人
待合室の容量	無限	m	m
待合せ放棄	なし	あり (θ)	あり (θ)

容量は有限（m 人）であり，待合せ放棄もあると仮定する.

このモデルは外線数が十分でない場合に適用すべきであり，その結果は

$$\lambda := n\gamma \tag{4.5}$$

を一定に保ちながら $n \to \infty$（従って $\gamma \to 0$）とする極限を取ると，モデル II に対する結果と一致する.

上記の3つの待ち行列モデルの特徴を表 4.2 にまとめて示す．以下において，これらのモデルに対する解析結果を考察するが，物理的に無次元の量として，次の記号を使う．

$$a := \frac{\lambda}{\mu} \quad ; \quad \xi := \frac{\theta}{\mu} \tag{4.6}$$

また，受け入れられたコールの応答時間（確率変数）を W で表す．待合せ放棄があるモデルにおいては，W は放棄されるコールもサービスを受けるコールも含めたすべてのコールについての待合室内滞在時間となっていることに注意する．このとき，設定時間（t 秒）以内の応答率としてのサービスレベル（SL）は

$$\text{SL} := P\{W \le t\} = 1 - P\{W > t\} \tag{4.7}$$

で与えられる．この結果は式 (4.1) を理論的に計算するものである．

4.3.3　待合せ放棄のない無限呼源モデル M/M/s

モデル I においては，呼損率と待合せ放棄率はともに 0 である．到着するコールは必ず受け入れられるが，すぐにオペレータとの通話に入れずに待つ確率が

$$P\{W > 0\} = \frac{\dfrac{a^s}{s!}}{\left(1 - \dfrac{a}{s}\right) \displaystyle\sum_{k=0}^{s-1} \dfrac{a^k}{k!} + \dfrac{a^s}{s!}} := C(s, a) \qquad (4.8)$$

で与えられる (秋丸・川島, 2000, p.23; 藤木・雁部, 1980, p.74). これは **Erlang の C 公式**と呼ばれるもので, 第 3.4.2 項の式 (3.2) にも導出されている (記号の違いに注意). この確率が存在するためには, システムの安定条件として,

$$a < s$$

が成り立たなければならない. このとき, 平均応答時間は

$$E[W] = \frac{C(s, a)}{\mu(s - a)} \qquad (4.9)$$

である. 先着順サービスを仮定すれば, 応答時間の分布関数は

$$P\{W \leq t\} = 1 - C(s, a)e^{-(s-a)\mu t} \qquad t \geq 0 \qquad (4.10)$$

で与えられるので, 式 (4.7) によりサービスレベルが計算できる.

Cleveland (2006, pp.119–129) は, Erlang の C 公式 (またはその変形公式) はほとんどすべての市販のコールセンター要員管理ソフトウェアに実装されているが, 現実に必要とする要員数を過大評価する欠点があると述べている.

4.3.4 待合せ放棄のある無限呼源モデル M/M/s/(s + m)

モデル II に対する解析結果を以下に示す [秋丸・川島 (2000, p.31) に与えられている解を修正した (Takagi, 2014)]. 本項で使われる P_0 はシステム内に他のコールが存在しない確率を表し,

$$\frac{1}{P_0} = \sum_{k=0}^{s-1} \frac{a^k}{k!} + \frac{a^s}{s!} \sum_{k=0}^{m} \frac{(a/s)^k}{\prod_{j=0}^{k}(1 + j\xi/s)} \qquad (4.11)$$

で与えられるものである.

(1) 呼損率

$$B = P_0 \frac{a^s}{s!} \frac{(a/s)^m}{\prod_{j=1}^m (1+j\xi/s)} \tag{4.12}$$

(2) 待合せ放棄率

$$R = \frac{P_0 \theta}{\lambda} \frac{a^s}{s!} \sum_{k=1}^m \frac{k(a/s)^k}{\prod_{j=1}^k (1+j\xi/s)} \tag{4.13}$$

(3) 待つ確率

$$P\{W>0\} = \frac{P_0 a^s}{s!(1-B)} \sum_{k=0}^{m-1} \frac{(a/s)^k}{\prod_{j=0}^k (1+j\xi/s)} \tag{4.14}$$

(4) 平均応答時間

$$E[W] = \frac{P_0}{\lambda} \frac{a^s}{s!(1-B)} \sum_{k=1}^m \frac{k(a/s)^k}{\prod_{j=1}^k (1+j\xi/s)} \tag{4.15}$$

従って,

$$R = (1-B)\theta E[W] \tag{4.16}$$

という関係が成り立つ.これは呼損にならなかったコールが平均応答時間 $E[W]$ の間に待ち切れなくなる確率を表す.

(5) 応答時間の分布関数（先着順サービスを仮定）[*3]

$$P\{W>t\} = \frac{P_0 a^s}{s!(1-B)} e^{-(\xi+s)\mu t} \sum_{k=0}^{m-1} \frac{(a/\xi)^k}{k!} \sum_{j=0}^k \binom{k}{j} \frac{(-1)^j e^{-j\xi\mu t}}{1+j\xi/s}$$
$$t \geq 0 \tag{4.17}$$

式 (4.15) と式 (4.17) は,待合せ放棄をするコールと放棄をせずに通話できるコールを含めた,呼損にならなかったすべてのコールについて計算した待合室内滞在時間の平均と分布関数であることに注意する.

[*3] 恒等式

$$\sum_{j=0}^k \binom{k}{j} \frac{(-1)^j}{x+j} = k! \prod_{j=0}^k \frac{1}{x+j} \qquad k \geq 0$$

を用いて,式 (4.17) において $t=0$ とおくと,式 (4.14) が得られる.

4.3.5 待合せ放棄のある有限呼源モデル M(n)/M/s/(s + m)

モデル III に対する解析結果を以下に示す［秋丸・川島 (2000, p.30) および藤木・雁部 (1980, p.96–98) に与えられている式を修正した］．以下では，コールの到着時にシステム内に他のコールが存在しない確率 P_0 として，次の式を用いる．

$$\frac{1}{P_0} = \sum_{k=0}^{s-1} \binom{n-1}{k} \left(\frac{\gamma}{\mu}\right)^k + \binom{n-1}{s} \left(\frac{\gamma}{\mu}\right)^s \sum_{k=0}^{m} \frac{(n-s-1)_k}{\prod_{j=0}^{k}(1+j\xi/s)} \left(\frac{\gamma}{s\mu}\right)^k \tag{4.18}$$

ここで，記号

$$n_k := \frac{n!}{(n-k)!} = n(n-1)(n-2)\cdots(n-k+1)$$

を定義した[*4]．

(1) 呼損率

$$B = P_0 \binom{n-1}{s} \left(\frac{\gamma}{\mu}\right)^s \frac{(n-s-1)_m}{\prod_{j=1}^{m}(1+j\xi/s)} \left(\frac{\gamma}{s\mu}\right)^m \tag{4.19}$$

(2) 待合せ放棄率

$$R = \frac{P_0 \theta}{\gamma} \binom{n-1}{s} \left(\frac{\gamma}{\mu}\right)^s \sum_{k=1}^{m} \frac{k(n-s-1)_{k-1}}{\prod_{j=1}^{k}(1+j\xi/s)} \left(\frac{\gamma}{s\mu}\right)^k \tag{4.20}$$

[*4] 式 (4.5) で与えられる λ を一定に保ちながら $n \to \infty$ とすると

$$\binom{n-1}{k}\left(\frac{\gamma}{\mu}\right)^k = \frac{(n-1)(n-2)\cdots(n-k)}{k!}\left(\frac{\lambda}{n\mu}\right)^k$$

$$= \frac{\left(1-\frac{1}{n}\right)\left(1-\frac{2}{n}\right)\cdots\left(1-\frac{k}{n}\right)}{k!} a^k \approx \frac{a^k}{k!}$$

となる．ここで $a := \lambda/\mu$ である．同様に

$$(n-s-1)_k \left(\frac{\gamma}{s\mu}\right)^k \approx (a/s)^k$$

となるので，$n \to \infty$ のとき，式 (4.18) が式 (4.11) に移行することが分かる．

(3) 待つ確率

$$P\{W>0\} = \frac{P_0}{1-B}\binom{n-1}{s}\left(\frac{\gamma}{\mu}\right)^s \sum_{k=0}^{m-1}\frac{(n-s-1)_k}{\prod_{j=0}^{k}(1+j\xi/s)}\left(\frac{\gamma}{s\mu}\right)^k \quad (4.21)$$

(4) 平均応答時間

$$E[W] = \frac{P_0}{\gamma(1-B)}\binom{n-1}{s}\left(\frac{\gamma}{\mu}\right)^s \sum_{k=1}^{m}\frac{k(n-s-1)_{k-1}}{\prod_{j=1}^{k}(1+j\xi/s)}\left(\frac{\gamma}{s\mu}\right)^k \quad (4.22)$$

ここでも，関係 (4.16) が成り立つことに注意する．

(5) 応答時間の分布関数（先着順サービスを仮定）

$$\begin{aligned}P\{W>t\} = &\frac{P_0}{1-B}\binom{n-1}{s}\left(\frac{\gamma}{\mu}\right)^s e^{-(\xi+s)\mu t}\\ &\times \sum_{k=0}^{m-1}\binom{n-s-1}{k}\left(\frac{\gamma}{\xi\mu}\right)^k \sum_{j=0}^{k}\binom{k}{j}\frac{(-1)^j e^{-j\xi\mu t}}{1+j\xi/s}\\ &\qquad\qquad\qquad\qquad\qquad\qquad t\geq 0 \quad (4.23)\end{aligned}$$

4.3.6　3つのモデルの数値比較

実用上の典型的な外部条件に対して，各モデルが与える必要なオペレータ数を数値計算により算出して，モデルの有効性を検証する．

3つのモデルによる数値計算における共通の設定として

$$\text{コールの到着率}\quad \lambda = 1{,}000\ \text{コール/時間}$$
$$\text{平均通話時間}\quad 1/\mu = 4\ \text{分}$$

を仮定する．従って，モデル I と II では

$$a = \frac{\lambda}{\mu} = \frac{1{,}000}{60}\times 4 = \frac{200}{3}$$

である．モデル III では，有限の呼源数（回線数）を $n=100$ と仮定するとき

4.3 コールセンターの数理モデル

$$\gamma = \frac{\lambda}{n} = \frac{1,000}{60} \times \frac{1}{100} = \frac{1}{6}\frac{1}{\text{分}}$$

を用いる．これは各回線の平均空き時間が $1/\gamma = 6$ 分であることを意味する．待合せ放棄がある場合は，放棄までの平均時間を $1/\theta = 30$ 秒と仮定すると

$$\xi = \frac{\theta}{\mu} = \frac{1}{30} \times 4 \times 60 = 8$$

である．最後に，有限待合室の場合は，その容量を $m = 10$ と仮定する．

(1) モデル I とモデル II の比較

まず，モデル I とモデル II により，20 秒以内応答率が 85% 以上になるようにするために必要最小限のオペレータ数を算出した結果を表 4.3 に示す．待合せ放棄がなく待合室の容量に制限がないと仮定するモデル I によれば，その数は 75 人であり，このとき 20 秒以内応答率は 88.4% となる（74 人では 84.6% にしかならない）ことが分かる．このときの平均応答時間は 6.68 秒である．

待合せ放棄を考慮に入れたモデル II では，待合室の容量が無限の場合と有限の場合について計算したが，両方の場合における結果はほとんど同じであった（待合室の容量が無限の場合に対する公式を本章末の付録に示す）．

表 4.3 モデル I とモデル II の比較.

	指標	モデル I 無限待合室 M/M/s	モデル II 無限待合室 M/M/s	モデル II 有限待合室 M/M/s/(s+m)
設定	放棄時間 $(1/\theta)$	∞	30 秒	30 秒
	待合室容量 (m)	∞	∞	10 人
	呼源数 (n)	∞	∞	∞
目標	20 秒以内応答率	85% 以上	85% 以上	85% 以上
計算結果	20 秒以内応答率	**88.4%**	**85.7%**	**85.1%**
	所要オペレータ数	**75 人**	**46 人**	**45 人**
	待つ確率	23.19%	80.69%	82.08%
	平均応答時間	6.68 秒	9.53 秒	9.80 秒
	待合せ放棄率	0	31.8%	32.4%
	呼損率	0	0	0.76%

有限待合室 ($m = 10$) の場合で言えば, 20秒以内応答率85%以上を達成するためには45人のオペレータが必要であり (44人なら84.0%), このときの待つ確率は82.08%, 平均応答時間は9.80秒, 待合せ放棄率は32.4%となる. 呼損率は非常に低い (0.76%).

同一のサービスレベル (設定時間内応答率) を達成するためのオペレータ数が待合せ放棄のある場合に少なくなる理由は, オペレータが応対することになるコールの数が減るからである. このようにして, モデルIを用いると, 必要以上のオペレータ数が算出されてしまうことが分かる. 従って, モデルIを実際のコールセンターに適用することは薦められない.

一方, モデルIIによれば, 45人のオペレータがいるとき, 20秒以内応答率は85%以上になるが, 待合せ放棄率が30%を超え, 通常のコールセンターで想定される5〜10%に比べると非現実的な値となっている. 表4.4によれば, 待合せ放棄率が10%未満になるために必要なオペレータ数は64人であることが分かる (このとき9.49%, 63人なら10.46%). 従って, モデルIIを用いても, 設定時間内応答率だけを目標としてオペレータ数を決める方法は薦められない.

表4.4 モデルIIとモデルIIIの比較.

	指標	モデル II $M/M/s/(s+m)$	モデル III $M(n)/M/s/(s+m)$	モデル III 同左
設定	放棄時間 ($1/\theta$)	30秒	30秒	30秒
	待合室容量 (m)	10人	10人	10人
	呼源数 (n)	∞	100人	1000人
目標	待合せ放棄率	10%未満	10%未満	10%未満
計算結果	20秒以内応答率	97.88%	97.43%	97.59%
	10秒以内応答率	89.06%	90.37%	88.42%
	所要オペレータ数	**64人**	**41人**	**60人**
	待つ確率	36.09%	28.02%	36.83%
	平均応答時間	2.85秒	2.47秒	2.99秒
	待合せ放棄率	**9.49%**	**8.25%**	**9.96%**
	呼損率	0.086%	0.0024%	0.0069%

(2) モデル II とモデル III の比較

次に，モデル II とモデル III により，待合せ放棄率が 10%未満になるようにするために必要となる最小オペレータ数を算出した結果を表 4.4 に示す．ともに有限待合室 ($m = 10$) を仮定するので呼損が発生するが，結果として得られるオペレータ数が多いので，呼損率は極めて低い．無限呼源を仮定するモデル II によれば，オペレータ数が 64 人のとき待合せ放棄率 9.49%を達成するが，63 人なら 10.46%にしかならない．前者の場合，20 秒以内応答率は 97.88%（10 秒以内応答率は 89.06%），待つ確率は 36.09%，平均応答時間は 2.85 秒となる．

一方，有限呼源 ($n = 100$) のモデル III では，オペレータ数が 41 人のとき待合せ放棄率が 8.25%になるが，40 人では 10.12%となって 10%を超える．従って，41 人のオペレータが必要である．このとき，20 秒以内応答率は 97.43%（10 秒以内応答率は 90.37%），待つ確率は 28.02%，平均応答時間は 2.47 秒となる．なお，有限呼源モデルにおいて呼源数を大きく取れば（例えば，最右列に示した $n = 1,000$ の場合），無限呼源モデルの結果に近づくことが確認できる．

以上のように，無限呼源モデルと有限呼源モデルでは，必要とするオペレータ数の算出にかなり違いが出る．有限呼源モデルの方が少ないオペレータ数でよい理由は，各回線からのコールが受け付けられてオペレータの応対を待っている間および通話中には，その回線で次のコールが発生することがないからである．この結果について，「無限呼源モデルでは，オペレータの数を多めに算出した安全側の設計ができる」と言うこともできるが，回線数が多くないセンターでは，無駄な人員を抱えることになるかもしれない．

4.3.7　後処理と再呼の取り扱い

以上の数理モデルは，オペレータが通話終了後に応対状況の記録などを行う**後処理時間** (after-call work) や，呼損または待合せ放棄した客が再び電話をかけてくる**再呼** (retrial call) を考慮していない．

4 章 コールセンターの資源管理

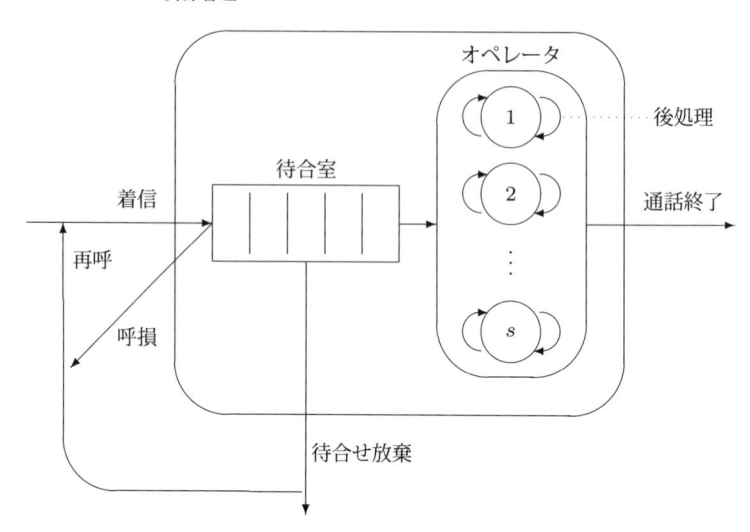

図 4.7 後処理と再呼があるコールセンターの待ち行列モデル.

現実のコールセンターでは，後処理のために通話時間に匹敵する数十分も使われることがあり，その分だけオペレータの稼働を必要とするので，オペレータが新たなコールに応対するのが遅れる．また，システムが混雑してくると呼損の確率が高くなり，その結果として再呼が発生すると，到着率の増加と，オペレータが通話の始めに謝る時間も必要となり，さらにシステムが混雑するという悪循環に陥る．従って，正確な要員計画のためには，図 4.7 に示すような後処理と再呼を含む数理モデルが必要である．

田口・高木 (2011) は，後処理を含むコールセンターの待ち行列モデルの解析法を新しく提案し，後処理時間（指数分布に従うと仮定）がコールの待合せ率，待合せ放棄率，平均待ち時間などに大きな影響を与えることを数値的に示した．また，オペレータが通話している時間，後処理をしている時間，空いている時間の割合も計算した．ただし，サービスレベル（応答時間の確率分布）に対する明示的な解析解は得られていない．

また，Phung-Duc and Kawanishi (2012) は，後処理とともに再呼を考慮に入れたコールセンターの待ち行列モデルを提案し，呼損または待合せ放棄したコー

ルは，指数分布に従う時間が経過してから再び電話をかけると仮定した．このように指数分布を各所に仮定してもモデルは複雑となり，諸指標を明示的な数式で与えることは難しく，それらは数値計算で得られるのみである．さらに，再呼までの時間間隔は顧客個人に依存し，電話を受けるコールセンターの構内交換機 (PBX) において呼損を検知したり再呼と新規のコールを区別したりすることも難しいので，再呼発生率のパラメータ値を計測から推定することはできないと思われる．

川井・高木 (2013) は，到着率が時刻に依存する実際のシステムに適用できる後処理があるコールセンターの待ち行列モデルに対する流体近似解析を提案した．

4.3.8 実測データと理論値

第 4.2.4 項に示した応答率とサービスレベルの実測値の図 4.4 に対して，同じ

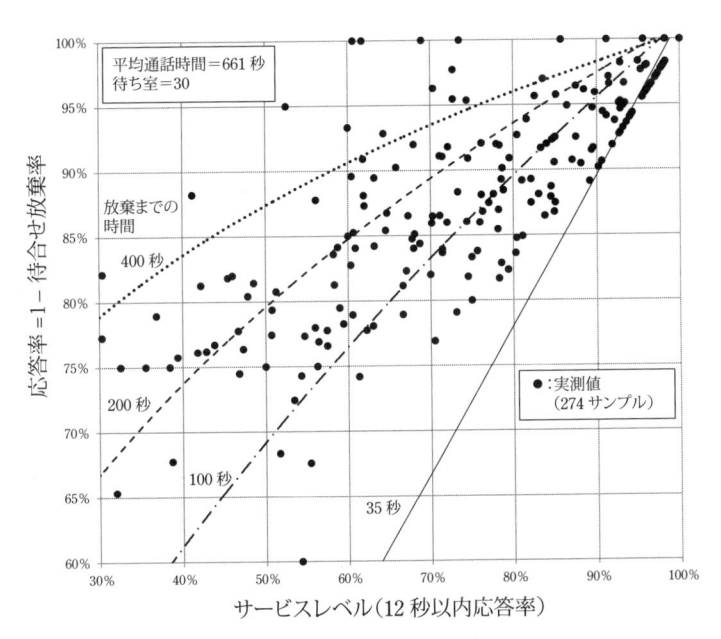

図 4.8 応答率とサービスレベル（実測値と理論値）．

外部条件を上記の理論モデル II に適用し,放棄するまでの平均時間 ($1/\theta$) を 35 秒から 400 秒まで変化させて,待合せ放棄率とサービスレベルをそれぞれ式 (4.13) と式 (4.17) から計算して重ね合わせた結果が図 4.8 である.実測値のばらつきの範囲は,例外はあるものの,放棄までの時間を 400 秒とした範囲に収まっており,上記モデルは実証値とほぼ整合していると言ってよいだろう.

4.4 ワークフォース・マネジメント

コールセンターでは,コストの約 70%をオペレータの人件費が占めている.安易に稼働率を高めて経費削減を追求すれば,オペレータは疲労を溜め込んで離職するかもしれない.人材の質を高め,高付加価値サービスの提供に徹するには,それに見合う予算の確保が前提となる.いずれの場合でも,目標とする経営指標を定め,これを満足するために必要な人材を確保し,需要に応じて適正に配置しなければならない.

本節では,人材管理の観点から,オペレータの**要員配置計画**と**勤務スケジュール**作成に関する問題,およびその解決法について述べる.

4.4.1 コールセンターにおける勤務スケジューリング

一般に,コールセンターに到着するコールへの対応は,工場労働のように毎日の生産量が決まっていて作業を単純に分割すればよい場合とは異なり,仕事要求の即時性が高く,単位時間ごとの必要要員数が予期に反して急激に変動するなど,従来のスケジューリング問題にはなかった課題の克服が必要である.

コールの発生量は分単位・秒単位でランダムに変動すると見なし,定められたサービス品質の指標を条件として,要員数を算出することはできる.しかし,勤務時間を分・秒単位に細切れとするセンターは存在しないし,最短でも 1 時間を単位とする連続した勤務時間制をとっている.このため,繁閑の差が大きく生じているセンターにおいては,最繁時間帯にもサービス品質の目標値を維持しようとすると,閑散時間帯にはスタッフの過多状態が生じ,過剰品質およびコスト高になるという問題が起こる.

4.4 ワークフォース・マネジメント

(1) スケジューリングの制約条件

コールセンターのシステムの設計時には，第 4.3 節に示したモデル II またはモデル III の式に従って，目標とする管理指標値を満足するオペレータ数 s の最小値と待合室の容量 m を求めればよい．しかし，毎日の営業において，センターにかかって来るコール数を正確に予測することは難しく，たとえ日単位での予測ができても，分単位・秒単位に変動する量に合わせて要員の稼動スケジュールを作成することは容易ではない．

さらに，工場労働とは異なり，コールセンターにおける従業員の勤務スケジュール作成には次のような制約条件が課せられる．

- 着信するコールには，できるだけ早く対応できること．
- 基準となるサービスレベルと待合せ放棄率を満足するために必要な要員数を正確に算出すること．
- 短時間に大きく変動するコール発生量に対応できる必要十分な数の所要人員を割り当てること．
- フルタイム勤務者とパートタイム勤務者らを適切に組み合わせて配置し，ピーク時と閑散時の稼働率を平準化すること．
- スケジュールに組み込まれる従業員の人件費を予算に合致させること．
- 通話応対以外に要する作業時間もスケジュールに組み入れること．

(2) 通話応対以外の稼働要因

オペレータの稼動スケジュールの構成要素は，通話応対に要する労働だけではない．現実には，無視できないそれ以外の要因が少なくない．例えば，研修や会議，連絡文書作成，データ入力，メール処理，昼食，休憩時間，そして突然の欠勤などを上乗せして含めておく必要がある．これらの作業のために勤務時間が縮小することを "shrinkage" という（コールセンター白書, 2011, p.67; Cleveland, 2006, p.154）．これらの非通話稼働時間を過去の実績から予測し，スケジュール作成に組み入れなければならない．これらの稼動時間は，通話応対の閑散時に合わせて割り当てるのが効率的である．

4.4.2 スケジューリングのステップ

コールセンターのスケジューリングの要点は，次に示す基本動作を繰り返して実行し，高品質かつ高効率のサービスを提供することである．

(1) 重要業績指標の設定

自社のコールセンターが目指す重要業績指標 (KPI) を定め，社員全員が理解する．具体的な数値目標の共有が重要である．

(2) 適用モデルの決定

コールセンターで行う業務に合った理論解析モデルを設定し，使用する指標や計算式を確認する．

(3) データの収集

目標とする KPI の値を決めるときに必要な情報は自社のデータである．業務履歴を収集し，モデルに当てはめてみる．基本となるのは，コールごとに計測した受信時刻，応答時刻，終話時間，後処理時間，放棄時刻，オペレータの離席時刻，休憩時間などの非通話稼働に関する情報などである．時々刻々に変化する状況を読み取ることができるデータが望ましい．システムが定型的に統計処理したサマリーレポートは，各種条件をよく理解した上で読み取らなければ，解釈を間違えやすいので注意が必要である．

(4) 所要設備数の算出

目標とするサービス指標値を達成するために用意しなければならない回線設備量（外線数，オペレータ数，音声自動応答装置の数など）を理論解析モデルに基づいて計算する．

(5) 所要要員数の算出

日単位に稼働時間帯を定め，分単位（例えば 15 分）ごとに必要な要員数を理論式に基づき計算する．通話終了後の後処理時間も無視できない．

(6) オペレータの勤務スケジューリング

得られた単位時間ごとの所要要員数に個々のオペレータの稼働を割り当て

る．各人の希望を満たしながら公平に配置する．研修，打ち合わせ，トイレ休憩などの非通話稼働も割り当てなければならない．少人数ならば表計算ソフトなどで作ることができるが，大規模センターでは専用ソフトウェアに頼ることになるだろう．

(7) コスト計算

高い品質と高い生産性の両立は，優秀な人材を数多く雇えば可能だろう．もし安上がりを狙って少ない要員配置で高い稼働率を続けると離職率が高まり，結局はコスト増につながる．きつい労働環境においては対応品質が下がるので，長く待たされた客が開口一番に苦情を言い始め，通話時間が長引く．ある程度のコストをかけても，従業員満足度を維持・向上することが従業員生産性と顧客満足度を高めるので，そのための各種の施策を工夫することが大切である．

4.4.3 スケジュール作成は大規模組合せ問題

オペレータの稼働スケジューリングは，適用するモデル化の前提条件に加えて，前項で述べた現実の制約条件を満足し，要員数または人件費が最小となるような組み合わせを見出す大規模組合せ問題である．結果として，図 4.9 に示すような個々のオペレータごとの勤務シフトを作成したい．

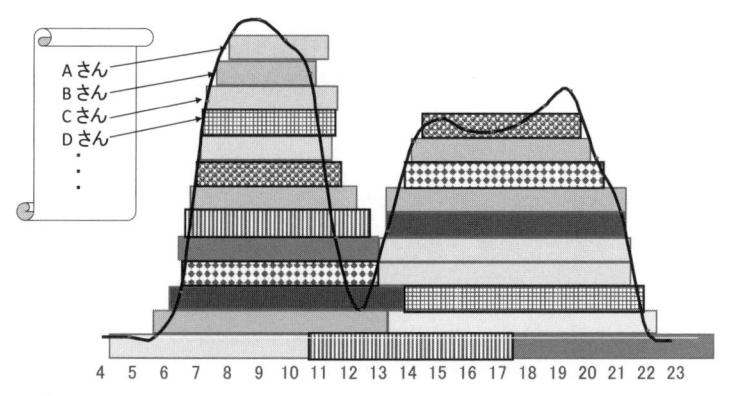

図 4.9 要員枠の計算と担当者の割り当て．

線形計画法などでは,解が求めにくい大規模なスケジューリング問題に対する有効な求解法として**遺伝的アルゴリズム** (genetic algorithm, GA) や**タブー探索法** (taboo search, TS) といったメタ・ヒューリスティックな手法が適用されている.金久保・菱沼 (2006) は,コールセンターにおける要員スケジューリング問題に対し,様々な最適化問題において有効性が確認されている GA および TS を応用し,その効果を検証した.応用に際して,複雑な制約条件をもつこの問題に対応するため,制約条件を満たさない解を発生しない方法を新たに工夫した.単純な GA のほかに,早期収束の回避に対する有効性が証明され,スケジューリング問題への応用でも効果が確認されている**パラメータ・フリー遺伝的アルゴリズム** (parameter-free genetic algorithm, PfGA) を導入して,効果改善を図った.この工夫を用いても,探索空間が広大になると計算時間が長くなるが,週間スケジュールの作成には数時間を要しても実務上は困らないので,応用は有効であると考えられる.

GA は交差や突然変異によって探索空間内を広範囲に移動し,TS は近傍解の生成により最適解の周辺を細かく探索するという対照的な性質をもつ.探索空間が広大である問題においては,もし局所解が少なく,TS のタブーリストで抜けられる浅い構造をもっているならば TS だけでもよい.そうでない場合は,まず GA で広範囲な探索を行い,その結果を TS に引き渡してその周辺を着実に探索する方が,より有効な探索を行うことができる.金久保・菱沼 (2006) の数値実験では,PfGA および TS 単体のほか,TS 終了後に最適解を PfGA に引き渡して探索を続ける手法と,PfGA 終了後に最適解を TS に引き渡して探索する手法とを提案・比較し,オペレータのスケジューリング問題における探索空間の特性を探った.

このスケジューリング探索手法は,いずれの場合も制約条件は維持するが,割り切って最繁時間帯のサービスレベル条件を多少緩め,全体コストとのトレードオフを可能とする点に特徴がある.オペレータのスケジューリング問題の解法として,GA や TS のようなメタ・ヒューリスティックな手法による簡単な評価式を用いるだけで,最繁時間帯のサービスレベルを犠牲にして,全体としてのコスト削減が可能になることを示した.

さらに,メタ・ヒューリスティックな手法により精度の良い準最適解が得ら

れるとの仮定のもとに，最繁時間帯において最低のサービスレベルを設定した場合の全体コストに与える影響を検証した．最繁時間帯においてもある程度のサービスレベルを保つことは必要であり，コストとの兼ね合いからどの程度のサービスレベルを設定するかは現場での重要課題となっており，そのレベルを需要に適応して設定することができる手法を提案している．

4.5 おわりに

　コールセンターでは，情報通信技術により，その動作状況が指標としてきめ細かく定量的に把握できており，サービス品質や生産性を示す各種指標間の関係が定式化されるなど，サービスサイエンスの考え方が先行していることを述べた．

　現実のコール処理に対応する待ち行列モデルの理論解析には，いくつもの難題がある．数理モデルでは，コールの発生はPoisson過程ないし疑似Poisson過程に従うことや，複数のサーバを扱うために，通話時間や放棄時間について指数分布の仮定が必須である．また，電話が「話し中」になったり待合せ放棄の場合のかけ直しを考慮に入れた再呼モデルの厳密解は，複雑な数値計算を要する．さらに，コールの到着率が時間変動する複数サーバの待ち行列モデルの有効な近似解析は確立していないが，これが解けたとしても，その結果に基づく時間変動する要員計画に沿った従業員管理は難しい課題である．

　コールセンターの運用を対象とする科学的な取り組みは進んでいるが，現状では，機械が直接測定可能なコール処理の範囲に限られ，サービス評価に必須である顧客満足度や，オペレータの生産性を向上させるモチベーションなど，人間系の課題領域は未開拓である．今後は，テキストマイニングなどの情報処理技術に心理学や人間科学を応用し，通話内容の分析による経営指標の「見える化」が進むことを期待したい．

付録:待合せ放棄のある無限呼源モデル M/M/s (無限待合室)

第4.3.4項に示したモデル II:待合せ放棄のある無限呼源モデル M/M/s/(s+m) において,待合室が非常に大きいので呼損が発生しない場合 ($m \to \infty$) に対する公式を示す.Mandelbaum and Zeltyn (2007) は,このモデルを **Palm/Erlang** の **A** モデルと呼んでいる (Conrad "Conny" Palm, 1907–1951, スウェーデンの通信工学研究者).

以下の公式は次の2つの関数を用いて表される.

$$A(x,y) := \frac{xe^y}{y^x}\gamma(x,y) \quad ; \quad B(s,a) := \frac{a^s}{s!} \bigg/ \sum_{k=0}^{s}\frac{a^k}{k!}$$

ここで,$a := \lambda/\mu$ であり,また

$$\gamma(x,y) := \int_0^y t^{x-1}e^{-t}dt \qquad x>0,\ y>0$$

は**不完全ガンマ関数** (incomplete gamma function) である.

(1) システム内にちょうど s 個のコールが存在する確率

$$P_s = \frac{B(s,a)}{1+\left[A\left(\frac{s\mu}{\theta},\frac{\lambda}{\theta}\right)-1\right]B(s,a)}$$

(2) 待合せ放棄率

$$R = P_s\left[\left(1-\frac{s}{a}\right)A\left(\frac{s\mu}{\theta},\frac{\lambda}{\theta}\right)+\frac{s}{a}\right]$$

(3) 待つ確率

$$P\{W>0\} = P_s A\left(\frac{s\mu}{\theta},\frac{\lambda}{\theta}\right)$$

(4) 平均応答時間

$$E[W] = \frac{P_s}{\theta}\left[\left(1-\frac{s}{a}\right)A\left(\frac{s\mu}{\theta},\frac{\lambda}{\theta}\right)+\frac{s}{a}\right]$$

(5) 応答時間の分布関数（先着順サービスを仮定）

$$P\{W > t\} = P_0 \frac{a^s}{s!} \exp\left[\frac{\lambda}{\theta}(1 - e^{-\theta t}) - (s\mu + \theta)t\right] A\left(\frac{s\mu}{\theta}, \frac{\lambda}{\theta} e^{-\theta t}\right)$$

ここで，P_0 はシステム内に他のコールが存在しない確率であり，

$$\frac{1}{P_0} = \frac{a^s}{s!}\left[\frac{1}{B(s,a)} + A\left(\frac{s\mu}{\theta}, \frac{\lambda}{\theta}\right) - 1\right]$$

で与えられる．

参考文献

秋丸春夫・川島幸之助 (2000), 情報通信トラヒック−基礎と応用−, 改訂版, 電気通信協会, 2000 年 9 月.

金久保正明・菱沼千明 (2006), コールセンターのアダプティブ要員スケジューリング法, 知能と情報（日本知能情報ファジィ学会誌）, Vol.18, No.4, pp.619–628, 2006 年 8 月.

川井洋輔・高木英明 (2013), アフター・コール・ワークがあるコールセンターの流体近似解析, 待ち行列シンポジウム「確率モデルとその応用」, pp.137–146, 長崎ワシントンホテル, 2013 年 1 月 23〜25 日.

コールセンター白書 2011：月間コンピュータテレフォニー編集部, リックテレコム, 2011 年 8 月.

田口祐太郎・高木英明 (2011), オペレータの後処理があるコールセンターの待ち行列モデルの解析, 待ち行列シンポジウム「確率モデルとその応用」, pp.201–210, 京都ガーデンパレス, 2011 年 1 月 17〜19 日.

菱沼千明 (2006), 新版 コールセンターのすべて−導入から運用まで, リックテレコム, 2006 年 4 月.

菱沼千明 (2011), サービスサイエンスから見たコールセンターの実践例, 木下栄蔵 編著『サービスサイエンスの理論と実践』第 6 章, pp.75–89, 近代科学社, 2011 年 9 月.

菱沼千明・高木英明 (2011), コールセンターのキャパシティマネジメント, 電子情報通信学会誌, Vol.94, No.9, pp.767–772, 2011 年 9 月.

藤木正也・雁部頴一 (1980), 通信トラヒック理論, 丸善, 1980 年 9 月.

Cleveland, B. (2006), *Call Center Management on Fast Forward: Succeeding in Today's Dynamic Customer Contact Environment*, ICMI Press, 2006.

Fitzsimmons, J. A. and M. J. Fitzsimmons (2008), *Service Management: Operations, Strategy, Information Technology*, Sixth edition, McGraw-Hill, 2008.

Mandelbaum, A. and S. Zeltyn (2007), Service engineering in action: the Palm/Erlang-A queue, with applications to call centers. In: *Advances in Services Innovations*, edited by D. Spath and K.-P. Fähnrich, pp.17–45, Springer, Berlin, 2007.

Phung-Duc, T. and K. Kawanishi (2012), A retrial queueing model with abandonment and after-call work, 待ち行列シンポジウム「確率モデルとその応用」報文集, pp.1–10, ホテルクラウンパレス浜松, 2012 年 1 月 18〜20 日.

Takagi, H. (2014), Waiting time in the $M/M/m/(m+c)$ queue with impatient customers, *International Journal of Pure and Applied Mathematics*, Vol.90, No.4, pp.519-559, 2014.

著者紹介
菱沼 千明
　1975年慶應義塾大学大学院工学研究科電気工学専攻博士課程修了．工学博士．同年，日本電信電話公社入社，武蔵野電気通信研究所勤務．NTT東京技術開発センター所長，NTT交換システム研究所研究企画部長，NTT東京東支店長，NTTテレマーケティング（株）取締役，NTT理事，NTTソフトウェア（株）取締役などを経て，2002年7月東京工科大学工学部情報工学科教授．翌年より同大学コンピュータサイエンス学部教授，2005年同大学大学院アントレプレナー専攻教授，2013年同大学名誉教授．2005～2011年に社団法人日本テレマーケティング協会会長を兼務した．主な著書に『電話番号のはなし－今，電話は最大の通信・情報ツールだ！』(電波新聞社，1991年9月），『通信サービスのしくみ－交換機からマルチメディア通信まで』(電波新聞社，1994年6月），『続『コールセンター』のすべて－コールセンターの悩みとその解決法，eCRMへの挑戦－実践編』(リックテレコム，2001年8月），『新版コールセンターのすべて－導入から運用まで』(リックテレコム，2006年4月）がある．電子情報通信学会会員，情報処理学会会員，IEEE Senior Member.

高木 英明
　第1章を参照．

5章 ランキングを求める数理的方法
Mathematical Methods for Ranking

関 谷 和 之 (静岡大学)
sekitani@sys.eng.shizuoka.ac.jp
髙 木 英 明 (筑波大学)
takagi@sk.tsukuba.ac.jp

　いろいろな評価基準を使って複数の候補を対ごとに比較した結果をもとに，全候補に対する総合順位を付けたいという事例は，意思決定や政策決定における代替案の比較，タレントの人気度の算出，スポーツチームの順位づけなど，様々な場面で遭遇する．
　本章では，複数の観点からの一対比較を集めて総合順位を決定するときによく使われる Analytic Hierarchy Process (AHP) と Analytic Network Process (ANP) について，簡単な応用例を用いて計算手法と結果の意味を説明する．そして，これらの方法で用いる固有ベクトル法の理論的基礎を与える Perron-Frobenius の定理を紹介し，その AHP と ANP への適用を解説する．

キーワード：AHP，ANP，総合評価，一対比較，固有ベクトル法，幾何平均法，感度分析，整合度，超行列，階層構造ネットワーク，フィードバック構造ネットワーク，双方向評価，ブロック下三角行列，Perron の定理，Frobenius の定理，可約な非負行列に対する Frobenius の定理，Frobenius の Min-Max 定理．

5.1　はじめに

　本章では，日常の多くの場面において，一対比較を集めて総合順位を決定するランキング (ranking) のために使うことができる実用的な数理的方法として，広く普及している AHP と，その発展形である ANP を紹介する．**AHP** とは **Analytic Hierarchy Process** の略であり，**階層化意思決定法**と翻訳されている．AHP は，1971 年にアメリカの国防省で偶発事象計画の研究を行っていた Thomas L. Saaty (1926–，イラクの Mosul 生まれ，応用数学者，Pittsburgh 大学名誉教授) が発案したものであり，人の主観的判断を巧みに取り入れた意思

決定支援法の1つである (Saaty, 1980, Preface)．また，**ANP** とは **Analytic Network Process** の略であり，Saaty 自身が，AHP に評価のフィードバックを取り込むように発展させたものである (Saaty, 1996)．AHP や ANP はパソコンがあれば手軽に実施できることから，世界中で数多くの適用事例が報告されている．

AHP と ANP では一対比較行列や超行列と呼ばれる正または非負の行列の固有ベクトルを計算する．そこで，非負行列に対する固有ベクトルの性質を議論するときの基礎となる **Perron-Frobenius** の定理を紹介し，その適用を示す．

5.2 Analytic Hierarchy Process (AHP)

Analytic Hierarchy Process (AHP) においては，n 個の対象に対して複数の評価軸から選好度を算出し，それらを総合化して，対象の総合選好度を決定する．AHP には，人の感覚を数値化する仕掛けと，複数の選好度を合理的に総合化する仕掛けという，2つの仕掛けが含まれている．それを具体例を通して見ていこう．

5.2.1 2つの観点に対する感覚を数値化する

ある大学の工学部に新設される学科の名称を AHP を用いて決定することを考える．学科名候補として「数理システム工学科」「コンピュータ学科」「動態システム学科」が挙がっており，これらを「カリキュラムとの整合性」と「受験生から見た魅力」という2つの観点から評価して，順位を付けたいとする．

AHP による新学科名決定の手続きは3段階から成る．まず2つの観点として「カリキュラムとの整合性」と「受験生から見た魅力」の相対的重要度を示す重みを決定し，次にそれぞれの観点から3つの学科名候補を採点し，最後に，3つの学科名候補に対して，上記の重みを用いた加重和を計算することで，**総合評価** (overall ranking) を導く．これらの一連の作業において，人の感覚を数値化する手続きが次の3か所に現れる．

- 新学科名の決定における2つの観点「カリキュラムとの整合性」と「受験生から見た魅力」についての相対的重要度（重み）の決定

5.2 Analytic Hierarchy Process (AHP)

表 5.1 一対比較値.

対象 i は対象 j よりどの程度重要か？	尺度 d_{ij}	尺度 d_{ji}
同じくらい重要 (equal importance)	1	1
やや重要 (moderate importance)	3	$\frac{1}{3}$
かなり重要 (strong importance)	5	$\frac{1}{5}$
非常に重要 (very strong importance)	7	$\frac{1}{7}$
極度に重要 (extreme importance)	9	$\frac{1}{9}$

- 3つの学科名候補に対する「カリキュラムとの整合性」の観点による採点
- 3つの学科名候補に対する「受験生から見た魅力」の観点による採点

ここでの数値化において，人の感覚に基づく任意性が混入することに注意する．

2つの観点の重みの決定は，感覚を数値化する手続きの例である．新学科名を決定する教員に，2つの観点の重要度を比較する以下の質問をして，5段階の言語表現「同じくらい重要」「やや重要」「かなり重要」「非常に重要」「極度に重要」のうちの1つで答えてもらう．

Q1 新学科名決定にあたり，「カリキュラムとの整合性」の観点は「受験生から見た魅力」の観点に比べてどの程度重要ですか？

Q2 新学科名決定にあたり，「受験生から見た魅力」の観点は「カリキュラムとの整合性」の観点に比べてどの程度重要ですか？

これらの質問への回答は上記の言語表現で与えられるが，これに**一対比較値**と呼ばれる正の数値を対応させる（0や負の値は使わない）．ここでは，表 5.1 に示す5段階の数値 1, 3, 5, 7, 9 を当てはめることにする[*1]．

2つの質問 Q1 と Q2 は同じ内容を反対方向から聞いているので，いずれか一方の質問で十分である．つまり，「カリキュラムとの整合性」を対象1で表し，「受験生から見た魅力」を対象2で表すと，ある人のQ1への回答が「かな

[*1] 表 5.1 は，1, 3, 5, 7, 9 点という5段階評価を示したが，段階の数や点数が決まっているわけではない．ここでの5段階評価の理由は，人間の判断では5段階が適切ということと，中間点を付けたいときは 2, 4, 6, 8 点を付けることができ，しかもすべて1桁の整数であるということが挙げられる．他にも，一対比較を対戦として捉え，勝ち，負け，引き分けの3段階評価 (Takahashi, 1990) や，引き分けを除いて，勝ち負けだけの2段階評価 (Genest et al., 1993) がある．

り重要」であれば，$d_{12} = 5$ とし，同時に $d_{21} = \frac{1}{5}$ とする．さらに，対角要素を $d_{11} = d_{22} = 1$ として，2次正方行列

$$D = \begin{bmatrix} d_{11} & d_{12} \\ d_{21} & d_{22} \end{bmatrix} = \begin{bmatrix} 1 & 5 \\ \frac{1}{5} & 1 \end{bmatrix} \tag{5.1}$$

を作成する．このような対象 i の対象 j に対する重要度 d_{ij} を i 行 j 列の要素とする正方行列 D を**一対比較行列** (pairwise comparison matrix) と呼ぶ．

一対比較行列から各対象の重みを計算する2つの方法を紹介する．

(1) 固有ベクトル法

一対比較行列の右正規主固有ベクトルの要素を重みとする方法を**固有ベクトル法**と呼ぶ．固有ベクトル法の理論的根拠は，第5.4.5項において，Frobenius の Min-Max 定理を用いて示される．

一般に，正方行列 D に対し，0 でない要素をもつ列ベクトル $\boldsymbol{x}$ が適当なスカラー λ とともに，**固有値問題** (eigenvalue problem)

$$D\boldsymbol{x} = \lambda \boldsymbol{x} \tag{5.2}$$

を満たすとき，λ を D の**固有値** (eigenvalue) といい，$\boldsymbol{x}$ を固有値 λ に対応する**右固有ベクトル** (right eigenvector) という．固有値はいくつか存在するが，その中で絶対値が最大の固有値を**主固有値** (principal eigenvalue) と呼び，それに対応する右固有ベクトルを**右主固有ベクトル**と呼ぶ．さらに，この右主固有ベクトルの要素の和が1となるように正規化したベクトルを**右正規主固有ベクトル**と呼ぶ．I を D と同じ次数の単位行列（対角要素だけが1で他の要素はすべて0である正方行列）とするとき，D の固有値は，D の**特性方程式** (characteristic equation)

$$|D - \lambda I| = 0$$

の解として与えられる．D が n 次正方行列のとき，行列式 $|D - \lambda I|$ は λ に関する実数係数の n 次多項式である．従って，特性方程式は n 個の解（共役複素数を含む）をもつ．

5.2 Analytic Hierarchy Process (AHP)

一対比較行列のような正の要素だけから成る行列に対しては，正の主固有値と，すべての要素が正である右主固有ベクトルが（定数倍を除いて）一意的に存在することが，後出の第 5.4.2 項において示される Perron の定理により保証される．

式 (5.1) に与えられた行列 D に対しては

$$\begin{bmatrix} 1 & 5 \\ \frac{1}{5} & 1 \end{bmatrix} \begin{bmatrix} \frac{5}{6} \\ \frac{1}{6} \end{bmatrix} = 2 \times \begin{bmatrix} \frac{5}{6} \\ \frac{1}{6} \end{bmatrix}$$

から分かるように，$D\boldsymbol{v} = \lambda \boldsymbol{v}$ を満たす解として，$\lambda = 2$ が主固有値であり（もう1つの固有値は0），対応する右正規主固有ベクトルは

$$\boldsymbol{v} := \begin{bmatrix} v_1 \\ v_2 \end{bmatrix} = \begin{bmatrix} \frac{5}{6} \\ \frac{1}{6} \end{bmatrix}$$

である．この結果に従って，右正規主固有ベクトル $\boldsymbol{v}$ の第 1 要素 $\frac{5}{6}$ を対象 1「カリキュラムとの整合性」の重みとし，第 2 要素 $\frac{1}{6}$ を対象 2「受験生から見た魅力」の重みとする．

(2) 幾何平均法

一対比較行列の各行の要素の幾何平均を計算し，それらを正規化した値を重みとする方法を**幾何平均法**と呼ぶ．幾何平均法の理論的根拠は第 5.2.7 項に示される．

行列 D の各行における要素の幾何平均は

$$\sqrt{1 \cdot 5} = \sqrt{5} \quad ; \quad \sqrt{\frac{1}{5} \cdot 1} = \frac{1}{\sqrt{5}}$$

であるから，これらを正規化して

$$\frac{\sqrt{5}}{\sqrt{5} + 1/\sqrt{5}} = \frac{5}{6} \quad ; \quad \frac{1/\sqrt{5}}{\sqrt{5} + 1/\sqrt{5}} = \frac{1}{6}$$

が得られる．これは，固有ベクトル法による重みと同じ結果である．

3 次以下の一対比較行列に対しては，固有ベクトル法と幾何平均法は同じ重みを与えることが知られている．このことも第 5.2.7 項で証明する．

5.2.2 3つの学科名候補に対する感覚を数値化する

次に,「カリキュラムとの整合性」の観点から, 3つの学科名候補「数理システム工学科」「コンピュータ学科」「動態システム学科」を一対比較により採点する. そのために, 工学部全体のカリキュラム委員に

> 「カリキュラムとの整合性」の観点から「数理システム工学科」は「コンピュータ学科」に比べてどの程度望ましいと考えますか?

というような学科名候補を一対ずつ比べる質問をする. 3つの学科名候補を順に対象 1, 2, 3 とする. カリキュラム委員の回答結果を一対比較行列にまとめて, 3次正方行列

$$\bar{D} = \begin{bmatrix} 1 & 9 & 3 \\ \frac{1}{9} & 1 & \frac{1}{5} \\ \frac{1}{3} & 5 & 1 \end{bmatrix} \tag{5.3}$$

を得たとする. これは,「カリキュラムとの整合性」の観点から見ると,「数理システム工学科」は「コンピュータ学科」に比べて「極度に望ましく」, また「動態システム学科」に比べて「やや望ましい」. さらに,「動態システム学科」は「コンピュータ学科」に比べて「かなり望ましい」ということを表している.

一対比較行列 $\bar{D}$ から, 固有ベクトル法により, 3つの学科名候補の評価を計算する. $\bar{D}$ の固有値を求めるために, I を3次単位行列とすると, 特性方程式

$$|\bar{D} - \lambda I| = \begin{vmatrix} 1-\lambda & 9 & 3 \\ \frac{1}{9} & 1-\lambda & \frac{1}{5} \\ \frac{1}{3} & 5 & 1-\lambda \end{vmatrix} = \frac{4}{15} + 3\lambda^2 - \lambda^3 = 0$$

の解として, $\lambda = 3.02906, -0.01453 \pm 0.29635\, i$ が得られる ($i := \sqrt{-1}$ は虚数単位). 従って, $\bar{D}$ の主固有値は $\lambda_{\max} = 3.02906$ である. 主固有値が決まれば, 対応する右正規主固有ベクトル $\boldsymbol{w}_1 = [w_{11}, w_{21}, w_{31}]^\top$ は, 線形連立方程式 $\bar{D}\boldsymbol{w}_1 = \lambda_{\max}\boldsymbol{w}_1$ と正規化条件 $w_{11} + w_{21} + w_{31} = 1$ との解として,

$$[w_{11}, w_{21}, w_{31}]^\top = [0.67163, 0.06294, 0.26543]^\top$$

5.2 Analytic Hierarchy Process (AHP)

が得られる[*2].

一方,行列 $\bar{D}$ の各行の幾何平均は

$$[1\cdot 9\cdot 3]^{\frac{1}{3}}=3 \quad;\quad \left[\frac{1}{9}\cdot 1\cdot \frac{1}{5}\right]^{\frac{1}{3}}=0.281144 \quad:\quad \left[\frac{1}{3}\cdot 5\cdot 1\right]^{\frac{1}{3}}=1.18563$$

であり,これを正規化すると,同じく $[0.67163, 0.06294, 0.26543]^\top$ が得られる.

従って,「カリキュラムとの整合性」の観点からの 3 つの学科名候補の採点では,「数理システム工学科」が 0.67163,「コンピュータ学科」が 0.06294,および「動態システム学科」が 0.26543 という結果が得られた.

続いて,「受験生から見た魅力」の観点からの採点を得るために,高校生 22 名に 3 つの学科名候補を一対比較してもらった.22 個の一対比較行列は, $\begin{bmatrix} 1 & 1 & 1 \\ 1 & 1 & 1 \\ 1 & 1 & 1 \end{bmatrix}$ が 16 個と $\begin{bmatrix} 1 & \frac{1}{3} & 1 \\ 3 & 1 & 3 \\ 1 & \frac{1}{3} & 1 \end{bmatrix}$ が 6 個であった.これら 22 個の一対比較行列に対して要素ごとに幾何平均を取って得られる行列

$$\hat{D}=\begin{bmatrix} 1 & 1^{\frac{16}{22}}\times \frac{1}{3}^{\frac{6}{22}} & 1^{\frac{16}{22}}\times 1^{\frac{6}{22}} \\ 1^{\frac{16}{22}}\times 3^{\frac{6}{22}} & 1 & 1^{\frac{16}{22}}\times 3^{\frac{6}{22}} \\ 1^{\frac{16}{22}}\times 1^{\frac{6}{22}} & 1^{\frac{16}{22}}\times \frac{1}{3}^{\frac{6}{22}} & 1 \end{bmatrix}=\begin{bmatrix} 1 & 0.741099 & 1 \\ 1.34935 & 1 & 1.34935 \\ 1 & 0.741099 & 1 \end{bmatrix}$$
(5.4)

を,「受験生から見た魅力」という観点からの 3 つの学科名候補に対する一対比較行列とみなす($1/1.34935=0.741099$ となっていることに注意する).この一対比較行列 $\hat{D}$ の主固有値は $\lambda_{\max}=3$ であり,これに対応する右正規主固有ベクトル $\boldsymbol{w}_2=[w_{12},w_{22},w_{32}]^\top$ は,線形連立方程式 $\hat{D}\boldsymbol{w}_2=\lambda_{\max}\boldsymbol{w}_2$ と正規化条件 $w_{12}+w_{22}+w_{32}=1$ との解として,

$$[w_{12},w_{22},w_{32}]^\top=[0.29857,0.40287,0.29857]^\top$$

[*2] ⊤ は,行列の行と列を入れ換える**転置** (transpose) を表す記号である.行ベクトルに付けると列ベクトルになる.

が得られる．従って，「受験生から見た魅力」の観点からの3つの学科名候補の採点では，「数理システム工学科」と「動態システム学科」が0.29857，「コンピュータ学科」が0.40287という結果が得られた．

m個の一対比較行列 $D^1 = [d_{ij}^1], D^2 = [d_{ij}^2], \ldots, D^m = [d_{ij}^m]$ ($1/d_{ij}^l = d_{ji}^l$, $1 \leq l \leq m$) の要素ごとに幾何平均を取った行列 $\left[\left(\prod_{l=1}^m d_{ij}^l\right)^{1/m}\right]$ については，逆数対称性

$$\left(\prod_{l=1}^m d_{ij}^l\right)^{1/m} \cdot \left(\prod_{l=1}^m d_{ji}^l\right)^{1/m} = \left(\prod_{l=1}^m (d_{ij}^l \cdot d_{ji}^l)\right)^{1/m} = 1$$

が成り立つ．このため，AHPでは，複数個の一対比較行列を1つに集約する操作として，幾何平均を用いて全体としての一対比較行列を作ることがある．

5.2.3 複数の選好度を総合化する

上の結果では，「カリキュラムとの整合性」と「受験生から見た魅力」の観点からの採点では，3つの学科名候補の順位が一致していないことが分かる．そこで，それぞれの観点からの採点結果に，前に求めた2つの観点の重みを掛けて和を取ることで，総合評価を算出する．

数理システム工学科：

$$v_1 w_{11} + v_2 w_{12} = \tfrac{5}{6} \times 0.67163 + \tfrac{1}{6} \times 0.29857 = 0.60945$$

コンピュータ学科：

$$v_1 w_{21} + v_2 w_{22} = \tfrac{5}{6} \times 0.06294 + \tfrac{1}{6} \times 0.40287 = 0.11960$$

動態システム学科：

$$v_1 w_{31} + v_2 w_{32} = \tfrac{5}{6} \times 0.26543 + \tfrac{1}{6} \times 0.29857 = 0.27095$$

これらの結果をまとめて表5.2に示す．この総合評価から，「数理システム工学科」が学科名の第1候補，「動態システム学科」が第2候補，そして「コンピュータ学科」が第3候補となる．「コンピュータ学科」は，「受験生から見た魅力」という観点からの採点では第1位であったが，この観点の重要度が低かったため，総合評価では第3位になったのである．

ここまでの一連の手続きがAHPである．ただし，この一連の手続きを1回

表 5.2 新学科名候補の総合評価.

学科名候補	カリキュラムとの整合性 ($\frac{5}{6}$)	受験生から見た魅力 ($\frac{1}{6}$)	総合評価
数理システム工学科	0.67163	0.29857	0.60945
コンピュータ学科	0.06294	0.40287	0.11960
動態システム学科	0.26543	0.29857	0.27095

だけ実施して終わるのでなく，観点の設定，観点の重みの計算，各観点からの学科名候補の採点を再検討し，意思決定者が納得できない点が残っていれば該当箇所に戻り，これらの一連の手続きを納得できるまで繰り返すことが，AHPでは推奨されている．

5.2.4 感度分析を用いた再検討

再検討の段階において，そのときに得られている結果が，人の感覚に基づく任意性による数値設定に対してどの程度の影響を受けているかという**頑健性** (robustness) を検討することは有用である．以下では，「カリキュラムとの整合性」と「受験生から見た魅力」という 2 つの観点の重み $[v_1, v_2]^\top$ に対する**感度分析** (sensitivity analysis) の例を示す．

上では $[v_1, v_2]^\top = \left[\frac{5}{6}, \frac{1}{6}\right]^\top$ としたが，質問 Q1 と Q2 への回答を表現している重みはこの値に限られるとは考えにくく，この値からずれた重みもあり得ると考えるのが妥当である．そこで，加重和に用いる重み $[v_1, v_2]^\top$ の変化に対する総合評価の頑健性を検証してみよう．

2 つの観点からの 3 つの学科名候補への採点の値は

$$\begin{bmatrix} w_{11} & w_{12} \\ w_{21} & w_{22} \\ w_{31} & w_{32} \end{bmatrix} = \begin{bmatrix} 0.67163 & 0.29857 \\ 0.06294 & 0.40287 \\ 0.26543 & 0.29857 \end{bmatrix}$$

に固定して，加重和に用いる重み $[v_1, v_2]^\top$ だけを変化させると，各学科名候補の総合評価は $[v_1, v_2]^\top$ の 1 次関数

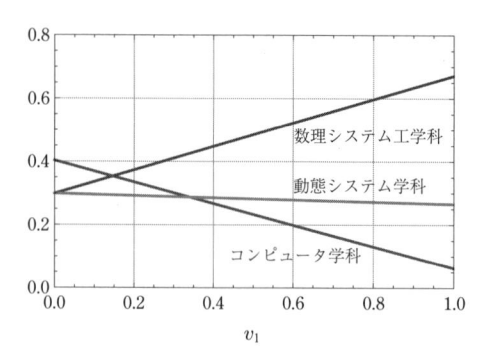

5章 ランキングを求める数理的方法

図 5.1 総合評価の感度分析.

$$\begin{bmatrix} w_{11} & w_{12} \\ w_{21} & w_{22} \\ w_{31} & w_{32} \end{bmatrix} \begin{bmatrix} v_1 \\ v_2 \end{bmatrix} = \begin{bmatrix} w_{11}v_1 + w_{12}v_2 \\ w_{21}v_1 + w_{22}v_2 \\ w_{31}v_1 + w_{32}v_2 \end{bmatrix}$$

$$= \begin{bmatrix} 0.67163v_1 + 0.29857v_2 \\ 0.06294v_1 + 0.40287v_2 \\ 0.26543v_1 + 0.29857v_2 \end{bmatrix} = \begin{bmatrix} 0.29857 + 0.37306v_1 \\ 0.40287 - 0.33993v_1 \\ 0.29857 - 0.03314v_1 \end{bmatrix} \quad 0 \leq v_1 \leq 1$$

となる.ここで $v_1 + v_2 = 1$ を用いた.この3つの関数を図5.1に示す.この図を見ると,「動態システム学科」の総合評価は常に「数理システム工学科」より低いことが分かる.「数理システム工学科」が第1候補となるのは

$$0.29857 + 0.37306v_1 > 0.40287 - 0.33993v_1$$

すなわち, $v_1 > 0.10430/0.71299 \approx 0.1462$ のときである.一方, $v_1 < 0.1462$ であれば「コンピュータ学科」が第1候補になる.「数理システム工学科」が第1候補であるという結論は v_1 のかなり広い範囲にわたって成り立つので,頑健性があるということができる.

5.2.5 一対比較行列の整合性

n 次正方一対比較行列の主固有値を $\lambda_{\max}$ と書くとき,

5.2 Analytic Hierarchy Process (AHP)

$$\text{C.I.} := \frac{\lambda_{\max} - n}{n - 1} \tag{5.5}$$

は，AHP では一対比較行列が抱える矛盾の大きさを示すと考えられており，**整合度** (consistency index, C.I.) と呼ばれる (Saaty, 1980, p.21)．整合度が 0.1 以下であれば，その一対比較行列は整合的であり，許容してよいといわれている．式 (5.3) の $\bar{D}$ の整合度は $(3.02906 - 3)/(3 - 1) = 0.01453$ であるので，この基準に従えば，許容してよいことになる．AHP では，一対比較行列が整合的でない場合には，その見直しが推奨されている．$\lambda_{\max} = n$ となって整合度が 0 の一対比較行列は，**完全整合** (completely consistent) であるといわれる．

もし $\bar{D}$ の 2 行 3 列要素 $\bar{d}_{23}$ が $\frac{1}{5}$ から $\frac{1}{3}$ に変更され，それに伴って $\bar{d}_{32}$ が 5 から 3 に変更されたならば，変更後の行列

$$\bar{D} = \begin{bmatrix} 1 & 9 & 3 \\ \frac{1}{9} & 1 & \frac{1}{3} \\ \frac{1}{3} & 3 & 1 \end{bmatrix}$$

は固有値 $3, 0, 0$ をもつ．従って，主固有値は 3 であり，整合度は 0 となる．このことは，変更後の $\bar{D}$ にはまったく矛盾がないことを意味する．実際，変更後では $\bar{d}_{12}\bar{d}_{23} = \bar{d}_{13}$ が成り立ち，3 つの学科名候補が整合的に評価されていることが分かる．

一般に，n 次正方一対比較行列 $D = [d_{ij}]_{i,j=1,2,\ldots,n}$ ($d_{ii} = 1$ とする) について，

(i) すべての $i, j, k = 1, 2, \ldots, n$ について $d_{ij}d_{jk} = d_{ik}$ が成り立つこと

(ii) $d_{ij} = w_i/w_j$ $(i, j = 1, 2, \ldots, n)$ となる $w_1 > 0, w_2 > 0, \ldots, w_n > 0$ が存在すること

という 2 つのことは等価である (Takahashi, 1990)．
(証明) もし (ii) が成り立てば (i) が成り立つことは明らかである．逆に，(i) が成り立つと仮定するとき，

$$w_1 = 1, \quad w_2 = d_{21}, \quad w_3 = d_{31}, \quad \ldots, \quad w_n = d_{n1}$$

とおく．このとき，(i) により，任意の i, j に対して，$d_{ij}d_{j1} = d_{i1} = 1/d_{1i}$ が成り立つ．従って

5章 ランキングを求める数理的方法

$$d_{ij} = \frac{1}{d_{j1}d_{1i}} = \frac{1}{w_j(1/w_i)} = \frac{w_i}{w_j}$$

が得られる．証明終わり．

この結果に基づき，重要度のベクトル $\boldsymbol{w} := [w_1, w_2, \ldots, w_n]^\top$ に対して，一対比較行列を

$$D := \begin{bmatrix} 1 & w_1/w_2 & w_1/w_3 & \cdots & w_1/w_n \\ w_2/w_1 & 1 & w_2/w_3 & \cdots & w_2/w_n \\ w_3/w_1 & w_3/w_2 & 1 & \cdots & w_3/w_n \\ \vdots & \vdots & \vdots & \ddots & \vdots \\ w_n/w_1 & w_n/w_2 & w_n/w_3 & \cdots & 1 \end{bmatrix} \quad (5.6)$$

とすれば，明らかに

$$D\boldsymbol{w} = n\boldsymbol{w}$$

であるから，n は行列 D の固有値であり，$\boldsymbol{w}$ が固有値 n に対応する右固有ベクトルである．I を n 次単位行列とすると，D に対する特性方程式は

$$|D - \lambda I| = \begin{vmatrix} 1-\lambda & w_1/w_2 & w_1/w_3 & \cdots & w_1/w_n \\ w_2/w_1 & 1-\lambda & w_2/w_3 & \cdots & w_2/w_n \\ w_3/w_1 & w_3/w_2 & 1-\lambda & \cdots & w_3/w_n \\ \vdots & \vdots & \vdots & \ddots & \vdots \\ w_n/w_1 & w_n/w_2 & w_n/w_3 & \cdots & 1-\lambda \end{vmatrix} = 0$$

で与えられる．この行列式は明示的に計算することができて

$$|D - \lambda I| = (n - \lambda)(-\lambda)^{n-1}$$

となる (Takahashi, 1990)．従って，n が D のただ 1 つの 0 でない固有値であり，主固有値であって（$\lambda_{\max} = n$），$\boldsymbol{w} := [w_1, w_2, \ldots, w_n]^\top$ が対応する右主固有ベクトルであることが分かる[*3]．この結果を式 (5.5) に代入すると，C.I. = 0

5.2 Analytic Hierarchy Process (AHP)

が得られる．よって，式 (5.6) の行列 D は完全整合である．

以上により，すべての $i, j, k = 1, 2, \ldots, n$ について $d_{ij}d_{jk} = d_{ik}$ が成り立つような一対比較行列 $D = [d_{ij}]_{i,j=1,2,\ldots,n}$ は完全整合であることが示された．

次に，n 次正方一対比較行列 $D = [d_{ij}]_{i,j=1,2,\ldots,n}$ の主固有値 $\lambda_{\max}$ について，不等式

$$\lambda_{\max} \geq n \tag{5.7}$$

を導く (Saaty, 1980, p.181)．これより，C.I. ≥ 0 が保証される．

主固有値 $\lambda_{\max}$ に対応する右主固有ベクトルを $\bm{w} = [w_1, w_2, \ldots, w_n]^\top$ とすれば，固有値問題 $\lambda_{\max}\bm{w} = D\bm{w}$ の第 i 行は

$$\lambda_{\max} w_i = \sum_{j=1}^{n} d_{ij}w_j = \sum_{\substack{j=1 \\ (j \neq i)}}^{n} d_{ij}w_j + w_i$$

である．よって

$$\lambda_{\max} - 1 = \sum_{\substack{j=1 \\ (j \neq i)}}^{n} d_{ij}\frac{w_j}{w_i} = \sum_{j=1}^{i-1} d_{ij}\frac{w_j}{w_i} + \sum_{j=i+1}^{n} d_{ij}\frac{w_j}{w_i}$$

が成り立つ．この式の両辺を $i = 1, 2, \ldots, n$ について加えるとき，右辺は

$$\sum_{i=1}^{n}\sum_{j=1}^{i-1} d_{ij}\frac{w_j}{w_i} = \sum_{j=1}^{n}\sum_{i=j+1}^{n} d_{ij}\frac{w_j}{w_i} = \sum_{i=1}^{n}\sum_{j=i+1}^{n} d_{ji}\frac{w_i}{w_j}$$

と書くことができるので（和の上限が下限より小さいとき，和は 0 とする），

$$n(\lambda_{\max} - 1) = \sum_{i=1}^{n}\sum_{j=i+1}^{n}\left(d_{ij}\frac{w_j}{w_i} + d_{ji}\frac{w_i}{w_j}\right)$$

[*3] 別の証明は以下のとおりである．行列 D のどのような 2 次の小行列を取っても，その行列式は

$$\begin{vmatrix} w_{i1}/w_{j1} & w_{i1}/w_{j2} \\ w_{i2}/w_{j1} & w_{i2}/w_{j2} \end{vmatrix} = \frac{w_{i1}}{w_{j1}} \cdot \frac{w_{i2}}{w_{j2}} - \frac{w_{i1}}{w_{j2}} \cdot \frac{w_{i2}}{w_{j1}} = 0$$

となるので，D の**階数** (rank) は 1 である．よって，D はただ 1 つの 0 でない固有値をもつということができる．その固有値を $\lambda_{\max}$ とする．一般に，正方行列の対角要素の和は固有値の和に等しい．ここで，D の対角要素の和は n であるから，$\lambda_{\max} = n$ となる．

が得られる．ここで，各 i,j について，算術平均と幾何平均の関係により

$$d_{ij}\frac{w_j}{w_i} + d_{ji}\frac{w_i}{w_j} \geq 2\sqrt{d_{ij}\frac{w_j}{w_i} \cdot d_{ji}\frac{w_i}{w_j}} = 2\sqrt{d_{ij} \cdot d_{ji}} = 2$$

であり，等号は $d_{ij} = w_i/w_j$ のときにのみ成り立つ．従って

$$n(\lambda_{\max} - 1) \geq \sum_{i=1}^{n} \sum_{j=i+1}^{n} 2 = n(n-1)$$

より，式 (5.7) が得られる．ここで，等号が成り立つのは，すべての $i,j = 1, 2, \ldots, n$ について，$d_{ij} = w_i/w_j$ のときである．従って，上記の (1) と (2) に加えて，$\lambda_{\max} = n$，すなわち C.I. $= 0$ も等価であることが示された．

5.2.6 超行列と階層構造

これまでの例題を続ける．「カリキュラムとの整合性」の観点から 3 つの学科名候補「数理システム工学科」「コンピュータ学科」「動態システム学科」を採点した結果を $[w_{11}, w_{21}, w_{31}]^\top$ と書き，「受験生から見た魅力」の観点から「数理システム工学科」「コンピュータ学科」「動態システム学科」を採点した結果を $[w_{12}, w_{22}, w_{32}]^\top$ と書くことにする．すなわち，w_{ij} は観点 j から見た学科名候補 i の採点結果である．そして，「数理システム工学科」「コンピュータ学科」「動態システム学科」に対する総合評価を，それぞれ q_1, q_2, q_3 と書くことにする．こうすれば，総合評価 $[q_1, q_2, q_3]^\top$ は行列 $[w_{ij}]_{i=1,2,3;j=1,2}$ とベクトル $[v_1, v_2]^\top$ の積で与えられる．

$$\begin{bmatrix} w_{11} \\ w_{21} \\ w_{31} \end{bmatrix} v_1 + \begin{bmatrix} w_{12} \\ w_{22} \\ w_{32} \end{bmatrix} v_2 = \begin{bmatrix} w_{11} & w_{12} \\ w_{21} & w_{22} \\ w_{31} & w_{32} \end{bmatrix} \begin{bmatrix} v_1 \\ v_2 \end{bmatrix} = \begin{bmatrix} q_1 \\ q_2 \\ q_3 \end{bmatrix}$$

総合評価は，**超行列** (supermatrix) と呼ばれる次の行列 (5.8) の右主固有ベクトルの一部分として捉えることもできる．

5.2 Analytic Hierarchy Process (AHP)

$$\begin{array}{c} \text{新学科名決定} \\ \text{カリキュラムの観点} \\ \text{受験生の観点} \\ \text{数理システム工学科} \\ \text{コンピュータ学科} \\ \text{動態システム学科} \end{array} \begin{array}{cccccc} \text{決定} & \text{カリ} & \text{受験} & \text{数理} & \text{コン} & \text{動態} \\ \begin{bmatrix} 1 & 0 & 0 & 0 & 0 & 0 \\ v_1 & 0 & 0 & 0 & 0 & 0 \\ v_2 & 0 & 0 & 0 & 0 & 0 \\ 0 & w_{11} & w_{12} & 0 & 0 & 0 \\ 0 & w_{21} & w_{22} & 0 & 0 & 0 \\ 0 & w_{31} & w_{32} & 0 & 0 & 0 \end{bmatrix} \end{array} \quad (5.8)$$

超行列 (5.8) の固有値は，1 が 1 つと他は 0 である．従って，主固有値は 1 であり，対応する右主固有ベクトルは

$$[\,1,\ v_1,\ v_2,\ w_{11}v_1 + w_{12}v_2,\ w_{21}v_1 + w_{22}v_2,\ w_{31}v_1 + w_{32}v_2\,]^\top \quad (5.9)$$

である．このように，行列 $[w_{ij}]_{i=1,2,3;j=1,2}$ とベクトル $[v_1, v_2]^\top$ に具体的に数値を与えた超行列に固有ベクトル法を適用して右主固有ベクトルを求めると，その第 4, 5, 6 要素が 3 つの学科名候補に対する総合評価となる．

第 5.2.1〜5.2.2 項に示した数値例では，行列

$$\begin{bmatrix} 1 & 0 & 0 & 0 & 0 & 0 \\ \frac{5}{6} & 0 & 0 & 0 & 0 & 0 \\ \frac{1}{6} & 0 & 0 & 0 & 0 & 0 \\ 0 & 0.67163 & 0.29857 & 0 & 0 & 0 \\ 0 & 0.06294 & 0,40287 & 0 & 0 & 0 \\ 0 & 0.26543 & 0.29857 & 0 & 0 & 0 \end{bmatrix}$$

の右主固有ベクトルとして，確かに

$$[1, 0.83333, 0.16667, 0.60945, 0.11960, 0.27095]^\top$$

が得られ，表 5.2 の総合評価と一致している．超行列 (5.8) の 1 行 1 列要素を 1 としたのは計算上の要請からであり，意思決定者の採点行動に対応していない．この 1 を任意の正の値で置き換えた超行列も同じ右主固有ベクトルをもつ．

超行列 (5.8) をノード (node) の **隣接行列** (adjacency matrix) と見なして**有向**

5 章 ランキングを求める数理的方法

```
                    1
                   ↻
              ┌─────────┐
              │新学科名の決定│
              └─────────┘
               v₁ ↙   ↘ v₂
       ┌──────────────┐  ┌──────────────┐
       │カリキュラムとの整合性│  │受験生から見た魅力│
       └──────────────┘  └──────────────┘
        w₁₁↙  w₁₂↓  w₂₁↓ w₂₂↓ w₃₁↓ w₃₂↓
    ┌──────────┐ ┌──────────┐ ┌──────────┐
    │数理システム工学科│ │コンピュータ学科│ │動態システム学科│
    └──────────┘ └──────────┘ └──────────┘
```

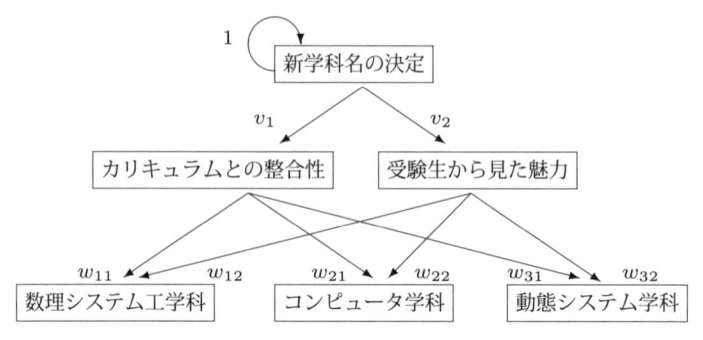

図 5.2　**AHP** による新学科名決定の階層構造ネットワーク．

グラフ (directed graph) を作り，リンク (link) にラベルを付けたネットワークを描いてみよう．超行列 (5.8) の i 行 j 列の要素が正であるとき，ノード j からノード i にリンクを結んで有向グラフを作り，i 行 j 列の要素の値をノード j からノード i へのリンクに付けるラベルとすると，図 5.2 に示された 3 層から成る**階層構造ネットワーク** (hierarchical network) が得られる．

AHP では，意思決定を図 5.2 に示されているような階層構造として捉える．ただし，AHP の場合は，ネットワークとはいっても，フィードバックのない木構造 (tree) である．この図において，木構造の根 (root) に当たる「新学科名の決定」が**最終目標** (goal) である．「カリキュラムとの整合性」と「受験生から見た魅力」が最終目標の**評価基準** (criteria) であり，その評価値がラベル v_1 と v_2 で与えられる．最後に，木構造における葉 (leaves) に当たる「数理システム工学科」「コンピュータ学科」「動態システム学科」が，目標を達成するための**代替案** (alternatives) であり，評価基準 j の観点から代替案 i を評価した値がノード j からノード i へのリンクのラベル w_{ij} となっている．AHP による一般的な階層構造ネットワークを図 5.3 に示す．

図 5.2 に示された有向グラフにおいては，すべてのノードから，矢印の向きにリンクをたどって，他のすべてのノードに到達できるという構造にはなっていない．このことは，ブロック下三角行列の形になっている超行列 (5.8) が可約であることを意味する（第 5.4.1 項）．可約な非負行列についても，ある条件が満たされる場合には，主固有値と，それに対応するすべての要素が正である右

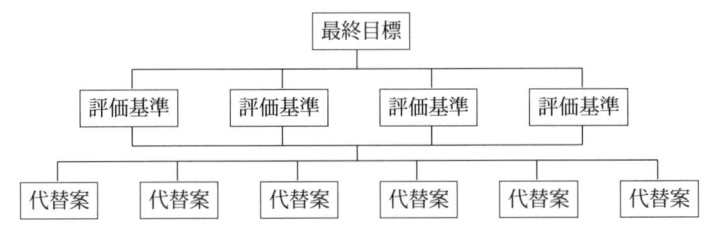

5.2 Analytic Hierarchy Process (AHP)

図 5.3　**AHP** による一般的な階層構造ネットワーク．

主固有ベクトルが（定数倍を除いて）一意的に存在する（第 5.4.4 項）．超行列 (5.8) はそのような条件を満たしている．

5.2.7 幾何平均法

第 5.2.1 項と第 5.2.2 項において，与えられた一対比較行列の各行の要素の幾何平均を正規化したものを重みとする幾何平均法の計算例を示した．本項では，**対数最小 2 乗法** (logarithmic least square method) により，この幾何平均法の理論的根拠を示す（Saaty, 1980, p.232; 高橋, 2000, p.17）．

n 次正方一対比較行列 $D := [d_{ij}]_{i,j=1,2,\ldots,n}$ を考える．ここで

$$d_{ii} = 1 \quad ; \quad d_{ij} = \frac{1}{d_{ji}} > 0 \qquad 1 \leq i, j \leq n$$

とする．重みの推定値を正のベクトル $[w_1, w_2, \ldots, w_n]^\top$ として，

$$d_{ij} = \frac{w_i}{w_j} e_{ij} \qquad 1 \leq i, j \leq n$$

と表す．ここで e_{ij} は誤差である．この式の両辺の対数を取ると

$$\log d_{ij} = \log w_i - \log w_j + \log e_{ij}$$

となる．記号を簡単にするために，$\log x$ を $\dot{x}$ で表すことにすると，これは

$$\dot{d}_{ij} = \dot{w}_i - \dot{w}_j + \dot{e}_{ij}$$

と書くことができる．

5章 ランキングを求める数理的方法

対数最小2乗法では，誤差 $\dot{e}_{ij}$ の2乗の和が最小になるような $[w_1, w_2, \ldots, w_n]^\top$ を求める．これらは比だけが問題であるので，全体を定数倍しても結果は変わらないはずである．従って，$[\dot{w}_1, \dot{w}_2, \ldots, \dot{w}_n]^\top$ では，それぞれに定数を加えてもよい．そこで，$\sum_{i=1}^n \dot{w}_i = 0$ という制約条件を付ける．こうして，最小化問題

$$\min_{w_1>0, w_2>0, \ldots, w_n>0} \sum_{i=1}^n \sum_{j=i+1}^n \left(\dot{d}_{ij} - \dot{w}_i + \dot{w}_j \right)^2$$

$$\text{制約条件} \quad \sum_{i=1}^n \dot{w}_i = 0$$

を定式化することができる．

この条件付き最小化問題は **Lagrange の未定乗数法** (Lagrange multiplier method) により解を見つけることができる．Lagrange 関数を

$$\mathcal{L}(\dot{w}_1, \dot{w}_2, \ldots, \dot{w}_n; \xi) := \sum_{i=1}^n \sum_{j=i+1}^n \left(\dot{d}_{ij} - \dot{w}_i + \dot{w}_j \right)^2 + \xi \sum_{i=1}^n \dot{w}_i$$

と定義する．パラメータ ξ を **Lagrange 係数** と呼ぶ．Lagrange の未定乗数法に従って，$\mathcal{L}$ を各 $\dot{w}_i$ で偏微分した式

$$\begin{aligned}
\frac{\partial \mathcal{L}}{\partial \dot{w}_i} &= 2 \sum_{j=1}^{i-1} (\dot{d}_{ji} - \dot{w}_j + \dot{w}_i) - 2 \sum_{j=i+1}^n (\dot{d}_{ij} - \dot{w}_i + \dot{w}_j) + \xi \\
&= 2 \left(\sum_{j=1}^{i-1} \dot{d}_{ji} - \sum_{j=i+1}^n \dot{d}_{ij} \right) + 2(n-1)\dot{w}_i - 2 \sum_{j=1 \, (j \neq i)}^n \dot{w}_j + \xi \\
&= 2 \left(\sum_{j=1}^{i-1} \dot{d}_{ji} - \sum_{j=i+1}^n \dot{d}_{ij} \right) + 2n \dot{w}_i + \xi
\end{aligned}$$

を 0 とおき，それらの解を求める．このようにして，n 個の方程式

$$2 \left(\sum_{j=1}^{i-1} \dot{d}_{ji} - \sum_{j=i+1}^n \dot{d}_{ij} \right) + 2n \dot{w}_i + \xi = 0 \quad 1 \leq i \leq n$$

が得られる．ξ を決めるために，これらの方程式をすべて加える．このとき，制約条件より，$\sum_{i=1}^n \dot{w}_i = 0$ である．また，$\dot{d}_{ij}$ を含む項の和は

5.2 Analytic Hierarchy Process (AHP)

$$\dot{d}_{12} + \dot{d}_{13} + \dot{d}_{14} + \cdots + \dot{d}_{1n}$$
$$-\dot{d}_{12} + \dot{d}_{23} + \dot{d}_{24} + \dot{d}_{25} + \cdots + \dot{d}_{2n}$$
$$-(\dot{d}_{13} + \dot{d}_{23}) + \dot{d}_{34} + \dot{d}_{35} + \dot{d}_{36} + \cdots + \dot{d}_{3n}$$
$$-(\dot{d}_{14} + \dot{d}_{24} + \dot{d}_{34}) + \dot{d}_{45} + \dot{d}_{46} + \dot{d}_{47} + \cdots + \dot{d}_{4n}$$
$$\cdots$$
$$-(\dot{d}_{1n} + \dot{d}_{2n} + \cdots + \dot{d}_{n-1,n})$$

であるから,これは 0 となる.こうして $\xi = 0$ が分かる(一般に,線形の制約条件のもとでの 2 次式の最小化問題では,Lagrange 係数は 0 になる).従って,

$$n\dot{w}_i = -\sum_{j=1}^{i-1} \dot{d}_{ji} + \sum_{j=i+1}^{n} \dot{d}_{ij}$$

が得られる.ここで

$$-\dot{d}_{ji} = -\log d_{ji} = -\log(1/d_{ij}) = \log d_{ij} = \dot{d}_{ij} \quad ; \quad \dot{d}_{ii} = \log d_{ii} = \log 1 = 0$$

であるから,上の方程式は

$$n\dot{w}_i = \sum_{j=1}^{n} \dot{d}_{ij} \qquad 1 \leq i \leq n$$

と書くことができる.これより

$$w_i = \left[\prod_{j=1}^{n} d_{ij}\right]^{1/n} \qquad 1 \leq i \leq n$$

が得られる.よって,w_i が行列 D の第 i 行 $[d_{i1}, d_{i2}, \ldots, d_{in}]$ の幾何平均である.

最後に,$n=2$ と $n=3$ の場合に,幾何平均法による $\boldsymbol{w} = [w_1, w_2, \ldots, w_n]^\top$ が固有ベクトル法による $\boldsymbol{w}$ に一致することを示す.$n \geq 4$ の場合には,このようなことは一般には起こらない.

まず,$n=2$ の場合に,

$$\begin{bmatrix} 1 & d_{12} \\ d_{21} & 1 \end{bmatrix} \begin{bmatrix} \sqrt{d_{12}} \\ \sqrt{d_{21}} \end{bmatrix} = 2 \begin{bmatrix} \sqrt{d_{12}} \\ \sqrt{d_{21}} \end{bmatrix}$$

5章 ランキングを求める数理的方法

が成り立つことは，以下のようにして分かる．

$$\sqrt{d_{12}} + d_{12}\sqrt{d_{21}} = \sqrt{d_{12}} + \sqrt{d_{12}} = 2\sqrt{d_{12}},$$
$$d_{21}\sqrt{d_{12}} + \sqrt{d_{21}} = \sqrt{d_{21}} + \sqrt{d_{21}} = 2\sqrt{d_{21}}$$

次に，$n=3$ の場合に，

$$\begin{bmatrix} 1 & d_{12} & d_{13} \\ d_{21} & 1 & d_{23} \\ d_{31} & d_{32} & 1 \end{bmatrix} \begin{bmatrix} \sqrt[3]{d_{12}d_{13}} \\ \sqrt[3]{d_{21}d_{23}} \\ \sqrt[3]{d_{31}d_{32}} \end{bmatrix} = \lambda \begin{bmatrix} \sqrt[3]{d_{12}d_{13}} \\ \sqrt[3]{d_{21}d_{23}} \\ \sqrt[3]{d_{31}d_{32}} \end{bmatrix}$$

となるためには，両辺の第1行を比較すると

$$\sqrt[3]{d_{12}d_{13}} + d_{12}\sqrt[3]{d_{21}d_{23}} + d_{13}\sqrt[3]{d_{31}d_{32}} = \lambda\sqrt[3]{d_{12}d_{13}}$$

でなければならない．これより

$$\lambda - 1 = \frac{d_{12}^{\frac{2}{3}}d_{23}^{\frac{1}{3}} + d_{13}^{\frac{2}{3}}d_{23}^{-\frac{1}{3}}}{d_{12}^{\frac{1}{3}}d_{13}^{\frac{1}{3}}} = d_{12}^{\frac{1}{3}}d_{13}^{-\frac{1}{3}}d_{23}^{\frac{1}{3}} + d_{12}^{-\frac{1}{3}}d_{13}^{\frac{1}{3}}d_{23}^{-\frac{1}{3}}$$

が得られる．第2行および第3行の比較でも同じ結果が得られる．このとき

$$(\lambda - 1)^3 = d_{12}d_{13}^{-1}d_{23} + 3d_{12}^{\frac{1}{3}}d_{13}^{-\frac{1}{3}}d_{23}^{\frac{1}{3}} + 3d_{12}^{-\frac{1}{3}}d_{13}^{\frac{1}{3}}d_{23}^{-\frac{1}{3}} + d_{12}^{-1}d_{13}d_{23}^{-1}$$

である．これらの $\lambda - 1$ と $(\lambda - 1)^3$ を使うと

$$\begin{vmatrix} 1-\lambda & d_{12} & d_{13} \\ d_{21} & 1-\lambda & d_{23} \\ d_{31} & d_{32} & 1-\lambda \end{vmatrix}$$
$$= (1-\lambda)^3 + d_{12}d_{23}d_{31} + d_{21}d_{13}d_{32} - d_{12}d_{21}(1-\lambda) - d_{13}d_{31}(1-\lambda)$$
$$\quad - d_{23}d_{32}(1-\lambda)$$
$$= (1-\lambda)^3 - 3(1-\lambda) + d_{12}d_{13}^{-1}d_{23} + d_{12}^{-1}d_{13}d_{23}^{-1} = 0$$

となることが分かる．なお，算術平均と幾何平均の関係により，上の $\lambda - 1$ に対する式の右辺は

$$d_{12}^{\frac{1}{3}}d_{13}^{-\frac{1}{3}}d_{23}^{\frac{1}{3}} + d_{12}^{-\frac{1}{3}}d_{13}^{\frac{1}{3}}d_{23}^{-\frac{1}{3}} \geq 2\sqrt{d_{12}^{\frac{1}{3}}d_{13}^{-\frac{1}{3}}d_{23}^{\frac{1}{3}} \cdot d_{12}^{-\frac{1}{3}}d_{13}^{\frac{1}{3}}d_{23}^{-\frac{1}{3}}} = 2$$

である．従って，$\lambda \geq 3$ が確認できる．

5.3 Analytic Network Process (ANP)

AHPを適用したモデルでは，第5.2.1項で示したように，新学科名の決定に関わる教員の間で，「カリキュラムとの整合性」と「受験生から見た魅力」という2つの観点の重要度 $[v_1, v_2]^\top$ については異論がないと想定した．しかし，教員らが「カリキュラムとの整合性」重視派と「受験生から見た魅力」重視派に分かれている場合，議論を重ねても全員が納得する結論にたどり着くことは困難かもしれない．そのような場合でも，全員が妥協できる**総合評価**を算出する方法として，**Analytic Network Process (ANP)** を紹介する (Saaty, 1996).

このような場合には，2つの観点から3つの学科名候補を採点することに加えて，3つの学科名候補の提案者も，それぞれ2つの観点を採点することにする．そして，両派が合意できる重みの有無にかかわらず，決定した重みが学科名候補提案者の意見をすべて取り込んでいることを示し，最終結果として得られる総合評価を両派に受け入れてもらうことを期待する．

5.3.1 ANP の手順

この狙いのため，新学科名決定という全体目標から見た2つの観点「カリキュラムとの整合性」と「受験生から見た魅力」の重要度の決定に代えて，各学科名候補の提案者から2つの観点に対する重要度の採点を収集することにする．すなわち，「数理システム工学科」の提案者が考える2つの観点の重みを $[v_{11}, v_{21}]^\top$ とし，「コンピュータ学科」の提案者が考える2つの観点の重みを $[v_{12}, v_{22}]^\top$ とし，最後に，「動態システム学科」の提案者が考える2つの観点の重みを $[v_{13}, v_{23}]^\top$ で表す．すなわち，j 番目の学科名候補提案者から見て，v_{1j} は「カリキュラムとの整合性」という観点の採点であり，v_{2j} は「受験生から見た魅力」という観点の採点であるとする $(j = 1, 2, 3)$.

例えば，「数理システム工学科」，「コンピュータ学科」，「動態システム学科」をそれぞれ提案するメンバーによる「カリキュラムとの整合性」と「受験生から見た魅力」という2つの観点の採点を

5章 ランキングを求める数理的方法

$$D_1 = \begin{bmatrix} 1 & 5 \\ \frac{1}{5} & 1 \end{bmatrix}, \quad D_2 = \begin{bmatrix} 1 & \frac{1}{3} \\ 3 & 1 \end{bmatrix}, \quad D_3 = \begin{bmatrix} 1 & \frac{1}{7} \\ 7 & 1 \end{bmatrix}$$

とすれば，これらの右主固有ベクトルは，それぞれ正規化したあと，

$$\begin{bmatrix} v_{11} \\ v_{21} \end{bmatrix} = \begin{bmatrix} \frac{5}{6} \\ \frac{1}{6} \end{bmatrix}, \quad \begin{bmatrix} v_{12} \\ v_{22} \end{bmatrix} = \begin{bmatrix} \frac{1}{4} \\ \frac{3}{4} \end{bmatrix}, \quad \begin{bmatrix} v_{13} \\ v_{23} \end{bmatrix} = \begin{bmatrix} \frac{1}{8} \\ \frac{7}{8} \end{bmatrix}$$

で与えられる．このとき，次の正規化が確認できる．

$$\sum_{i=1}^{2} v_{ij} = 1 \qquad j = 1, 2, 3$$

AHPの場合と同様に，2つの観点からも3つの学科名候補を採点する．「カリキュラムとの整合性」の観点から3つの学科名候補「数理システム工学科」「コンピュータ学科」「動態システム学科」を採点した結果を $[w_{11}, w_{21}, w_{31}]^\top$ と書き，「受験生から見た魅力」の観点から「数理システム工学科」「コンピュータ学科」「動態システム学科」を採点した結果を $[w_{12}, w_{22}, w_{32}]^\top$ と書くことにする．これらはAHPの場合と同じである．

$$\begin{bmatrix} w_{11} & w_{12} \\ w_{21} & w_{22} \\ w_{31} & w_{32} \end{bmatrix} = \begin{bmatrix} 0.67163 & 0.29857 \\ 0.06294 & 0.40287 \\ 0.26543 & 0.29857 \end{bmatrix}, \quad \sum_{i=1}^{3} w_{ij} = 1 \qquad j = 1, 2$$

ANPでは，2つの観点に対する総合評価と3つの学科名候補に対する総合評価が発生する．「カリキュラムとの整合性」と「受験生から見た魅力」という2つの観点に対する総合評価をそれぞれ p_1, p_2 と書く．また，3つの学科名候補「数理システム工学科」「コンピュータ学科」「動態システム学科」に対する総合評価を，それぞれ q_1, q_2, q_3 と書くことにする．このとき，2つの観点に対する総合評価 $[p_1, p_2]^\top$ は，3つの学科名候補の総合評価を重みとして，学科名候補提案者の意見 $[v_{1j}, v_{2j}]^\top$ $(j = 1, 2, 3)$ の加重和を取ったものである．

$$\begin{bmatrix} v_{11} \\ v_{21} \end{bmatrix} q_1 + \begin{bmatrix} v_{12} \\ v_{22} \end{bmatrix} q_2 + \begin{bmatrix} v_{13} \\ v_{23} \end{bmatrix} q_3 = \begin{bmatrix} v_{11} & v_{12} & v_{13} \\ v_{21} & v_{22} & v_{23} \end{bmatrix} \begin{bmatrix} q_1 \\ q_2 \\ q_3 \end{bmatrix} = \begin{bmatrix} p_1 \\ p_2 \end{bmatrix}$$

(5.10)

こうすることにより，各学科名候補提案者の2つ観点への意見が総合評価 $[p_1, p_2]^\top$ に少なからず反映する．そして，各学科名候補提案者の意見を反映させる程度は，各学科名候補の総合評価 $[q_1, q_2, q_3]^\top$ に一致している．

また，3つの学科名候補の総合評価 $[q_1, q_2, q_3]^\top$ は，2つ観点の総合評価を重みとして，それぞれの観点からの採点 $[w_{1j}, w_{2j}, w_{3j}]^\top$ $(j=1,2)$ の加重和を取ったものである．

$$\begin{bmatrix} w_{11} \\ w_{21} \\ w_{31} \end{bmatrix} p_1 + \begin{bmatrix} w_{12} \\ w_{22} \\ w_{32} \end{bmatrix} p_2 = \begin{bmatrix} w_{11} & w_{12} \\ w_{21} & w_{22} \\ w_{31} & w_{32} \end{bmatrix} \begin{bmatrix} p_1 \\ p_2 \end{bmatrix} = \begin{bmatrix} q_1 \\ q_2 \\ q_3 \end{bmatrix} \quad (5.11)$$

従って，総合評価 $[p_1, p_2]^\top$ と $[q_1, q_2, q_3]^\top$ は連立方程式 (5.10) と (5.11) を解くことにより求めることができる．これらは同次方程式なので，正規化条件

$$p_1 + p_2 = 1$$

を付ける．このとき

$$\begin{aligned} q_1 + q_2 + q_3 &= (w_{11}p_1 + w_{12}p_2) + (w_{21}p_1 + w_{22}p_2) + (w_{31}p_1 + w_{32}p_2) \\ &= (w_{11} + w_{21} + w_{31})p_1 + (w_{12} + w_{22} + w_{32})p_2 \\ &= p_1 + p_2 = 1 \end{aligned}$$

となる．逆に，$q_1 + q_2 + q_3 = 1$ を仮定すると，$p_1 + p_2 = 1$ が成り立つ．

実際に上記の数値を用いて連立方程式を解くと

$$\begin{bmatrix} p_1 \\ p_2 \end{bmatrix} = \begin{bmatrix} 0.49708 \\ 0.50292 \end{bmatrix} \quad ; \quad \begin{bmatrix} q_1 \\ q_2 \\ q_3 \end{bmatrix} = \begin{bmatrix} 0.48401 \\ 0.23390 \\ 0.28209 \end{bmatrix}$$

が得られる．従って，学科名の第1候補はやはり「数理システム工学科」になる．

5.3.2 超行列とフィードバック構造

上の ANP の問題に対して，以下の**超行列** (supermatrix) を考える．

5章 ランキングを求める数理的方法

$$
\begin{array}{c}
\text{カリキュラムの観点} \\
\text{受験生の観点} \\
\text{数理システム工学科} \\
\text{コンピュータ学科} \\
\text{動態システム学科}
\end{array}
\begin{array}{c}
\begin{array}{ccccc} \text{カリ} & \text{受験} & \text{数理} & \text{コン} & \text{動態} \end{array} \\
\left[\begin{array}{ccccc}
0 & 0 & v_{11} & v_{12} & v_{13} \\
0 & 0 & v_{21} & v_{22} & v_{23} \\
w_{11} & w_{12} & 0 & 0 & 0 \\
w_{21} & w_{22} & 0 & 0 & 0 \\
w_{31} & w_{32} & 0 & 0 & 0
\end{array}\right]
\end{array}
\quad (5.12)
$$

超行列 (5.12) を隣接行列と見なし,図 5.2 と同様の方法で描いた意思決定の有向グラフを図 5.4 に示す.この図を見ると,観点と学科名候補が互いに評価し合い,特に,学科名候補に観点を介した評価のフィードバックが掛かった**フィードバック構造ネットワーク**になっていることが分かる.

図 5.4 に示された有向グラフが強連結であることから,超行列 (5.12) は既約である(第 5.4.1 項).従って,第 5.4.3 項に示される既約な非負行列に対する Frobenius の定理の条件が満たされて,主固有値と,それに対応するすべての要素が正である右主固有ベクトルの(定数倍を除く)一意的存在が保証される.

超行列 (5.12) は,各列においてすべての要素の和が 1 になっている**確率行列** (stochastic matrix) であり,以下で示すように,一般に確率行列の主固有値は 1 である.これに対応する右主固有ベクトルを $[p_1, p_2, q_1, q_2, q_3]^\top$ とすると,連立方程式 (5.10) と (5.11) が成り立つ.ただし,$p_1 + p_2 + q_1 + q_2 + q_3 = 2$ で正規化する.ANP では,この右主固有ベクトルを 2 つの観点と 3 つの学科名候補に対する総合評価と解釈する.

一般に,確率行列は固有値 1 をもち,1 が主固有値である.このことを証明

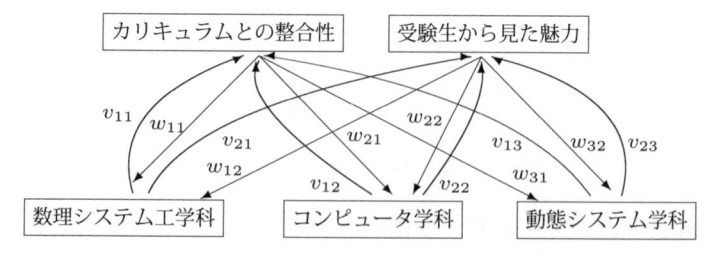

図 **5.4** **ANP** による新学科名決定のフィードバック構造ネットワーク.

5.3 Analytic Network Process (ANP)

するために，n 次正方確率行列 $A := [a_{ij}]_{i,j=1,2,\ldots,n}$；$\sum_{i=1}^n a_{ij} = 1$ $(1 \leq j \leq n)$ の転置行列 $A^\top$ に対して，第 5.4.5 項で示す Frobenius の Min-Max 定理 (5.17) に $\boldsymbol{w} = [1, 1, \ldots, 1]^\top$ を適用すると，

$$1 = \min\left\{\frac{\sum_{i=1}^n a_{i1}}{1}, \frac{\sum_{i=1}^n a_{i2}}{1}, \ldots, \frac{\sum_{i=1}^n a_{in}}{1}\right\}$$
$$\leq A^\top \text{の主固有値} \leq \max\left\{\frac{\sum_{i=1}^n a_{i1}}{1}, \frac{\sum_{i=1}^n a_{i2}}{1}, \ldots, \ldots, \frac{\sum_{i=1}^n a_{in}}{1}\right\} = 1$$

となるので，$A^\top$ の主固有値は 1 である．A の固有値は $A^\top$ の固有値と同じなので，A の主固有値は 1 となる．

5.3.3 ANP による総合評価値の特徴

連立方程式 (5.10) と (5.11) は $[p_1, p_2, q_1, q_2, q_3]^\top$ に関する再帰方程式である．従って，次の関係が成り立つ．
- 高い評価の観点から高く評価された学科名候補は，さらに高い評価を得る．
- 高い評価の学科名候補から高く評価された観点は，さらに高い評価を得る．

右主固有ベクトル $[p_1, p_2, q_1, q_2, q_3]^\top$ のすべての要素が正であるから，ANP の総合評価は，以下の **Pareto 最適性** (Pareto optimality) を満たす．式 (5.10) から，$v_{1j} \geq v_{2j}$ $(j = 1, 2, 3)$ であれば $p_1 \geq p_2$ であることが分かる．すなわち，3 つの学科名候補提案者がそろって「カリキュラムの整合性」が「受験生からの魅力」よりも重要な観点であると判断すれば，総合評価においても，「カリキュラムの整合性」が「受験生からの魅力」よりも重要とされる．さらに，$v_{1j} > v_{2j}$ となる j が存在すれば $p_1 > p_2$ である．実際，例えば，もし $v_{11} > v_{21}$ であれば，

$$p_1 - p_2 = v_{11}q_1 + \sum_{j=2}^3 v_{1j}q_j - v_{21}q_1 - \sum_{j=2}^3 v_{2j}q_j$$
$$= (v_{11} - v_{21})q_1 + \sum_{j=2}^3 (v_{1j} - v_{2j})q_j \geq (v_{11} - v_{21})q_1 > 0$$

が成り立つ．式 (5.11) から，w_{ij} と q_i に対しても同様の性質が成り立つ．

ANP では**双方向評価** (mutual evaluation) を行う点が AHP との本質的な違いである．例えば，上述の ANP では，学科名候補が観点から評価 $[w_{1j}, w_{2j}, w_{3j}]^\top$

161

($j = 1, 2$) を受けるだけでなく，学科名候補の提案者もまた，観点に対して評価 $[v_{1j}, v_{2j}]^\top$ ($j = 1, 2, 3$) を行う．AHP では，階層構造 (図 5.2) に示されているように，ノード間において一方向の評価を行うだけであった．

学科名候補の提案者による観点の評価 $[v_{1j}, v_{2j}]^\top$ ($j = 1, 2, 3$) が変われば，観点の総合評価 $[p_1, p_2]^\top$ だけでなく，学科名候補自体の総合評価 $[q_1, q_2, q_3]^\top$ に影響があることを双方向評価は意図している．AHP においては評価を受けるだけであった学科名候補が，ANP では自らの意見を表明することになる．意見表明としての評価 $[v_{1j}, v_{2j}]^\top$ ($j = 1, 2, 3$) が自らの総合評価 $[q_1, q_2, q_3]^\top$ に反映する余地がまったくなければ，学科名候補の提案者にとって，意見表明はガス抜きに過ぎない．学科名候補の提案者が観点に対して下す評価 $[v_{1j}, v_{2j}]^\top$ ($j = 1, 2, 3$) が自分が提案した候補の総合評価 $[q_1, q_2, q_3]^\top$ に反映する余地があることは，彼らを評価に組み入れる前提である．ANP を導入するに際しては，意見表明である評価が自らに対する総合評価に反映する仕組みがあることが望まれる．

以下において，ANP は双方向評価の期待に応えるものであることを具体的に示す．行列 $[w_{ij}]_{i=1,2,3;j=1,2}$ と $[v_{ij}]_{i=1,2;j=1,2,3}$ は，それぞれ階数が 2 であると仮定する．これらが与えられたときに，連立方程式 (5.10) と (5.11) から得られる観点の総合評価および学科名候補の総合評価を，それぞれ $[p_1, p_2]^\top$ および $[q_1, q_2, q_3]^\top$ とする．

(1) ある $[\bar{w}_{ij}]_{i=1,2,3;j=1,2}$ が存在して，$[\bar{w}_{ij}]_{i=1,2,3;j=1,2}$ と $[v_{ij}]_{i=1,2;j=1,2,3}$ を連立方程式 (5.10) と (5.11) に与えたときの観点の総合評価 $[\bar{p}_1, \bar{p}_2]^\top$ と学科名候補の総合評価 $[\bar{q}_1, \bar{q}_2, \bar{q}_3]^\top$ について，

$$[\bar{p}_1, \bar{p}_2]^\top \neq [p_1, p_2]^\top \quad ; \quad [\bar{q}_1, \bar{q}_2, \bar{q}_3]^\top \neq [q_1, q_2, q_3]^\top$$

となることを示す．

行列 $[w_{ij}]$ の階数が 2 であることから，$[w_{ij}] = [\boldsymbol{w}_1, \boldsymbol{w}_2]$ の 2 つの列 $\boldsymbol{w}_1 = [w_{11}, w_{21}, w_{31}]^\top$ と $\boldsymbol{w}_2 = [w_{12}, w_{22}, w_{32}]^\top$ は線形独立であり，当然 $\boldsymbol{w}_1 \neq \boldsymbol{w}_2$ である．ここで，$\boldsymbol{w}_2$ を $\boldsymbol{w}_1$ に変えた行列 $[\bar{w}_{ij}] = [\boldsymbol{w}_1, \boldsymbol{w}_1]$ を考える．この $[\bar{w}_{ij}]_{i=1,2,3;j=1,2}$ と $[v_{ij}]_{i=1,2;j=1,2,3}$ を (5.10) と (5.11) に与えたとき，学科名候補の総合評価は $[\bar{q}_1, \bar{q}_2, \bar{q}_3]^\top = \boldsymbol{w}_1$ となり，観点の総合評価は

5.3 Analytic Network Process (ANP)

$[\bar{p}_1, \bar{p}_2]^\top = [v_{ij}]\boldsymbol{w}_1$ となる．変更前の $[w_{ij}]_{i=1,2,3;j=1,2}$ と $[v_{ij}]_{i=1,2;j=1,2,3}$ を (5.10) と (5.11) に与えたときの学科名候補および観点の総合評価は

$$[q_1, q_2, q_3]^\top = p_1 \boldsymbol{w}_1 + p_2 \boldsymbol{w}_2,$$
$$[p_1, p_2]^\top = [v_{ij}][q_1, q_2, q_3]^\top = [v_{ij}](p_1 \boldsymbol{w}_1 + p_2 \boldsymbol{w}_2)$$

であった．従って，$\boldsymbol{w}_1 \neq \boldsymbol{w}_2$ と $p_1 + p_2 = 1$ $(p_1, p_2 > 0)$ から

$$[q_1, q_2, q_3]^\top = p_1 \boldsymbol{w}_1 + p_2 \boldsymbol{w}_2 \neq \boldsymbol{w}_1 = [\bar{q}_1, \bar{q}_2, \bar{q}_3]^\top$$

である．さらに，階数 2 の行列どうしの積 $[v_{ij}][w_{ij}]$ の階数は 2 であるから

$$[p_1, p_2]^\top = p_1 [v_{ij}]\boldsymbol{w}_1 + p_2 [v_{ij}]\boldsymbol{w}_2 \neq [v_{ij}]\boldsymbol{w}_1 = [\bar{p}_1, \bar{p}_2]^\top$$

である．

(2) ある $[\tilde{v}_{ij}]_{i=1,2;j=1,2,3}$ が存在して，$[w_{ij}]_{i=1,2,3;j=1,2}$ と $[\tilde{v}_{ij}]_{i=1,2;j=1,2,3}$ を連立方程式 (5.10) と (5.11) に与えたときの観点の総合評価 $[\tilde{p}_1, \tilde{p}_2]^\top$ と学科名候補の総合評価 $[\tilde{q}_1, \tilde{q}_2, \tilde{q}_3]^\top$ について，

$$[\tilde{p}_1, \tilde{p}_2]^\top \neq [p_1, p_2]^\top \quad ; \quad [\tilde{q}_1, \tilde{q}_2, \tilde{q}_3]^\top \neq [q_1, q_2, q_3]^\top$$

となることを示す．

もとの $[w_{ij}]_{i=1,2,3;j=1,2}$ と $[v_{ij}]_{i=1,2;j=1,2,3}$ を (5.10) と (5.11) に与えるとき，次の式が成り立つ．

$$\left(\begin{bmatrix} 1 & 0 \\ 0 & 1 \end{bmatrix} - \begin{bmatrix} v_{11} & v_{12} \\ v_{21} & v_{22} \end{bmatrix} \begin{bmatrix} w_{11} & w_{12} \\ w_{21} & w_{22} \end{bmatrix} \right) \begin{bmatrix} p_1 \\ p_2 \end{bmatrix} = \begin{bmatrix} v_{13} \\ v_{23} \end{bmatrix} q_3 \quad (5.13)$$

この式は以下のようにして導くことができる．

$$\begin{bmatrix} v_{13} \\ v_{23} \end{bmatrix} q_3 = \begin{bmatrix} p_1 \\ p_2 \end{bmatrix} - \begin{bmatrix} v_{11} \\ v_{21} \end{bmatrix} q_1 - \begin{bmatrix} v_{12} \\ v_{22} \end{bmatrix} q_2$$
$$= \begin{bmatrix} p_1 \\ p_2 \end{bmatrix} - \begin{bmatrix} v_{11} \\ v_{21} \end{bmatrix} (w_{11} p_1 + w_{12} p_2) - \begin{bmatrix} v_{12} \\ v_{22} \end{bmatrix} (w_{21} p_1 + w_{22} p_2)$$

5章 ランキングを求める数理的方法

$$= \begin{bmatrix} p_1 \\ p_2 \end{bmatrix} - \begin{bmatrix} v_{11} & v_{12} \\ v_{21} & v_{22} \end{bmatrix} \begin{bmatrix} w_{11} \\ w_{21} \end{bmatrix} p_1 - \begin{bmatrix} v_{11} & v_{12} \\ v_{21} & v_{22} \end{bmatrix} \begin{bmatrix} w_{12} \\ w_{22} \end{bmatrix} p_2$$

$$= \left(\begin{bmatrix} 1 & 0 \\ 0 & 1 \end{bmatrix} - \begin{bmatrix} v_{11} & v_{12} \\ v_{21} & v_{22} \end{bmatrix} \begin{bmatrix} w_{11} & w_{12} \\ w_{21} & w_{22} \end{bmatrix} \right) \begin{bmatrix} p_1 \\ p_2 \end{bmatrix}$$

ここで, $W := \begin{bmatrix} w_{11} & w_{12} \\ w_{21} & w_{22} \end{bmatrix}$ の各列の要素の和 (列和) は2つとも1未満であり, $V := \begin{bmatrix} v_{11} & v_{12} \\ v_{21} & v_{22} \end{bmatrix}$ の列和は2つとも1である. これより, 式 (5.13) に現れる行列 $I - VW$ は正則であることが, 第 5.4.5 項に示す Frobenius の Min-Max 定理を使って, 以下のようにして分かる. 行列 VW はすべての要素が非負であり, VW の固有値と $(VW)^\top = W^\top V^\top$ の固有値は同じなので, $W^\top V^\top$ に Frobenius の Min-Max 定理を適用する. $\mathbf{1} := [1,1]^\top$ を用いると, $V^\top$ の各行の要素の和 (行和) は2つとも1なので, $V^\top \mathbf{1} = \mathbf{1}$ である. 一方, $W^\top$ の行和は2つとも1未満であるから,

$$(VW)^\top \mathbf{1} = W^\top V^\top \mathbf{1} = W^\top \mathbf{1} < \mathbf{1}$$

が成り立つ. これは2次正方非負行列 $(VW)^\top$ の行和が2つとも1未満であることを意味する. Frobenius の Min-Max 定理 (5.17) において, $A = (VW)^\top$ および $\boldsymbol{w} = \mathbf{1}$ とすると, $(VW)^\top$ の主固有値 $\lambda_{\max}$ は

$$\lambda_{\max} \leq \max \left\{ (VW)^\top_{11} + (VW)^\top_{12},\ (VW)^\top_{21} + (VW)^\top_{22} \right\} < 1$$

を満たす. 従って, VW の主固有値もまた1未満となるので, $|I - VW| \neq 0$ である. よって, 行列 $I - VW$ は正則である. 以上により, 式 (5.13) の右辺のベクトル $[v_{13}, v_{23}]^\top$ が変われば, $[p_1, p_2]^\top$ も変わる. 従って, $[v_{13}, v_{23}]^\top$ を変更した行列 $[\bar{v}_{ij}]_{i=1,2;j=1,2,3}$ ともとの $[w_{ij}]_{i=1,2,3;j=1,2}$ を (5.10) と (5.11) に与えたときの観点の総合評価は, $[\tilde{p}_1, \tilde{p}_2]^\top \neq [p_1, p_2]^\top$ である. さらに, このときの学科名候補の総合評価を $[\tilde{q}_1, \tilde{q}_2, \tilde{q}_3]^\top$ とすると, $\boldsymbol{w}_1$ と $\boldsymbol{w}_2$ は線形独立なので,

5.3 Analytic Network Process (ANP)

$$[\tilde{q}_1, \tilde{q}_2, \tilde{q}_3]^\top = \tilde{p}_1 \boldsymbol{w}_1 + \tilde{p}_2 \boldsymbol{w}_2 \neq p_1 \boldsymbol{w}_1 + p_2 \boldsymbol{w}_2 = [q_1, q_2, q_3]^\top$$

である．

5.3.4　幾何平均法の難点

　第 5.3.2 項において，ANP の超行列から総合評価を計算する方法として固有ベクトル法を紹介した．第 5.2.1 項において，固有ベクトル法は一対比較行列から重みを計算するために利用された．そこでは，幾何平均法もまた一対比較行列から重みを計算する方法として示された．それでは，幾何平均法は ANP の超行列 (5.12) から総合評価を計算する方法として妥当であろうか？

　残念ながら，超行列からの総合評価計算に幾何平均法を適用するには，2 つの大きな問題がある．一対比較行列と異なり，超行列 (5.12) には値が 0 の要素が存在する．超行列の値が 0 の要素は，評価されていないことを意味する．そこで，正の値をもつ要素だけに注目して，幾何平均法の適用を考えてみよう．すなわち，超行列 (5.12) の部分行列 $[w_{ij}]_{i=1,2,3, j=1,2}$ と $[v_{ij}]_{i=1,2, j=1,2,3}$ に対して幾何平均法の適用を試みる．

　しかしながら，まず，超行列の要素の正の値 w_{ij}, v_{ij} に対しては，第 5.2.7 項に示したような一対比較行列に対する理論的根拠を見出すことができない点が問題である．より本質的な問題は，双方向評価の期待に応えられるかが不明な点である．単純に $[w_{ij}]_{i=1,2,3, j=1,2}$ と $[v_{ij}]_{i=1,2, j=1,2,3}$ の各行に幾何平均法を適用すると，2 つの観点に対する総合評価が

$$\left[\sqrt[3]{v_{11} \times v_{12} \times v_{13}}, \sqrt[3]{v_{21} \times v_{22} \times v_{23}} \right]$$

となり，3 つの学科名候補に対する総合評価が

$$\left[\sqrt{w_{11} \times w_{12}}, \sqrt{w_{21} \times w_{22}}, \sqrt{w_{31} \times w_{32}} \right]$$

となる．従って，学科名候補に対する総合評価 $[w_{ij}]_{i=1,2,3, j=1,2}$ がどのように変わっても，2 つの観点に対する総合評価 $[v_{ij}]_{i=1,2, j=1,2,3}$ に影響しない．よって，幾何平均法の単純な適用では双方向評価の期待に応えることはできない．

5 章 ランキングを求める数理的方法

行平均の方法により一対比較行列から重みを計算することは，幾何平均法だけでなく，算術平均や調和平均を用いた方法も提案されているが，これらの行平均による重み計算法を ANP の超行列での総合評価計算に拡張するに際しては，双方向評価の期待に応えられるようにしなければならないという点が大きな課題である．

5.4 Perron-Frobenius の定理

AHP や ANP では非負の要素から成る行列の固有ベクトルを計算した．そこで，本節では，固有ベクトル法の理論的基礎を与える Perron-Frobenius の定理を説明する．定理の証明は割愛するので，証明に興味のある読者は，二階堂 (1961) の第 2 章，あるいは古屋 (1959) の付録を参照されたい．

なお，以下では，多くの結果を含む Perron-Frobenius の定理のうち，本章に関係のある部分だけを取り出していることに注意する．

5.4.1 Frobenius の標準形

正方行列 A が**可約** (reducible) であるとは，A の行と列に対して同じ置換を施すことにより，**ブロック下三角行列** (block lower triangular matrix)

$$\begin{bmatrix} A_{11} & \mathcal{O} \\ A_{21} & A_{22} \end{bmatrix}$$

の形に変換できることをいう．ここで，A_{11} と A_{22} は正方行列であり，$\mathcal{O}$ はすべての要素が 0 である適当なサイズの行列を表す．可約でない行列 A は**既約** (irreducible) であるといわれる．

もし A_{11} が既約であり，A_{22} が可約なら，A_{22} はさらにブロック下三角行列

$$\begin{bmatrix} A'_{22} & \mathcal{O} \\ A'_{32} & A'_{33} \end{bmatrix}$$

の形に変換することができる．ここで A'_{22} と A'_{33} は正方行列である．このとき，A'_{22} のサイズに合わせて $A_{21} = \begin{bmatrix} A'_{21} \\ A'_{31} \end{bmatrix}$ と書くと，もとの行列 A は

$$\begin{bmatrix} A_{11} & O & O \\ A'_{21} & A'_{22} & O \\ A'_{31} & A'_{32} & A'_{33} \end{bmatrix}$$

の形になる．このような操作を繰り返すことにより，最終的に

$$P^\top A P = \begin{bmatrix} A_{11} & O & \cdots & O \\ A_{21} & A_{22} & \cdots & O \\ \vdots & \vdots & \ddots & \vdots \\ A_{k1} & A_{k2} & \cdots & A_{kk} \end{bmatrix} \tag{5.14}$$

の形になる．ここで，対角上のブロック行列 $A_{11}, A_{22}, \ldots, A_{kk}$ は既約な正方行列またはスカラー 0 である．この形の行列を **Frobenius の標準形** (Frobenuis normal form) と呼ぶ．P は**置換行列** (permutation matrix) といわれ，行と列において同時に i 番目の要素を j 番目に動かすとき，i 行 j 列の要素を 1 とし，その他の要素を 0 とする行列である．

 A が隣接行列であるとき，行列 A が既約であることは，A が表す有向グラフにおいて，どのノードから出発しても，矢印の向きにリンクをたどって，他のすべてのノードに到達することができることと同等である（自分自身に帰るリンクがないノードでも，自分自身には到達可能であると考える）．このような場合に，有向グラフは**強連結** (strongly connected) であるという．逆に言えば，A が可約であることは，他のすべてのノードにたどり着くことができないようなノードが存在するということと同等である．

5.4.2　Perron の定理

 ドイツの数学者 Oskar Perron (1880–1975) は，1907 年に以下の定理を証明した (関谷, 2000, p.162).

Perron の定理：すべての要素が正である正方行列について，以下が成り立つ．

 (i) 主固有値が正の実数として存在し，その他の固有値の絶対値は主固有値よりも厳密に小さい．

表 5.3　固有ベクトル法の理論的基礎を与える定理．

	AHP	ANP
一対比較行列	Perron の定理	Perron の定理
超行列	可約な非負行列に対する Frobenius の定理	既約な非負行列に対する Frobenius の定理

(ii) 主固有値に対応する右主固有ベクトルとして，すべての要素が正のものが存在する．右主固有ベクトルは定数倍を除いて一意的に決まる．

　Perron の定理は，AHP や ANP に現れるすべての要素が正である一対比較行列に対する固有ベクトル法による重要度の存在と一意性を保証するものである．一方，超行列 (5.8) や (5.12) の要素には 0 が現れるので，上記の Perron の定理に要求されている条件が成り立たない．このような場合には次項以下に示す Frobenius の定理を適用しなければならない（表 5.3）．

5.4.3　Frobenius の定理

　非負の要素を含む正方行列の固有値と固有ベクトルに関する一連の性質は Frobenius の定理として知られている（Ferdinand Georg Frobenius, 1849–1917, ドイツの数学者）．そのうちから，まず Perron の定理に対応する既約な非負行列に対する定理 (1912) を示す (Saaty, 1980, p.170; 関谷, 2000, p.163)．

Frobenius の定理：すべての要素が非負である正方行列が既約であれば，以下が成り立つ．

(i) 主固有値が正の実数として存在し，その他の固有値の絶対値は主固有値よりも大きくない．

(ii) 主固有値に対応する右主固有ベクトルとして，すべての要素が正のものが存在する．また，右主固有ベクトルは定数倍を除いて一意的である．

　Frobenius の定理が Perron の定理と異なる点は，値が 0 の要素を含んでもよい正方非負行列に対して，既約であるという条件を課していることである．また，性質 (i) において，主固有値と絶対値が等しい他の固有値が存在する場合があることを明示している点に注意する．上記の Frobenius の定理は，ANP に現

れる既約な超行列 (5.12) に対する固有ベクトル法による総合評価の存在と一意性を保証するものである．

5.4.4 可約な非負行列に対する Frobenius の定理

可約な正方非負行列は，AHP における超行列 (5.8) に現れる．また，ANP においても，有向グラフのフィードバック構造が不完全な場合には，超行列が可約になる．A が可約な非負行列である場合には，以下の条件を満たせば，主固有値と，それに対応するすべての要素が正である右主固有ベクトルが（定数倍を除いて）一意的に存在する．このことを以下に述べて，その証明を示す．

可約な正方非負行列 A は式 (5.14) のような Frobenius の標準形に変換され，その主固有値 $\lambda_{\max}$ に対して，

$$\begin{bmatrix} A_{11} & O & O & O & \cdots & O \\ A_{21} & A_{22} & O & O & \cdots & O \\ A_{31} & A_{32} & A_{33} & O & \cdots & O \\ \vdots & \vdots & \vdots & \ddots & \cdots & \vdots \\ A_{k1} & A_{k2} & A_{k3} & \cdots & \cdots & A_{kk} \end{bmatrix} \begin{bmatrix} \boldsymbol{p}_1 \\ \boldsymbol{p}_2 \\ \boldsymbol{p}_3 \\ \vdots \\ \boldsymbol{p}_k \end{bmatrix} = \lambda_{\max} \begin{bmatrix} \boldsymbol{p}_1 \\ \boldsymbol{p}_2 \\ \boldsymbol{p}_3 \\ \vdots \\ \boldsymbol{p}_k \end{bmatrix}$$

と書くことができる．すなわち，任意の $i = 1, 2, \ldots, k$ に対して

$$\sum_{j=1}^{i-1} A_{ij} \boldsymbol{p}_j + A_{ii} \boldsymbol{p}_i = \lambda_{\max} \boldsymbol{p}_i \tag{5.15}$$

である．ここで，対角上の行列 $A_{11}, A_{22}, \ldots, A_{kk}$ は既約な正方行列またはスカラー 0 である．任意の $i = 2, 3, \ldots, k$ に対して，以下の 2 点を仮定する．

仮定 1：A_{11} の主固有値は A_{ii} の主固有値よりも大きい．

仮定 2：ある $q < i$ が存在して，A_{iq} は正の要素をもつ．

このとき，任意の $i = 1, 2, \ldots, k$ について，$\boldsymbol{p}_i$ のすべての要素は正である．すなわち，仮定 1 と 2 のもとで，行列 A にはすべての要素が正である右固有ベクトルが存在し，それは定数倍を除いて一意的に決まる．以上の結果が，可約な非負行列に対する Frobenius の定理である．以下にその証明を示す．

5章 ランキングを求める数理的方法

まず，$\lambda_{\max}$ が A_{11} の主固有値と一致することを示す．A がブロック下三角行列 (5.14) であるから，A の特性方程式は

$$|\lambda I - A| = |\lambda I - A_{11}| \times |\lambda I - A_{22}| \times \cdots \times |\lambda I - A_{kk}| = 0$$

の形を取る．ここで，各因子に現れる I はそれぞれ適当なサイズの単位行列とする．仮定1から，A_{11} に対する特性方程式 $|\lambda I - A_{11}| = 0$ を満たす λ のうち最大の $\lambda_{\max}$ が A の特性方程式の一意的な最大解であることが分かる．

次に，任意の $i = 2, 3, \ldots, k$ について，$(\lambda_{\max} I - A_{ii})^{-1}$ のすべての要素が正であると言うことができる．もし $A_{ii} = [0]$ なら，1×1 行列 $(\lambda_{\max}[1] - [0])^{-1} = (1/\lambda_{\max})[1]$ の要素は正である．また，A_{ii} が既約な非負行列であるときには，仮定1により $\lambda_{\max}$ は A_{ii} の主固有値より大きいので，

$$(\lambda_{\max} I - A_{ii})^{-1} = \frac{1}{\lambda_{\max}} \sum_{t=0}^{\infty} (A_{ii}/\lambda_{\max})^t$$

が成り立つ．このとき，十分に大きな T に対して，A_{ii} の0乗から T 乗までの和はすべての要素が正の行列になる[*4]．従って，行列 $(\lambda_{\max} I - A_{ii})^{-1}$ のすべての要素は正である．このことから，任意の $i = 2, 3, \ldots, k$ に対して，式 (5.15) は

$$\boldsymbol{p}_i = (\lambda_{\max} I - A_{ii})^{-1} \left(\sum_{j=1}^{i-1} A_{ij} \boldsymbol{p}_j \right) \tag{5.16}$$

と等価である．この結果は，もし $[\boldsymbol{p}_1, \boldsymbol{p}_2, \ldots, \boldsymbol{p}_{i-1}]^\top$ が定数倍を除いて一意的であれば，$\boldsymbol{p}_i$ も定数倍を除いて一意的であることを意味する．また，$(\lambda_{\max} I - A_{ii})^{-1}$ のすべての要素が正であることから，ベクトル $\sum_{j=1}^{i-1} A_{ij} \boldsymbol{p}_j$ に1つでも正の要素があれば，$\boldsymbol{p}_i$ ではすべての要素が正となる．これらのことに注意して，各 $\boldsymbol{p}_i$ はすべての要素が正であることと，定数倍を除いて一意的であることを，i に関する数学的帰納法により示す．

---

*4 A が隣接行列であれば，A^t の (i, j) 要素は，A に対応するグラフにおいて，ノード j から t 本のリンクをたどってノード i に到達するならば正であり，そうでないならば0である．また，$A^0 = I$ とする．A が既約であれば，A に対応するグラフでは各ノード間で互いにたどり着けるので，十分に大きな T に対して $\sum_{t=0}^{T} A^t$ の各要素は必ず正である．

5.4 Perron-Frobenius の定理

まず,$i=1$ について,$\boldsymbol{p}_1$ のすべての要素が正であり,定数倍を除いて一意的であることを言う.行列 A_{11} が既約であることと,$\lambda_{\max}$ が A_{11} の主固有値であることから,既約な非負行列に対する Frobenius の定理により,$i=1$ に対する式 (5.15),すなわち固有値問題 $A_{11}\boldsymbol{p}_1 = \lambda_{\max}\boldsymbol{p}_1$ を満たす $\boldsymbol{p}_1$ は A_{11} の主固有ベクトルであり,すべての要素が正であるものが存在し,それは定数倍を除いて一意的に決まる.

次に,$i=l$ について,$[\boldsymbol{p}_1, \boldsymbol{p}_2, \ldots, \boldsymbol{p}_l]^\top$ のすべての要素は正であり,定数倍を除いて一意的であることを帰納法の仮定とする.このとき,$i=l+1$ に対する式 (5.15) を満たす $\boldsymbol{p}_{l+1}$ を考える.$[\boldsymbol{p}_1, \boldsymbol{p}_2, \ldots, \boldsymbol{p}_l]^\top$ を定数倍した $c\,[\boldsymbol{p}_1, \boldsymbol{p}_2, \ldots, \boldsymbol{p}_l]^\top$ を式 (5.16) の右辺に代入すると,

$$(\lambda_{\max}I - A_{l+1,l+1})^{-1}\left(\sum_{j=1}^{l} A_{l+1,j}\left(c\,\boldsymbol{p}_j\right)\right)$$
$$= c\,(\lambda_{\max}I - A_{l+1,l+1})^{-1}\left(\sum_{j=1}^{l} A_{l+1,j}\boldsymbol{p}_j\right) = c\,\boldsymbol{p}_{l+1}$$

となる.従って,$\boldsymbol{p}_{l+1}$ も定数倍を除いて一意的に決まる.

最後に,$\boldsymbol{p}_{l+1}$ のすべての要素が正であることを示す.仮定2から,ある $q < l+1$ が存在し,$A_{l+1,q}$ の少なくとも1つの要素は正である.そして,$[\boldsymbol{p}_1, \boldsymbol{p}_2, \ldots, \boldsymbol{p}_l]^\top$ のすべての要素が正であるから,$A_{l+1,q}\boldsymbol{p}_q$ には正の要素が存在する.従って,ベクトル $\sum_{j=1}^{l} A_{l+1,j}\boldsymbol{p}_j$ に正の要素が存在する.さらに,行列 $(\lambda_{\max}I - A_{l+1,l+1})^{-1}$ のすべての要素は正であるから,$(\lambda_{\max}I - A_{l+1,l+1})^{-1}\left(\sum_{j=1}^{l} A_{l+1,j}\boldsymbol{p}_j\right)$ のすべての要素は正である.つまり,$\boldsymbol{p}_{l+1}$ のすべての要素は正である.これで帰納法による証明が完了した.

上で証明した可約な非負行列に対する Frobenius の定理を AHP における超行列 (5.8) に適用してみよう.行列 (5.8) は,以下のように,既に Frobenuis の標準形 (5.14) になっている.

$$A_{11} = [1],\ A_{21} = [v_1],\ A_{22} = [0],$$
$$A_{31} = [v_2],\ A_{32} = A_{33} = [0],$$
$$A_{41} = [0],\ A_{42} = [w_{11}],\ A_{43} = [w_{12}],\ A_{44} = [0],$$

$$A_{51} = [0],\ A_{52} = [w_{21}],\ A_{53} = [w_{22}],\ A_{54} = A_{55} = [0],$$
$$A_{61} = [0],\ A_{62} = [w_{31}],\ A_{63} = [w_{32}],\ A_{64} = A_{65} = A_{66} = [0]$$

このとき，式 (5.15) により

$$\boldsymbol{p}_1 = [1],\ \lambda_{\max} = 1,$$
$$\boldsymbol{p}_2 = A_{21}\boldsymbol{p}_1 = [v_1],$$
$$\boldsymbol{p}_3 = A_{31}\boldsymbol{p}_1 + A_{32}\boldsymbol{p}_2 = [v_2],$$
$$\boldsymbol{p}_4 = A_{41}\boldsymbol{p}_1 + A_{42}\boldsymbol{p}_2 + A_{43}\boldsymbol{p}_3 = [w_{11}v_1 + w_{12}v_2],$$
$$\boldsymbol{p}_5 = A_{51}\boldsymbol{p}_1 + A_{52}\boldsymbol{p}_2 + A_{53}\boldsymbol{p}_3 + A_{54}\boldsymbol{p}_4 = [w_{21}v_1 + w_{22}v_2],$$
$$\boldsymbol{p}_6 = A_{61}\boldsymbol{p}_1 + A_{62}\boldsymbol{p}_2 + A_{63}\boldsymbol{p}_3 + A_{64}\boldsymbol{p}_4 + A_{65}\boldsymbol{p}_5 = [w_{31}v_1 + w_{32}v_2]$$

となり，確かに式 (5.9) に一致する結果が得られる．

5.4.5 Frobenius の Min-Max 定理

次の定理も Frobenius によるものであるが，いくつかの重要な応用において引用されるので，特に「Frobenius の Min-Max 定理」と呼ぶことにする (Saaty, 1980, p.170; 関谷, 2000, p.168)．

Frobenius の Min-Max 定理：n 次正方非負行列 $A := [a_{ij}]_{i,j=1,2,\ldots,n}$ について，その主固有値を $\lambda_{\max}$ とする（これは存在する）．このとき，すべての要素が正である任意の n 次ベクトル $\boldsymbol{w} = [w_1, w_2, \ldots, w_n]^\top$ に対して，不等式

$$\min\left\{\frac{\sum_{j=1}^n a_{1j}w_j}{w_1}, \ldots, \frac{\sum_{j=1}^n a_{ij}w_j}{w_i}, \ldots, \frac{\sum_{j=1}^n a_{nj}w_j}{w_n}\right\} \leq \lambda_{\max}$$
$$\leq \max\left\{\frac{\sum_{j=1}^n a_{1j}w_j}{w_1}, \ldots, \frac{\sum_{j=1}^n a_{ij}w_j}{w_i}, \ldots, \frac{\sum_{j=1}^n a_{nj}w_j}{w_n}\right\} \quad (5.17)$$

が成り立つ．さらに，もし A が既約なら，最大化問題

$$\max_{w_1>0, w_2>0, \ldots, w_n>0} \min\left\{\frac{\sum_{j=1}^n a_{1j}w_j}{w_1}, \ldots, \frac{\sum_{j=1}^n a_{nj}w_j}{w_n}\right\} = \lambda_{\max} \quad (5.18)$$

および最小化問題

$$\min_{w_1>0,w_2>0,\ldots,w_n>0} \max\left\{\frac{\sum_{j=1}^n a_{1j}w_j}{w_1},\ldots,\frac{\sum_{j=1}^n a_{nj}w_j}{w_n}\right\} = \lambda_{\max} \quad (5.19)$$

が成り立ち，それぞれの最適解 $\boldsymbol{w}^* = [w_1^*, w_2^*, \ldots, w_n^*]^\top$ は A の右主固有ベクトルである．すなわち

$$\lambda_{\max} = \min\left\{\frac{\sum_{j=1}^n a_{1j}w_j^*}{w_1^*},\ldots,\frac{\sum_{j=1}^n a_{ij}w_j^*}{w_i^*},\ldots,\frac{\sum_{j=1}^n a_{nj}w_j^*}{w_n^*}\right\}$$
$$= \max\left\{\frac{\sum_{j=1}^n a_{1j}w_j^*}{w_1^*},\ldots,\frac{\sum_{j=1}^n a_{ij}w_j^*}{w_i^*},\ldots,\frac{\sum_{j=1}^n a_{nj}w_j^*}{w_n^*}\right\}$$

が成り立つ．

Frobenius の Min-Max 定理を用いて，AHP における一対比較行列に対する固有ベクトル法と整合度 (C.I.) の理論的根拠を検討しよう．

(1) 一対比較行列に対する固有ベクトル法 (関谷, 2000, p.164).

第 5.2.1 項と第 5.2.2 項において，与えられた一対比較行列の右正規主固有ベクトルを重みとする固有ベクトル法の計算例を示した．
n 次正方一対比較行列 $D := [d_{ij}]_{i,j=1,2,\ldots,n}$ と，総合評価の推定値を表す正のベクトル $[w_1, w_2, \ldots, w_n]^\top$ を考える．d_{ij} は対象 j に比べて対象 i がどれだけ重要であるかを示すので，これに対象 j の評価値 w_j を掛けた $d_{ij}w_j$ は，対象 j から対象 i が受ける外部評価と考えられる．対象 i が自分以外のすべての対象から受ける外部評価の平均は

$$\frac{1}{n-1} \sum_{\substack{j=1 \\ (j \neq i)}}^n d_{ij}w_j$$

である．これと対象 i 自身による評価 w_i の比

$$r_i(\boldsymbol{w}) := \frac{1}{(n-1)w_i} \sum_{\substack{j=1 \\ (j \neq i)}}^n d_{ij}w_j \quad 1 \leq i \leq n \quad (5.20)$$

を過剰評価比率と呼び，過剰評価比率のばらつきができるだけ小さくなるように $w_1, w_2, \ldots, w_n$ を決めることを目指す．これは最小化問題

$$\min_{w_1>0, w_2>0,\ldots,w_n>0} \max\{r_1(\boldsymbol{w}), r_2(\boldsymbol{w}), \ldots, r_i(\boldsymbol{w}), \ldots, r_n(\boldsymbol{w})\} \quad (5.21)$$

として定式化できる．これを Frobenius の Min-Max 定理の最小化問題 (5.19) と比べると，問題 (5.21) の解は行列 $(D-I)/(n-1)$ の右主固有ベクトルで与えられることが分かる[*5]．

ここで，D が一対比較行列なら，行列 $(D-I)/(n-1)$ は，対角要素がすべて 0 であり，他のすべての要素は正であるから，非負の正方行列であり，既約である．このとき，行列 $(D-I)/(n-1)$ の右主固有ベクトルは行列 D の右主固有ベクトルに等しい．実際，D の主固有値を $\lambda_{\max}$ とし，対応する右主固有ベクトルを $\boldsymbol{w}^*$ とすれば，$D\boldsymbol{w}^* = \lambda_{\max}\boldsymbol{w}^*$ により，

$$\left(\frac{D-I}{n-1}\right)\boldsymbol{w}^* = \frac{D\boldsymbol{w}^* - I\boldsymbol{w}^*}{n-1} = \frac{\lambda_{\max}\boldsymbol{w}^* - \boldsymbol{w}^*}{n-1} = \frac{\lambda_{\max}-1}{n-1}\boldsymbol{w}^*$$

が成り立つ．これは行列 $(D-I)/(n-1)$ の主固有値が $(\lambda_{\max}-1)/(n-1)$ であり，これに対応する右主固有ベクトルが $\boldsymbol{w}^*$ であることを示している．従って，もとの一対比較行列 D の右主固有ベクトルを求めることで，所期の最小化問題 (5.21) が解けることになる．

(2) 一対比較行列の整合度 (C.I.)

第 5.2.5 項において，一対比較行列の整合性を表す尺度として，式 (5.5) で定義される整合度 (C.I.) を導入した．この尺度の意味を最小化問題 (5.21) の観点から考える．

式 (5.20) で与えた過剰評価比率は，「自己評価と外部評価平均は一致することが望ましい」という考えから，それぞれ 1 であることが理想的である．そこで，各 i における理想的比率からの乖離の程度を $|r_i(\boldsymbol{w}) - 1|$ で表し，全体での最悪乖離度を最小化するように $\boldsymbol{w}$ を決める問題

$$\min_{w_1>0, w_2>0,\ldots,w_n>0} \max_{1\leq i \leq n}\{|r_i(\boldsymbol{w}) - 1|\} \quad (5.22)$$

を考える．この最適値は，$\boldsymbol{w}$ を調整して過剰評価比率をできるだけ理想的

[*5] 髙橋 (2000, p.28) は「まるで Frobenius が AHP の主固有ベクトル法のために準備してくれたかのようである．」と述べている．

比率に近づけても発生してしまう一対比較行列の不適切さを示す．$\boldsymbol{w}$ が最適値 $\boldsymbol{w}^*$ に定められたとき，この一対比較行列の不適切さの値は整合度に一致することが以下のようにして分かる．

$$\max_{1\leq i\leq n} \{|r_i(\boldsymbol{w}^*) - 1|\}$$
$$= \max_{1\leq i\leq n} \{r_i(\boldsymbol{w}^*) - 1,\ 1 - r_i(\boldsymbol{w})\}$$
$$= \max\left\{\max_{1\leq i\leq n}\{r_i(\boldsymbol{w}^*) - 1\},\ \max_{1\leq i\leq n}\{1 - r_i(\boldsymbol{w}^*)\}\right\}$$
$$= \max\left\{\max_{1\leq i\leq n} r_i(\boldsymbol{w}) - 1,\ 1 - \min_{1\leq i\leq n} r_i(\boldsymbol{w}^*)\right\}$$
$$= \max\left\{\frac{\lambda_{\max} - 1}{n-1} - 1,\ 1 - \frac{\lambda_{\max} - 1}{n-1}\right\}$$
$$= \left|\frac{\lambda_{\max} - 1}{n-1} - 1\right| = \frac{\lambda_{\max} - n}{n-1} = \text{C.I.}$$

ここで，(1) の結果と Frobenius の Min-Max 定理による

$$\max_{1\leq i\leq n} r_i(\boldsymbol{w}^*) = \min_{1\leq i\leq n} r_i(\boldsymbol{w}^*) = \frac{\lambda_{\max} - 1}{n-1}$$

を用いた．

5.5 おわりに

本章では，複数の対象について多様な観点からの評価を集めて総合順位を決める方法として，汎用性があり手軽に使える数理的評価手法である AHP と ANP を紹介した．AHP や ANP による分析は，決定要因をネットワーク構造で視覚化するため，決定結果がどの要因で優れており，どの要因で劣っているのかを明快に説明できる．よって，決定後に成すべき行動を決める際にも役立つ．ただし，現実の問題においては，AHP や ANP を利用すれば常に合意形成が得られるというわけではないことも忘れてはならない．

5章　ランキングを求める数理的方法

参考文献

関谷和之 (2000), AHP と固有値問題, 木下栄蔵 編著『AHP の理論と実際』第 7 章, pp.160–182, 日科技連出版社, 2000 年 6 月.

高橋磐郎 (2000), AHP から ANP へ, 木下栄蔵 編著『AHP の理論と実際』第 2 章, pp.11–46, 日科技連出版社, 2000 年 6 月.

二階堂副包 (1961), 経済のための線型数学, 培風館, 1961 年 7 月.

古屋茂 (1959), 行列と行列式, 増補版, 培風館, 1959 年 5 月.

Genest, C., F. Lapointe, and S. W. Drury (1993), On a proposal of Jensen for the analysis of ordinal pairwise preferences using Saaty's eigenvector scaling method, *Journal of Mathematical Psychology*, Vol.37. No.4, pp.575–610, December 1993.

Saaty, T. L. (1980), *The Analytic Hierarchy Process*: *Planning, Priority Setting, Resource Allocation*, McGraw-Hill, 1980. Paperback published by RWS Publications, Pittsburgh, 1996 and 2000.

Saaty, T. L. (1996), *Decision Making with Dependence and Feedback*: *Analytic Network Process*, RWS Publications, Pittsburgh, 1996.

Takahashi, I. (1990), AHP applied to binary and ternary comparisons, *Journal of the Operations Research Society of Japan*, Vol.33, No.3, pp.199–206, September 1990.

著者紹介

関谷 和之

1965 年に生まれる．1988 年筑波大学第三学群社会工学類卒業．1993 年同大学院博士課程社会工学研究科修了．博士（経営工学）．1993 年 4 月から 1996 年 10 月まで東京理科大学理工学部経営工学科嘱託助手．1996 年 11 月静岡大学工学部システム工学科助教授，2008 年から教授，現在に至る．最適化と評価の応用の研究に従事．2004 年度日本オペレーションズ・リサーチ学会文献賞受賞．2005 年日本オペレーションズ・リサーチ学会フェロー．著書『AHP の理論と実際』（分担執筆第 7 章，木下栄蔵編著，日科技連出版社，2000 年 6 月）など．

高木 英明

第 1 章を参照．

6章 スタッフ・スケジューリング
Staff Scheduling

繁野麻衣子 (筑波大学)
maiko@sk.tsukuba.ac.jp
池上敦子 (成蹊大学)
atsuko@st.seikei.ac.jp

　サービスは，生産と消費が同時に起こり，在庫として蓄えることができないことが特徴である．従って，サービスを提供するスタッフは，顧客の要求にその場で即応しなければならない．そのため，スタッフの勤務スケジュールは，顧客が評価するサービスの質に直結する重要な要素の1つである．

　各スタッフが「いつ」「どの」業務を担当するかを決定するスタッフ・スケジューリングは業種や企業ごとに勤務条件や対象期間が異なるため，1つのモデルとして一律に取り扱うことは難しい．そこで，本章では，スケジュール構成要素を明らかにし，その特徴に基づいてスタッフ・スケジューリングを分類する．そして，代表的なスタッフ・スケジューリングのモデルを数理最適化問題として捉える．スケジューリング（スケジュール作成ともいう）に際して考慮すべきスタッフ制約条件とシフト制約条件を，不等式として表す方法を解説し，これらの不等式表現により，すべての条件を満たす中で最も好ましいスケジュールを求める最適化問題として定式化する．具体例として，病棟看護師スケジューリングと訪問介護士スケジューリングに対する最適化問題を紹介する．

キーワード：勤務表作成，勤務時間帯，業務内容，数理最適化，スタッフ制約条件，シフト制約条件，絶対的制約条件，考慮的制約条件，病棟看護師スケジューリング，訪問介護士スケジューリング．

6.1 高い質のサービスのためのスタッフ・スケジューリング

　サービスとは，生産と消費が同時に起こり，保存できないものである．例えば，サービスマネジメントの代表的教科書である Fitzsimmons and Fitzsimmons (2008, p.4) は，サービスを "A service is a time-perishable, intangible experience

6章 スタッフ・スケジューリング

看護師名\日	1月	2火	3休	4木	5金	6土	7日	8月	9火	10水	11木	12金	13土	14日	15月	16火	17水	18木	19金	20土	21日	22月	23火	24水	25木	26金	27土	28日	29月	30火	勤務回数 休	日	準	深	他
越河菜々	日	準	休			日	日					準			日	深			日					日			日	準			11	11	4	4	0
丹羽明菜			日	日	日			日	日	日			準		深	深		日		準	準		深	深				日			12	10	4	4	0
大倉宏美	深	深				日	日		準	準	準			日	日	深	深	日	日				準	準			深	深			11	9	5	5	0
田中勇美	準	準	深	深		日	日		準	準			日	日		準	準		深	深		日				他		日	日		10	9	5	5	1
井村亮子		日			準	準		日	日	深	深		日	日			日				日	深		日	準	準		日			10	10	6	4	0
佐藤広美			日	日	準	準	深	深		日			日	日			準	準		日	日			深	深			日	日		11	10	5	4	0
田原久恵	日			準	準		日				深			日	日			日		日	日		準	準	深	深		日			10	11	5	4	0
長谷川眞子	日	日			日	日		準		日	深	深			日	日		準		日			日	日			深	深			12	9	5	4	0
山口淳子			日	日	準		他	日				日	日			日	日				準	準		日			深	深	日	日	10	9	6	4	1
吉田勇子	準		日			日	日				準			日			準			準			日	日	日		深				10	9	7	3	1
池上敦子	日				準	準			準	準				日	日			準	準		日	日			日	日		深	深		10	9	6	4	1
石田敦美	準	深	深		他		日	日	日			日	深	深		準			準			日	日	日				日			11	9	5	4	1
伊藤睦菜		日		準		日	日	深	深		準			日	日			深	深		準				日	日	日	日			11	12	3	4	0
大木仁美	日			日		準	準	深	深			日	日				日	日			準	準			深	深		日	日		10	10	6	4	0
大竹恵子	深		準	準			日	日	準	準			日	日	深	深				日	日			準	準			深			10	9	6	5	0
上條雅子					準	準	深	深		日	日				日			準		日	日		日	日		他	準	準	深		11	8	5	5	1
北野貴枝	日	深	深			準	準	日			日			準		日	日		準	準			日	日			深	深			11	9	6	4	0
木村祥子		準	準	深	深			日	日	日			準	準		日	深	深			日	日			日			日	日		10	11	5	4	0
繁橋麻衣子	日	日		日	日	準	深	深			日	日			日		準	準			深	深				日			日		11	9	6	4	0
高橋和美	深	深		日	日			日	他	他			準	準		日	深	深			日	日			日	準	準		日		10	9	5	4	2
徳永真矢	準	準		日	日			日	日		深	深				日	深	深				日	日	準	準			日		準	10	9	7	4	0
山口陽子		日	日		日	準	準			日	他			日	日				日	日			深	深		準	準		日		10	9	6	4	1
日勤	7	7	5	7	6	8	8	5	7	7	7	7	8	8	5	7	7	7	7	7	7	5	8	5	8	12	7	8	6	8	7				
準夜勤	4	4	4	4	4	4	4	4	4	4	4	4	4	4	4	4	4	4	4	4	4	4	4	4	4	4	4	4	4	4					
深夜勤	3	3	3	3	3	3	3	3	3	3	3	3	3	3	3	3	3	3	3	3	3	3	3	3	3	3	3	3	3	3					
他業務	0	0	0	0	1	0	0	0	1	1	0	0	1	0	0	2	0	0	0	0	0	0	0	0	0	2	0	0	0	0					

図 6.1 病棟看護師勤務表の例.

performed for a customer acting in the role of co-producer"（共同生産者である顧客のために行われる，時間が経つと消滅する無形の行為）と定義している．つまり，サービスを供給する側は顧客の要求にその場で対応しないといけない．そして，サービスは正確に，迅速に，確実に提供されることが望ましいが，そのためには，サービスを提供する高い能力を有するスタッフが潤沢に必要となる．しかし，実際には，スタッフ数，労働規約，労務費などの制約があり，高い質のサービスを提供するためには，スタッフの配置を工夫し，スタッフの勤務スケジュールを作成しなくてはならない．よって，各スタッフが「いつ」「どの」業務を行うかを決定する**スタッフ・スケジューリング** (staff scheduling) が非常に重要となる．

企業にとって限られた資源であるスタッフ（従業員）が適材適所で最大限に力を発揮できるようにするために，スタッフ・スケジューリングはサービス分野を問わず必要となる．図 6.1〜6.3 に示すような勤務表を作成することがスタッフ・スケジューリングであり，「勤務表作成」「勤務スケジューリング」などとも呼ばれている．スタッフ・スケジューリングに関する用語については本章末

	A	B–I	J–Q	R–Y	Z–AG
3	連絡先	訪問介護ステーション TEL 000－0000－0000 FAX 000－0000－0000			
4					
5	2012 年 7月 ヘルパー派遣予定表				
6		2(月)	3(火)	4(水)	5(木)
7	佐野	9 : 00 － 10 : 30 佐藤 ユキオ	11 : 00 － 12 : 00 村上 ススム	8 : 45 － 9 : 15 太田 アケミ	8 : 40 － 9 : 10 太田 アケミ
8		11 : 30 － 12 : 00 三浦 タケシ	14 : 30 － 16 : 00 木村 トオル	12 : 00 － 13 : 00 松本 ヒデキ	16 : 30 － 17 : 30 鈴木 タカコ
9		13 : 00 － 14 : 30 山下 マユミ	16 : 00 － 16 : 30 木村 トオル	16 : 45 － 17 : 15 佐々木 ｼﾞｭﾝｺ	
10		16 : 45 － 17 : 15 佐々木 ｼﾞｭﾝｺ			
11					
12	杉本		10 : 30 － 12 : 00 長谷川 クミコ	9 : 00 － 10 : 00 西村 ナオミ	9 : 00 － 11 : 30 佐藤 ユキオ
13			16 : 30 － 17 : 30 鈴木 タカコ	11 : 00 － 12 : 00 渡辺 コウイチ	16 : 30 － 18 : 00 渡辺 コウイチ
14					
15					
16					
17	大西	13 : 00 － 13 : 30 佐々木 ｼﾞｭﾝｺ	16 : 45 － 17 : 15 佐々木 ｼﾞｭﾝｺ		12 : 30 － 13 : 00 佐々木 ｼﾞｭﾝｺ
18		16 : 00 － 17 : 00 石川 エミコ			16 : 45 － 17 : 15 佐々木 ｼﾞｭﾝｺ
19					
20					
21					
22	古川				10 : 00 － 11 : 00 藤井 サブロウ
23					
24					
25					
26					
27	浜田	9 : 00 － 10 : 00 西村 ナオミ			13 : 00 － 14 : 00 青木 ヒロシ
28		12 : 00 － 13 : 30 福田 ヨウコ			
29					
30					
31					

図 **6.2** 訪問介護士勤務表の例.

の ***Column*** を参照のこと.

図 6.1 は 3 交代制の病棟看護師の勤務表の一例であり,「日」が日勤,「準」が準夜勤,「深」が深夜勤を表す. 図 6.2 は訪問介護士の勤務表の例の一部である. 左の列が介護士名であり, 各介護士が各出勤日に担当する利用者名と, サービスの開始と終了の時刻が書き込まれている. 図 6.3 は飲食店スタッフの勤務表のイメージ図であり, 出退勤時刻の間が帯状に示されるとともに, 業務内容も示された**ガントチャート** (Gantt chart) となっている*1. このような勤務表を作成するスタッフ・スケジューリングは, 長時間稼働を続ける業務, 定期的な休みを設けていない業務, 需要のばらつきが大きい業種などでは不可欠となる. なお, 本章で示す勤務表のスタッフおよび介護を受ける人たちの氏名はすべて架空のものである.

さて, 多くの製造業においては, 製品の「在庫」が可能であるため, 生産者は顧客からの時々刻々の需要に対応する必要はなく, 生産過程を顧客から切り離してコントロールできる. これに対して, 顧客の需要に即応しなければならないサービス業では, 生産者 (サービス提供者) 側が生産過程 (サービスの供

---

*1 アメリカの機械工学者 Henry Laurence Gantt (1861–1919) が 1910 年代に使った.

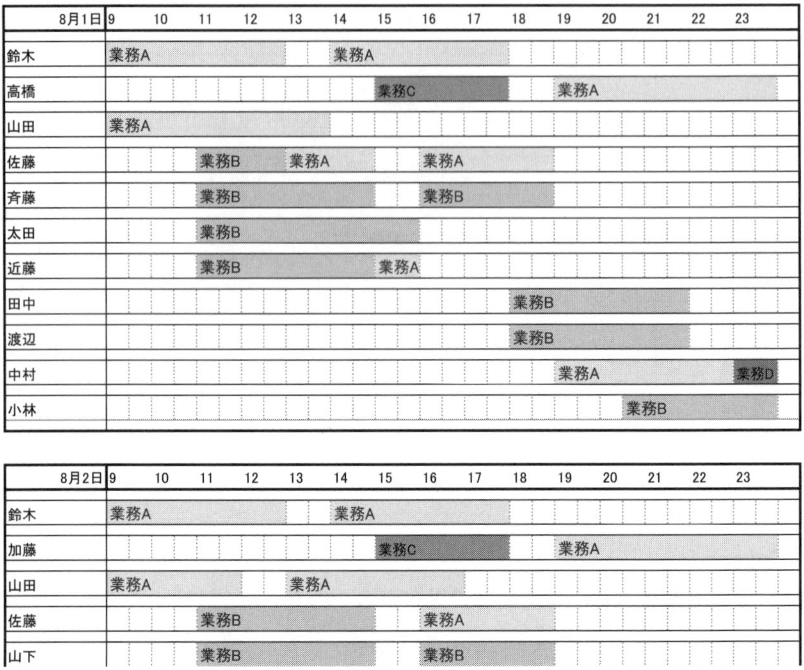

6章 スタッフ・スケジューリング

図 6.3 飲食店スタッフの勤務表の例.

給）をコントロールできないため，時間的に変動する需要に合わせてサービスを提供するスタッフを，人数的にもスキル的にも備えておく必要がある．しかし，スタッフが不足気味の現場では，変動する需要に合わせたスタッフの配置は各スタッフへの負荷が大きくなる傾向にある．

　一方において，サービスの質はサービスを提供するスタッフに大きく依存する．各スタッフが，過度な負荷を課せられずに，職務満足感と士気を保ちながら勤務することがサービスの長期的な質を保証することになる．さらに，各スタッフのスキルを向上させる教育的効果のある勤務スケジュールを考える必要もある．つまり，サービス業におけるスタッフ・スケジューリングでは，短期的に顧客からの需要に応えられるようにするのみならず，長期的観点に立って，サービスの質を向上させるように，個々のスタッフの勤務状況に配慮すること

が必要となる．

ところで，多くのサービス業の現場では，スタッフ・スケジューリングの重要性が認識される一方で，「シフト作成に苦労する」「勤務表作成はストレスのたまる辛い仕事である」「スケジュール調整に多くの時間を費やし，本務に専念できない」といったスケジュール作成作業の繁雑さや困難さを挙げる声が多い．特に，医療や介護のように人命に関わり失敗が許されない業務や，鉄道やバスのように安全性を重視する業務では，サービスの質を短期的にも長期的にも考慮し，質の高いサービスが提供できる勤務スケジュールの作成に膨大な時間と労力が費やされているのが実情である．顧客とスタッフの双方にとって満足できる勤務スケジュールを作成することは極めて難しく，経験と勘に頼った手作業によるスケジュールの作成は終わりのない作業になりがちである．

この複雑な勤務スケジュール作成に対する1つの解決策として，**数理最適化**(mathematical optimization) などの科学的な方法を用い，それをコンピュータ上に実装することが考えられる．数理最適化手法を導入するためには，まず，スケジュール作成者が考慮しなければならない割当要素，時間単位，割当方法，および対象期間などを明確にする．スケジュール構成要素の特徴を整理することで，問題の構造を把握することができ，数理モデルの構築につながる．

本章の前半では，スケジューリング対象の業務をスケジュール構成要素の特徴に基づいて分類し，スケジュール作成者が問題を把握する手掛かりを示す．後半では，スタッフ・スケジューリングを数理最適化問題として定式化する方法を紹介する．定式化ができれば，数理最適化問題を解くための専用ソフトウェア（ソルバー）を用いて，ある程度の規模の問題ならば解くことができる．ただし，本章では，定式化までの紹介に留め，その数値計算上の解き方については割愛する．最後に，具体例として，病棟看護師スケジューリングと訪問介護士スケジューリングの最適化問題を紹介する．

6.2 スケジュール構成の特徴に基づく分類

本節では，スケジューリングの対象となる業務を，スケジュールの割当要素，時間単位，割当方法，および対象期間の観点から分類する．スタッフ・スケジュー

リングと一口に言っても，例えば，病棟看護師，訪問介護士，飲食店のスタッフに対する勤務スケジュールは，それぞれ異なる方針に基づいて作成されており，作成される勤務表も図6.1～6.3に示されているように多様である．現場のスケジュール作成者が，直面している対象業務の構造や特徴を把握し，他の業務でのスケジューリングとの類似点や相違点を認識することが，モデル作成の前段階となる．

6.2.1 スケジュールの割当方法

スタッフ・スケジューリングでは，様々な条件を考慮しながら勤務表に各スタッフの勤務時間帯や業務内容を割り当てる．勤務時間帯と業務のいずれをどのような時間単位で割り当てるかは，業種ごとの勤務形態によって異なる．

まずは，勤務表に何をどのような時間単位でどのような方法で割り当てるかについて整理し，それらの観点から対象業務を分類する．

(1) 割り当ての要素

スタッフ・スケジューリングは，主に交代制勤務の場合に必要となる．特に，各スタッフの勤務時間が固定されていない場合に，勤務日と勤務シフトの種類を決定する．つまり，勤務表への割当要素は**勤務時間帯**となる．例えば，病棟看護師スケジューリングでは，提出された休み希望をもとに，各看護師の勤務日と勤務シフト（3交代制であれば日勤・準夜勤・深夜勤）を決定する．アルバイトが主戦力の飲食店では，各スタッフがスケジュール対象期間での勤務希望日時もしくは勤務可能日時を提出し，それに合わせて勤務時間帯を決定する．各スタッフの勤務時間帯がほぼ固定であったり長期的に確定されていたりする場合であっても，需要の変動や緊急時への対応による変則的な勤務形態が発生し，再スケジューリングが必要となる場合もある．

一方，勤務時間帯は固定であるが，需要に合わせて**業務内容**をスケジュールする場合もある．例えば，小売店のパートタイム従業員の勤務曜日や勤務時間帯は契約により定められているが，現場での需要に合わせて，品出し・レジ打ち・発注といった業務をスタッフに平等に割り当てるスケ

ジューリングがなされている．このような場合には，勤務表への割当要素は業務内容となる．

勤務時間帯と業務内容の**両方を同時に**割当要素とする場合もある．鉄道乗務員のように，業務内容が時間に密接に関係している場合や，倉庫業者のパートタイム従業員のように，業務量の変動により勤務時間が左右される場合などは，業務を割り当てながら勤務日時を決定することになる．また，訪問介護士のように，訪問先が決まることにより，結果として勤務日時と業務内容が決まる場合もある．

勤務時間帯と業務内容の形態によるスタッフ・スケジューリング対象業務の分類を図 6.4 に示す．この図では，上にある対象ほど勤務シフトなどの勤務時間帯が割当要素として重要となり，右にある対象ほど業務内容が割当要素として重要となる．図中の「ビルのメンテナンス要員」とは，ビルに設置されている機械の保守点検スタッフのことである．定期保守業務が対象であり，各スタッフが，いつ（勤務時間帯）どの（業務内容）ビルを担当するのかをスケジュールする．なお，ここに示したスケジューリング

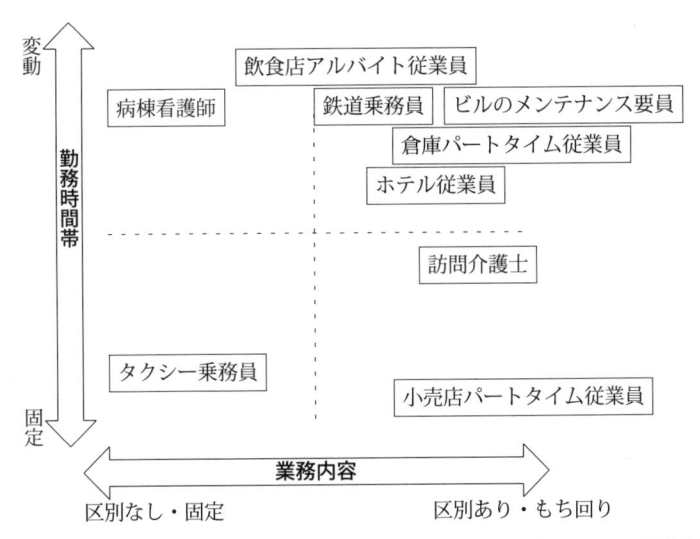

図 6.4 勤務時間帯と業務内容の形態によるスタッフ・スケジューリング対象の分類．

対象の分類は代表的なケースを表しており，例えば，タクシー乗務員でも勤務シフトが固定でない会社があることなどに注意する．

スタッフ・スケジューリングの問題整理では，まず，割当要素が勤務時間帯なのか業務内容なのか，あるいは両方なのかを明確にする必要がある．特に，勤務時間帯と業務内容の両方を対象とする場合，この 2 つは同時にスケジュールしなければならないのか，勤務時間帯の決定後に業務内容をスケジュールすることが可能であるのか，あるいは逆に，業務内容のスケジュール後にスタッフの勤務時間帯を決定できるのかも判断すべきである．

(2) 割り当ての時間単位

勤務時間帯や業務内容を勤務表に割り当てる時間単位を**節** (unit) と呼ぶ．多くの場合，節は「1 日」に対応する．例えば，図 6.1 に示した病棟看護師の勤務表では，各看護師の各出勤日に勤務シフト（日勤，準夜勤，深夜勤）を 1 個ずつ割り当てており，節は「1 日」となる．航空機乗務員のように 1 業務もしくは 1 業務行程が 1 日に収まらない場合には，節の長さは柔軟に設定される．

また，節が時間単位となることもある．各時間帯に勤務するかしないか，勤務するときはどの業務を担当するかが割り当てられる．このとき，業種により，節は 1 時間単位であったり，15 分単位であったりする．図 6.3 のようなガントチャートの勤務表を作成する場合には，時間単位の節となることが多い．

(3) 割り当ての方法

勤務表に勤務時間帯や業務内容などの割当要素を割り当てる方法を整理しよう．まず，各節において，いずれかのスタッフに割り当てられるべき割当要素が決まっている**分割型**と，複数の割当要素の候補の中から条件に合うものを選択する**選択型**に分けて考える．さらに，各スタッフの各節に割り当てることができる要素が高々 1 個である**単一型**と，複数の要素の割り当てが可能な**複数型**に分類する．勤務表への割当方法によるスタッフ・スケジューリング対象業務の分類を図 6.5 に示す．

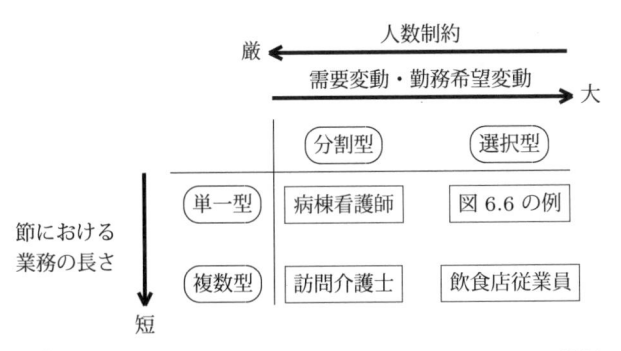

6.2 スケジュール構成の特徴に基づく分類

図 6.5 勤務表への割当方法によるスタッフ・スケジューリング対象の分類．

多くの勤務表は，各節でいずれかのスタッフに割り当てられるべき割当要素があらかじめ決まっている分割型である．つまり，節を決める時間単位である「1日」や「1時間」などの単位ごとに，必要な勤務シフトや業務が分割されており，分割された割当要素をスタッフに割り当てる．例えば，図 6.1 に示した病棟看護師の勤務表では，日勤に 7 人，準夜勤に 4 人，深夜勤に 3 人というように，各節（日）で必要な勤務シフトごとの人数が決まっており，節ごとに必要な人数分のスタッフに勤務シフトを高々 1 つ割り当てる．つまり，**単一分割型**である．看護師や保育士のようにスタッフの人数を必ず守らなければならないときは，単一分割型を用いて人数を確保することが多い[*2]．

訪問介護士スケジューリングでも，節の単位は「1日」であり，サービスを提供する訪問先が割当要素となる．すべての訪問先をいずれかのスタッフに割り当ててサービスを提供しなければならないので分割型であるが，1 人のスタッフの 1 個の節に複数の訪問先が割り当てられることがあるので複数型である．サービスを確実に提供しなければならない場合や，人的資源の制約が強い場合には，**複数分割型**でスケジュールされる．

これに対して，選択型では，複数の割当要素の中で実際に利用されるもの

---

*2 日本の医療法では，入院患者数に対する看護師の数が**看護配置基準**として定められ（例えば，10 対 1，7 対 1 など），病院の入院基本料を決める基礎になっている．**保育士の配置基準**は子供の年齢に応じて決められている．

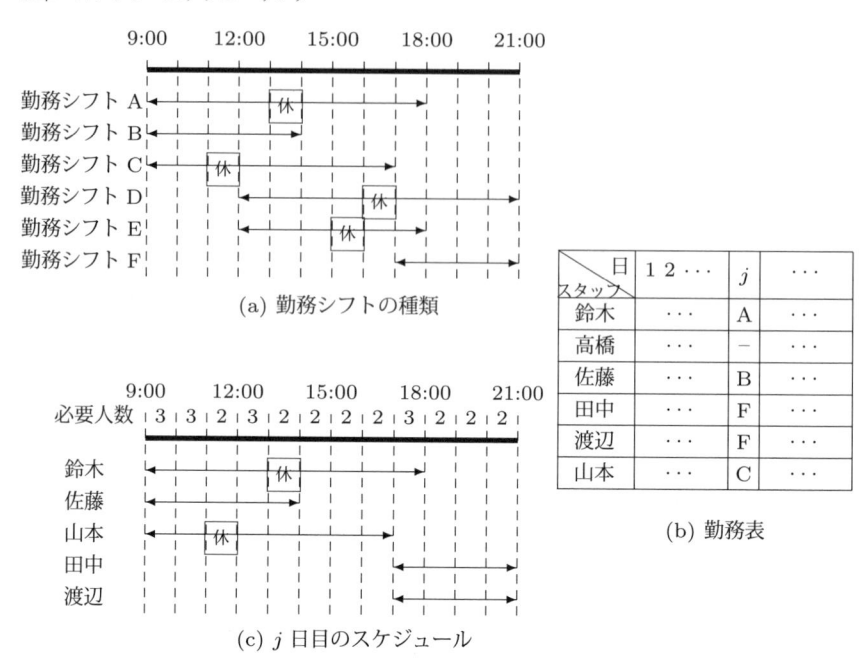

図 **6.6** 選択型による勤務シフト割り当ての例.

は一部であり，需要や勤務希望などの状況によって，適したものを選べるようにしている．**単一選択型**の例を図 6.6 に示す．図 6.6(a) に示す 6 種類の勤務シフト A〜F が割当要素の候補であり，1 日単位の節に割り当てる．ここで示す勤務シフトは出退勤時間と休憩時間を定めているが，休憩時間を定めずに，出退勤時間のみで定義される場合もある．さて，ある日（j 日目）の 1 時間ごとの必要人数が $(3, 3, 2, 3, 2, 2, 2, 2, 3, 2, 2, 2)$ であるとしよう．この必要最少人数を満たすように，スタッフの勤務希望や勤務可能性を考慮しつつ勤務シフト A〜F の中から各スタッフに割り当てる勤務シフトを決定する．例えば，(b) の勤務表に示すように割り当てると，(c) に示すように各時間に必要な人数を満たすことができる．このような勤務シフトの割り当てを，スタッフの総勤務量を考慮しながら，スケジュール対象期間にわたって行うことになる．

日によって需要に変動があったり，スタッフの勤務可能時間帯が様々であったりする場合には，このように複数の候補の中から，状況に合わせて割当要素を選択してスケジュールを作成する選択型を用いることが多い．図 6.6 に示した例は単一選択型であるが，選択型においても複数型を取ることがある．例えば，飲食店において，キッチン用の勤務シフトとホール用の勤務シフトがあるとき，キッチン業務の後にホール業務を担当するスタッフには，2 つの勤務シフトが割り当てられる複数型となる．また，1 日の勤務において，朝 9:00〜11:00 と夕方 16:00〜19:00 のように，間を空けて 2 つの勤務シフトを担当することもある．このように，時間の重ならない複数の勤務シフトを担当できる場合は，複数型となる．1 人のスタッフが複数の業務を行うときや，節を決める時間単位に対して割当要素の業務時間が短いときなどは**複数選択型**になる．

より細かく需要変動に対応するために，利用可能な勤務シフトの一覧表をあらかじめ作成するのではなく，状況に合わせて勤務シフトを生成して割り当てることもある．飲食店のアルバイト従業員のスケジューリングに多く見られる方法である．しかし，この場合でも，考え得る勤務シフトはある程度限定されるはずであり，非常に多くの勤務シフトをもつ選択型として扱うことができる．

6.2.2　スケジュール対象期間

スケジュール対象期間，つまり勤務表を作成する期間は，1 週間単位，半月単位，1 か月単位と様々である．スケジュール対象期間によるスタッフ・スケジューリング対象業務の分類を図 6.7 に示す．

常勤スタッフのスケジュール対象期間は，給料支払い対象期間である 1 か月とすることが多い．特に，24 時間体制の業務などにおいては，勤務シフトなどの割当要素の並びに対する制約が課され，あまり短い期間を対象とすると，その前後の期間との関係性からスケジュール作成が困難となる場合がある．さらに，スタッフ数に余裕がなく，月間での休み数や連続勤務数などの制約が多い場合も，短い対象期間，例えば週ごとのスケジューリングでは，月末週のスケ

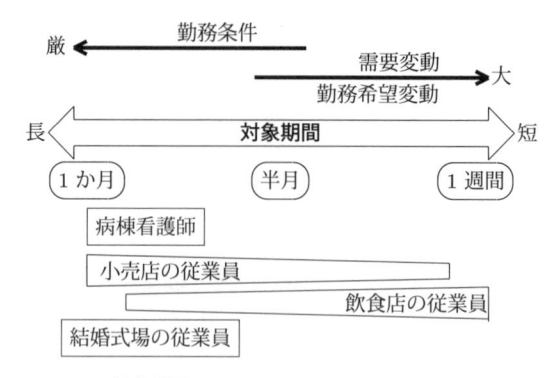

図 6.7 スケジュール対象期間によるスタッフ・スケジューリング対象の分類.

ジューリングが困難となる．典型的な例が病棟看護師のスケジュールである．

これに対して，需要の変動に加え，勤務日時の希望が多様であるアルバイト従業員などが多い場合は，スケジュール対象期間は短くなる．例えば，アルバイトが主力である飲食店では，スケジュール対象期間が 1 週間であることが多い[*3]．一方，需要が変動しても，予約制のサービスを対象としていることから，スタッフを確保するために 1 か月単位でスケジューリングを行っているところもある．例えば，結婚式場では，スタッフのスケジュール対象期間を 1 か月単位とすることが多い．

本来は 1 か月単位のスケジュール作成が望ましいものの，手作業でのスケジューリングでは対象期間を長くするとスケジュール作成が難しくなり間に合わないという状況であるため，1 週間もしくは半月単位でスケジュール作成を行っている場合もある．こういった状況においては，数理最適化手法を用いて，1 か月単位でのスケジュール作成を可能とすることの意義が大きいと考えられる．

6.2.3 周期的スケジュール

業務内容に周期性がある場合には，**周期的スケジュール** (periodic schedule)

---

*3 飲食店のスケジュール対象期間について，大学生のアルバイト先について調査したところ，56 件中 22 件が 1 週間単位でスケジュールを作成していたが，半月，あるいは 1 か月を単位としている店もあった．これらスケジュール対象期間の違いは，ファミリーレストラン，居酒屋，ファストフード，喫茶店などの店の種類には依らないようである．

を利用することがある．ここでは，周期的な業務内容の組合せを作成するスケジュールと，各スタッフが同じスケジュールを周期的に繰り返すスケジュールという2つの観点から，周期的スケジュールを考えてみよう．

鉄道や航空機の乗務員のスケジューリングでは，毎日（あるいは毎週）同じ運行が繰り返されることを前提として，周期的なスケジューリングが行われている．1周期の間に行われる全業務を1節に収まるような業務の組合せに分割する．この業務の組合せを**業務行程** (leg) と呼ぶ．各業務行程や業務行程間で労働規約を守るように業務行程をつなぎ合わせ，1人分のスケジュールを作成する．そして，それを1節ずつずらせたスケジュールを人数分だけ用意して個々のスタッフに割り当てることで，周期的スケジュールを作る．

例えば，図 6.8 に示すような業務の開始と終了の時刻が決まっている 6 つの業務 A, B, C, D, E, F を毎日変わらず行っているとしよう．

このとき，連続勤務時間と1日の休息時間を満たすような業務の組合せとして，図 6.9 に示す4つの業務行程が得られたとする．そして，これらのすべて

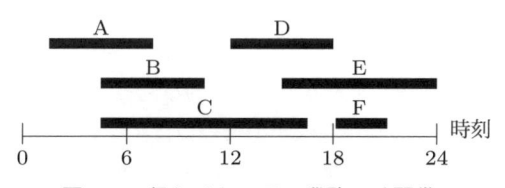

図 6.8 行うべき1日の業務の時間帯．

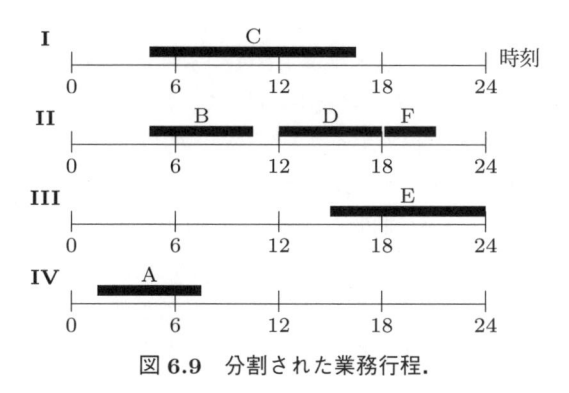

図 6.9 分割された業務行程．

6章 スタッフ・スケジューリング

スタッフ名	日	1	2	3	4	5
	鈴木	I	II	III	IV	休
	髙橋	休	I	II	III	IV
	佐藤	IV	休	I	II	III
	田中	III	IV	休	I	II
	渡辺	II	III	IV	休	I

図 6.10 「I → II → III → IV →休」のスケジュールを1日ずつずらせて割り当てたスケジュール.

の業務行程をちょうど1回ずつ含み,さらに休み(公休)を含んだ1人分5日間のスケジュールを作成する.例えば,「I → II → III → IV →休」というスケジュールを作成した場合には,これを1日ずつずらせた5種類のスケジュールを複製し,図 6.10 のように5人のスタッフに割り当てる.

図 6.10 を日ごとに縦に見ると,それぞれの日に,すべての業務を含んだ業務行程がそろっていることが分かる.また,スタッフごとに横に見ても全員が同じ負荷のスケジュールになっていることも分かる.このようなスケジューリングにより,毎日確実に業務を行うことができるのみならず,スタッフの業務負担に公平性が保証される.

周期的に同じスケジュールを繰り返す典型的な例として,タクシー運転手の**隔日勤務ダイヤ**がある.タクシー運転手の場合には,業務行程に分割する作業は必要なく,業務行程は1つの業務,すなわち出勤時間のみから成る.「出番」と呼ばれる勤務日には7〜9時ごろより深夜(翌朝)までの16時間程度を勤務し,その翌日は「明番」(開放非番)となる.そして,「出番→明番→出番→明番→公休」のスケジュールを5人の運転手に1日ずつずらせて割り当てる(図 6.11).この隔日勤務ダイヤでは,5人の運転手に対して,毎日の出番は2人である.つまり,2台の車両を5人で担当することで,効率的に車両を運用している.

図 6.10 や図 6.11 のスケジュールでは,各スタッフは5日周期の勤務を繰り返しており,各スタッフが長期的な勤務日・休日の計画を立てやすいという利点がある.あるスタッフが特別の勤務サイクルを周期的に繰り返すことを優先するスケジューリングもある.例えば,図 6.9 に示された業務行程を毎日いずれかのスタッフに割り当てるに際して,1人のスタッフ(鈴木さん)は業務行

	日	1	2	3	4	5
スタッフ名	安部	出番	明番	出番	明番	公休
	伊藤	公休	出番	明番	出番	明番
	宇野	明番	公休	出番	明番	出番
	江田	出番	明番	公休	出番	明番
	大山	明番	出番	明番	公休	出番

図 6.11　タクシー運転手の隔日勤務ダイヤ.

	日	1	2	3	4	5
スタッフ名	鈴木	I	II	I	II	休
	高橋	休	I	III	IV	IV
	佐藤	VI	休	II	III	III
	田中	III	IV	休	I	II
	渡辺	II	III	IV	休	I

図 6.12　スタッフごとの周期的勤務を重視したスケジュールの例（業務行程の担当に制約がある場合）.

程の I と II だけしか担当できないという場合を考えよう．このときは，図6.12で示した割り当てを繰り返せば，すべての業務が滞りなく行われる周期的なスケジュールとなる．

　スタッフごとの勤務の周期性を重視したスケジュールは，同じ業務を複数スタッフが交代で担当する場合以外にも見られる．例えば，腎臓の人工透析専門クリニックのように，サービスを提供する曜日が決まっている顧客を対象とする場合は，曜日ごとのスケジュールを定め，緊急の変更がない限り，このスケジュールを繰り返すこともある．

　周期的スケジュールは一度作成すれば，スタッフの勤務希望や需要の変動に合わせて，この周期的なスケジュールを修正することで，実際の勤務表が作成できる．工場などの交代制勤務は，グループ単位で各シフトを周期的に行うことが一般的である．グループ単位の周期的スケジュールでは，常に同じスタッフと勤務するので，相互信頼・連帯感や共通の意識が生まれる利点がある．一方，この方法が適当でないとされる場合もある．スタッフどうしの相性が合わないときはいつも不愉快になったり，逆に馴れ合いが起こったりして職務に対する緊張感が低下する問題や，学習効果が得られないといった観点から，長期

的なサービスの質の向上につながらないと考えられるからである．

6.2.4 チームのスキル混成に対する考慮

勤務の割り当てにおいて，スタッフのスキルのことをどの程度まで考慮するかについても，業務形態によって異なる．1つのサービスを複数のスタッフから成るチームで提供する場合，チームを構成するスタッフのスキルの習熟度や混成を考慮し，スタッフの組合せを重視することが多い．また，病棟看護師や訪問介護士，送迎バスの乗務員などのように担当可能な業務に制限が設けられていることもある．飲食店においては，たとえアルバイト従業員が主力であっても，調理やレジ閉めなどのように担当者が制限されることがある．質の高いサービスを提供するためには，担当チームとして顧客の要望に応じられるようなスタッフの配置が重要であり，チームのスタッフ構成は，スタッフのスキルレベルに差があるときには十分に考慮すべき事項である．ベテランと新人を組み合わせることは，新人の教育にもなる．

6.3 スタッフ・スケジューリングの数理モデル作成

対象業務のスケジューリングの構成要素と特徴を把握したら，次に基本モデルを作成する．数理最適化によるスタッフ・スケジューリングにおいては，モデルの作成が非常に大きな意味をもつ．モデルを作ることを通して，スケジューリングの全体像を認識し，考慮すべき制約条件を整理することができる．

6.3.1 シフト制約条件とスタッフ制約条件

スタッフ・スケジューリングにおいて基本となる条件は，各時間帯においてサービスの需要に対応するためのシフト制約条件と，各スタッフの勤務負荷に関するスタッフ制約条件に分類することができる．ここで言う「シフト」は，勤務シフトのみを対象にしているのではなく，勤務時間帯や業務内容など勤務表の割当要素全般の意味で用いる．

シフト制約条件 (shift constraint) とは，勤務表への割当方法が分割型であれば，割り当ての時間単位である各節において，勤務時間帯や業務内容を担当す

るスタッフ数がそろっているための条件である．割当方法が選択型のときは，時間ごとに各業務を行うスタッフ数がそろっていることなど，節より短い時間単位での条件となる．担当スタッフのスキルを重視するときには，熟練スタッフの人数，特定業務を担当することができる人数，およびスタッフの組合せに関する条件などもシフト制約条件に含まれる[*4]．

表 6.1 スタッフ・スケジューリングの制約条件．

★ 必ず満たすべき条件（絶対条件）　○ できるだけ満たしたい条件（考慮条件）

対象	シフト制約条件	スタッフ制約条件
病棟看護師	★ 看護配置基準（勤務シフトごとの必要人数） ★ 担当看護師の組合せ（スキル，相性など）	★ 勤務シフト回数 ★ 勤務シフト並び ○ 休み希望 ○ 土日の 2 連休確保
訪問介護士	★ 各介護サービスに 1 介護士 ★ 指定訪問時刻 ★ 担当可能性 ○ 担当する介護士の偏り回避	★ 勤務時間帯 ★ 移動時間 ★ 勤務時間量 ○ 休み時間 ○ 負荷の公平性
保育士	★ 保育士の配置基準 ★ 正規職員の人数 ○ クラス担任 1 名以上	○ 休み希望 ○ 勤務時間量
送迎バス乗務員	★ 必要人数 ○ 担当可能性 ○ 顧客と担当者との相性	★ 拘束時間・運転時間 ○ 休み希望 ○ 勤務時間量
居酒屋スタッフ	○ 業務ごとの必要人数 ★ 社員人数	○ 休み希望 ★ 勤務時間量 ○ 出勤回数の公平性
タクシー運転手	○ 必要人数 ○ 担当車両の割り当て	★ 連続拘束時間 ★ 休憩時間 ★ 1 か月の出勤日数 ○ 周期性 ○ 出勤曜日の公平性

[*4] 特定の 2 人のスタッフを同じ業務に割り当てると，作業効率が落ちたり失敗が増えるために，この 2 人をできるだけ同時に割り当てないというようなスタッフの組合せに関する制約は暗黙の条件であることが多く，明記しづらい．しかし，実際には，多くの勤務表作成者はこのような条件を考慮している．

スタッフ制約条件 (staff constraint) とは，各スタッフについて，労働規約を満たす休暇の取得，休日などの勤務希望の実現，仕事の負荷の平準化など，スタッフの勤務形態に関する条件である．

シフト制約条件は短期的なサービスの質に関わり，スタッフ制約条件は，従業員満足の維持を通して，長期的なサービスの質を保証すると言うことができる．

具体的に，スタッフ・スケジューリングの事例において，様々な条件がシフト制約条件とスタッフ制約条件にどのように分類されるかを表 6.1 に示す（絶対条件と考慮条件については，第 6.3.4 項を参照）．

6.3.2 要素の割り当てを表す変数

スタッフ・スケジューリングにおいて考慮すべき条件を整理して，シフト制約条件とスタッフ制約条件に分類すると，次のステップとして，以下に示す定式化を行うことが可能となる．定式化することで，言葉で述べる曖昧さが消え，モデルを正確に表現することができる．また，数理最適化問題を解くための専用ソフトウェアを用いて解くことができるようになる．

まず，定式化に必要な記号を定義する．スタッフの集合を S とし，スケジュール対象期間における節の集合を T とする．そして，勤務時間帯や業務内容などの割当要素の集合を W とする．例えば，病棟看護師のスケジューリングであれば，S がスケジュール対象の看護師の集合，T がスケジュール対象月の日の集合，そして W が勤務シフト（日勤，準夜勤，深夜勤など）となる．

スタッフ・スケジューリングとは，スタッフ $i\,(\in S)$ の節 $j\,(\in T)$ に要素 $k\,(\in W)$ を割り当てるか否かを決定することである．そこで，$i \in S, j \in T, k \in W$ について，0 または 1 の値のみを取る次の変数を定義する．

$$x_{ijk} := \begin{cases} 1 & \text{スタッフ } i \text{ の節 } j \text{ に要素 } k \text{ を割り当てる} \\ 0 & \text{スタッフ } i \text{ の節 } j \text{ に要素 } k \text{ を割り当てない} \end{cases}$$

勤務表への割当方法が単一型のときは，各スタッフに対し，各節において高々1 つの要素を割り当てるので，変数 $\{x_{ijk}\}$ は条件

$$\sum_{k \in W} x_{ijk} \le 1 \quad i \in S,\, j \in T \tag{6.1}$$

を満たさなければならない．

勤務表への割当方法が複数型のときには，同時に担当できない割当要素の部分集合 U ($\subseteq W$) を集めたものを $\mathcal{W}$ とする．例えば，図 6.8 に示されているような時間が重複する業務がある場合に，同時に複数の業務を行うことはできないとすれば

$$\mathcal{W} := \{\{A, B, C\}, \{C, D, E\}, \{E, F\}\}$$

となる．スタッフ i は節 j において各 U ($\in \mathcal{W}$) から高々 1 つの割当要素しか担当できないので，条件

$$\sum_{k \in U} x_{ijk} \leq 1 \quad i \in S, j \in T, U \in \mathcal{W} \tag{6.2}$$

を満たさなければならない．単一型のときも $\mathcal{W} \equiv \{W\}$ と考えれば，式 (6.1) は式 (6.2) の特殊な場合となる．

6.3.3 シフト制約条件を表す不等式

シフト制約条件は，該当するスタッフのグループ G ($\subseteq S$) に対して，各節において，同じ要素が割り当てられる G のスタッフ数に関する下限と上限についての制約式として与えられる．

まず，勤務表への割当方法が分割型である場合を考える．例えば，病棟看護師のスケジューリングにおいて，毎日の日勤の人数が 5 人以上必要であるという条件は，$\hat{k} = $ 日勤 ($\in W$) とするとき，

$$\sum_{i \in S} x_{ij\hat{k}} \geq 5 \quad j \in T$$

と書くことができる．また，日勤の中には中堅以上のスタッフが 1 人か 2 人いなければならないという条件があれば，中堅以上のスタッフの集合を $\hat{G}$ ($\subseteq S$) とするとき，不等式

$$1 \leq \sum_{i \in \hat{G}} x_{ij\hat{k}} \leq 2 \quad j \in T$$

となる．さらに，スタッフの組合せに関する制約として，例えば，特定の i' さん

と i'' さんは（仲が悪いので）同時に深夜勤を担当しないという制約は，$\check{k}=$ 深夜勤 $(\in W)$ とするとき，

$$x_{i'j\check{k}} + x_{i''j\check{k}} \leq 1 \qquad j \in T$$

と表すことができる．

以上を一般的に書くと，シフト制約条件の集合を R とし，条件 $r\ (\in R)$ が関わるスタッフのグループを $G(r)$ とするとき，割当要素 $k \in W$ を担当するスタッフの数についての制約は，不等式

$$a^r_{jk} \leq \sum_{i \in G(r)} x_{ijk} \leq b^r_{jk} \qquad r \in R,\ j \in T,\ k \in W \tag{6.3}$$

で表される．ここで，a^r_{jk} と b^r_{jk} はそれぞれ条件 r のもとで節 j に割り当てる要素 k に対するスタッフ数の下限値と上限値を表す．同じシフト制約条件でも，上下限値は日や勤務シフトによって異なることがある．例えば，日曜日は新人スタッフは勤務しない，新人スタッフの日勤は 2 人までならよいが，夜勤は 1 人までというようなことがある．従って，スタッフ数の上下限値は節 j と割当要素 k に依存させている．

勤務表への割当方法が選択型である場合は，節よりも短い時間単位での制約条件を課すことになる．例えば，図 6.6 では，勤務シフト A～F を組み合わせて，1 時間ごとに必要な人数を満たさなければならない．このような場合には，節が 1 日単位で与えられていても，制約条件は 1 時間単位でのスタッフ数の上下限制約で与えられる．この制約条件に関する時間単位の集合を H とする．このときのシフト制約条件は，割当要素 $k \in W$ が時間単位 $h \in H$ を含むか否かを表す定数

$$\delta_{kh} := \begin{cases} 1 & \text{割当要素 } k \text{ が時間単位 } h \text{ を含む} \\ 0 & \text{割当要素 } k \text{ が時間単位 } h \text{ を含まない} \end{cases}$$

を用いて，

$$\tilde{a}^r_{jh} \leq \sum_{i \in G(r)} \sum_{k \in W} \delta_{kh} x_{ijk} \leq \tilde{b}^r_{jh} \qquad r \in R,\ j \in T,\ h \in H \tag{6.4}$$

6.3 スタッフ・スケジューリングの数理モデル作成

と表すことができる．ここで，$\delta_{kh} x_{ijk}$ はスタッフ i の節 j に割り当てられる要素 k が時間帯 h を含むときにだけ 1 となる．そして，$\tilde{a}_{jh}^r$ と $\tilde{b}_{jh}^r$ はそれぞれ条件 r のもとで節 j の時間単位 h に対するスタッフ数の下限値と上限値である．

6.3.4　スタッフ制約条件を表す不等式

スタッフ制約条件は，スケジュール対象期間 T のうち，条件を考慮する部分期間 $N\ (\subseteq T)$ について，各スタッフに対し，勤務シフトなどの割当要素 $k\ (\in W)$ を担当する回数や総担当時間が，所与の下限と上限の範囲内に収まるようにする制約式として与えられる．

例えば，各スタッフが 1 週間で日勤 $(=\hat{k})$ を 2 回以上担当するという制約は，条件を課す 1 週間を N として，

$$\sum_{j \in N} x_{ij\hat{k}} \geq 2 \quad i \in S$$

と表すことができる．また，勤務時間量を考慮し，割当要素 k の勤務時間を t_k で表すとき，対象期間 N 内の総勤務時間が 40 時間を超えないという制約は

$$\sum_{j \in N} \sum_{k \in W} t_k x_{ijk} \leq 40 \quad i \in S$$

となる．スタッフ i が節 j に担当する要素がない，つまり，$\sum_{k \in W} x_{ijk} = 0$ であるとき，このスタッフ i は節 j が「休み」となる．よって，対象期間 N 内に 1〜2 節の休みを取らせるという制約は，割当方法が単一型のとき

$$1 \leq \sum_{j \in N} \left(1 - \sum_{k \in W} x_{ijk}\right) \leq 2 \quad i \in S$$

と表すことができる．さらに，スタッフの「休み」の希望を表す定数

$$p_{ij} := \begin{cases} 1 & \text{スタッフ } i \text{ は節 } j \text{ に休みを希望する} \\ 0 & \text{スタッフ } i \text{ は節 } j \text{ に休みを希望していない} \end{cases}$$

を用いて，対象期間 N にわたってスタッフ i の「休み」の希望を実現する制約を

197

6章 スタッフ・スケジューリング

$$\sum_{j \in N} p_{ij} \sum_{k \in W} x_{ijk} = \sum_{j \in N} \sum_{k \in W} p_{ij} x_{ijk} = 0 \qquad i \in S$$

と表すことができる．

以上を一般的に書くと，スタッフ制約条件の集合を L とし，条件 $l\ (\in L)$ に関わる節の集合を $T(l)$ とするとき，スタッフ $i \in S$ が割当要素 $k\ (\in W)$ を担当する量についての制約は，不等式

$$c_{ik}^l \leq \sum_{j \in T(l)} \rho_{ijk}^l x_{ijk} \leq d_{ik}^l \qquad l \in L,\ i \in S,\ k \in W \tag{6.5}$$

で表される．ここで，ρ_{ijk}^l はスタッフ i が条件 l のもとで節 $j \in T(l)$ において要素 k を割り当てられることに関する（上に示した例のように，考慮している制約条件に依存して定義される）定数である．また，c_{ik}^l と d_{ik}^l はそれぞれ条件 l のもとでスタッフ i に要素 k が割り当てられるときの当該担当量に関する下限値と上限値を表す．

以上において定式化したシフト制約条件とスタッフ制約条件は，必ず満たさなければならない **絶対的制約条件** (hard constraint) なのか，できれば満たせばよいという程度の **考慮的制約条件** (soft constraint) なのかを区別する必要がある．以下では，これらの条件を単に絶対条件および考慮条件と呼ぶ（表 6.1 も参照）．

6.3.5 最適スケジュール

条件 (6.1) あるいは (6.2)，シフト制約条件，およびスタッフ制約条件をすべて満たす変数 $\{x_{ijk}\}$ が見つかれば，それが求めるスケジュールである．これらの条件を満たすスケジュールが複数個存在する場合には，それらのうちで最も望ましいスケジュールを選ぶための評価尺度を導入する．そのために，人件費や生産性などを評価尺度として設定し，数理最適化問題ではこの評価尺度を **目的関数** (objective function) とする．

例えば，アルバイトスタッフを対象とするスケジューリングにおいて，スタッフ i の時給 ω_i と勤務シフト k の勤務時間 t_k が分かっているとき，スケジュール対象期間内にスタッフ全員に支払う時給総額

$$\sum_{i \in S}\sum_{j \in T}\sum_{k \in W} \omega_i t_k x_{ijk}$$

の最小化を目的関数とすることもある．

しかし，実際には，すべてのシフト制約条件とすべてのスタッフ制約条件を満たすスケジュールは存在しないことが多い．このような場合には，考慮条件に対してその違反の度合いが最小となるような目的関数を設定し，できる限り条件を満たすようなスケジュールを求めることになる．

例えば，シフト制約条件 (6.3) の中で，考慮条件の集合を $\hat{R}$ とする．この条件の下限を満たさない人数を表す新たな変数 α_{jk}^r (≥ 0) と，上限を満たさない人数を表す別の変数 β_{jk}^r (≥ 0) を用いて，条件 $r \in \hat{R}$ に対する条件式 (6.3) を

$$a_{jk}^r - \alpha_{jk}^r \leq \sum_{i \in G(r)} x_{ijk} \leq b_{jk}^r + \beta_{jk}^r \qquad r \in \hat{R}, j \in T, k \in W \tag{6.6}$$

と置き換え，過不足 $\alpha_{jk}^r, \beta_{jk}^r$ に対するペナルティ w_{jk}^{r-}, w_{jk}^{r+} (≥ 0) を用いて，目的関数を

$$\sum_{r \in \hat{R}}\sum_{j \in T}\sum_{k \in W} \left(w_{jk}^{r-} \alpha_{jk}^r + w_{jk}^{r+} \beta_{jk}^r \right) \tag{6.7}$$

とする最小化問題として定式化することができる[*5]．この目的関数により，変数 $\{\alpha_{jk}^r\}$ と $\{\beta_{jk}^r\}$ は小さい方が良いので，式 (6.6) と非負条件より，

$$\alpha_{jk}^r = \max\left\{a_{jk}^r - \sum_{i \in G(r)} x_{ijk}, 0\right\},$$
$$\beta_{jk}^r = \max\left\{\sum_{i \in G(r)} x_{ijk} - b_{jk}^r, 0\right\}$$

が得られる．これらが，それぞれ下限を満たさない不足分と上限を超える超過分を表すことになる．

スタッフ制約条件を満たさないことに対するペナルティも同様に表すことができる．スタッフ制約条件 (6.5) の中で考慮条件の集合を $\hat{L}$ とする．この条件の下限を満たさない値を表す新たな変数 γ_{ik}^l (≥ 0) と，上限を満たさない値を表

[*5] このような最適化問題は，変数 x_{ijk} が 0 と 1 の整数値しか取らないので，**0-1 整数計画問題** (0-1 integer programming) と呼ばれる．

す別の変数 δ_{ik}^l (≥ 0) を用いて，条件 $l \in \hat{L}$ に対する条件式 (6.5) を

$$c_{ik}^l - \gamma_{ik}^l \leq \sum_{j \in T(l)} \rho_{ijk}^l x_{ijk} \leq d_{ik}^l + \delta_{ik}^l \qquad l \in \hat{L}, i \in S, \ k \in W \qquad (6.8)$$

で置き換え，過不足 $\gamma_{ik}^l, \delta_{ik}^l$ に対するペナルティ v_{ik}^{l-}, v_{ik}^{l+} (≥ 0) を用いて，目的関数を

$$\sum_{l \in \hat{L}} \sum_{i \in S} \sum_{k \in W} \left(v_{ik}^{l-} \gamma_{ik}^l + v_{ik}^{l+} \delta_{ik}^l \right) \qquad (6.9)$$

とする最小化問題として定式化すればよい．シフト制約条件とスタッフ制約条件の両方に考慮条件がある場合には，式 (6.7) と式 (6.9) に適当な重みを付けて足し合わせた式を目的関数とすることもある．

6.4 スタッフ・スケジューリングの具体例

スタッフ・スケジューリングの具体例として，勤務時間帯をスタッフに割り当てる病棟看護師のスケジューリングと，業務内容をスタッフに割り当てる訪問介護士のスケジューリングに対する最適化問題を紹介する．その他の様々なスタッフ・スケジューリングについては，Ernst *et al.* (2004) などを参照されたい．

6.4.1 病棟看護師スケジューリング

病棟看護師のスケジューリングは，**ナース・スケジューリング** (nurse scheduling) と呼ばれ，スタッフ・スケジューリングの中でも基本的なモデルである (池上, 2005)．病棟看護師のスケジューリングは，人の命に関わる業務であることと，24 時間体制で勤務する必要があることから，厳しいシフト制約条件とスタッフ制約条件が課せられる．そのため，手作業でのスケジュール作成はもちろんのこと，数理的な手法での作成も難しく，古くから数理的手法による解法が議論され，研究されている (Burke *et al.*, 2004)．勤務表作成支援ソフトウェアも数多く出回っているが，それらは実績登録や編集機能は優れているものの，スケジューリング機能は実用化レベルにまでは到達していないというのが現状であり，今なお，スケジュール作成に多くの手作業と時間が費やされている．

病棟看護師のスケジューリングでは，節である「1 日」に，割当要素である勤

務シフトとして「日勤，夜勤」もしくは「日勤，準夜勤，深夜勤」を割り当てる単一分割型である．スケジュール対象期間は1か月もしくは4週間であり，看護師はどの勤務シフトでも勤務するが，一般に周期性はない．

シフト制約条件： 各日で各勤務シフトを必要人数分だけ，適当なスキルレベルの看護師に割り当てる．看護の質を保証するために，看護師をグループに分け，各勤務シフトに対して，そのグループからの勤務人数に下限と上限を設定する．相性の悪い看護師どうしや馴れ合いのある看護師の組合せを避ける場合にも，該当する看護師たちのグループを考え，夜勤などの勤務シフトにおける人数の上限を設定することで考慮する．

スタッフ制約条件： 各看護師の労働負荷を考慮するものであり，スケジュール対象期間内の適当な部分期間ごとに，①各勤務シフトや休みの回数に上下限を設定する，②休み希望・勤務希望を達成する，③禁止もしくは望ましくない勤務シフトの並び（例えば「3連続夜勤」「7日連続勤務」「夜勤間隔が短い」「準夜勤翌日の日勤」）を避ける，の3つから成る．

　スタッフ制約条件は，看護の質を保証するためのシフト制約条件とトレードオフの関係にあるように見えるが，同じ看護師であっても，体調や士気によって提供できる看護の質が異なってくることを考えると，看護の質を長期的に維持するために重要な条件である．

　シフト制約条件は，看護師の人数に対する上下限制約なので，数値的に扱いやすい．また，スタッフ制約条件に比べ，条件の種類がはるかに少ない．一方，スタッフ制約条件は，各勤務シフトや休みの回数の条件のようにスケジュール対象期間にわたる大域的な条件と，勤務シフトの並びの条件のように局所的な条件が混在している．さらに，局所的な条件は，例えば「すべての連続する3日間」というように，どの期間にも課されるため，非常に多くの数となる．このように，数学的に質の異なる条件が混在するスタッフ制約条件は，そのすべてを満たすことが難しいだけでなく，既に完成しているスケジュールの一部を変更して，条件を満たす別のスケジュールを作成することも困難にする．

　現実の病棟看護師のスケジュール作成では，与えられたシフト制約条件とスタッフ制約条件のすべてを満たすことができない場合，いくつかの条件を緩め

ながら，できる限りバランスの取れたスケジュールを目指す．多くの場合，看護師の休み希望などのスタッフ制約条件を緩めることになる[*6]．スタッフ制約条件のいずれを緩めてバランスを取るかは，個々の看護師の体調や性格を把握している現場の勤務表作成者（看護師長など）にしか判断できない．

どの制約条件をどの程度緩めればよいかの情報を数理的手法により提供するに際して，病棟看護師のスケジューリングでは，スタッフ制約条件を優先して，シフト制約条件を犠牲にする暫定解の提示を目指す方法がある．スタッフ制約条件をすべて満たしておくことにより，現場の勤務表作成者に適切な緩和の自由度を提供するという考え方である[*7]．つまり，人数不足の勤務表に対し，スタッフ制約条件をすべて満たしつつ，シフト制約条件を適切に緩めながら勤務表を修正することにより，不足人数が最小となるような解（勤務表）を提供する．ただし，スタッフ制約条件は複数の条件が複雑に混在しているため，式 (6.6) のようにシフト制約条件の上下限を緩めるだけでは，なかなか条件を満たすスケジュールが得られずに，対処できないこともある．そこで，第 6.3 節で述べた定式化とは異なり，スタッフ制約条件を優先する定式化が，Ikegami and Niwa (2003) および池上 (2005) により，**部分問題軸アプローチ** (subproblem-centric approach) という名称で提案されている．以下では，この定式化を紹介する．

スタッフ制約条件を優先するので，まず，個々の看護師について，スタッフ制約条件を満たす 1 か月分の勤務シフトの具体的なスケジュールをいくつか準備し，これを**個別スケジュール**と呼ぶ．個別スケジュール q について，定数

$$\delta_{qjk} := \begin{cases} 1 & q \text{ において日 } j \text{ に勤務シフト } k \text{ が割り当てられている} \\ 0 & q \text{ において日 } j \text{ に勤務シフト } k \text{ が割り当てられていない} \end{cases}$$

を定義する．それぞれの個別スケジュールは既にスタッフ制約条件を満たしているので，個別スケジュールを組み合わせて，シフト制約条件を満たす勤務表を作成すればよい．場合によって，個別スケジュールには，スタッフ制約条件

[*6] すべての条件を満たすことができない場合，シフト制約条件はほとんど緩めることができないが，「責任者が勤務している日勤」の人数を減らすこともある．

[*7] 人の判断によるスタッフ制約条件の緩和をもとに，最終的にはシフト制約条件を満たす勤務表が作成されることを想定している．

の一部が問題なく緩められているものも含めてよい．スタッフ i にとっての制約条件を満たす個別スケジュールの集合を P_i とするとき，P_i の中のどの個別スケジュールを採用するかを決定する変数

$$\lambda_{iq} := \begin{cases} 1 & \text{看護師 } i \text{ は個別スケジュール } q \text{ を採用する} \\ 0 & \text{看護師 } i \text{ は個別スケジュール } q \text{ を採用しない} \end{cases} \quad q \in P_i$$

を用いる．各看護師は必ず1つだけの個別スケジュールを採用するので，条件

$$\sum_{q \in P_i} \lambda_{iq} = 1 \quad i \in S$$

が成り立たなくてはいけない．

このとき，シフト制約条件のうち考慮条件の集合を $\hat{R}$ として，上下限制約を緩めた式 (6.6) に倣って，不等式の制約

$$a_{jk}^r - \alpha_{jk}^r \leq \sum_{i \in G(r)} \sum_{q \in P_i} \delta_{qjk} \lambda_{iq} \leq b_{jk}^r + \beta_{jk}^r \quad r \in \hat{R}, j \in T, k \in W$$

を与える．ここで，$\delta_{qjk} \lambda_{iq}$ の値が 1 となるのは，看護師 i が個別スケジュール q を採用し，その q において日 j に勤務シフト k が割り当てられているときであることに注意する．a_{jk}^r と b_{jk}^r は，それぞれ条件 r のもとで日 j の勤務シフト k が割り当てられる看護師の人数の下限値と上限値である．この下限を満たさない人数を表す変数が $\alpha_{jk}^r (\geq 0)$ であり，上限を満たさない人数を表す変数が $\beta_{jk}^r (\geq 0)$ である．絶対条件に対しても，ペナルティを十分に大きくして，すべての制約条件を考慮条件のように扱うと，過不足 $\alpha_{jk}^r, \beta_{jk}^r$ に対するペナルティ $w_{jk}^{r-}, w_{jk}^{r+} (\geq 0)$ を用いて，病棟看護師のスケジューリングは，目的関数を

$$\sum_{r \in \hat{R}} \sum_{j \in T} \sum_{k \in W} \left(w_{jk}^{r-} \alpha_{jk}^r + w_{jk}^{r+} \beta_{jk}^r \right)$$

とする最小化問題として定式化される．

この定式化を用いると，得られた解がスケジュールとして直接利用できなくても，現場の看護師の体調や精神状態を把握している者が，シフト制約条件を適切に緩和することにより，少ない手間でバランスの良い解を導くことができ

ることが分かっており，スタッフ制約条件が厳しいときに有効である．

一方，シフト制約条件とスタッフ制約条件を区別せず，個々の条件の重要さに合わせた違反ペナルティを設定して，ペナルティの総和を最小化するモデルもある (Burke et al., 2004). しかし，現実のサービスの質や勤務の質は，違反する条件の組合せで決まる場合が多く，ペナルティを足し合わせただけでは現実的な解の性質を表せないことがある．例えば，ペナルティ 1 の条件を 3 つ違反する解が，ペナルティ 10 の条件を 1 つ違反する解よりはるかに悪く，まったく使えない場合がある．また，シフト制約条件を満たさない解を「修正を前提とした暫定解」として与えても，かえって邪魔になることも観察されている．

6.4.2 訪問介護士スケジューリング

次に，業務内容の割り当てを決定する問題として，訪問介護士のスケジューリングを紹介する．訪問介護士の勤務表は，図 6.2 に示したように，節は「1 日」であり，各スタッフの各節にその日の具体的な介護サービス内容が埋められる複数分割型である（第 6.2.1 項）．

スケジュール対象期間は 1 か月が一般的であるが，1 週間の事業所もある．訪問介護士には，正規職員，勤務時間を契約しているパートタイムの介護士などの非常勤型，事業所に介護士として登録し仕事を割り振ってもらう登録型などがあり，それぞれ，働ける曜日や時間帯に制約があり，給与形態も違う．

訪問介護の利用者が受ける介護サービスは，利用者の希望時刻があるばかりでなく，利用者の性別・体重・要介護の程度などによって担当できる介護士が限られている場合が多い．利用者の体調が安定していて介護サービス内容の変動が少なく，介護士の勤務可能時間帯にも変動が少ない場合には，1 週間分のスケジュールを周期的に利用することができる場合もあるが，以下では，周期性を利用しない場合を扱う．

シフト制約条件: それぞれの介護サービスが確実に実施されるために介護士の勤務時間や業務内容に課される条件として，次のような制約がある．
  ① 各サービスを指定された時刻どおりに提供する**サービス時刻制約**
  ② 各サービスを担当できる介護士が限られる**担当可能制約**

スタッフ制約条件： 各介護士にとって勤務可能な日や時間帯に業務が割り当てられるための条件として，次のような制約がある．

① 各介護士の勤務可能時間帯にサービスを割り当てる**勤務時間帯制約**
② 各介護士が利用者宅間を移動するために必要な**移動時間制約**

また，時間給である介護士には，契約形態に従って適切な勤務量が配分されるようにしなくてはならない．さらに，特定の利用者と介護士の組合せが偏らないようにするといった配慮も必要である[*8]．

訪問介護士スケジューリングでも，複数の定式化が考えられる．1つの方法は，各介護士が提供可能な1日分の介護サービス・スケジュールを複数のパターンとして生成し，各日ですべての介護サービスが提供されるように，生成したパターンの中から各介護士の介護サービス・スケジュールを1つずつ決定する定式化である．別の方法では，介護サービスを1つずつ，移動時間を考慮しながら，担当可能ないずれかの介護士に割り当てる．以下では，後者の定式化を紹介する．

この定式化では，介護サービスを指定するときに，シフト制約条件であるサービス時刻制約と担当可能制約のみならず，スタッフ制約条件の勤務時間帯制約も含めることにする．各介護サービスに開始と終了の時間が付与されているため，「どの」業務を行うかが決定されれば，「いつ」業務を行うかが自然と決まる．従って，スケジュール対象期間内の節を考える必要はない．以下では，提供する介護サービスの集合を W とする．ただし，同じ利用者の介護サービスでもスケジュール対象期間内の訪問回数分の要素が W に含まれるとする[*9]．

このスケジューリングでは，介護士 $i\,(\in S)$ が介護サービス $k\,(\in W)$ を担当するかを決定することになり，

$$x_{ik} := \begin{cases} 1 & \text{介護士 } i \text{ が介護サービス } k \text{ を担当する} \\ 0 & \text{介護士 } i \text{ が介護サービス } k \text{ を担当しない} \end{cases}$$

[*8] 東京都内のすべての訪問介護事業所に対するアンケート調査に基づく訪問介護業務の実態が，池上ほか (2006) によって報告されている．
[*9] 例えば，ある月の1日，8日，15日，22日にAさん宅で生活支援をするときは，Aさん宅での4回の介護サービスが訪問日別に4つの要素として W に含まれる．

が変数となる．このとき，介護サービス k を担当することができる介護士のグループを $G(k)$ とすれば，シフト制約条件 (6.3) は

$$\sum_{i \in G(k)} x_{ik} = 1 \qquad k \in W$$

と表すことができる．この条件は，介護サービス k を誰か1人の介護士が必ず担当することを意味する．これを緩和した条件を

$$\eta_k + \sum_{i \in G(k)} x_{ik} = 1 \qquad k \in W$$

とする．η_k は介護サービス k を提供できないときに1となる変数である．

スタッフ制約条件の中の各介護士の勤務量の配分に関しては，各介護サービスの提供時間を用いて表すことができる．介護サービス k のサービス提供開始時刻を s_k とし，サービス提供終了時刻を e_k とすると，介護サービス k の勤務時間は $e_k - s_k$ となるので，介護士 i の総勤務時間に対する上下限制約は

$$c_i \leq \sum_{k \in W} (e_k - s_k) x_{ik} \leq d_i \qquad i \in S$$

となる．ここで，c_i と d_i はそれぞれ介護士 i の総勤務時間の下限と上限である．この制限を緩めた不等式は

$$c_i - \gamma_i \leq \sum_{k \in W} (e_k - s_k) x_{ik} \leq d_i + \delta_i \qquad i \in S$$

となる．ここで，γ_i と δ_i はそれぞれ下限 c_i と上限 d_i に対する違反量である．他のスタッフ制約条件も適当な不等式で表すことができる．

移動時間制約は，介護サービス k と k' の間に移動時間 $d_{kk'}$ が必要なとき，

$$s_{k'} - e_k x_{ik} \geq d_{kk'} x_{ik} - \Delta(1 - x_{ik'}) \qquad i \in S \qquad (6.10)$$

と表すことができる．ここで，Δ は十分に大きな値とする[*10]．式 (6.10) は介護士 i が介護サービス k と k' をどちらも担当するとき，つまり，$x_{ik} = 1$ かつ

[*10] $\Delta = \max\{e_k \mid k \in W\} + \max\{d_{kk'} \mid k, k' \in W\}$ とすれば十分である．

$x_{ik'} = 1$ のとき，k のサービス提供終了時刻から k' のサービス提供開始時刻までの間に，移動時間以上の時間が確保されていなければならないことを意味する．ただし，$x_{ik'} = 0$ のとき（1つのサービスしか考えなくてよいとき）は自明に成り立つ式とするために，右辺の第2項がある．

式 (6.10) で禁止されるような，1人の介護士で担当できない一対の介護サービスの集合 $\mathcal{W}$ が与えられると，担当できない介護サービスの対に関する制約を

$$x_{ik} + x_{ik'} \leq 1 \quad i \in S, \ (k, k') \in \mathcal{W}$$

と表すことができる．例えば，この制約により，前日の最後に担当する介護サービスと翌日の最初に担当する介護サービスの間の休憩時間が確保される．

以上の制約を，上下限制約を緩めた (6.6) の形に書き換えると，訪問介護士スケジューリングは，目的関数を

$$\omega \sum_{k \in W} \eta_k + \sum_{i \in S} w_i^- \gamma_i + \sum_{i \in S} w_i^+ \delta_i$$

とする最小化問題として定式化できる．ここで，η_k は，介護サービス k を提供できないときに1となる変数であり，ω はその重みを表す．通常，ω は w_i^- や w_i^+ に比べて非常に大きな値とする．すると，この目的関数は，提供できない介護サービスの数を最小化することを最優先し，そのもとで勤務量の上下限を違反する度合いを最小化するものとなる．

実際には，同じ時間帯に需要が集中しやすく，すべての介護サービスを提供しきれないことがある．その場合に，現場ではこのモデルで得られた勤務表を見て，提供できなかった介護サービスに対し，勤務日でない介護士に出勤依頼を出すなどして調整を行っている．状況に応じてシフト制約条件とスタッフ制約条件のどちらのタイプも緩めているのが現状である．

ここで紹介した定式化をもとに作成された訪問介護士スケジューリング支援システムが http://homehelp.nii.ac.jp/ （または http://cleo.ci.seikei.ac.jp/~modeling/kaigo/）に公開されている[*11]．読者には，訪問介護士スケジュー

[*11] 2012年6月28日にプレスリリースされ，7月9日に日本情報産業新聞朝刊に記事が掲載された．

リングへの理解を深めるためにも，この支援システムの試用を薦める．

訪問介護士のスケジューリングは，Eveborn and Rönnqvist (2004)，池上ほか (2006)，Ikegami and Uno (2007)，池上ほか (2012) などにも研究が紹介されている．

6.5 おわりに

筆者らが関わった訪問介護士スケジューリングや倉庫パートタイム従業員スケジューリングにおける数理最適化手法を用いた支援システムの導入例では，小規模な事業所であっても，現場の意向を反映したモデルはスケジューリングの負荷を軽減し，スタッフのスケジュールに対する不公平感も低減できることが確認されている (繁野・池上, 2010)．大規模な事業所では，これまでも経費削減を目的としてスタッフ・スケジューリングの支援システムが利用されているが，今後は，中小規模の事業所においても，業務効率化と従業員満足度向上のために，数理最適化を用いたスタッフ・スケジューリングの実用化が進むであろう．

スタッフ・スケジューリングの様々な数理モデルに対する最適化アルゴリズムは広く研究されており，スタッフが数十人規模の場合，モデルが与えられさえすれば，優れたアルゴリズムは十分に実用に耐える能力を発揮できるようになってきた．そこで，今後は，現場の特徴を踏まえたモデル化手法の開発が重要になると考えられる．そのためには，現場のスケジュール作成者が基礎的なモデルを的確に理解することが大切である．数理最適化の専門家ではなく，現場のスケジュール作成者自らが第 6.2 節で述べた分類に従って，類似の問題を把握し，自身の現場の特徴を捉えたモデルを構築することができれば，数理最適化によるスケジュール作成の可能性も大きく広がると期待される．

今後，数理最適化技術が取り組むべき問題としては，複数のスケジュールの可能性を表示できる仕組みの構築 (秋田・池上, 2013; 井村・池上, 2012) や，基本モデルで反映できない条件があるときに，その条件をあとから手修正で加えやすい暫定スケジュールの提示が挙げられる (久保・宇野, 2008)．また，人間にしか判断できない評価尺度の存在を理解した上で，得られた勤務スケジュール

を評価するための指標の研究も望まれる．さらに，サービスの質を評価する方策やそれを実現するツールの開発も必要である．

> **Column** スタッフ・スケジューリングに関する言葉
>
> スタッフ・スケジューリングでは，「勤務表」「スケジュール」「勤務表作成」「スケジューリング」などの言葉が，対象現場やモデルによって使い分けられている．例えば，日本に限ると，病棟看護師のスケジュールは勤務表と言われることが多く，飲食業のアルバイト従業員のスケジュールはシフト表と言われることが多いが，勤務スケジュールと言っている現場もある．イギリスなどでは，スタッフの勤務スケジュール作成に絞ったスケジューリングを rostering と言うことも多く，勤務スケジュールは roster と呼ばれる．このほかにも，employee scheduling や labor scheduling，さらに，厳密に意味を定義して使い分けられているかどうか明確ではないが，シフトの長さも意思決定に含まれることを意識した shift scheduling という言葉もある．因みに，staff scheduling はホワイトカラー・ワーカー，employee scheduling は一般的な従業員，そして，labor scheduling はブルーカラー・ワーカーと使い分けているという説もある．本章では，これらの言葉をすべてスタッフ・スケジューリング (staff scheduling) で統一した．スタッフ・スケジューリングは，広い意味での時間割作成 (time tabling) の 1 つと考えることができる．

参 考 文 献

秋田博紀・池上敦子 (2013), ナース・スケジューリングにおける部分問題実行可能解空間のネットワーク表現, 統計数理, Vol.61, No.1, pp.79–95, 2013 年.

池上敦子 (2005), ナース・スケジューリング -調査・モデリング・アルゴリズム-, 統計数理, Vol.53, No.2, pp.231–259, 2005 年.

池上敦子・緒方洋平・森田隼史・土谷隆 (2006), 訪問介護スタッフ・スケジューリング, 統計数理研究所共同研究レポート 191, 最適化：モデリングとアルゴリズム 19, pp.302–316, 2006 年. http://cleo.ci.seikei.ac.jp/~modeling/kaigo/pdf/ikegami_Tosu2006.pdf (2013 年 12 月 22 日アクセス).

池上敦子・宇野毅明・足立幸子・村野真悟・佐藤広幸・吉田勇人・軍司奈緒・内山広紀 (2012), 運用コストを重視した最適化–小規模な事業所で運用可能なシステムを考える–, オペレーションズ・リサーチ, Vol.57, No.12, pp.695–704, 2012 年 12 月.

井村亮介・池上敦子 (2012), 2 交替制ナース・スケジューリングにおける実行可能解把握ネットワークの構築, 日本オペレーションズ・リサーチ学会秋季研究発表会アブストラクト集, pp.134–135, 2012 年 9 月.

久保琢磨・宇野毅明 (2008), 中小規模スタッフスケジューリング問題における調整の容易なスケジュール作成に関する研究, 情報処理学会研究報告, 2008-MPS-65, pp.57–60,

2008 年.

繁野麻衣子・池上敦子 (2010), サービス業における勤務スケジュール作成：最適化の視点で見えたもの, 第 3 回横幹連合総合シンポジウム, pp.17–20, 2010 年.

Burke, E. K., P. D. Causmaecker, G. V. Berghe, and H. V. Landeghem (2004), The state of the art of nurse rostering, *Journal of Scheduling*, Vol.7, No.6, pp.441–499, November–December 2004.

Ernst, A. T., H. Jiang, M. Krishnamoorthy, B. Owens, and D. Sier (2004), An annotated bibliography of personnel scheduling and rostering, *Annals of Operations Research*, Vol.127, Nos.1–4, pp.21–144, March 2004.

Eveborn, P. and M. Rönnqvist (2004), Scheduler - a system for staff planning, *Annals of Operations Research*, Vol.128, Nos.1–4, pp.21–45, April 2004.

Fitzsimmons, J. A. and M. J. Fitzsimmons (2008), *Service Management: Operations, Strategy, Information Technology*, Sixth edition, McGraw-Hill, 2008.

Ikegami, A. and A. Niwa (2003), A subproblem-centric model and approach to the nurse scheduling problem, *Mathematical Programming*, Vol.97, No.3, pp.517–541, August 2003.

Ikegami, A. and A. Uno (2007), Bounds for staff size in home help staff scheduling, *Journal of the Operations Research Society of Japan*, Vol.50, No.4, pp.563–575, December 2007.

著者紹介

繁野麻衣子

東京理科大学工学部経営工学科卒業．東京工業大学大学院理工学研究科博士後期課程情報科学専攻退学．東京工業大学助手，筑波大学講師社会工学系，システム情報系社会工学域准教授を経て，2013 年 12 月より教授．博士 (理学)．組合せ最適化の研究に従事．著書に『ネットワーク最適化とアルゴリズム』(朝倉書店，2010 年 10 月)，『数理最適化』(久野誉人・後藤順哉と共著，オーム社，2012 年 8 月)．筑波大学サービスイノベーション・プロジェクトのメンバーとして，様々な業種に関するスケジューリング問題の調査に当たる．サービス学会発起人．

池上敦子

立教大学理学部数学科卒業．成蹊大学工学部助手，理工学部助手，講師，准教授を経て，2009 年より教授．工学博士．現実問題のモデル化とアルゴリズム構築に興味をもち，組合せ最適化の研究に従事．*Mathematical Programming*，日本オペレーションズ・リサーチ (OR) 学会論文誌などに掲載論文あり．1997 年日本 OR 学会事例研究奨励賞，2003 年日本人間工学会研究奨励賞，2004 年日本 OR 学会事例研究賞，2008 年スケジューリング学会技術賞各受賞．2013 年日本 OR 学会理事．

7章 レベニューマネジメント
Revenue Management

増田 靖 (慶應義塾大学)
masuda@ae.keio.ac.jp
高木 英明 (筑波大学)
takagi@sk.tsukuba.ac.jp

　レベニューマネジメントは，サービスを供給するための固定費は大きいが，需要客数に依存する変動経費が小さい航空機の座席やホテルの部屋を提供するサービスにおいて，固定的な供給量に合わせて需要を調節することにより，企業が収益を最大化するための手法である．そのために，企業は，物理的には同じ商品について，販売条件（値段など）を利用時刻までの時間に応じて差別化し，総売上高を高めようとする．企業の価格設定に対して顧客もまた戦略的に反応をする場合は，双方の最適化戦略はゲーム論的問題になる．
　本章では，顧客が戦略的でない場合のレベニューマネジメントの問題を動的計画法として定式化し，各時刻において，あとから来て高い料金でも購入する客のために留保しておく商品数（プロテクションレベル）を計算する方法を示す．

キーワード：プロテクションレベル，Littlewoodの式，新聞売り子問題，動的計画法，Bellmanの最適性原理，最適期待収入，限界座席価値，静的モデル，動的モデル，離散的購買選択モデル，オーバーブッキング，ノーショウ，キャンセル．

7.1　はじめに

　企業は，それぞれの顧客セグメントに合った商品を提供することにより，顧客の満足度を上げ，高い利益を確保することが可能となる．商品を差別化するためには，必ずしも新規に製品を開発する必要はない．同一仕様の航空機の座席やホテルの客室のように物理的には同質の商品に対して，様々な販売条件を付けたり，販売方法を変えたりすることにより，複数の商品を作り出すことができる．企業は，多様なサービスや商品を提供することにより，消費者に高い

満足度を与えつつ，収益を最大化する．

サービスマネジメントやオペレーションズマネジメントの通常の考え方では，サービス提供者・生産者が自身の供給を顧客の不確実な需要に合わせるために，サービス・生産をいかに管理するかが問題とされる．Just in Time (JIT) システムに代表される生産管理でも，企業がいかに不確実な需要に適応するかという問題設定が前提となっている．しかし，設備費用が高い産業では，供給量に柔軟性が乏しく，供給を需要に合わせることは簡単ではない．そこで，発想を転換し，固定的な供給に合わせて需要を調節することにより，自社の収入の最大化を図ることを考える．固定的な供給量のもとで，企業の収入を最大化するためのモデル・数値解法などの手法全体をまとめて，**レベニューマネジメント** (revenue management, 以下では RM と書く)，または**イールドマネジメント** (yield management) と呼ぶ．適用範囲は，航空，新幹線，ホテル，レンタカーなど様々な業界を含む．また，水着や冬物コートのような季節性商品では，商品の季節が始まる前に小売業者が発注量を決め，ある特定の時期までに売れないと在庫の価値が極端に下がる．この場合は，発注量を小売業者が決められるので，供給が固定的となっていないが，いったん発注したらその後の追加発注はできない状況が考えられ，このような商品の販売も RM の問題の範疇に入る．

本章において，なぜ**プロフィットマネジメント** (profit management) ではなく，RM を扱うのかと言えば，サービスを提供するための固定費用が大きく，客数に依存する変動経費は小さい業界を想定しているからである．例えば，飛行機の運行に要する変動費は機内食ぐらいであり，その額は小さい．このような業界では，長期的には収益管理（プロフィットマネジメント）を考え，日々の営業では売上管理 (RM) を実践することになる．

7.2　2クラスのレベニューマネジメント

RM の基本的な考え方を理解するために，航空券の販売を単純な設定で考える．旅行客は，ある特定の便の座席を買う．航空会社が保有する「在庫」は，当該の便の全座席ということになる．話を単純にするために，座席はすべて同一仕様とする．全座席数 (capacity) を C で表す．航空運賃として，正規料金 r_1

円とディスカウント料金 r_2 円の 2 種類があると仮定する（$r_1 > r_2$）．レジャー客は，時間に余裕を持って旅行の予定を立てる傾向があり，また，価格に対して敏感なので，ディスカウント料金でしか予約をしない．ただし，ディスカウント料金が適用されるためには，予約変更ができなかったり，キャンセル料が高かったりなど様々な制約がある．一方，ビジネス客は，レジャー客と比べて予約のタイミングが遅く，制約を嫌うが，座席の価格に対しては敏感ではなく，正規料金を支払う．航空会社は，特定の便の座席という物理的には同一の商品を，販売条件（キャンセル条件など）を変えることによって料金差を付け，2 つの異なる商品として売り出すことにより顧客を差別化することになる．これが RM の基本戦略であり，企業は，顧客の非一様性を活用して市場をセグメント化することにより，収益向上を図るのである．

7.2.1 Littlewood の問題

ある日のある便に対するビジネス客の需要 (demand) は不確実で，その数を確率変数 D で表す．航空会社は，ディスカウント料金で売れば，その便を満席にすることができるものと仮定する．また，レジャー客は，ビジネス客よりも前に予約行動を起こすものとしよう．航空会社としては，予約順に全座席が売り切れるまで受け付けるのが 1 つの方法ではあるが，これでは，予約行動を先に起こすレジャー客によってすべての座席が占有されてしまい，航空会社の収入が低くなってしまう．そこで，**プロテクションレベル** (protection level) という考え方を導入する．プロテクションレベルとは，高い料金クラスの客のために留保する座席数をいう．ここでは，正規料金を支払うビジネス客とディスカウント料金を支払うレジャー客という 2 つのクラスがあり，ビジネス客にのみプロテクションレベルを設ける意味がある．

2 クラスの料金設定がある場合に，最適のプロテクションレベルを見つける問題の解法を説明しよう．航空会社は，予約開始時に，ビジネス客に対するプロテクションレベル y を設定する．航空会社の収入最大化問題は，プロテクションレベル y を決定変数として，以下のように書くことができる．

$$\max_{0 \leq y \leq C} [r_1 E(\min\{y, D\}) + r_2(C - y)] \qquad (7.1)$$

これは，[·] 内の目的関数を最大にするような y の値を $0 \leq y \leq C$ の範囲内で求めよ，という問題である．ここで，目的関数には飛行機の燃料費や機体の整備費のような乗客数に依存しない固定費用は入っていない．固定費用は大きいが，y の最適値を求めるためには，目的関数内の定数の加算は不要であり，また，機内食などの変動経費も無視できるほど小さいものとした．正規料金の席を買うビジネス客は $\min\{y, D\}$ 人である（もし y よりも多くのビジネス客が来ても，座席数は y しか留保されていない）．また，$C - y$ はレジャー客にディスカウント料金で割り当てる座席数であり，ディスカウント料金クラスのブッキングリミット (booking limit, 予約限界) と呼ばれる．

ビジネス客の到着数 D の分布関数は $F(\cdot)$ で与えられ，これは連続関数で近似されているとすれば，式 (7.1) に現れる確率変数 $\min\{y, D\}$ の期待値は

$$E[\min\{y, D\}] = y - \int_0^y F(x) dx \tag{7.2}$$

と書くことができる．これを導くために，D の密度関数を $f(\cdot)$ とすれば，与えられた y に対して

$$\min\{y, D\} = \begin{cases} D & 0 \leq D \leq y, \\ y & D \geq y \end{cases}$$

であるから，部分積分により

$$\begin{aligned} E[\min\{y, D\}] &= \int_0^y x f(x) dx + \int_y^\infty y f(x) dx \\ &= [xF(x)]_{x=0}^{x=y} - \int_0^y F(x) dx + y[1 - F(y)] \\ &= y - \int_0^y F(x) dx \end{aligned}$$

が得られる．

さらに，問題 (7.1) が内点解をもつ（境界値 $y = 0$ と $y = C$ は解ではない）ことを想定すれば，1次の最適性の条件（式 (7.1) の目的関数を y で微分したものを 0 とおくこと）より，最適解 y^* は次のように与えられる．

$$F(y^*) = 1 - \frac{r_2}{r_1} \tag{7.3}$$

7.2 2クラスのレベニューマネジメント

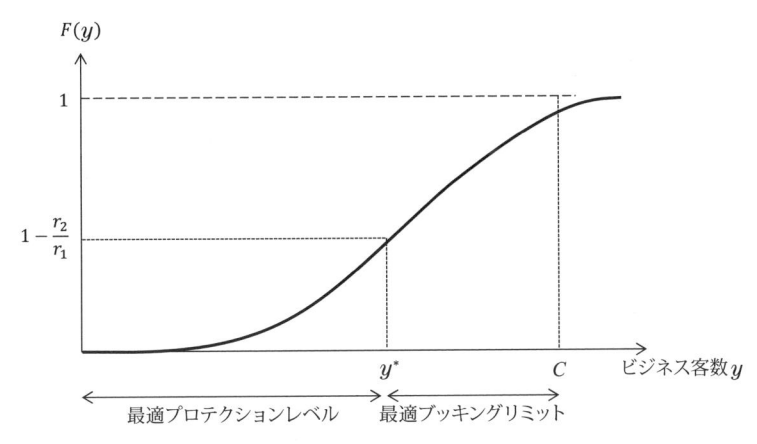

図 7.1 最適プロテクションレベルと最適ブッキングリミット.

式 (7.3) は **Littlewood の式** (Littlewood's rule) として知られている (Littlewood, 1972). 最適なプロテクションレベル y^* は図 7.1 のように求められる.

解 (7.3) を**限界分析** (marginal analysis) の考え方から導く 2 つの方法を示す.

(1) ビジネス客のプロテクションレベルが y であると仮定する. このとき, 座席をもう 1 つ余分にビジネス客に留保すれば, その座席はビジネス客が来なかったとき (それは確率 $F(y)$ で起こる) に売れ残るので, レジャー客に売っておけば得られた $r_2 F(y)$ 円の損失が生じる. これは, ビジネス客の需要を過剰に想定したことによる**期待過剰費用** (overage cost, cost of overestimating demand) である. 一方, ビジネス客用の座席を 1 つ余分に留保しないことにすれば, ビジネス客が来たとき (それは確率 $1 - F(y)$ で起こる) に既にレジャー客にその座席を売ってしまっているので, ビジネス客に売れる機会を逃がしたことによる損失 $(r_1 - r_2)[1 - F(y)]$ が生じる. これは, ビジネス客の需要を過少評価したことによる**期待不足費用** (underage cost, opportunity cost of underestimating demand) である. $F(y)$ が y の増加関数であることを考慮すれば, 最適なプロテクションレベル y^* において, 両者は等しくなるはずである. 従って,

$$r_2 F(y^*) = (r_1 - r_2)[1 - F(y^*)]$$

7章 レベニューマネジメント

が成り立つ．これは式 (7.3) と同じものである．

(2) ビジネス客のために留保する座席の数を y とする．ちょうど y 個の座席が売れ残っているときに，レジャー客が来たとする．このレジャー客に座席を売れば r_2 円の収入がある．もしレジャー客に座席を売らなかった場合，この座席がビジネス客に売れるのは y 人以上のビジネス客が来る場合であり，そのようなことが起こる確率は $P\{D \geq y\}$ である．このときの収入は r_1 である．従って，もし

$$r_2 < r_1 P\{D \geq y\}$$

なら，レジャー客に座席を売らない方がよい．この不等式は $y = 0$ で成り立つ．また，$P\{D \geq y\}$ は y の減少関数であるから，y を増やしていくと，不等式が成り立たなくなる点が存在し，それが y の最適値 y^* である．従って，もし D が連続な分布関数 $F(\cdot)$ をもてば，最適なプロテクションレベル y^* では

$$r_2 = r_1 P\{D \geq y^*\} = r_1[1 - F(y^*)]$$

が成り立つ．これも式 (7.3) と同じものである (TR, p.35) [1]．

7.2.2 最適プロテクションレベルの性質

ビジネス客の需要 D が近似的に正規分布 $\mathcal{N}(\mu, \sigma^2)$ に従うと仮定する．標準正規分布の分布関数を

$$\Phi(x) = \frac{1}{\sqrt{2\pi}} \int_{-\infty}^{x} e^{-\frac{1}{2}y^2} dy \qquad -\infty < x < \infty$$

で表す．すると，$F(x) = \Phi((x-\mu)/\sigma)$ と式 (7.3) より，

$$1 - \frac{r_2}{r_1} = F(y^*) = \Phi\left(\frac{y^* - \mu}{\sigma}\right)$$

---

[1] 本章を通して，参考文献 Talluri and van Ryzin (2004a) は "TR" と引用する．

7.2 2クラスのレベニューマネジメント

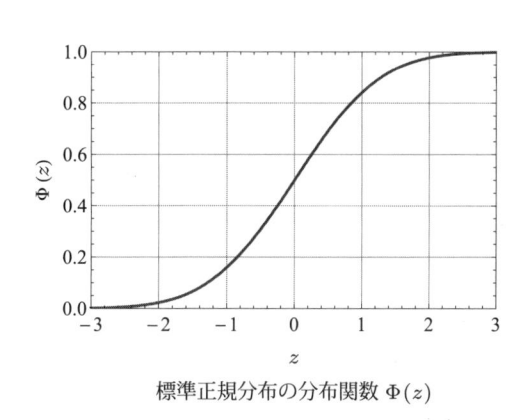

r_1	r_2	z
2	1	0
3	1	0.43073
4	1	0.67449
5	1	0.84162
6	1	0.96742
7	1	1.06757
8	1	1.15035
10	1	1.28155
15	1	1.50109
20	1	1.64485
50	1	2.05375

標準正規分布の分布関数 $\Phi(z)$

$\Phi(z) = 1 - r_2/r_1$ の解

図 7.2　$\Phi(z) = 1 - r_2/r_1$ の解.

を得る．ここで z を $\Phi(z) = 1 - r_2/r_1$ となるような値として定義すると，最適プロテクションレベル y^* は

$$y^* = \mu + z\sigma \tag{7.4}$$

で与えられる．図 7.2 に $\Phi(z) = 1 - r_2/r_1$ ($r_1 \geq r_2$) の解を図示する．

式 (7.4) から，最適プロテクションレベル y^* の重要な性質が分かる．まず，ビジネス客に対するプロテクションレベル y^* が，ビジネス客数 D の標準偏差 σ に関して正の 1 次関数となっている．もしディスカウント料金が正規料金の半分未満 ($r_2 < r_1/2$) ならば，またそのときのみ $1 - r_2/r_1 > \frac{1}{2}$ となるので，$z > 0$ である．従って，ビジネス客のプロテクションレベル y^* はビジネス客の需要の期待値 μ よりも大きくなる．また，比 r_2/r_1 が小さいほどレジャー客の重要性が下がるので，レジャー客に対するブッキングリミット $q^* = C - y^*$ を下げることになる．さらに，ビジネス客数の変動 σ^2 が大きい場合は，ビジネス客を逃がすことによる機会損失が大きくなる可能性が高いので，ビジネス客をより保護する必要がある．つまり，プロテクションレベル y^* を大きく設定しなければならない．

図 7.3 に，ビジネス客の需要 D の分布関数として，2 つの正規分布 $\mathcal{N}(\mu, \sigma^2)$, $\sigma = 1$ および 4 を考えた場合の最適プロテクションレベルを示す．それぞれの分布

7章 レベニューマネジメント

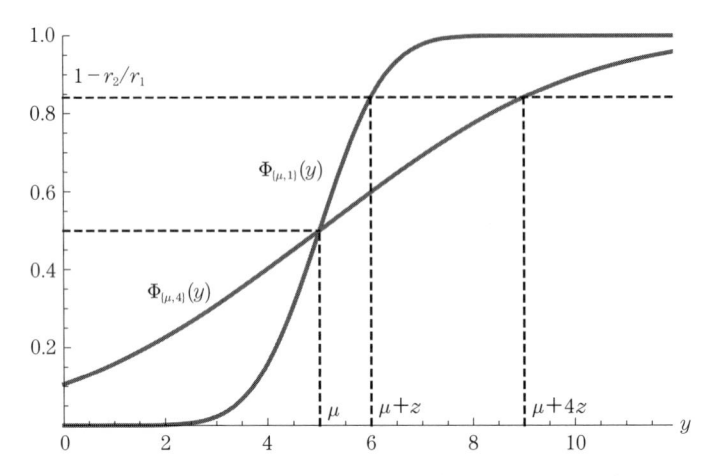

図 7.3 最適プロテクションレベル：ビジネス客の需要が正規分布に従う場合.

関数は，$\Phi_{\{\mu,1\}}(y)$ と $\Phi_{\{\mu,4\}}(y)$ で表されている．$r_2 < r_1/2$ なので，いずれの最適プロテクションレベルも μ より大きくなっている．また，最適プロテクションレベルは，$\sigma = 4$ の場合の方が $\sigma = 1$ の場合よりも大きいことが見て取れる．

Column 新聞売り子問題

問題 (7.1) は，確率的在庫管理でよく知られた**新聞売り子問題** (newsvendor problem) と同じ構造をもっている (TR, p.378)．新聞売り子問題では，新聞の売り子が1日の利益を最大化するためにどれだけの部数の新聞を発注すべきかを考える．1日の需要 D は不確実であり，売り子は D の実現値を知る前に新聞を発注しなければならない．発注量が多いと売れ残りが出てしまうし，少なければ欠品による機会損失が発生する．新聞の売値は p 円，仕入値は c 円とする ($p > c$)．売れ残りは無価値とする．発注量を y で表すと，新聞売り子問題は

$$\max_{y \geq 0}[pE(\min\{y, D\}) - cy]$$

のように定式化できる．これは，定数の加算分を除き，式 (7.1) と同じ形である．

7.3 多クラス・多期間の静的モデル

前節の例では，レジャー客とビジネス客の2つの顧客クラスに対して，それぞれの顧客クラスが到着する2期間の問題を考えた．企業は，2種類のみならず様々な商品を投入し，顧客のセグメント化・差別化を進めることにより，より高い収入を上げることを試みる．また，期間を細かく切って顧客の購買行動を観察することにより，より機敏で適切な判断を下すことができる．よって，企業は，多期間にわたり売れ行きを観察しながら，多数の顧客クラスに対して商品を売ることになる．

多顧客クラス・多期間問題の定式化として，2つの流れがある．第1のタイプは「静的モデル」と呼ばれ，顧客が低い料金クラスから高い料金クラスへと時間の順に来るという想定に基づいている．第2のタイプの「動的モデル」では，顧客の到着過程は各期において独立であり，高々1人の（ある料金クラスの）顧客が到着すると想定する．これらの想定は，どちらも現実から離れているが，モデルを動的計画法の枠組みで扱えるようにして，数値的分析を可能にするための仮定である．

本節では，まず，**静的モデル** (static model) と呼ばれる「顧客は，低い料金クラスの客から高い料金クラスの客へと，時間の順に来る」という想定に基づくモデルを考える (TR, p.33 脚注)．以下において「t 期」($t = 0, 1, \ldots, T$) と言うときの t は，飛行機の出発時までの残りの期間数を表し，T 期が座席の売り出しを始める最初の期であり，0 期が出発時を表す．t 期においてはクラス t の顧客だけが到着する．クラス t の顧客とは料金が r_t 円の座席を買う顧客のことであり，出発時刻が近づくにつれて高い料金クラスの顧客が来るという想定に基づき，

$$r_1 > r_2 > \cdots > r_{T-1} > r_T$$

を仮定する．t 期の顧客の到着数 $D_t, t = 1, 2, \ldots, T$, は互いに独立とする．ただし，D_t の分布が t に依存することは許す．t 期の期首において x 個の座席が残っているときに，t 期から 0 期までの期間の**最適期待収入** (maximal expected revenue) を $V_t(x)$ と書く．

7.3.1 動的計画法による定式化

以下では，動的計画法 (dynamic programming) により，$V_t(x)$ を $V_{t-1}(x)$ で表す方程式を導く (TR, p.36). 全座席数を C とする．t 期において，企業は到着客数 D_t を観察して，何人の顧客に商品を売るかを決める．t 期には次のことが起こる ($t = 1, 2, \ldots, T$).

- D_t 人の顧客が到着する．
- D_t 人のうち u 人に座席を売ることにして，u の最適値 u^* を決定する．t 期の期首に x 個の座席が残っているとすれば

$$0 \le u \le \min\{D_t, x\}$$

である．u^* は t, D_t, および x の関数である．座席が買えなかった顧客は，次期を待たずに立ち去ると仮定する．

- t 期には，収入 $r_t \times u$ 円の収入を得て，残りの座席数 $x - u$ が $t-1$ 期の期首における座席数となる．動的計画法における **Bellman**[*2]**の最適性原理** (Bellman's principle of optimality) により，t 期において売る座席数 u の最適値 u^* を，u の関数

$$r_t u + V_{t-1}(x - u)$$

が最大になるように決める．

従って，$V_t(x), x = 0, 1, 2, \ldots, C$, は**最適性方程式** (optimality equation)

$$V_t(x) = E_t \left(\max_{0 \le u \le \min\{D_t, x\}} [r_t u + V_{t-1}(x - u)] \right) \qquad t = 1, 2, \ldots, T \quad (7.5)$$

を満たす．ここで，$E_t(\,\cdot\,)$ は D_t の分布に関する平均を意味する．飛行機の出発時に座席が残っていても収入にはならないので，出発時 $t = 0$ での条件として

[*2] Richard Ernest Bellman, 1920–1984, アメリカの応用数学者. Bellman の最適性原理とは「ある方策が最適ならば，その部分方策は，対応する部分問題に対して，やはり最適になっている」という性質をいう．これを動的計画法に適用すると，全期間にわたる最適選択のためには，各期において，それまでの期間の最適選択をもとに，その期の最適選択をすればよいということになる (TR, p.652 脚注).

$$V_0(x) = 0 \qquad x = 0, 1, 2, \ldots, C$$

を与える．

従って，上記の $V_0(x)$ から始めて，式 (7.5) により，時間をさかのぼる方向に $V_1(x), V_2(x), \ldots, V_T(x)$ を順に見つけていくことになる．1期 ($t=1$) には，到着する顧客に残りのすべての座席を売るのが最適のはずであるから，$u^* = \min\{D_1, x\}$ であり，この期の収入は

$$V_1(x) = r_1 E_1[\min\{D_1, x\}] \qquad x = 0, 1, 2, \ldots, C$$

となる．続いて，2期に売るべき座席数を決める最適化問題は次のようになる．

$$\max_{0 \leq u \leq \{D_2, x\}} (r_2 u + r_1 E_1[\min\{D_1, x-u\}])$$

原理的には，このような操作を繰り返して，$V_T(x)$ まで求めることができる．

7.3.2 限界座席価値の単調性

$V_t(x)$ の x に関する差分 $\Delta V_t(x)$ を次のように定義する．

$$\Delta V_t(x) := V_t(x) - V_t(x-1) \qquad x \geq 1 \qquad (7.6)$$

$\Delta V_t(x)$ は，t 期に座席が $x-1$ 個残っているときと比べて，座席が x 個ある場合の最適期待収入の増分を表す．これを t 期の**限界座席価値** (expected marginal value of capacity) という (TR, p.38)．x と t との関数 $\Delta V_t(x)$ は，x に関して減少関数となるが，このことは，**収穫逓減の法則**（座席数が増えるほど，座席がさらに1つ増える効果は減ること，law of diminishing marginal returns）から直感的に理解できるだろう．また，$\Delta V_t(x)$ は t に関して増加関数となる．なぜならば，出発時刻までに時間がある (t が大きい) ほど座席は売れる可能性があるので，残っている座席の価値が高いからである．従って，次の単調性が成り立つ．厳密な証明は本章末の付録に示す．

(i) $\quad \Delta V_t(x+1) \leq \Delta V_t(x) \qquad (7.7)$

(ii) $\quad \Delta V_{t+1}(x) \geq \Delta V_t(x) \qquad (7.8)$

7.3.3　最適方策のプロテクションレベル

最適方策がプロテクションレベルの形で表現できるか否かは，最適方策の運用・実装の容易さという点で重要である．t 期においてクラス $1,2,\ldots,t-1$ の顧客のために留保しておくべき最適座席数をプロテクションレベル y_{t-1}^* と書く．1 期においては，すべての座席を売り払ってよいので，$y_0^* = 0$ である．一方，T 期の始めにはすべての座席があるので，$y_T^* = C$ である．

$t = 2,3,\ldots,T$ について y_{t-1}^* を求めるために，$V_{t-1}(x)$ と $\Delta V_{t-1}(x)$ を用いて，$V_t(x)$ を次のように表してみる．

$$V_t(x) = V_{t-1}(x) + E\left(\max_{0 \leq u \leq \min\{D_t, x\}} \left\{\sum_{z=1}^{u} [r_t - \Delta V_{t-1}(x+1-z)]\right\}\right) \quad (7.9)$$

これを式 (7.5) から導く．この式の中の $\Delta V_{t-1}(x+1-z)$ の和は

$$\sum_{z=1}^{u} \Delta V_{t-1}(x+1-z)$$
$$= \Delta V_{t-1}(x) + \Delta V_{t-1}(x-1) + \cdots + \Delta V_{t-1}(x+1-u)$$
$$= [V_{t-1}(x) - V_{t-1}(x-1)] + [V_{t-1}(x-1) - V_{t-1}(x-2)] + \cdots$$
$$\quad + [V_{t-1}(x+1-u) - V_{t-1}(x-u)]$$
$$= V_{t-1}(x) - V_{t-1}(x-u)$$

であるから，式 (7.5) の $[\cdot]$ の中の式は

$$r_t u + V_{t-1}(x-u) = r_t u + V_{t-1}(x) - \sum_{z=1}^{u} \Delta V_{t-1}(x+1-z)$$
$$= V_{t-1}(x) + \sum_{z=1}^{u} [r_t - \Delta V_{t-1}(x+1-z)]$$

と書くことができる．これは式 (7.9) の右辺に現れる式である．

さて，式 (7.9) において，$\Delta V_{t-1}(x)$ が x に関して減少関数であることから，$r_t - \Delta V_{t-1}(x+1-z)$ は z に関して減少関数である．従って，$r_t - \Delta V_{t-1}(x+1-z)$ が正である限りは，u が上限値の $\min\{D_t, x\}$ を超えない範囲で，z に関する和を

u まで取る,すなわち座席を u 個まで売るべきであることが分かる.もし $z+1$ 個の座席を売って

$$r_t - \Delta V_{t-1}(x-z) < 0$$

となるとすれば,残りの座席数は $x-z-1$ であるが,これでは 1 つ売り過ぎたことになるので,z 個の座席を売ることが最適であり,このときの残りの座席数は $x-z$ である.従って,t 期のプロテクションレベルは

$$\begin{aligned} y_{t-1}^* &= \max_{0 \leq z \leq x}\{x-z : r_t - \Delta V_{t-1}(x-z) < 0\} \\ &= \max_{y \geq 0}\{y : r_t < \Delta V_{t-1}(y)\} \qquad t = 2, 3, \ldots, T \end{aligned} \qquad (7.10)$$

で与えられる.

この結果に対して $\Delta V_t(x)$ の単調性 (7.8) を適用することにより,

$$\Delta V_{t-1}(y_t^*) \leq \Delta V_t(y_t^*) = r_{t+1} < r_t = \Delta V_{t-1}(y_{t-1}^*)$$

が成り立つ.そして,$\Delta V_{t-1}(y)$ は y の減少関数であることから,$y_t^* \geq y_{t-1}^*$ が分かる.こうして,プロテクションレベル $\{y_t^*\}$ の**入れ子構造** (nested structure)

$$0 = y_0^* \leq y_1^* \leq y_2^* \leq \cdots \leq y_T^* = C$$

が得られる.この不等式は飛行機の出発時刻が近づくにつれてプロテクションレベルが下がることを意味する.

実際に $\{y_t^*\}$ の値を求めるときは,次にようにする.t 期において x 個の座席が残っているとき,プロテクションレベルが y_{t-1}^* であれば,クラス t の顧客に対するブッキングリミットは

$$(x - y_{t-1}^*)^+ := \max\{0, x - y_{t-1}^*\}$$

である.よって,t 期に売るべき最適座席数は

$$u^* = \min\{D_t, (x - y_{t-1}^*)^+\}$$

となる.これを式 (7.5) に代入すると,

$$V_t(x) = E_t\left[r_t \min\{D_t, (x - y_{t-1}^*)^+\} + V_{t-1}(x - \min\{D_t, (x - y_{t-1}^*)^+\})\right]$$

$$t = 1, 2, \ldots, T \quad (7.11)$$

が得られる (TR, p.42). $V_{t-1}(x)$ が与えられたとき,y_{t-1}^* を式 (7.10) で決めて,式 (7.11) の右辺を計算し,$V_t(x)$ を求める.このようにして,時間をさかのぼる方向にプロテクションレベル $y_1^*, y_2^*, \ldots, y_T^*$ を順に見つけることができる.

7.3.4 数 値 例

静的モデルの数値例として,t 期における顧客の到着数 D_t が平均 μ_t と分散 σ_t^2 をもつ正規分布 $\mathcal{N}(\mu_t, \sigma_t^2)$ に従う場合を考える (TR, p.49).これらのパラメータと価格 r_t の値を表 7.1 に示す (Wollmer, 1992).以下において,この正規分布の分布関数と密度関数を

$$\Phi_t(x) = \int_{-\infty}^{x} \phi_t(y) dy \quad ; \quad \phi_t(x) = \frac{1}{\sqrt{2\pi\sigma_t^2}} \exp\left[-\frac{(x-\mu_t)^2}{2\sigma_t^2}\right]$$

とする.このとき,式 (7.11) の右辺に現れる式は次のように計算される.右辺の第 1 項は

$$E_t\left[\min\{D_t, (x - y_{t-1}^*)^+\}\right]$$
$$= \int_0^{(x-y_{t-1}^*)^+} y\phi_t(y)dy + \int_{(x-y_{t-1}^*)^+}^{\infty} (x - y_{t-1}^*)^+ \phi_t(y)dy$$
$$= (x - y_{t-1}^*)^+ - \int_0^{(x-y_{t-1}^*)^+} \Phi_t(y)dy$$

であり,これは $x < y_{t-1}^*$ のとき 0 である.第 2 項は

$$E_t\left[V_{t-1}(x - \min\{D_t, (x - y_{t-1}^*)^+\})\right]$$
$$= \begin{cases} V_{t-1}(x)[1 - \Phi_t(0)] & 0 \le x < y_{t-1}^* \\ \int_0^{x-y_{t-1}^*} V_{t-1}(x-y)\phi_t(y)dy + V_{t-1}(y_{t-1}^*)[1 - \Phi_t(x - y_{t-1}^*)] & x \ge y_{t-1}^* \end{cases}$$

と表すことができる.ここで,$x < 0$ のとき $\phi_t(x) \equiv 0$ として計算した.このようにして計算した最適プロテクションレベルを表 7.1 に y_t^*(厳密) として示す.

7.3 多クラス・多期間の静的モデル

表 7.1 静的モデルの数値例（プロテクションレベル）．

t	r_t	μ_t	σ_t	y_t^*（厳密）	y_t^*（EMSR-b 法）
1	1050	17.326	5.775	10.26	9.766
2	950	45.052	15.017	53.98	53.244
3	699	39.550	13.183	98.74	96.767
4	520				

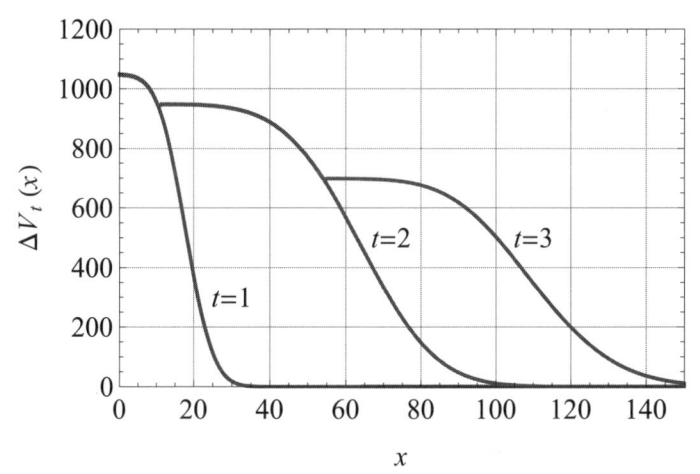

図 7.4 静的モデルの限界座席価値 $\Delta V_t(x)$．

この表で $y_1^* < y_2^* < y_3^*$ が確認できる．また，限界座席価値 $\Delta V_t(x)$ を図 7.4 にプロットする．変数 x と t に関する単調性 (7.7) と (7.8) が成り立っていることを確認することができる．

7.3.5 近似解法

静的モデルの近似解法として，実際の航空会社の予約システムで使われてきた **EMSR-b 法** (expected marginal seat revenue - version b) を紹介する (TR, p.47)．$t+1$ 期において，将来の総需要 S_t は次のように書くことができる．

$$S_t = \sum_{k=1}^{t} D_k$$

さらに，$t+1$ 期において将来の顧客に売る座席の平均価格 $\bar{r}_t$ を，顧客クラス $1, 2, \ldots, t$ の重みづけ平均として次のように与える．

$$\bar{r}_t = \frac{\sum_{k=1}^{t} E(D_k) r_k}{\sum_{k=1}^{t} E(D_k)}$$

ここで，$t+1$ 期において x 個の座席が残っている状況を，むりやりに，以下のような2クラス2期間の問題と考えてしまう．

> 今期にディスカウント価格 r_{t+1} で買おうとする顧客が多数いて，次期により高い価格 $\bar{r}_t$ で買う顧客の数が確率変数 S_t で与えられるとき，今期にどれだけの数の座席を次期の顧客用に留保すべきか？

すると，問題は第 7.2 節の例と同じ状況となる．Littlewood の式 (7.3) を適用することにより，次期の潜在的な上顧客のために留保する座席数 y_t^* を決める問題を以下の方程式として定式化することができる．

$$G_t(y_t^*) = 1 - \frac{r_{t+1}}{\bar{r}_t} \tag{7.12}$$

ここで，$G_t(\cdot)$ は S_t の分布関数を表す．もとの問題の設定では，y_t^* は $t+1$ 期においてクラス $1, 2, \ldots, t$ の顧客のために留保すべきプロテクションレベルを表している．近似的な問題を解くことによって得られるプロテクションレベル (7.12) は，式 (7.5) を正確に解くことにより得られるものとかなり違う場合があるが，最終的に得られる期待収入に関しては，これら2つの方法は僅かしか違わないことが知られている．

k 期における顧客の到着数 D_k が平均 μ_k と分散 σ_k^2 をもつ正規分布 $\mathcal{N}(\mu_k, \sigma_k^2)$ に従うならば，S_t は平均 $\hat{\mu}_t = \sum_{k=1}^{t} \mu_k$ と分散 $\hat{\sigma}_t^2 = \sum_{k=1}^{t} \sigma_k^2$ をもつ正規分布に従う．よって，S_t の分布関数は

$$G_t(x) = P\{S_t \leq x\} = \Phi\left(\frac{x - \hat{\mu}_t}{\hat{\sigma}_t}\right)$$

で与えられる．これと式 (7.12) から，方程式

$$\Phi\left(\frac{y_t^* - \hat{\mu}_t}{\hat{\sigma}_t}\right) = 1 - \frac{r_{t+1}}{\bar{r}_t} \tag{7.13}$$

表 7.3 動的モデルの数値例（プロテクションレベル）．

i	r_i	y_{i1}^*	y_{i2}^*	y_{i3}^*	y_{i4}^*	y_{i5}^*	y_{i6}^*	y_{i7}^*	y_{i8}^*	y_{i9}^*	$y_{i,10}^*$
1	1000 円										
2	900 円										1
3	800 円					1	1	1	1	2	2
4	700 円			1	1	1	2	2	2	3	3
5	600 円		1	1	2	2	3	3	3	4	4
6	500 円	1	1	2	2	3	3	4	4	5	6
7	400 円	1	2	2	3	4	4	5	6	6	7
8	300 円	1	2	3	3	4	5	6	6	7	8
9	200 円	1	2	3	4	5	6	6	7	8	9

7.5 離散的購買選択モデル

前節の動的モデルでは，各商品について価格だけが設定されており，クラス i の顧客は商品 i を必ず買うという前提に基づいている．しかし，より現実的には，価格が低い商品には厳しい購入条件が付帯していることが多く，顧客は購入条件を満たす商品がなければ，次善の商品で我慢することも考えられる．従って，式 (7.14) のモデルは，簡便ではあるが，現実の顧客行動から乖離している．そこで，以下のように顧客の選択行動の一般化を考える．

7.5.1 動的計画法による定式化

前節の多クラス・多期間の動的モデルと同様に，飛行機の同一仕様の座席について n 種類の異なる価格 r_i $(i = 1, 2, \ldots, n)$ を設定することで，n 種類の座席の集合 $N := \{1, 2, \ldots, n\}$ を考え，

$$r_1 \geq r_2 \geq \cdots \geq r_{n-1} \geq r_n$$

と仮定する．座席の販売期間を T 個の期に分ける．売り出し初めを T 期として，飛行機の出発時を 0 期とする．t 期において，顧客が 1 人来る確率を λ_t とし，誰も来ない確率を $1 - \lambda_t$ とする．航空会社は，t 期に顧客が来れば，座席の部分集合 $N_t \subseteq N$ を提示する．顧客は確率 $P_i(N_t)$ で座席 i を選び $(i \in N_t)$,

確率 $P_0(N_t)$ で何も買わないとする．従って，各期において

$$\sum_{i \in N_t} P_i(N_t) + P_0(N_t) = 1 \qquad t = 1, 2, \ldots, T$$

が成り立つとする．このような顧客の一般的な**離散的購買選択** (discrete purchase choice) 行動のもとでも，問題を式 (7.14) と同様の形で，動的計画法として定式化することができる (TR, p.64; Talluri and van Ryzin, 2004b)．

t 期の期首において x 個の座席が残っているときに，t 期から 1 期までの期間の最適期待収入を $V_t(x)$ で表す．t 期に顧客が来て座席 $i \in N_t$ を買えば r_i 円の収入があり，$t-1$ 期の最適期待収入は $V_{t-1}(x-1)$ となる．顧客が来ない場合と，来ても何も買わない場合には，$t-1$ 期の期首に x 個の座席が残る．従って，次の最適性方程式が成り立つ．

$$V_t(x) = \max_{N_t \subseteq N} \left\{ \sum_{i \in N_t} \lambda_t P_i(N_t)[r_i + V_{t-1}(x-1)] + [1 - \lambda_t + \lambda_t P_0(N_t)]V_{t-1}(x) \right\}$$
$$x = 1, 2, \ldots, C \quad ; \quad t = 1, 2, \ldots, T \qquad (7.19)$$

これに限界座席価値 $\Delta V_{t-1}(x) := V_{t-1}(x) - V_{t-1}(x-1)$ を代入すると

$$\begin{aligned}
V_t(x) &= \max_{N_t \subseteq N} \left\{ \sum_{i \in N_t} \lambda_t P_i(N_t)[r_i + V_{t-1}(x) - \Delta V_{t-1}(x)] \right. \\
&\qquad \left. + [1 - \lambda_t + \lambda_t P_0(N_t)]V_{t-1}(x) \right\} \\
&= V_{t-1}(x) + \lambda_t \max_{N_t \subseteq N} \left\{ \sum_{i \in N_t} P_i(N_t)[r_i - \Delta V_{t-1}(x)] \right\} \\
&= V_{t-1}(x) + \lambda_t \max_{N_t \subseteq N} \left\{ R(N_t) - Q(N_t) \Delta V_{t-1}(x) \right\} \qquad (7.20)
\end{aligned}$$

が得られる．ここで，t 期において座席の集合 N_t が提示されたときの購入確率 $Q(N_t)$ と収入の期待値 $R(N_t)$ を次のように定義した．

$$Q(N_t) := \sum_{i \in N_t} P_i(N_t) = 1 - P_0(N_t) \quad ; \quad R(N_t) := \sum_{i \in N_t} r_i P_i(N_t)$$

初期条件と境界条件は，前節と同様に，それぞれ

7.5 離散的購買選択モデル

$$V_0(x) = 0 \quad x = 0, 1, 2, \ldots, C$$
$$V_t(0) = 0 \quad t = 1, 2, \ldots, T$$

で与えられる．しかし，t 期での決定変数は商品集合 N_t の冪集合から選ばれるので，そのままの形で解こうとすると，探索すべき実行可能解の集合が膨大になってしまう（冪集合の例が表 7.6 に現れている）．TR (p.67) および Talluri and van Ryzin (2004b) は，最適方策がある種の入れ子構造をもつことを明らかにし，探索すべき実行可能解の集合が大幅に縮小できることを示している．

7.5.2 数 値 例

TR (p.65) および Talluri and van Ryzin (2004b) に示されている数値例について，限界座席価値 $\{\Delta V_t(x)\}$ を計算してみよう．ある航空会社では，3種類の商品 $N := \{Y, M, K\}$ を提供している．これらの商品の購入条件と価格を表 7.4 に示す．商品 Y は目的地に土曜日の夜に滞在することや 3 週間前の購入という条件が付かないが，価格が高い．商品 M は土曜滞在の条件は付いていないが，3 週間前に購入しなければならない．商品 K は土曜滞在が要求され，3 週間前に購入しなければならないが，価格が低い．

顧客セグメントとして，2 種類のビジネス客と 3 種類のレジャー客を考える．顧客セグメントごとに，到着する客が当該のセグメントに属する確率，土曜滞在と 3 週間前購入という条件を受け入れることができるかどうか，および 3 つの商品の価格を支払う意思があるかどうかを表 7.5 に示す．例えば，到着する客は確率 0.2 でレジャー客 1 であり，この客は土曜滞在はしたくないが，3 週間前に購入できる．また，\$800 の商品 Y は高すぎるので買わないが，\$500 以下の商品 M または K なら買ってもよい．

表 7.4 と表 7.5 から，t 期に提供される商品集合 $N_t \subseteq N$ に対して，各商品が選

表 7.4 3 つの商品についての購入条件と価格．

商品	土曜滞在	3 週間前購入	価格
Y	不要	不要	\$800
M	不要	要	\$500
K	要	要	\$450

表 7.5 顧客セグメントの出現確率と購買選択の特徴.

顧客セグメント	確率	土曜滞在	3週間前購入	商品 Y	商品 M	商品 K
ビジネス客 1	0.1	不可	不可	可	可	可
ビジネス客 2	0.2	不可	可	可	可	可
レジャー客 1	0.2	不可	可	不可	可	可
レジャー客 2	0.2	可	可	不可	可	可
レジャー客 3	0.3	可	可	不可	不可	可

択される確率 $P_Y(N_t)$, $P_M(N_t)$, $P_K(N_t)$, どの商品も選択されない確率 $P_0(N_t)$, どれかの商品が選択される確率 $Q(N_t) = 1 - P_0(N_t)$, および収入の期待値 $R(N_t)$ を次のようにして計算した値を表 7.6 に示す. 例えば, $N_t = \{Y, K\}$ に対して, ビジネス客 1 (確率 0.1) とビジネス客 2 (確率 0.2) は, 商品 Y を購入することができるが, 商品 K は土曜滞在を必要とするので購入できない. レジャー客は商品 Y は高すぎるので購入しない. 従って, $P_Y(\{Y, K\}) = 0.1 + 0.2 = 0.3$ である. レジャー客 1 は商品 K が要求する土曜滞在をしたくないので, どの商品も購入しない. レジャー客 2 (確率 0.2) とレジャー客 3 (確率 0.3) は, 商品 K が要求する土曜滞在と 3 週間前購入の条件を受け入れることができ, 金額的にも \$450 の商品 K を買うことができるので, $P_K(\{Y, K\}) = 0.2 + 0.3 = 0.5$ である[*4]. また, $N_t = \{M, K\}$ を提示されたレジャー客 2 は商品 M でも K でも買

表 7.6 商品集合に対する選択確率, 購入確率, および収入期待値.

N_t	$P_Y(N_t)$	$P_M(N_t)$	$P_K(N_t)$	$P_0(N_t)$	$Q(N_t)$	$R(N_t)$
$\emptyset$	0	0	0	1	0	0
$\{Y\}$	0.3	0	0	0.7	0.3	\$240
$\{M\}$	0	0.6	0	0.4	0.6	\$300
$\{K\}$	0	0	0.5	0.5	0.5	\$225
$\{Y, M\}$	0.1	0.6	0	0.3	0.7	\$380
$\{Y, K\}$	0.3	0	0.5	0.2	0.8	\$465
$\{M, K\}$	0	0.4	0.5	0.1	0.9	\$425
$\{Y, M, K\}$	0.1	0.4	0.5	0	1.0	\$505

[*4] TR (p.66) の Table 2.9 および Talluri and van Ryzin (2004b) の Table 3 では $P_M(\{M\}) = 0.4$ となっているが, ビジネス客 2 (確率 0.2), レジャー客 1 (確率 0.2), およびレジャー客 2 (確率 0.2) が商品 M を購入できるので, $P_M(\{M\}) = 0.6$ とした. これに応じて他の数字も訂正した.

表 7.7 離散的購買選択モデルにおける限界座席価値（数値例）．

x	$\Delta V_1(x)$	$\Delta V_2(x)$	$\Delta V_3(x)$	$\Delta V_4(x)$	$\Delta V_5(x)$	$\Delta V_6(x)$	$\Delta V_7(x)$
1	252.5	384	462.9	513.465	556.445	592.978	624.032
2		121	234.1	322.395	382.957	425.741	456.891
3			60.5	143.890	220.903	285.725	341.731
4				30.250	87.070	151.896	210.238
5					15.125	51.098	101.497
6						7.563	29.330
7							3.781

えるが，安い方の商品 K を買う．以上の例について，式 (7.20) によって計算した離散的購買選択モデルにおける限界座席価値を表 7.7 に示す．

7.6 オーバーブッキング

飛行機の乗客は，予定変更などの理由で，出発時刻になる前に予約をキャンセル (cancellation) することがある．特に，搭乗直前のキャンセルはノーショウ (no-show) と呼ばれる．このような客の数は相当数に達するので，航空会社はキャンセルによって生じる空席を減らすために，ある程度のキャンセルを見込んで全座席数以上の予約を受け付ける．これをオーバーブッキング (overbooking) といい，航空業界やホテル業界で広く行われている．

本節では，第 7.4 節の動的モデルを拡張して，キャンセルおよびノーショウが起こるとともにオーバーブッキングが実施される**動的オーバーブッキングモデル** (dynamic overbooking model) を考える (Subramanian $et\ al.$, 1999; TR, p.155)．オーバーブッキングのもとでは，最終的な予約数が全座席数 C を超過する場合は，溢れた顧客に補償金を払ったり，他の便を手配したりしなければならないので，余計な費用が発生するし，顧客の信用を損なうことによる機会損失も懸念される．各期において顧客は高々 1 人しか到着しないので，T 期を考える場合，$T \leq C$ ならオーバーブッキングは起こらない．$T > C$ の場合，オーバーブッキングの最大数は $T - C$ である．

7.6.1 ノーショウとキャンセルの取り扱い

予約済みの各顧客が飛行機の出発時刻（0期）に現れないノーショウとなる確率を q_0 で表す．0期における座席在庫が x 個のとき（オーバーブッキングがある場合は $C - T \leq x < 0$），既に予約されている座席の数は $C - x$ である．$C - x$ 人の予約客は，それぞれ，確率 $1 - q_0$ で搭乗口に現れ，確率 q_0 で現れない．よって，搭乗口に現れる顧客数 $Z_0(x)$ は次の **2項分布** に従う．

$$P\{Z_0(x) = z\} = \binom{C-x}{z}(1-q_0)^z q_0^{C-x-z} \qquad 0 \leq z \leq C - x$$

全座席数 C を超える数の顧客が搭乗口に現れたとき，客1人につきコスト h がかかると仮定すると，搭乗口に現れる顧客の数が z であるときのオーバーブッキングの総費用は

$$h \max\{0, z - C\} = \begin{cases} h(z - C) & z > C \\ 0 & z \leq C \end{cases}$$

となる．ここで，$x < 0$ のとき，$Z_0(x) - C$ の確率分布は

$$\begin{aligned}
P\{Z_0(x) - C = k\} &= P\{Z_0(x) = k + C\} \\
&= \binom{C-x}{k+C}(1-q_0)^{k+C} q_0^{C-x-(k+C)} \\
&= \binom{C-x}{-x-k}(1-q_0)^{k+C} q_0^{-x-k} \qquad -C \leq k \leq -x
\end{aligned}$$

で与えられる．従って，出発時に x 個の座席が残っているときの期待収入は

$$\begin{aligned}
V_0(x) &= -h\, E[\max\{0, Z_0(x) - C\}] \\
&= \begin{cases} 0 & 0 \leq x \leq C \\ -h \sum_{k=1}^{-x} k \binom{C-x}{-x-k}(1-q_0)^{k+C} q_0^{-x-k} & C - T \leq x < 0 \end{cases}
\end{aligned}$$

(7.21)

となる. $x \geq 0$ なら $Z_0(x) \leq C$ であるから, $V_0(x) = 0$ である.

次に, 顧客のキャンセル行動を考える. $t (\geq 1)$ 期において, 予約をしている各顧客が次の $t-1$ 期までにキャンセルする確率を q_t とする. キャンセルしない確率は $1-q_t$ である. 予約済みの顧客のキャンセル行動は互いに独立とする. t 期における座席在庫が x 個のとき (予約客は $C-x$ 人), $t-1$ 期までにキャンセルしない顧客の数 $Z_t(x)$ は次の 2 項分布に従う.

$$P\{Z_t(x) = z\} = \binom{C-x}{z}(1-q_t)^z q_t^{C-x-z} \qquad 0 \leq z \leq C-x$$

ここで, 第 7.4 節と同様に, 各期の長さは短く, 1 期内に起こる事象 (到着およびキャンセル) は, 0 期を除いて, 高々 1 つであると仮定する ($0 < q_t \ll 1$). このとき, この分布は以下のように近似できる.

$$P\{Z_t(x) = z\} \approx \begin{cases} 1 - (C-x)q_t & z = C-x \\ (C-x)q_t & z = C-x-1 \end{cases}$$

$t (\geq 1)$ 期においてクラス i の顧客が来る確率を P_{it} とし, 顧客が来ない確率を P_{0t} とする ($\sum_{i=0}^n P_{it} = 1$). t 期の期首における座席在庫が x 個のとき, t 期に顧客が来ず, かつキャンセルもない確率は次のように与えられる.

$$\begin{aligned}
P_{0t}(x) &= P_{0t} \cdot P\{Z_t(x) = C-x\} \\
&\approx \left(1 - \sum_{i=1}^n P_{it}\right)[1 - (C-x)q_t] \\
&\approx 1 - (C-x)q_t - \sum_{i=1}^n P_{it} \qquad C-T \leq x \leq C
\end{aligned}$$

ここで, 1 つの期に顧客の到着とキャンセルは同時に起こらないという仮定から, 0 期を除いて, $P_{it}q_t = o(q_t)$ とした.

7.6.2 動的計画法による定式化

ノーショウやキャンセルの場合でも返金しないと仮定すると, t 期の期首において x 個の座席が残っているときに, t 期から 1 期までの期間の最適期待収入 $V_t(x)$ は, 式 (7.14) を拡張した最適性方程式

7章 レベニューマネジメント

$$V_t(x) = \sum_{i=1}^{n} P_{it} \max\{r_i + V_{t-1}(x-1), V_{t-1}(x)\} + (C-x)q_t V_{t-1}(x+1)$$
$$+ P_{0t}(x)V_{t-1}(x)$$
$$x = C-T, C-T+1, \ldots, C \quad ; \quad t = 1, 2, \ldots, T \quad (7.22)$$

を満たす．ここで，右辺に現れる $(C-x)q_t$ は t 期においてキャンセルが発生する確率であり，このとき座席在庫数が 1 だけ増えるので，$V_t(x+1)$ が $t-1$ 期での最適期待収入となる．初期条件は式 (7.21) の $V_0(x)$ で与えられ，境界条件は

$$V_t(C-T-1) = 0 \quad t = 1, 2, \ldots, T$$

とする．式 (7.22) に限界座席価値

$$\Delta V_{t-1}(x) := V_{t-1}(x) - V_{t-1}(x-1) \quad C-T \leq x \leq C$$

と上記の $P_{0t}(x)$ に対する式を代入すると，最適性方程式は次のようになる．

$$V_t(x) = \sum_{i=1}^{n} P_{it} \max\{r_i + V_{t-1}(x) - \Delta V_{t-1}(x), V_{t-1}(x)\}$$
$$+ (C-x)q_t V_{t-1}(x+1) + \left[1 - (C-x)q_t - \sum_{i=1}^{n} P_{it}\right] V_{t-1}(x)$$
$$= V_{t-1}(x) + (C-x)q_t \Delta V_{t-1}(x+1) + \sum_{i=1}^{n} P_{it} \max\{r_i - \Delta V_{t-1}(x), 0\}$$
$$(7.23)$$

ここで，t 期にキャンセルがある場合の $t-1$ 期から 0 期までの最適期待収入 $H_{t-1}(x)$ を導入する．t 期首における座席在庫が x 個であり，t 期にキャンセルしない顧客の数が $Z_t(x)$ であるとき，$t-1$ 期首における座席在庫は $C - Z_t(x)$ 個となるので，$H_{t-1}(x)$ は

$$H_{t-1}(x) = E[V_{t-1}(C - Z_t(x))]$$
$$= \sum_{z=0}^{C-x} \binom{C-x}{z} (1-q_t)^z q_t^{C-x-z} V_{t-1}(C-z)$$

$$\approx [1-(C-x)q_t]V_{t-1}(x)+(C-x)q_tV_{t-1}(x+1)$$
$$= V_{t-1}(x)+(C-x)q_t\Delta V_{t-1}(x+1) \tag{7.24}$$

で与えられる．ここで $o(q_t)$ の項を無視した．さらに

$$\begin{aligned}\Delta H_{t-1}(x) &:= H_{t-1}(x)-H_{t-1}(x-1)\\ &= V_{t-1}(x)+(C-x)q_t\Delta V_{t-1}(x+1)\\ &\quad -[V_{t-1}(x-1)+(C-x+1)q_t\Delta V_{t-1}(x)]\\ &= \Delta V_{t-1}(x)+O(q_t)\end{aligned}$$

であるから[*5]，これらを代入すると，最適性方程式は

$$V_t(x) = H_{t-1}(x)+\sum_{i=1}^n P_{it}\max\{r_i-\Delta H_{t-1}(x),0\} \tag{7.25}$$

と書くことができる．ここでも $P_{it}q_t = o(q_t)$ の項を無視した．

式 (7.25) から，t 期において x 個の座席が残っているときに来るクラス i の顧客には，

$$r_i \geq \Delta H_{t-1}(x)$$

であるときにのみ，座席を売ることが最適であることが分かる．さらに，t 期にクラス i の顧客が来たときに留保するべき座席数はプロテクションレベル

$$y^*_{i-1,t-1} = \max\{x : r_i \leq \Delta H_{t-1}(x)\} \qquad i=2,3,\ldots,n \tag{7.26}$$

で与えられる (TR, p.160)．

式 (7.21) に与えられた $V_0(x)$ は x の凹関数であり，これから始めて t についての数学的帰納法により，$V_t(x)$ と $H_t(x)$ は x の凹関数であることが証明できる．さらに，q_t が t に依存しなければ，$V_t(x)$ と $H_t(x)$ は t の増加関数となる．

(i) $\quad \Delta H_t(x+1) \leq \Delta H_t(x)$ \hfill (7.27)

(ii) $\quad \Delta H_{t+1}(x) \geq \Delta H_t(x)$ \hfill (7.28)

[*5] $O(x)$ は $x \to 0$ のとき x と同程度に小さい量を表す．

この単調性と式 (7.26) より，プロテクションレベルの入れ子構造

$$y^*_{1,t-1} \leq y^*_{2,t-1} \leq \cdots \leq y^*_{n-1,t-1} \qquad t = 1, 2, \ldots$$

が得られる．

定式化 (7.14) においては，探索すべき予約状況は $0 \leq x \leq C$ の範囲であったが，式 (7.22) では，オーバーブッキングが起こっている状況 $C - T \leq x < 0$ も探索の範囲となる．許容するオーバーブッキング数を予約受け付け前に決めているわけではないことに注意する．動的計画法の決定変数は，各期における予約状況に依存した予約受け付け方策であり，0 期において残っている座席の数が $x < 0$ となったときに，結果としてオーバーブッキングが起こるのである．

7.6.3 数　値　例

第 7.4.2 項に示したキャンセルもノーショウもオーバーブッキングもない動的モデルの場合と同じく $n = 10$ とし，また $T = 13$, $C = 10$ として，

$$P_{it} = 0.1 \quad 0 \leq i \leq 9 \quad ; \quad r_i = 100 \times (11 - i) \text{ 円} \quad 1 \leq i \leq 9$$

$$h = 50 \quad ; \quad q_0 = 0.4 \quad ; \quad q_t = 0.01 \quad 1 \leq t \leq T$$

の場合を考える．このとき，初期条件は

$$V_0(-3) = -3.592 \quad ; \quad V_0(-2) = -1.088 \quad ; \quad V_0(-1) = -0.181$$

で与えられるので，$V_0(x)$ は凹関数である．13 期までの限界座席価値 $\Delta H_t(x)$ を表 7.8 に，それから得られるプロテクションレベルを表 7.9 に示す．表 7.8 を見ると，関数 $\Delta H_t(x)$ が x に関して減少関数であり，t に関して増加関数になっている．そして，表 7.9 にプロテクションレベルの入れ子構造が確認できる．

7.7　おわりに

最後に，以上に示した静的および動的モデルの仮定について再考する．静的モデルでは，価格は決まっていて，どれだけの量を特定の価格で売るかという問

7.7 おわりに

表 7.8 動的オーバーブッキングモデルの数値例（限界座席価値）．

x	$\Delta H_1(x)$	$\Delta H_2(x)$	$\Delta H_3(x)$	$\Delta H_4(x)$	$\Delta H_5(x)$	$\Delta H_6(x)$	$\Delta H_7(x)$
-3	539.634	675.122	754.177	808.068	846.893	878.674	904.666
-2		404.249	533.459	616.823	676.680	720.453	755.388
-1			331.518	452.498	535.286	596.279	642.156
0				281.587	394.806	474.120	536.136
1					245.169	353.143	428.893
2						216.051	318.619
3							192.776

x	$\Delta H_8(x)$	$\Delta H_9(x)$	$\Delta H_{10}(x)$	$\Delta H_{11}(x)$	$\Delta H_{12}(x)$	$\Delta H_{13}(x)$
-3	925.935	944.901	962.252	978.119	992.621	1005.873
-2	785.049	808.515	827.943	845.253	860.703	874.518
-1	680.072	711.772	738.174	760.579	779.756	796.300
0	583.312	622.125	655.262	683.090	706.536	727.184
1	488.217	535.580	575.290	608.417	637.105	662.902
2	391.648	449.244	496.318	535.028	569.722	598.535
3	290.723	361.240	416.918	463.665	501.968	534.949
4	173.615	268.780	335.723	390.017	434.358	473.851
5		156.369	249.770	314.200	366.639	409.872
6			140.848	233.240	295.959	345.253
7				126.878	218.815	280.085
8					114.303	206.187
9						102.985

表 7.9 動的オーバーブッキングモデルにおけるプロテクションレベル（数値例）．

i	r_i	y_{i1}^*	y_{i2}^*	y_{i3}^*	y_{i4}^*	y_{i5}^*	y_{i6}^*	y_{i7}^*	y_{i8}^*	y_{i9}^*	$y_{i,10}^*$
1	1000 円										
2	900 円							-3	-3	-3	-3
3	800 円				-3	-3	-3	-3	-3	-2	-2
4	700 円			-3	-3	-3	-2	-2	-2	-1	-1
5	600 円		-3	-3	-2	-2	-2	-1	-1	0	0
6	500 円	-3	-3	-2	-2	-1	-1	0	0	1	1
7	400 円	-3	-2	-2	-1	-1	0	1	1	2	3
8	300 円	-3	-2	-1	-1	0	1	2	2	3	4
9	200 円	-3	-2	-1	0	1	2	2	3	4	5

題設定になっている．動的モデルにおいても，価格を変更するという考えはなく，どのクラスの客を受け入れるかという問題設定となっている．その意味で，本章において示したアプローチは**量をベースとした RM** (quantity-based RM) と呼ばれる．一方，量を制限するのではなく，価格を変更することにより需要量を制御して収益最大化を図る手法を，**価格をベースとした RM** (price-based RM) と呼ぶ．航空会社のように公示されたリスト価格がある場合には，量をベースとした RM にならざるを得ないが，小売り店のような対面販売は柔軟性があり，価格をベースとした RM を導入しやすいと考えられる (TR, p.176).

航空券の予約システムでは，静的モデルの EMSR-b 法が採用されてきた．実は，このようなシステムで，動的モデルや価格をベースとした RM を使うと長期的には問題が起こる可能性がある．仮に，飛行機の出発間際に大量の空席があるとしよう．少しでも収入を増やしたい航空会社は，空席のまま飛行機を飛ばすよりは，大安売りをしてでも乗客を確保しようとする．価格をベースとした RM では，そのようなことが可能である．しかし，顧客がそのことを経験的に知ってしまうと，安売りを待つ客が出てくる．もし多くの客が安売りがあると思えば，早めに航空券を買う客は減る．価格をベースとした RM で予約システムを動かしている航空会社は，結果として，顧客が予想したとおりに安売りせざるを得なくなる．すると，顧客は，なおさら安売りがあると確信することになる．つまり，価格をベースとした RM を適用する場合は，便ごとの近視眼的な最適化をすればするほど，**戦略的顧客** (strategic customer) の長期的な行動適応によって，企業は安売りの連鎖という負のスパイラルに陥ってしまう可能性がある．

静的モデルにおいては，顧客のクラスは料金が低い商品から高い商品へと順に予約行動を起こすと仮定した．これは，安い商品から順に売れるという意味ではなく，安い商品しか買わない人が先に予約行動を起こすということなので，そのようなことは厳密には起こらないのではないかと思った読者がいるかもしれない．実際に，これはかなり手前勝手な想定であるが，そのように想定して，出発時刻に近づくにつれて価格が上昇する静的モデルを運用している限りは，航空会社は決して安売りの負のスパイラルに陥ることはない．静的モデルは，単純すぎて不効率なように見えるが，実は戦略的顧客の問題に間接的に対応し

ているとも言える．

　静的モデルに含まれる単純化された顧客行動モデルを修正することは簡単であり，修正すれば収益は短期的には向上するであろうが，長期的には戦略的顧客の問題が起こってしまうかもしれない．現実に航空会社は静的モデルを長い間にわたって使い続けてきたわけであるが，このことがその理由の 1 つと考えられる．

付録：限界座席価値の単調性に係る定理の証明

　この付録では，多クラス・多期間の静的モデルと動的モデルに対して，限界座席価値 $\Delta V_t(x)$ の変数 x と t に関する単調性

(i)　$\Delta V_t(x+1) \leq \Delta V_t(x)$

(ii)　$\Delta V_{t+1}(x) \geq \Delta V_t(x)$

の証明を Lautenbacher and Stidham (1999) および TR (p.76–79) に従って示す．

　非負の整数 x の関数 $g(x)$ が凹関数 (concave function) であるとは，差分

$$g(x+1) - g(x)$$

が広義の減少関数（非増加関数）であること，すなわち

$$g(x) - g(x-1) \geq g(x+1) - g(x)$$

である．まず以下の補題を証明し，それを用いて不等式 (i) と (ii) を証明する．

補題：非負の整数 x の関数 $g(x)$ が凹関数であるとき，定数 $p\ (\geq 0)$ と整数 $m\ (\geq 1)$ に対して定義される関数

$$f(x) := \max_{a=0,1,2,\ldots,m} \{ap + g(x-a)\}$$

は，$x \geq m$ において凹関数である (Stidham, 1978)．

（証明）a の代わりに $y := x - a\ (\geq 0)$ を考えると，a の領域 $0 \leq a \leq m$ は y の領域 $x - m \leq y \leq x$ に変換されるので，

7章 レベニューマネジメント

$$f(x) = px + \hat{f}(x) \quad ; \quad \hat{f}(x) := \max_{x-m \leq y \leq x} \{-py + g(y)\}$$

と書くことができる．従って，整数 $x\ (\geq m)$ の関数 $\hat{f}(x)$ を考える．

$g(y)$ は凹関数なので，$-py+g(y)$ も凹関数である．ここで，y の領域 $[x-m, x]$ において，関数 $-py+g(y)$ が最大になるような y の値を y^* とする．

$$y^* := \arg\max_{x-m \leq y \leq x} \{-py + g(y)\}$$

このとき，関数 $-py+g(y)$ は $y<y^*$ で増加関数であり，$y>y^*$ では減少関数である（図 7.5）．従って

$$\hat{f}(x) = \begin{cases} -px + g(x) & m \leq x \leq y^*, \\ -py^* + g(y^*) & y^* \leq x \leq y^* + m, \\ -p(x-m) + g(x-m) & x \geq y^* + m \end{cases}$$

と書くことができる（図 7.6）．

図 7.6 に示された x の 3 つの領域において，$\hat{f}(x)$ が凹関数であることを証明する．まず，領域 $m \leq x \leq y^* - 1$ においては，$g(x)$ が凹関数であることから，

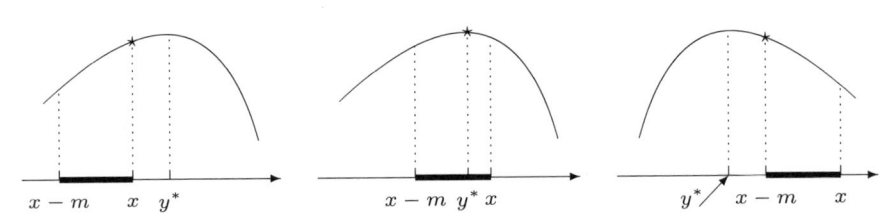

図 7.5 関数 $-py + g(y)$ の 3 つの場合．

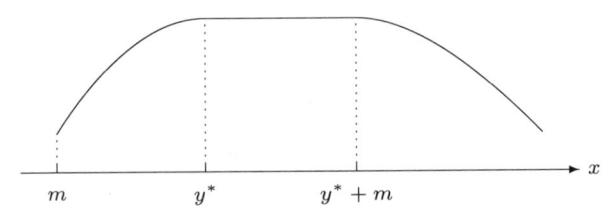

図 7.6 関数 $\hat{f}(x)$ の 3 つの領域．

$$\hat{f}(x+1) - \hat{f}(x) = -p(x+1) + g(x+1) - [-px + g(x)]$$
$$= -p + g(x+1) - g(x)$$
$$\leq -p + g(x) - g(x-1) = \hat{f}(x) - \hat{f}(x-1)$$

が成り立つ．また，$x = y^*$ と $x = y^* - 1$ について

$$\hat{f}(y^*+1) - \hat{f}(y^*) = -py^* + g(y^*) - [-py^* + g(y^*)] = 0,$$
$$\hat{f}(y^*) - \hat{f}(y^*-1) = -py^* + g(y^*) - [-p(y^*-1) + g(y^*-1)]$$
$$= -p + g(y^*) - g(y^*-1) \geq 0$$

である．最後の不等式は，$-py + g(y)$ が $y = y^*$ で最大になることから

$$-py^* + g(y^*) \geq -p(y^*-1) + g(y^*-1)$$

により成り立つ．従って，$\hat{f}(x)$ は領域 $m \leq x \leq y^*$ で凹関数である．

次に，領域 $y^* + 1 \leq x \leq y^* + m - 1$ では，$\hat{f}(x)$ は定数であるから

$$\hat{f}(x+1) - \hat{f}(x) = 0 = \hat{f}(x) - \hat{f}(x-1)$$

が成り立つ．また，$x = y^* + m$ について

$$\hat{f}(y^*+m+1) - \hat{f}(y^*+m) = -p(y^*+1) + g(y^*+1) - [-py^* + g(y^*)]$$
$$= -p + g(y^*+1) - g(y^*) \leq 0$$

である．最後の不等式は，$-py + g(y)$ が $y = y^*$ で最大になることから

$$-py^* + g(y^*) \geq -p(y^*+1) + g(y^*+1)$$

により成り立つ．従って，$\hat{f}(x)$ は領域 $y^* + 1 \leq x \leq y^* + m$ で凹関数である．

最後に，領域 $x \geq y^* + m + 1$ では，$g(x)$ が凹関数であることから，

$$\hat{f}(x+1) - \hat{f}(x) = -p(x+1-m) + g(x+1-m) - [-p(x-m) + g(x-m)]$$
$$= -p + g(x+1-m) - g(x-m)$$

$$\leq -p + g(x-m) - g(x-1-m) = \hat{f}(x) - \hat{f}(x-1)$$

が成り立つ. 従って, $\hat{f}(x)$ は凹関数である.

これで, $\hat{f}(x)$ がすべての $x \geq m$ において凹関数であることが証明できた. 従って, $f(x) = px + \hat{f}(x)$ も $x \geq m$ において凹関数である. 証明終わり.

不等式 (7.7) の証明：式 (7.5) を満たす $V_t(x)$ が x の凹関数であることを示す. これを $t = 0, 1, 2, \ldots$ に対する数学的帰納法により証明する. まず, すべての x について $V_0(x) = 0$ であるから, $V_0(x)$ は x の凹関数である. 次に, $t \geq 1$ について, $V_{t-1}(x)$ が x の凹関数であると仮定して, 式 (7.5) で与えられる $V_t(x)$ を考える. 式 (7.5) の中の

$$W(D_t, x) := \max_{0 \leq u \leq \min\{D_t, x\}} [r_t u + V_{t-1}(x-u)]$$

は, 補題の関数 $\hat{f}(x)$ と同じ形になっているので, x の凹関数である. このとき, 期待値 $E_t[W(D_t, x)]$ は, 凹関数 $W(k, x)$ に非負の数 $P\{D_t = k\}$ を掛け, すべての k について和を取ったものであるから, やはり x の凹関数である. よって, $V_t(x)$ も凹関数である. 従って, t についての数学的帰納法により, $V_t(x)$ はすべての $t = 0, 1, 2, \ldots$ に対して x の凹関数であることが証明できた. 証明終わり.

不等式 (7.8) の証明：式 (7.11) より, $\Delta V_t(x)$ が t の増加関数であることを示す.

$$\Delta V_{t+1}(x) = V_{t+1}(x) - V_{t+1}(x-1)$$
$$= E_{t+1}\left[r_{t+1}\min\{D_{t+1}, (x-y_t^*)^+\} + V_t\left(x - \min\{D_{t+1}, (x-y_t^*)^+\}\right)\right]$$
$$- E_{t+1}\left[r_{t+1}\min\{D_{t+1}, (x-1-y_t^*)^+\} + V_t\left(x-1 - \min\{D_{t+1}, (x-1-y_t^*)^+\}\right)\right]$$
$$\geq E_{t+1}\left[V_t\left(x - \min\{D_{t+1}, (x-y_t^*)^+\}\right) - V_t\left(x-1 - \min\{D_{t+1}, (x-1-y_t^*)^+\}\right)\right]$$
$$= E_{t+1}\left[\Delta V_t\left(x - \min\{D_{t+1}, (x-y_t^*)^+\}\right)\right] \geq \Delta V_t(x)$$

ここで, 最初の不等号は次の不等式による.

$$\min\{D_{t+1}, (x-y_t^*)^+\} \geq \min\{D_{t+1}, (x-1-y_t^*)^+\}$$

最後の不等式は $\Delta V_t(x)$ が x の減少関数であることから成り立つ. 証明終わり.

不等式 (7.17) の証明：式 (7.14) を満たす $V_t(x)$ が x の凹関数であることを示す．これを $t = 0, 1, 2, \ldots$ に対する数学的帰納法により証明する．まず，すべての x について $V_0(x) = 0$ であるから，$V_0(x)$ は x の凹関数である．次に，$t \geq 1$ について，$V_{t-1}(x)$ が x の凹関数であると仮定して，式 (7.14) で与えられる $V_t(x)$ を考える．式 (7.14) の右辺の和における

$$\max\{r_i + V_{t-1}(x-1), V_{t-1}(x)\}$$

は，補題の関数 $f(x)$ において，$m \to 1$, $p \to r_i$, $g(x) \to V_{t-1}(x)$ とおいたものとなっているので，x の凹関数である．従って，式 (7.14) の右辺は凹関数の線形結合となり，全体として凹関数である．証明終わり．

不等式 (7.18) の証明：式 (7.15) より，$\Delta V_t(x)$ が t の増加関数であることを示す．

$$\begin{aligned}
&\Delta V_{t+1}(x) \\
&= V_{t+1}(x) - V_{t+1}(x-1) \\
&= V_t(x) + \sum_{i=1}^{n} P_{it} \max\{r_i - \Delta V_t(x), 0\} \\
&\quad - V_t(x-1) - \sum_{i=1}^{n} P_{it} \max\{r_i - \Delta V_t(x-1), 0\} \\
&= \Delta V_t(x) + \sum_{i=1}^{n} P_{it}[\max\{r_i - \Delta V_t(x), 0\} - \max\{r_i - \Delta V_t(x-1), 0\}] \\
&\geq \Delta V_t(x)
\end{aligned}$$

ここで，最後の不等式は上で示された $\Delta V_t(x) \leq \Delta V_t(x-1)$ による．証明終わり．

謝　辞

本章の執筆に際して，有益な示唆や助言をいただいた日本航空株式会社の荒川健太氏に感謝いたします．

参 考 文 献

Lautenbacher, C. J. and S. Stidham, Jr. (1999), The underlying Markov decision process in the single-leg airline yield-management problem, *Transportation Science*, Vol.33, No.2, pp.136–146, May 1999.

Lee, T. C. and M. Hersh (1993), A model for dynamic airline seat inventory control with multiple seat bookings, *Transportation Science*, Vol.27, No.3, pp.252–265, August 1993.

Littlewood, K. (1972), Forecasting and control of passenger bookings, *Journal of Revenue and Pricing Management*, Vol.4, No.2, pp.111–123, April 2005. Originally published in the *Proceedings of the Twelfth Annual AGIFORS Symposium*, pp.95–117, Nathanya, Israel, October 1972.

Stidham, Jr., S. (1978), Socially and individually optimal control of arrivals to a GI/M/1 queue, *Management Science*, Vol.24, No.15, pp.1598–1610, November 1978.

Subramanian, J., S. Stidham, Jr., and C. J. Lautenbacher (1999), Airline yield management with overbooking, cancellations, and no-shows, *Transportation Science*, Vol.33, No.2, pp.147–167, May 1999.

Talluri, K. T. and G. J. van Ryzin (2004a), *The Theory and Practice of Revenue Management*, Springer, 2004.

Talluri, K. and G. van Ryzin (2004b), Revenue management under a general discrete choice model of consumer behavior, *Management Science*, Vol.50, No.1, pp.15–33, January 2004.

Wollmer, R. D. (1992), An airline seat management model for a single-leg route when lower fare classes book first, *Operations Research*, Vol.40, No.1, pp.26–37, January–February 1992.

著者紹介

増田 靖

1980年慶應義塾大学工学部管理工学科卒業．1982年同大学院工学研究科修士課程修了．工学修士．1987年 University of Rochester, Simon Graduate School of Business 博士課程修了, Ph.D. in Business Administration. 1987年より, University of California, Riverside, The A. Gary Anderson Graduate School of Management で Assistant Professor, 1993年 Associate Professor. 1996年慶應義塾大学理工学部管理工学科助教授を経て, 2002年より教授. 研究分野は, 経営科学, 価格設定など. 日本オペレーションズ・リサーチ学会, INFORMS などの会員.

高木 英明

第1章を参照．

8章 ビジネスデータの線形回帰モデル
Linear Regression Models for Business Data

イリチュ美佳 (筑波大学)
mika@risk.tsukuba.ac.jp
高木 英明 (筑波大学)
takagi@sk.tsukuba.ac.jp

　大量のデータの統計的分析により有用な情報を探索的に抽出するデータマイニングにおいて，予測のための典型的な技法である線形回帰分析法を，説明変数が1つである単回帰と，複数である重回帰に分けて紹介する．与えられた観測値の組から回帰係数の推定値を計算して回帰直線（平面）を作り，その妥当性と予測の信頼度を検証する方法の原理と計算法を示す．数値例として，2012年ロンドン・オリンピック体操男子団体予選の総合得点データを使う．

キーワード：線形単回帰，線形重回帰，説明変数，目的変数，確率誤差，回帰係数，最小2乗法，回帰直線，回帰平面，予測値，残差，重相関係数，決定係数，標準誤差，信頼区間，予想区間，同時信頼区間，仮説検定，カイ2乗分布，t 分布，F 分布．

8.1　はじめに

　様々なビジネスにおいて，「ビッグデータ」と呼ばれる大量のデータを適切に解析することにより，従来よりもスマートな方法で利益を得ようとする方法がビジネス・アナリティクス (business analytics) として注目されている．大量の観測データを統計的に分析することによって有用な知識（情報）を発掘する**データマイニング** (data mining) において，予測を担う方法として，**回帰分析** (regression analysis) がある．回帰分析では，複数の変数に対する観測値の組から成るデータについて，いくつかの**説明変数** (explanatory variable) と1つの**目的変数** (response variable) を区別し，説明変数の値を用いて目的変数の値を説明あるいは予測する．例えば，ある学級の100人の生徒について，「身長，腹囲，

体重」という組合せの 100 組のデータがあるとき，説明変数を身長と腹囲とし，目的変数を体重とするモデルにより，体重を身長と腹囲で説明しようとする回帰分析が考えられる．説明変数が 1 つであるとき**単回帰** (simple regression) といい，複数であるとき**重回帰** (multiple regression) という．

回帰分析の方法を始めたのは，イギリスの人類学者・統計学者の Sir Francis Galton (1822–1911) である．彼は，1877 年に子供の身長を両親の身長から予測する論文を発表した．その中で，平均より背の高い親の子供はやはり平均より背が高いが，そのまた子供の身長はもっと平均に近づくことを発見し，これを**平均値への回帰** (regression to mediocrity) と呼んだ．それ以後，統計学者たちが，ある変数を他の変数から予測する方法を一般に「回帰」と呼ぶようになった．

回帰分析は多方面で使われているが，最近のビッグデータ礼賛に際してよく引用されるのは，Ayres (2007, 邦訳, p.8–15) に紹介されている Princeton 大学の経済学者 Orley Clark Ashenfelter (1942–) が提案したボルドーワインの品質に対する線形重回帰式

$$\text{ワインの質} = 12.145 + 0.00117 \times \text{冬の降雨} + 0.0614 \times \text{育成期の平均気温} - 0.00386 \times \text{収穫期の降雨}$$

である．この式は伝統的な「利き酒」方式によるワイン批評家たちとの間で大論争を惹き起こした．

本章では，説明変数の 1 次関数で目的変数を説明する**線形回帰** (linear regression) を紹介する．線形ではない回帰分析には，多項式回帰 (polynomial regression)，サポートベクターマシン回帰 (support vector machine regression, SVMR) などがあり，数値ではないカテゴリ型の目的変数を対象として，ロジスティック回帰 (logistic regression) がある．これらについては，本章では取り扱わない．

本章で示す方法の適用例として，表 8.1 に示す 2012 年ロンドン・オリンピック公式ウェブサイト (Olympic Games Official London 2012 website, 2012) に掲載されている体操男子種目別団体予選終了時の総合得点を用いる．スポーツデータの統計的分析と予測は，**スポーツ・アナリティクス** (sports analytics) として関心が高まっている．

表 8.1 2012 年ロンドン・オリンピックにおける体操男子団体予選総合得点.

種目	床運動	鞍馬	つり輪	跳馬	平行棒	鉄棒
アメリカ（米）	46.165	43.965	45.332	48.000	45.182	46.698
ロシア（露）	45.066	43.466	45.799	48.166	45.666	44.432
イギリス（英）	45.832	44.833	44.199	48.333	44.024	45.199
ドイツ（独）	45.332	43.266	44.766	46.533	45.758	45.233
日本（日）	45.632	41.199	45.099	47.683	47.124	43.766
中国（中）	44.932	40.865	45.124	47.633	44.965	46.466
ウクライナ（ウ）	44.599	44.233	45.166	48.515	43.765	43.532
フランス（仏）	44.333	42.932	43.165	45.765	45.366	44.198

8.2 線形単回帰モデル

本節では，主として Allen (1990, pp.555–587) および Montgomery et al. (2012, pp.12–66) を参考にして，**単回帰分析** (simple regression analysis) を紹介する．
n 組の説明変数と目的変数の観測値

$$(x_1, y_1), (x_2, y_2), \ldots, (x_n, y_n)$$

が与えられたとき，目的変数の観測値 y_i と説明変数の観測値 x_i の間に

$$y_i = \beta_0 + \beta_1 x_i + \varepsilon_i \qquad 1 \leq i \leq n$$

という線形関係があると仮定する．これが**線形単回帰モデル** (simple linear regression model) である．このとき，すべての組に共通して使われる係数 β_0 と β_1 を**回帰係数** (regression coefficient) という．i 組目の観測値について，ε_i は，統計的揺らぎによって，目的変数の観測値 y_i が回帰直線上の点 $\beta_0 + \beta_1 x_i$ から外れる**確率誤差** (random error) を表し，他の組における誤差とは独立に，平均が 0 で分散が σ^2（未知）の正規分布 $\mathcal{N}(0, \sigma^2)$ に従ってばらついていると仮定する．このとき，σ^2 を**誤差分散**と呼ぶ．

$$E[\varepsilon_i] = 0 \quad ; \quad \mathrm{Var}[\varepsilon_i] = \sigma^2 \quad ; \quad E[\varepsilon_i \varepsilon_j] = 0 \qquad 1 \leq i, j \leq n,\ i \neq j$$

よって，x_i が与えられたとき，y_i は平均と分散

8 章 ビジネスデータの線形回帰モデル

$$E[y_i] = \beta_0 + \beta_1 x_i \quad ; \quad \text{Var}[y_i] = \sigma^2 \qquad 1 \leq i \leq n$$

をもつ正規分布に従い，y_i と y_j $(i \neq j)$ は互いに独立である．

回帰分析では，与えられた観測値から誤差分散 σ^2 と回帰係数 β_0, β_1 の最も確からしい推定値 $\hat{\sigma}^2$ と $\hat{\beta}_0, \hat{\beta}_1$ を決め，その適合度を検証する．その上で，説明変数の新しい観測値が与えられたときの目的関数の値が予測できる．

8.2.1 回帰係数の推定

回帰係数 β_0, β_1 の最も確からしい推定値 $\hat{\beta}_0, \hat{\beta}_1$ を決めるために，**最小 2 乗法** (least square method) を用いる．最小 2 乗法では，与えられた観測値に対して，確率誤差の 2 乗の総和

$$f(\beta_0, \beta_1) := \sum_{i=1}^{n} \varepsilon_i^2 = \sum_{i=1}^{n} (y_i - \beta_0 - \beta_1 x_i)^2$$

が最小になるように，β_0, β_1 の値を決める．その必要条件として，偏微分係数

$$\frac{\partial f(\beta_0, \beta_1)}{\partial \beta_0} = -2\sum_{i=1}^{n}(y_i - \beta_0 - \beta_1 x_i) \quad ; \quad \frac{\partial f(\beta_0, \beta_1)}{\partial \beta_1} = -2\sum_{i=1}^{n}(y_i - \beta_0 - \beta_1 x_i)x_i$$

を 0 とおくことにより，未知数 $\hat{\beta}_0, \hat{\beta}_1$ に対する連立方程式

$$n\hat{\beta}_0 + \hat{\beta}_1 \sum_{i=1}^{n} x_i = \sum_{i=1}^{n} y_i \quad ; \quad \hat{\beta}_0 \sum_{i=1}^{n} x_i + \hat{\beta}_1 \sum_{i=1}^{n} x_i^2 = \sum_{i=1}^{n} x_i y_i$$

が得られる．これを線形単回帰モデルにおける**正規方程式** (normal equation) という．この解は

$$\hat{\beta}_0 = \frac{\left(\sum_{i=1}^{n} x_i^2\right)\left(\sum_{i=1}^{n} y_i\right) - \left(\sum_{i=1}^{n} x_i\right)\left(\sum_{i=1}^{n} x_i y_i\right)}{n \sum_{i=1}^{n} x_i^2 - \left(\sum_{i=1}^{n} x_i\right)^2},$$

$$\hat{\beta}_1 = \frac{n \sum_{i=1}^{n} x_i y_i - \left(\sum_{i=1}^{n} x_i\right)\left(\sum_{i=1}^{n} y_i\right)}{n \sum_{i=1}^{n} x_i^2 - \left(\sum_{i=1}^{n} x_i\right)^2}$$

で与えられる．ここで，説明変数と目的変数の**標本平均** (sample mean) として与えられる統計量[*1]

[*1] 本章においては，**統計量** (statistic) という言葉を「調査の対象とする母集団の特性を標本で表す数値」という意味で用いる．

8.2 線形単回帰モデル

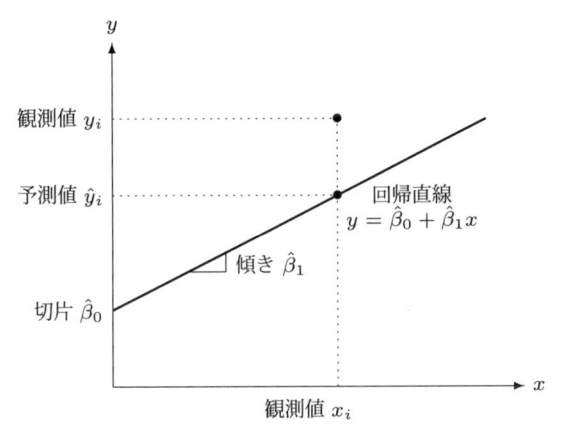

図 8.1 回帰直線 $y = \hat{\beta}_0 + \hat{\beta}_1 x$.

$$\overline{x} := \frac{1}{n}\sum_{i=1}^{n} x_i \quad;\quad \overline{y} := \frac{1}{n}\sum_{i=1}^{n} y_i$$

を定義すると,

$$\hat{\beta}_1 = \frac{\sum_{i=1}^{n} x_i y_i - n\overline{x}\,\overline{y}}{\sum_{i=1}^{n} x_i^2 - n\overline{x}^2} = \frac{\sum_{i=1}^{n}(x_i - \overline{x})(y_i - \overline{y})}{\sum_{i=1}^{n}(x_i - \overline{x})^2} \quad;\quad \hat{\beta}_0 = \overline{y} - \hat{\beta}_1 \overline{x}$$

と表すことができる. $\hat{\beta}_0$ および $\hat{\beta}_1$ は,それぞれ $y_1, y_2, \ldots, y_n$ の線形結合であるから,正規分布に従うことが分かる.

回帰係数の推定値 $\hat{\beta}_0, \hat{\beta}_1$ を用いた直線

$$y = \hat{\beta}_0 + \hat{\beta}_1 x$$

を**回帰直線** (regression line) という. $\hat{\beta}_0$ は回帰直線の**切片** (intercept) であり,$\hat{\beta}_1$ は**傾き** (slope) である(図 8.1).説明変数の値 x_i に対応する回帰直線上の点

$$\hat{y}_i = \hat{\beta}_0 + \hat{\beta}_1 x_i \quad 1 \leq i \leq n$$

を目的変数の**予測値** (predicted value) という(図 8.1). $\hat{y}_i$ もまた正規分布に従う. 目的変数の観測値 y_i と予測値 $\hat{y}_i$ の差

$$e_i := y_i - \hat{y}_i = y_i - \hat{\beta}_0 - \hat{\beta}_1 x_i \quad 1 \leq i \leq n$$

を**残差** (residual) と呼ぶ. このとき,

$$\sum_{i=1}^n e_i = 0 \quad ; \quad \sum_{i=1}^n x_i e_i = 0 \quad ; \quad \sum_{i=1}^n y_i = \sum_{i=1}^n \hat{y}_i \quad ; \quad \sum_{i=1}^n \hat{y}_i e_i = 0$$

が成り立つ. 目的関数の予測値の平均は観測値の平均と同じであり, 説明変数と予測値の平均値を座標 $(\overline{x}, \overline{\hat{y}})$ とする**中心点** (centroid) は回帰直線上に位置する.

$$\overline{\hat{y}} := \frac{1}{n}\sum_{i=1}^n \hat{y}_i = \frac{1}{n}\sum_{i=1}^n (y_i - e_i) = \overline{y} = \hat{\beta}_0 + \hat{\beta}_1 \overline{x}$$

観測値がその平均の周りにばらついている度合いを表す尺度として

$$S_{xx} := \sum_{i=1}^n (x_i - \overline{x})^2 = \sum_{i=1}^n x_i^2 - n\overline{x}^2,$$

$$S_{yy} := \sum_{i=1}^n (y_i - \overline{y})^2 = \sum_{i=1}^n y_i^2 - n\overline{y}^2,$$

$$S_{xy} := \sum_{i=1}^n (x_i - \overline{x})(y_i - \overline{y}) = \sum_{i=1}^n x_i y_i - n\overline{x}\,\overline{y}$$

を導入すると,

$$\hat{\beta}_1 = \frac{S_{xy}}{S_{xx}} = \sum_{i=1}^n c_i y_i \quad ; \quad c_i := \frac{x_i - \overline{x}}{S_{xx}} \quad 1 \le i \le n$$

と書くことができる. このとき

$$\sum_{i=1}^n c_i = 0 \quad ; \quad \sum_{i=1}^n c_i x_i = 1 \quad ; \quad \sum_{i=1}^n c_i^2 = \frac{1}{S_{xx}}$$

である. これらを用いて, $\overline{y}$, $\hat{\beta}_0$ および $\hat{\beta}_1$ の平均と分散・共分散が

(i) $E[\overline{y}] = \beta_0 + \beta_1 \overline{x} \quad ; \quad \mathrm{Var}[\overline{y}] = \dfrac{\sigma^2}{n}$

(ii) $E[\hat{\beta}_0] = \beta_0 \quad ; \quad E[\hat{\beta}_1] = \beta_1 \quad ; \quad \mathrm{Cov}[\overline{y}, \hat{\beta}_1] = 0$

(iii) $\mathrm{Var}[\hat{\beta}_0] = \dfrac{\sigma^2}{nS_{xx}} \sum_{i=1}^n x_i^2 \quad ; \quad \mathrm{Var}[\hat{\beta}_1] = \dfrac{\sigma^2}{S_{xx}} \quad ; \quad \mathrm{Cov}[\hat{\beta}_0, \hat{\beta}_1] = -\dfrac{\sigma^2 \overline{x}}{S_{xx}}$

のように得られる (導出は章末付録 2 を参照). 従って, $\hat{\beta}_0$ と $\hat{\beta}_1$ はそれぞれ β_0 と β_1 の不偏な点推定量である.

8.2.2 分散分析

線形回帰モデルがどの程度に観測値を予測しているかという適合度を表す尺度を示す．目的変数の観測値 y_i と予測値 $\hat{y}_i$ の相関係数

$$R := \frac{\sum_{i=1}^{n}(y_i - \overline{y})(\hat{y}_i - \overline{\hat{y}})}{\sqrt{\sum_{i=1}^{n}(y_i - \overline{y})^2 \sum_{i=1}^{n}(\hat{y}_i - \overline{\hat{y}})^2}}$$

を**重相関係数** (multiple correlation coefficient) という．R は目的変数だけで表されているので，例えば，説明変数の単位を変えても不変であることに注意する．
ここで，$\overline{\hat{y}} = \overline{y}$ であるから，

$$R = \frac{\sum_{i=1}^{n}(y_i - \overline{y})(\hat{y}_i - \overline{y})}{\sqrt{\sum_{i=1}^{n}(y_i - \overline{y})^2 \sum_{i=1}^{n}(\hat{y}_i - \overline{y})^2}}$$

と書くことができる．さらに，

$$\sum_{i=1}^{n}(y_i - \overline{y})(\hat{y}_i - \overline{y}) = \sum_{i=1}^{n}(\hat{y}_i + e_i - \overline{y})(\hat{y}_i - \overline{y}) = \sum_{i=1}^{n}(\hat{y}_i - \overline{y})^2 + \sum_{i=1}^{n}e_i(\hat{y}_i - \overline{y})$$

であるが，最右辺の2つ目の和は0である．従って，

$$R = \sqrt{\frac{\sum_{i=1}^{n}(\hat{y}_i - \overline{y})^2}{\sum_{i=1}^{n}(y_i - \overline{y})^2}}$$

と書くことができる．$0 \leq R \leq 1$ に注意する．

各予測値が平均の周りにばらついている度合いを表す次の統計量を**回帰平方和** (regression sum of squares) という．

$$S_\mathrm{R} := \sum_{i=1}^{n}(\hat{y}_i - \overline{y})^2 = \hat{\beta}_1^2 S_{xx} = \hat{\beta}_1 S_{xy}$$

予測値と観測値のずれの総和を**残差平方和** (residual sum of squares) という．

$$S_\mathrm{E} := \sum_{i=1}^{n}(y_i - \hat{y}_i)^2 = S_{yy} - \hat{\beta}_1 S_{xy}$$

回帰係数の推定値 $\hat{\beta}_0$ と $\hat{\beta}_1$ は，S_E を最小にするように，最小2乗法で決めら

れたのであった．最後に，目的変数の観測値 y_i がその平均 $\overline{y}$ の周りにばらついている度合いを表す次の統計量を**総平方和** (total sum of squares) という．

$$S_\mathrm{T} := \sum_{i=1}^{n}(y_i - \overline{y})^2 = S_{yy} = S_\mathrm{R} + S_\mathrm{E}$$

最後の等式は，以下のようにしても確かめられる．

$$\begin{aligned}
S_\mathrm{T} &= \sum_{i=1}^{n}(y_i - \overline{y})^2 = \sum_{i=1}^{n}(y_i - \hat{y}_i + \hat{y}_i - \overline{y})^2 \\
&= \sum_{i=1}^{n}(y_i - \hat{y}_i)^2 + \sum_{i=1}^{n}(\hat{y}_i - \overline{y})^2 + 2\sum_{i=1}^{n}(y_i - \hat{y}_i)(\hat{y}_i - \overline{y}) \\
&= S_\mathrm{E} + S_\mathrm{R} + \sum_{i=1}^{n} e_i(\hat{y}_i - \overline{y}) = S_\mathrm{E} + S_\mathrm{R}
\end{aligned}$$

S_R と S_E は独立であることが分かっている（章末付録 3）．これらの平均は

$$E[S_\mathrm{R}] = \sigma^2 + \beta_1^2 S_{xx} \quad ; \quad E[S_\mathrm{E}] = (n-2)\sigma^2,$$
$$E[S_\mathrm{T}] = E[S_\mathrm{R}] + E[S_\mathrm{E}] = (n-1)\sigma^2 + \beta_1^2 S_{xx}$$

で与えられる（章末付録 2）．このとき，**決定係数** (coefficient of determination)

$$R^2 := \frac{S_\mathrm{R}}{S_\mathrm{T}} = \frac{S_\mathrm{R}}{S_\mathrm{R} + S_\mathrm{E}} = \frac{\sum_{i=1}^{n}(\hat{y}_i - \overline{y})^2}{\sum_{i=1}^{n}(y_i - \overline{y})^2}$$

は，総平方和のうち回帰平方和が占める割合を表す．R^2 も説明変数の単位に依存しない．この値が 1 に近いほど，多くの観測値が回帰直線の近くにあるので，良い線形回帰モデルであると考えられる．以上のような観測データのばらつきに関する分析を**分散分析** (analysis of variance) という．

8.2.3 誤差分散と回帰係数の区間推定

線形単回帰モデルにおける未知数である誤差分散 σ^2 と回帰係数 β_0, β_1 に対する**信頼区間** (confidence interval) を示す．

8.2 線形単回帰モデル

(1) 誤差分散の信頼区間

統計量
$$\hat{\sigma}^2 := \frac{S_\mathrm{E}}{n-2} \quad ; \quad E[\hat{\sigma}^2] = \sigma^2$$

は誤差分散 σ^2 の不偏推定量である．章末付録3に示されているように，$S_\mathrm{E}/\sigma^2 = (n-2)\hat{\sigma}^2/\sigma^2$ は自由度 $n-2$ の χ^2 分布に従う．従って，自由度 $n-2$ の χ^2 分布に従う統計量が x 以上の値を取る確率が $\alpha/2$ となる点 x を $\chi_{n-2}^{(\alpha/2)}$ と書き，y 以下の値を取る確率が $\alpha/2$ となる点 y を $\chi_{n-2}^{(1-\alpha/2)}$ と書くことにすれば，

$$P\left\{\chi_{n-2}^{(1-\alpha/2)} < \frac{(n-2)\hat{\sigma}^2}{\sigma^2} < \chi_{n-2}^{(\alpha/2)}\right\} = 1-\alpha$$

が成り立つ．これより，誤差分散 σ^2 の $100(1-\alpha)$%信頼区間として，

$$\frac{(n-2)\hat{\sigma}^2}{\chi_{n-2}^{(\alpha/2)}} < \sigma^2 < \frac{(n-2)\hat{\sigma}^2}{\chi_{n-2}^{(1-\alpha/2)}}$$

が得られる．

(2) 回帰係数の信頼区間

上で示したように，回帰係数の推定値 $\hat{\beta}_0$ と $\hat{\beta}_1$ はそれぞれ正規分布に従い，それらの平均と分散が示されているので，統計量

$$(\hat{\beta}_0 - \beta_0)\bigg/\sqrt{\frac{\sigma^2}{nS_{xx}}\sum_{i=1}^n x_i^2} \quad ; \quad (\hat{\beta}_1 - \beta_1)\bigg/\sqrt{\frac{\sigma^2}{S_{xx}}}$$

はそれぞれ標準正規分布に従う．従って，もし誤差分散 σ^2 が既知ならば，$\hat{\beta}_0$ と $\hat{\beta}_1$ の分布が分かったことになる．しかし，σ^2 は未知であるので，そのようなことは言えない．

ところが，$S_\mathrm{E}/\sigma^2 = (n-2)\hat{\sigma}^2/\sigma^2$ は自由度 $n-2$ の χ^2 分布に従い，さらに $\hat{\beta}_0$ および $\hat{\beta}_1$ と独立である（章末付録3）．従って，

$$\left[(\hat{\beta}_0 - \beta_0)\bigg/\sqrt{\frac{\sigma^2}{nS_{xx}}\sum_{i=1}^n x_i^2}\right]\bigg/\sqrt{\frac{\hat{\sigma}^2}{\sigma^2}} = (\hat{\beta}_0 - \beta_0)\bigg/\sqrt{\frac{\hat{\sigma}^2}{nS_{xx}}\sum_{i=1}^n x_i^2},$$

および

$$\left[(\hat{\beta}_1 - \beta_1)\Big/\sqrt{\frac{\sigma^2}{S_{xx}}}\right]\Big/\sqrt{\frac{\hat{\sigma}^2}{\sigma^2}} = (\hat{\beta}_1 - \beta_1)\Big/\sqrt{\frac{\hat{\sigma}^2}{S_{xx}}}$$

は，それぞれ自由度 $n-2$ の t 分布に従うことが分かる（章末付録1）．以上の結果をまとめると，切片 β_0 と傾き β_1 について，**標準誤差** (standard error) を

$$\mathrm{se}(\hat{\beta}_0) := \sqrt{\mathrm{Var}[\hat{\beta}_0]\frac{\hat{\sigma}^2}{\sigma^2}} = \sqrt{\hat{\sigma}^2\left(\frac{1}{n} + \frac{\overline{x}^2}{S_{xx}}\right)},$$

$$\mathrm{se}(\hat{\beta}_1) := \sqrt{\mathrm{Var}[\hat{\beta}_1]\frac{\hat{\sigma}^2}{\sigma^2}} = \sqrt{\frac{\hat{\sigma}^2}{S_{xx}}}$$

と書くとき，統計量

$$t_j := \frac{\hat{\beta}_j - \beta_j}{\mathrm{se}(\hat{\beta}_j)} \qquad j = 0, 1$$

は自由度 $n-2$ の t 分布に従うということである．t 分布は原点の両側に対称なので（図 8.5），自由度 $n-2$ の t 分布に従う統計量が正の領域で x 以上の値を取る確率が $\alpha/2$ となる点 x を $t_{n-2}^{(\alpha/2)}$ と書くと（t 分布の対称性により，$-t_{n-2}^{(\alpha/2)} = t_{n-2}^{(1-\alpha/2)}$ に注意），

$$P\left\{-t_{n-2}^{(\alpha/2)} < \frac{\hat{\beta}_j - \beta_j}{\mathrm{se}(\hat{\beta}_j)} < t_{n-2}^{(\alpha/2)}\right\} = 1 - \alpha \qquad j = 0, 1$$

が成り立つ．これより，回帰係数 β_j の $100(1-\alpha)$%信頼区間として，

$$\hat{\beta}_j - t_{n-2}^{(\alpha/2)}\mathrm{se}(\hat{\beta}_j) < \beta_j < \hat{\beta}_j + t_{n-2}^{(\alpha/2)}\mathrm{se}(\hat{\beta}_j) \qquad j = 0, 1$$

が得られる．

8.2.4 回帰係数の仮説検定

回帰係数 β_0 と β_1 について，個々に**仮説検定** (hypothesis testing) を行う．

帰無仮説 (null hypothesis)	$H_0 : \beta_j = 0$
対立仮説 (alternative hypothesis)	$H_1 : \beta_j \neq 0 \qquad j = 0, 1$

8.2 線形単回帰モデル

において，もし帰無仮説 $H_0: \beta_j = 0$ が成り立つとすれば，

$$P\left\{|\hat{\beta}_j| > t_{n-2}^{(\alpha/2)}\mathrm{se}(\hat{\beta}_j)\right\} = \alpha \qquad j = 0, 1$$

となる．ここで，**t 値** (t-value) と呼ばれる統計量

$$t_j := \frac{\hat{\beta}_j}{\mathrm{se}(\hat{\beta}_j)} \qquad j = 0, 1$$

の絶対値 $|t_j|$ が大きければ，自由度 $n-2$ の t 分布に従う統計量 $\hat{t}_{n-2}$ が $|t_j|$ よりも大きい値となることは起こりにくいと考えられるので，帰無仮説 $H_0: \beta_j = 0$ を棄却して，対立仮説 $H_1: \beta_j \neq 0$ を採用する．このとき，

$$p_j = \begin{cases} 2P\left\{\hat{t}_{n-2} > \hat{\beta}_j/\mathrm{se}(\hat{\beta}_j)\right\} & \hat{\beta}_j > 0 \text{ のとき} \\ 2P\left\{\hat{t}_{n-2} < \hat{\beta}_j/\mathrm{se}(\hat{\beta}_j)\right\} & \hat{\beta}_j < 0 \text{ のとき} \end{cases} \qquad j = 0, 1$$

を $\hat{\beta}_j$ の **p 値** (p-value) という．これは帰無仮説 $H_0: \beta_j = 0$ を棄却すること ($\beta_j \neq 0$ という判断) が間違いである確率である ($j = 0, 1$)．あらかじめ決めておいた帰無仮説を棄却してもよい確率 α (例えば，0.01 や 0.05 などがよく使われる) を検定の**有意水準** (level of significance) という．計算された p 値が有意水準 α よりも小さいとき，「帰無仮説は有意水準 $100\alpha\%$ で棄却される」という．

傾き β_1 については，以下の事実 (章末付録3) を利用した別の検定法がある．
- S_E/σ^2 は自由度 $n-2$ の χ^2 分布に従う．
- もし $\beta_1 = 0$ なら，S_R/σ^2 は自由度 1 の χ^2 分布に従う．
- S_E と S_R は独立である．

帰無仮説 $H_0: \beta_1 = 0$ が成り立つとき，**F 値** (F-value) と呼ばれる統計量

$$F := \frac{(S_\mathrm{R}/\sigma^2)/1}{(S_\mathrm{E}/\sigma^2)/(n-2)} = \frac{S_\mathrm{R}}{\hat{\sigma}^2} = \frac{(n-2)R^2}{1-R^2}$$

は自由度 $(1, n-2)$ の F 分布に従う*2. この F 値は説明変数の単位に依存しないことに注意する. 自由度 $(1, n-2)$ の F 分布に従う統計量 $\hat{F}_{(1,n-2)}$ が x 以上の値を取る確率が α となる点 x を $F_{(1,n-2)}^{(\alpha)}$ と書くと,

$$P\left\{\hat{F}_{(1,n-2)} > F_{(1,n-2)}^{(\alpha)}\right\} = \alpha$$

である. このとき, もし F 値が大きければ $\hat{F}_{(1,n-2)}$ が F よりも大きい値を取ることは起こりにくいので, 帰無仮説 $H_0 : \beta_1 = 0$ を棄却してもよい. この判断が間違いである確率が p 値として

$$p = P\left\{\hat{F}_{(1,n-2)} > F\right\}$$

で与えられる. この値は上述の t 分布を用いて求めた p_1 と同じになる.

帰無仮説 $H_0 : \beta_1 = 0$ を棄却できないことは, 目的変数と説明変数の間に線形関係がないということを意味する. この場合, 両者の間にどのような関係も存在しないかもしれないし, あるいは非線形関係が存在するかもしれない.

8.2.5 目的変数の推定値と新しい観測値の区間推定

説明変数の観測値 $x = x_0$ に対応する目的変数の推定値 $y_0 = \beta_0 + \beta_1 x_0$ が, 回帰直線上の予測値 $\hat{y}_0 = \hat{\beta}_0 + \hat{\beta}_1 x_0$ からどれくらい離れているかという **区間推定** (interval estimation) を示す.

予測値 $\hat{y}_0$ は正規分布に従い, その平均と分散は

$$E[\hat{y}_0] = E[\hat{\beta}_0 + \hat{\beta}_1 x_0] = E[\hat{\beta}_0] + E[\hat{\beta}_1]x_0 = \beta_0 + \beta_1 x_0 = y_0,$$

$$\text{Var}[\hat{y}_0] = \text{Var}[\hat{\beta}_0 + \hat{\beta}_1 x_0] = \text{Var}[\hat{\beta}_0] + 2x_0\text{Cov}[\hat{\beta}_0, \hat{\beta}_1] + x_0^2\text{Var}[\hat{\beta}_1]$$

$$= \frac{\sigma^2}{nS_{xx}}(S_{xx} + n\overline{x}^2) - 2x_0\frac{\sigma^2\overline{x}}{S_{xx}} + x_0^2\frac{\sigma^2}{S_{xx}}$$

---

*2 このことは, 以下のようにしても分かる.

$$t_1^2 = \frac{\hat{\beta}_1^2}{[\text{se}(\hat{\beta}_1)]^2} = \frac{\hat{\beta}_1^2 S_{xx}}{\hat{\sigma}^2} = \frac{\hat{\beta}_1 S_{xy}}{\hat{\sigma}^2} = \frac{S_R}{\hat{\sigma}^2}$$

であり, t_1 が自由度 $n-2$ の t 分布に従うので, t_1^2 は自由度 $(1, n-2)$ の F 分布に従う.

8.2 線形単回帰モデル

$$= \sigma^2 \left[\frac{1}{n} + \frac{(x_0 - \overline{x})^2}{S_{xx}} \right]$$

で与えられる. 従って, $\hat{y}_0$ は y_0 の不偏点推定であり, 統計量

$$\frac{\hat{y}_0 - y_0}{\sqrt{\mathrm{Var}[y_0]}} = \frac{\hat{y}_0 - y_0}{\sqrt{\sigma^2 \left[\frac{1}{n} + \frac{(x_0 - \overline{x})^2}{S_{xx}} \right]}}$$

は標準正規分布に従う. しかし σ^2 は未知である. そこで, $S_\mathrm{E}/\sigma^2 = (n-2)\hat{\sigma}^2/\sigma^2$ が自由度 $n-2$ の χ^2 分布に従い, ($\hat{\beta}_0$ および $\hat{\beta}_1$ と独立なので) $\hat{y}_0$ と独立であるという性質を用いると, 統計量

$$\frac{\hat{y}_0 - y_0}{\sqrt{\sigma^2 \left[\frac{1}{n} + \frac{(x_0 - \overline{x})^2}{S_{xx}} \right]}} \bigg/ \sqrt{\frac{\hat{\sigma}^2}{\sigma^2}} = \frac{\hat{y}_0 - y_0}{\sqrt{\hat{\sigma}^2 \left[\frac{1}{n} + \frac{(x_0 - \overline{x})^2}{S_{xx}} \right]}}$$

は自由度 $n-2$ の t 分布に従うことが分かる. これより, 目的変数の推定値 y_0 の $100(1-\alpha)\%$ 信頼区間は

$$\hat{y}_0 - t_{n-2}^{(\alpha/2)} \sqrt{\hat{\sigma}^2 \left[\frac{1}{n} + \frac{(x_0 - \overline{x})^2}{S_{xx}} \right]} < y_0 < \hat{y}_0 + t_{n-2}^{(\alpha/2)} \sqrt{\hat{\sigma}^2 \left[\frac{1}{n} + \frac{(x_0 - \overline{x})^2}{S_{xx}} \right]}$$

で与えられる. この信頼区間の幅は x_0 に依存し, $x_0 = \overline{x}$ のときに最小になって, $|x_0 - \overline{x}|$ とともに広くなることに注意する.

次に, 説明変数の新しい観測値 x' に対応する目的変数

$$y' = \beta_0 + \beta_1 x' + \varepsilon'$$

が, 回帰直線が与える予測値 $\hat{y}' = \hat{\beta}_0 + \hat{\beta}_1 x'$ からどれくらい離れているかという区間推定を示す. ここで, ε' は新観測値の確率誤差であり, 既存の観測値の誤差とは独立に, 正規分布 $\mathcal{N}(0, \sigma^2)$ に従うと仮定する.

y' と $\hat{y}'$ は独立であり, ともに正規分布に従う. それらの平均と分散は

$$E[y'] = \beta_0 + \beta_1 x' \quad ; \quad \mathrm{Var}[y'] = \sigma^2$$

8章 ビジネスデータの線形回帰モデル

$$E[\hat{y}'] = \beta_0 + \beta_1 x' \quad ; \quad \text{Var}[\hat{y}'] = \sigma^2 \left[\frac{1}{n} + \frac{(x' - \overline{x})^2}{S_{xx}}\right]$$

である．従って，$\hat{y}'$ は y' の不偏点推定である．このとき，統計量

$$\hat{y}' - y'$$

も正規分布に従い，その平均は0であり，分散は（$\hat{y}'$ と y' が独立なので）

$$\text{Var}[\hat{y}' - y'] = \text{Var}[\hat{y}'] + \text{Var}[y'] = \sigma^2 \left[1 + \frac{1}{n} + \frac{(x' - \overline{x})^2}{S_{xx}}\right]$$

で与えられる．よって，統計量

$$\frac{\hat{y}' - y'}{\sqrt{\sigma^2 \left[1 + \frac{1}{n} + \frac{(x' - \overline{x})^2}{S_{xx}}\right]}} \bigg/ \sqrt{\frac{\hat{\sigma}^2}{\sigma^2}} = \frac{\hat{y}' - y'}{\sqrt{\hat{\sigma}^2 \left[1 + \frac{1}{n} + \frac{(x' - \overline{x})^2}{S_{xx}}\right]}}$$

は自由度 $n-2$ の t 分布に従うことが分かる．これより，目的変数 y' の $100(1-\alpha)\%$ **予測区間** (prediction interval) が

$$\hat{y}' - t_{n-2}^{(\alpha/2)} \sqrt{\hat{\sigma}^2 \left[1 + \frac{1}{n} + \frac{(x' - \overline{x})^2}{S_{xx}}\right]} < y' < \hat{y}' + t_{n-2}^{(\alpha/2)} \sqrt{\hat{\sigma}^2 \left[1 + \frac{1}{n} + \frac{(x' - \overline{x})^2}{S_{xx}}\right]}$$

で与えられる．ここで，$x' = x_0$ のときでも，y' の予測区間の幅は上記の y_0 の信頼区間よりも広くなっていることに注意する．その理由は，予測区間の幅には，もとの回帰モデルにおける誤差に加えて新観測値の確率誤差が含まれるからである．

8.2.6 数値例

表 8.1 に示された 2012 年ロンドン・オリンピックの体操男子団体予選総合得点から中国を除いた例 ($n = 7$) において，平行棒の得点を鞍馬の得点で説明する線形単回帰分析を行う[*3]．表 8.2 に鞍馬と平行棒の得点の観測値，および平行棒の得点の予測値を示す．また，図 8.2 には，鞍馬と平行棒の得点の**散布図** (scatter diagram) を描き，それに重ねて，回帰直線（実線），平行棒の推定得点の 90%信頼区間（破線），および新観測値の 90%予測区間（一点鎖線）を示す．

表 8.2 鞍馬と平行棒の得点の観測値，および平行棒の得点の予測値.

	米	露	英	独	日	ウ	仏
鞍馬	43.965	43.466	44.833	43.266	41.199	44.233	42.932
平行棒	45.182	45.666	44.024	45.758	47.124	43.765	45.366
点予測	44.778	45.223	44.006	45.400	47.240	44.540	45.698

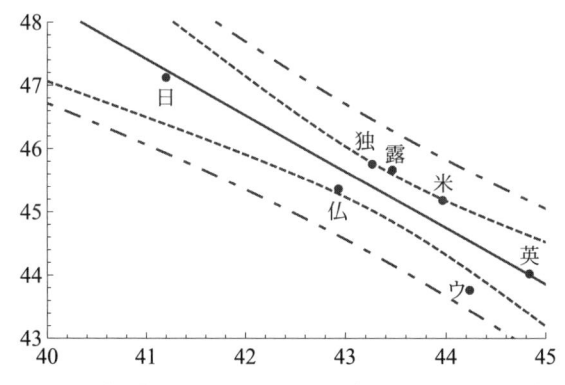

図 8.2 鞍馬と平行棒の得点の散布図および回帰直線.

表 8.2 のデータから

$$\bar{x} = 43.413 \ ; \ \bar{y} = 45.269 \ ; \ S_{xx} = 8.151 \ ; \ S_{yy} = 7.667 \ ; \ S_{xy} = -7.254$$

が得られるので，回帰係数の推定値は $\hat{\beta}_0 = 83.903, \hat{\beta}_1 = -0.890$ となる．回帰直線は

$$\text{平行棒の得点} (y) = 83.903 - 0.890 \times \text{鞍馬の得点} (x)$$

で与えられる．また，3つの分散と決定係数は

$$S_\mathrm{R} = 6.455 \ ; \ S_\mathrm{E} = 1.212 \ ; \ S_\mathrm{T} = 7.667 \ ; \ R^2 = 0.842$$

となり，R^2 の値が1に近いので回帰の適合性が良いと言える（図 8.2）．回帰係数と誤差分散 σ^2 の信頼区間は

---

*3 中国の平行棒と鞍馬の得点の組は，他の国の得点とかけ離れているので，**はずれ値** (outlier) として，ここでの数値例の分析対象から除いて考える．

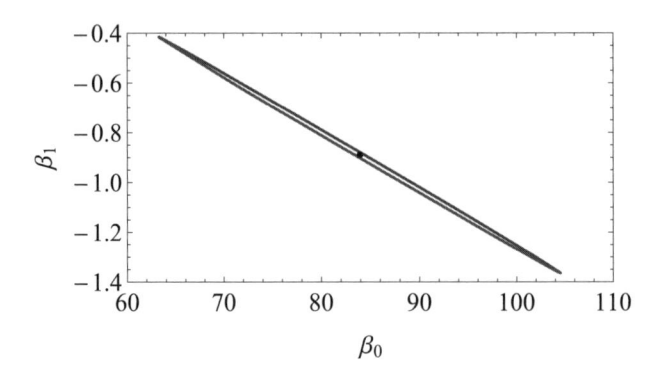

8章 ビジネスデータの線形回帰モデル

図 8.3 回帰係数 (β_0, β_1) の 90%同時信頼区間.

$$\hat{\sigma}^2 = 0.242 \quad ; \quad \text{se}(\hat{\beta}_0) = 7.488 \quad ; \quad \text{se}(\hat{\beta}_1) = 0.172$$

から計算できる．β_0 と β_1 の 90%信頼区間はそれぞれ

$$68.814 < \beta_0 < 98.992 \quad ; \quad -1.237 < \beta_1 < -0.542$$

である．また，帰無仮説 $\beta_0 = 0$ と $\beta_1 = 0$ に対する t 値と p 値は

$$t_0 = 11.205 \quad ; \quad p_0 = 0.000099 \quad ; \quad t_1 = -5.161 \quad ; \quad p_1 = 0.003582$$

であるから（$\beta_1 = 0$ に対する $F = 26.6364$ に対しても $p_1 = 0.003582$ が得られる），有意水準 0.005 で $\beta_0 \neq 0$ および $\beta_1 \neq 0$ としてよい．誤差分散 σ^2 の 80%信頼区間は $0.131 < \sigma^2 < 0.752$ であり，かなり広い．

さらに，第 8.3.4 項の式 (8.10) を用いて計算した回帰係数 β_0, β_1 の 90%同時信頼区間を図 8.3 に示す．これは点推定値の座標 $(\hat{\beta}_0, \hat{\beta}_1)$ を中心とする楕円内の領域である．この図に示された楕円は β_0 の方向に長く延びている．このことは，β_0 の推定が β_1 の推定ほど正確ではないことを意味する．

8.3 線形重回帰モデル

本節では，複数の説明変数の観測値に対する線形重回帰モデルについて，主として Allen (1990, pp.588–610) および Montgomery *et al.* (2012, pp.67–128) を

8.3 線形重回帰モデル

参考にして，**重回帰分析** (multiple regression analysis) を紹介する．

調査対象である n 組の観測値のうち i 番目の観測値において，r 個の説明変数の値が（便宜上，最初に定数 1 を追加して）

$$\boldsymbol{x}_i := (1, x_{i1}, x_{i2}, \ldots, x_{ir})$$

であり，目的変数の値として y_i が観測されたとする $(1 \leq i \leq n)$．このとき，各観測値に対して共通の $(r+1)$ 次列ベクトル

$$\boldsymbol{\beta} := (\beta_0, \beta_1, \beta_2, \ldots, \beta_r)^\top$$

を用いて，目的変数と説明変数の観測値の間に

$$y_i = \boldsymbol{x}_i \boldsymbol{\beta} + \varepsilon_i = \beta_0 + \sum_{j=1}^r \beta_j x_{ij} + \varepsilon_i \qquad 1 \leq i \leq n \tag{8.1}$$

という線形関係があると仮定する．これが**線形重回帰モデル** (multiple linear regression model) である．このとき，$\boldsymbol{\beta}$ の各要素を**偏回帰係数** (partial regression coefficient) という．i 組目の観測値について，ε_i は，統計的揺らぎによって，目的変数の観測値 y_i が回帰平面上の点 $\boldsymbol{x}_i \boldsymbol{\beta}$ から外れる**確率誤差**を表し，他の観測値における誤差とは独立に，正規分布 $\mathcal{N}(0, \sigma^2)$ に従ってばらついていると仮定する．未知数 σ^2 を**誤差分散**と呼ぶ．

$$E[\varepsilon_i] = 0 \quad ; \quad \mathrm{Var}[\varepsilon_i] = \sigma^2 \quad ; \quad E[\varepsilon_i \varepsilon_j] = 0 \qquad 1 \leq i, j \leq n,\ i \neq j$$

よって，$\boldsymbol{x}_i$ が与えられたとき，y_i は，平均と分散

$$E[y_i] = \beta_0 + \sum_{j=1}^r \beta_j x_{ij} \quad ; \quad \mathrm{Var}[y_i] = \sigma^2 \qquad 1 \leq i \leq n$$

をもつ正規分布に従い，y_i と y_j $(i \neq j)$ は互いに独立である．

すべての観測値について式 (8.1) を示すと

$$\boldsymbol{y} = X\boldsymbol{\beta} + \boldsymbol{\varepsilon} \tag{8.2}$$

となる．ここで以下の記号を用いた．

8章 ビジネスデータの線形回帰モデル

$$\boldsymbol{y} = (y_1, y_2, \ldots, y_n)^\top \quad ; \quad \boldsymbol{\varepsilon} = (\varepsilon_1, \varepsilon_2, \ldots, \varepsilon_n)^\top$$

$$X := \begin{bmatrix} \boldsymbol{x}_1 \\ \boldsymbol{x}_2 \\ \vdots \\ \boldsymbol{x}_n \end{bmatrix} = \begin{pmatrix} 1 & x_{11} & x_{12} & \cdots & x_{1r} \\ 1 & x_{21} & x_{22} & \cdots & x_{2r} \\ \vdots & \vdots & \vdots & \ddots & \vdots \\ 1 & x_{n1} & x_{n2} & \cdots & x_{nr} \end{pmatrix}$$

式 (8.2) は，n 次元空間において，ベクトル $\boldsymbol{y}$ が行列 X の r 本の列ベクトルの線形結合と定数項 (β_0) および確率誤差の和で表されていることを意味する．これは明示的に次のように書くことができる．

$$\begin{bmatrix} y_1 \\ y_2 \\ \vdots \\ y_n \end{bmatrix} = \begin{pmatrix} 1 & x_{11} & x_{12} & \cdots & x_{1r} \\ 1 & x_{21} & x_{22} & \cdots & x_{2r} \\ \vdots & \vdots & \vdots & \ddots & \vdots \\ 1 & x_{n1} & x_{n2} & \cdots & x_{nr} \end{pmatrix} \begin{bmatrix} \beta_0 \\ \beta_1 \\ \beta_2 \\ \vdots \\ \beta_r \end{bmatrix} + \begin{bmatrix} \varepsilon_1 \\ \varepsilon_2 \\ \vdots \\ \varepsilon_n \end{bmatrix}$$

8.3.1 偏回帰係数の推定

偏回帰係数 $\boldsymbol{\beta}$ の推定値を

$$\hat{\boldsymbol{\beta}} := (\hat{\beta}_0, \hat{\beta}_1, \hat{\beta}_2, \ldots, \hat{\beta}_r)^\top$$

で表すとき，$\hat{\boldsymbol{\beta}}$ を用いた目的変数の予測値を

$$\hat{\boldsymbol{y}} := (\hat{y}_1, \hat{y}_2, \ldots, \hat{y}_n)^\top = X\hat{\boldsymbol{\beta}} \tag{8.3}$$

$$\hat{y}_i = \boldsymbol{x}_i \hat{\boldsymbol{\beta}} = \hat{\beta}_0 + \hat{\beta}_1 x_{i1} + \hat{\beta}_2 x_{i2} + \cdots + \hat{\beta}_r x_{ir} \quad 1 \leq i \leq n$$

で与えることにする．このとき，目的変数の観測値と予測値の差を**残差**と呼び，

$$\boldsymbol{e} := (e_1, e_2, \ldots, e_n)^\top = \boldsymbol{y} - \hat{\boldsymbol{y}} \quad ; \quad e_i = y_i - \hat{y}_i \quad 1 \leq i \leq n$$

で表す．$(r+1)$ 次元直交座標空間の平面

8.3 線形重回帰モデル

$$y = \boldsymbol{x}\hat{\boldsymbol{\beta}} = \hat{\beta}_0 + \hat{\beta}_1 x_1 + \hat{\beta}_2 x_2 + \cdots + \hat{\beta}_r x_r \quad ; \quad \boldsymbol{x} := (1, x_1, x_2, \ldots, x_r)$$

を**回帰平面** (regression plane) と呼ぶことにすると，予測値 $\hat{y}_i$ は説明変数の観測値 $\boldsymbol{x}_i$ に対する回帰平面上の点の y 座標ということになる．

最小 2 乗法により，偏回帰係数 $\boldsymbol{\beta}$ の推定値 $\hat{\boldsymbol{\beta}}$ を確率誤差の 2 乗和

$$f(\beta_0, \beta_1, \beta_2, \ldots, \beta_r) := \sum_{i=1}^n \varepsilon_i^2 = \boldsymbol{\varepsilon}^\top \boldsymbol{\varepsilon} = (\boldsymbol{y} - X\boldsymbol{\beta})^\top (\boldsymbol{y} - X\boldsymbol{\beta})$$

$$= \sum_{i=1}^n (y_i - \beta_0 - \beta_1 x_{i1} - \beta_2 x_{i2} - \cdots - \beta_r x_{ir})^2$$

を最小にするという条件から決めることができる．これを各 β_j で偏微分した

$$\frac{\partial f(\beta_0, \beta_1, \beta_2, \ldots, \beta_r)}{\partial \beta_0} = -2 \sum_{i=1}^n (y_i - \beta_0 - \beta_1 x_{i1} - \beta_2 x_{i2} - \cdots - \beta_r x_{ir}),$$

$$\frac{\partial f(\beta_0, \beta_1, \beta_2, \ldots, \beta_r)}{\partial \beta_j} = -2 \sum_{i=1}^n (y_i - \beta_0 - \beta_1 x_{i1} - \beta_2 x_{i2} - \cdots - \beta_r x_{ir}) x_{ij}$$

$$1 \le j \le r$$

を 0 とおくことにより，$(r+1)$ 個の未知数 $\{\hat{\beta}_0, \hat{\beta}_1, \hat{\beta}_2, \ldots, \hat{\beta}_r\}$ に対する $(r+1)$ 個の線形連立方程式

$$\sum_{i=1}^n y_i = n\hat{\beta}_0 + \hat{\beta}_1 \sum_{i=1}^n x_{i1} + \hat{\beta}_2 \sum_{i=1}^n x_{i2} + \cdots + \hat{\beta}_r \sum_{i=1}^n x_{ir},$$

$$\sum_{i=1}^n x_{ij} y_i = \hat{\beta}_0 \sum_{i=1}^n x_{ij} + \hat{\beta}_1 \sum_{i=1}^n x_{ij} x_{i1} + \hat{\beta}_2 \sum_{i=1}^n x_{ij} x_{i2} + \cdots + \hat{\beta}_r \sum_{i=1}^n x_{ij} x_{ir}$$

$$1 \le j \le r$$

が得られる．この連立方程式は行列形式で

$$\left(X^\top X\right) \hat{\boldsymbol{\beta}} = X^\top \boldsymbol{y} \tag{8.4}$$

と書くことができる．この式は線形重回帰モデルにおける**正規方程式**と呼ばれる．従って，解として

$$\hat{\boldsymbol{\beta}} = \left(X^\top X\right)^{-1} X^\top \boldsymbol{y} \tag{8.5}$$

8章 ビジネスデータの線形回帰モデル

が得られる．$\hat{\boldsymbol{\beta}}$ は正規分布に従う $\boldsymbol{y}$ の要素の線形結合で与えられるので，$(r+1)$ 変量正規分布に従うことが分かる．この $\hat{\boldsymbol{\beta}}$ を用いて，式 (8.3) により，予測値 $\hat{\boldsymbol{y}}$ が計算できる．従って，$\hat{\boldsymbol{y}}$ もまた n 変量正規分布に従う．このとき，残差 $\boldsymbol{e} = \boldsymbol{y} - \hat{\boldsymbol{y}}$ の要素について以下が成り立つ．

$$\sum_{i=1}^{n} e_i = 0 \quad ; \quad \sum_{i=1}^{n} x_{ij} e_i = 0 \quad ; \quad \sum_{i=1}^{n} y_i = \sum_{i=1}^{n} \hat{y}_i \quad ; \quad \sum_{i=1}^{n} \hat{y}_i e_i = 0$$

説明変数の全観測値にわたる標本平均を

$$\overline{\boldsymbol{x}} := (1, \overline{x}_1, \overline{x}_2, \ldots, \overline{x}_r) = \frac{1}{n} \sum_{i=1}^{n} \boldsymbol{x}_i \quad ; \quad \overline{x}_j = \frac{1}{n} \sum_{i=1}^{n} x_{ij} \quad 1 \leq j \leq r$$

で表す．目的変数の観測値と予測値の全観測値にわたる標本平均は

$$\overline{y} := \frac{1}{n} \sum_{i=1}^{n} y_i \quad ; \quad \overline{\hat{y}} := \frac{1}{n} \sum_{i=1}^{n} \hat{y}_i = \frac{1}{n} \sum_{i=1}^{n} (y_i - e_i) = \overline{y} = \overline{\boldsymbol{x}} \hat{\boldsymbol{\beta}}$$

である．従って，説明変数と予測値の標本平均を座標とする中心点 $(\overline{\boldsymbol{x}}, \overline{y})$ は回帰平面 $y = \boldsymbol{x} \hat{\boldsymbol{\beta}}$ の上に位置する．

8.3.2 偏回帰変数の平均と分散共分散

最小 2 乗法により求められた偏回帰係数の推定値 $\hat{\boldsymbol{\beta}} := (\hat{\beta}_0, \hat{\beta}_1, \hat{\beta}_2, \ldots, \hat{\beta}_r)^\top$ は $(r+1)$ 変量正規分布に従う．その平均と分散共分散を計算する．

まず，平均については，$E[\boldsymbol{y}] = E[X\boldsymbol{\beta} + \boldsymbol{\varepsilon}] = X\boldsymbol{\beta}$ より

$$E[\hat{\boldsymbol{\beta}}] = E\left[\left(X^\top X\right)^{-1} X^\top \boldsymbol{y}\right] = \left(X^\top X\right)^{-1} X^\top E[\boldsymbol{y}]$$
$$= \left(X^\top X\right)^{-1} X^\top X \boldsymbol{\beta} = \boldsymbol{\beta}$$

が得られるので，

$$E[\hat{\beta}_j] = \beta_j \quad 0 \leq j \leq r \tag{8.6}$$

である．従って，$\hat{\beta}_j$ は β_j の不偏点推定量である．

次に，分散と共分散については，$\mathrm{Var}[\boldsymbol{y}] := (\mathrm{Cov}[y_i, y_j]) = \sigma^2 I$ により，

8.3 線形重回帰モデル

$$
\begin{aligned}
\text{Var}[\hat{\boldsymbol{\beta}}] &= \text{Var}\left[\left(X^\top X\right)^{-1} X^\top \boldsymbol{y}\right] \\
&= \left(X^\top X\right)^{-1} X^\top \text{Var}[\boldsymbol{y}] \left[\left(X^\top X\right)^{-1} X^\top\right]^\top \\
&= \sigma^2 \left(X^\top X\right)^{-1} X^\top X \left(X^\top X\right)^{-1} \\
&= \sigma^2 \left(X^\top X\right)^{-1} = \sigma^2 C
\end{aligned}
$$

が得られる．ここで，$(r+1) \times (r+1)$ 行列

$$C := \left(X^\top X\right)^{-1}$$

を定義した．従って，

$$\text{Var}[\hat{\beta}_j] = \sigma^2 C_{jj} \quad ; \quad \text{Cov}[\hat{\beta}_i, \hat{\beta}_j] = \sigma^2 C_{ij} \qquad 0 \le i, j \le r \tag{8.7}$$

である．これらの結果をまとめると，偏回帰係数の推定値 $\hat{\boldsymbol{\beta}}$ は $(r+1)$ 変量正規分布 $\mathcal{N}(\boldsymbol{\beta}, \sigma^2 C)$ に従うということができる．

8.3.3 分散分析

第 8.2.2 項で単回帰の場合に示したように，重回帰における分散分析でも

回帰平方和： $\displaystyle S_\text{R} := \sum_{i=1}^n (\hat{y}_i - \overline{y})^2 = \hat{\boldsymbol{\beta}}^\top X^\top \boldsymbol{y} - n\overline{y}^2$,

残差平方和： $\displaystyle S_\text{E} := \sum_{i=1}^n (y_i - \hat{y}_i)^2 = \boldsymbol{y}^\top \boldsymbol{y} - \hat{\boldsymbol{\beta}}^\top X^\top \boldsymbol{y}$,

総平方和： $\displaystyle S_\text{T} := \sum_{i=1}^n (y_i - \overline{y})^2 = \boldsymbol{y}^\top \boldsymbol{y} - n\overline{y}^2$

が定義されて，$S_\text{T} = S_\text{R} + S_\text{E}$ の関係がある．

これらの統計的性質は以下のとおりである（導出は章末付録 3 を参照）．

(i) S_E/σ^2 は自由度 $n-r-1$ の χ^2 分布に従い，$E[S_\text{E}] = (n-r-1)\sigma^2$．
(ii) S_R/σ^2 は非心度 $\lambda = \boldsymbol{\beta}_*^\top (X_\text{C}^\top X_\text{C}) \boldsymbol{\beta}_* / \sigma^2$，自由度 r の非心 χ^2 分布に従い，$E[S_\text{R}] = (r+\lambda)\sigma^2$ である．ここで，

$$\boldsymbol{\beta}_* := (\beta_1, \beta_2, \ldots, \beta_r)^\top \quad ; \quad \overline{x}_j := \frac{1}{n}\sum_{i=1}^{n} x_{ij} \quad 1 \leq j \leq r,$$

$$X_\mathrm{C} := \begin{pmatrix} x_{11} - \overline{x}_1 & x_{12} - \overline{x}_2 & \cdots & x_{1r} - \overline{x}_r \\ x_{21} - \overline{x}_1 & x_{22} - \overline{x}_2 & \cdots & x_{2r} - \overline{x}_r \\ \vdots & \vdots & \ddots & \vdots \\ x_{n1} - \overline{x}_1 & x_{n2} - \overline{x}_2 & \cdots & x_{nr} - \overline{x}_r \end{pmatrix} \tag{8.8}$$

とする.従って,もし $\beta_1 = \beta_2 = \cdots = \beta_r = 0$ なら,S_R/σ^2 は自由度 r の χ^2 分布に従い,$E[S_\mathrm{R}] = r\sigma^2$ である.

(iii) S_E と S_R は独立である.
(iv) S_E と $\hat{\boldsymbol{\beta}}$ は独立である.

また,総平方和のうち回帰平方和が占める割合を表す**決定係数**

$$R^2 := \frac{S_\mathrm{R}}{S_\mathrm{T}} = \frac{S_\mathrm{R}}{S_\mathrm{R} + S_\mathrm{E}} = \frac{\sum_{i=1}^{n}(\hat{y}_i - \overline{y})^2}{\sum_{i=1}^{n}(y_i - \overline{y})^2} \tag{8.9}$$

の値が 1 に近いほど,良い線形回帰モデルであると考えられる.

8.3.4 誤差分散と偏回帰係数の区間推定

(1) 誤差分散の信頼区間

線形重回帰モデルにおける誤差分散 σ^2 に対する信頼区間は,統計量

$$\frac{S_\mathrm{E}}{\sigma^2} = \frac{(n-r-1)\hat{\sigma}^2}{\sigma^2}$$

が自由度 $n-r-1$ の χ^2 分布に従うことを利用して求めることができる.自由度 $n-r-1$ の χ^2 分布に従う統計量が x 以上の値を取る確率が $\alpha/2$ となる点 x を $\chi_{n-r-1}^{(\alpha/2)}$ と書き,y 以下の値を取る確率が $\alpha/2$ となる点 y を $\chi_{n-r-1}^{(1-\alpha/2)}$ と書くと,

$$P\left\{\chi_{n-r-1}^{(1-\alpha/2)} < \frac{(n-r-1)\hat{\sigma}^2}{\sigma^2} < \chi_{n-r-1}^{(\alpha/2)}\right\} = 1 - \alpha$$

が成り立つ.これより,誤差分散 σ^2 の $100(1-\alpha)$%信頼区間として,

$$\frac{(n-r-1)\hat{\sigma}^2}{\chi_{n-r-1}^{(\alpha/2)}} < \sigma^2 < \frac{(n-r-1)\hat{\sigma}^2}{\chi_{n-r-1}^{(1-\alpha/2)}}$$

が得られる．

(2) 個々の偏回帰係数の信頼区間

次に，個々の偏回帰係数 β_j の信頼区間を考える $(0 \leq j \leq r)$．式 (8.2) により，目的変数 y_i は平均 $\beta_0 + \sum_{j=1}^{r} \beta_j x_{ij}$，分散 σ^2 の正規分布に従う．そして，式 (8.5) により，$\hat{\beta}_j$ は $(y_1, y_2, \ldots, y_n)$ の線形結合であるから，正規分布に従う．$\hat{\beta}_j$ の平均と分散は式 (8.6) と (8.7) に示したとおりである．よって，統計量

$$\frac{\hat{\beta}_j - \beta_j}{\sqrt{\sigma^2 C_{jj}}}$$

は標準正規分布に従う．一方，統計量 $(n-r-1)\hat{\sigma}^2/\sigma^2$ は自由度 $n-r-1$ の χ^2 分布に従い，$\hat{\boldsymbol{\beta}}$ と独立である（章末付録 3）．このことから，統計量

$$\frac{\hat{\beta}_j - \beta_j}{\sqrt{\sigma^2 C_{jj}}} \bigg/ \sqrt{\frac{\hat{\sigma}^2}{\sigma^2}} = \frac{\hat{\beta}_j - \beta_j}{\sqrt{\hat{\sigma}^2 C_{jj}}} \qquad 0 \leq j \leq r$$

は，自由度 $n-r-1$ の t 分布に従うことが分かる．ここで，$\sqrt{\hat{\sigma}^2 C_{jj}}$ は偏回帰係数 $\hat{\beta}_j$ の**標準誤差**である．

t 分布は原点の両側に対称なので，自由度 $n-r-1$ の t 分布に従う統計量が正の領域で確率が x 以上の値を取る確率が $\alpha/2$ となる点 x を $t_{n-r-1}^{(\alpha/2)}$ と書くと，

$$P\left\{-t_{n-r-1}^{(\alpha/2)} < \frac{\hat{\beta}_j - \beta_j}{\sqrt{\hat{\sigma}^2 C_{jj}}} < t_{n-r-1}^{(\alpha/2)}\right\} = 1 - \alpha \qquad 0 \leq j \leq r$$

が成り立つ．これより，偏回帰係数 β_j の $100(1-\alpha)$%信頼区間

$$\hat{\beta}_j - t_{n-r-1}^{(\alpha/2)}\sqrt{\hat{\sigma}^2 C_{jj}} < \beta_j < \hat{\beta}_j + t_{n-r-1}^{(\alpha/2)}\sqrt{\hat{\sigma}^2 C_{jj}} \qquad 0 \leq j \leq r$$

が得られる．

(3) すべての偏回帰係数の同時信頼区間

すべての偏回帰係数 $\boldsymbol{\beta} := (\beta_0, \beta_1, \beta_2, \ldots, \beta_r)^\top$ の**同時信頼区間** (simultaneous confidence interval) を考える．
$n \times (r+1)$ 行列 X に対する **QR 分解** (QR factorization) $X = QR$ によれば[*4]，$n \times (r+1)$ 行列 Q の各列のベクトルは互いに直交して，$Q^\top Q = I_{r+1}$ かつ $QQ^\top = I_n$ であり，$(r+1) \times (r+1)$ 行列 R は上三角行列である（I_n は n 次単位行列）．このとき，$X^\top X = (QR)^\top(QR) = R^\top Q^\top QR = R^\top R$ となるので，

$$C = (X^\top X)^{-1} = (R^\top R)^{-1} = R^{-1}(R^\top)^{-1}$$

と書くことができる．従って，$(r+1)$ 次列ベクトル

---

*4 QR 分解では，任意の $n \times m$ 行列 A $(n \geq m)$ に対して，各列のベクトルが正規化され互いに直交する $n \times m$ 行列 Q と，$m \times m$ 上三角行列 R が一意的に存在し，$A = QR$ となる．このような Q と R は **Gram-Schmidt の正規直交化法** (Gram-Schmidt orthonormalization) で作ることができる．そのために，$A = (\boldsymbol{a}_1, \boldsymbol{a}_2, \ldots, \boldsymbol{a}_m)$ として，逐次的に

$$\boldsymbol{b}_1 = \boldsymbol{a}_1 \;\; ; \;\; \boldsymbol{b}_k := \boldsymbol{a}_k - \sum_{j=1}^{k-1} x_{jk} \boldsymbol{b}_j \;\; : \;\; x_{jk} = \frac{\boldsymbol{b}_j^\top \boldsymbol{a}_k}{\|\boldsymbol{b}_j\|^2} \qquad 1 \leq j < k \leq m$$

を決める．ここで，$\|\boldsymbol{b}_j\|^2 := \boldsymbol{b}_j^\top \boldsymbol{b}_j$ とする．$B = (\boldsymbol{b}_1, \boldsymbol{b}_2, \ldots, \boldsymbol{b}_m)$ とおくと，

$$A = (\boldsymbol{b}_1, \boldsymbol{b}_2, \ldots, \boldsymbol{b}_m) \begin{pmatrix} 1 & x_{12} & \cdots & x_{1m} \\ 0 & 1 & \cdots & x_{2m} \\ \vdots & \vdots & \ddots & \vdots \\ 0 & 0 & \cdots & 1 \end{pmatrix} = BX$$

と書くことができ，B の各列のベクトルは互いに直交することが分かる．B の各列のベクトルを正規化するために，$m \times m$ 対角行列（対角要素だけが 0 でない正方行列）

$$D := \mathrm{diag}\left(\|\boldsymbol{b}_1\|, \|\boldsymbol{b}_2\|, \ldots, \|\boldsymbol{b}_m\|\right),$$
$$D^{-1} = \mathrm{diag}\left(\|\boldsymbol{b}_1\|^{-1}, \|\boldsymbol{b}_2\|^{-1}, \ldots, \|\boldsymbol{b}_m\|^{-1}\right)$$

を用いると，

$$A = BX = BD^{-1}DX = QR \quad ; \quad Q := BD^{-1}, \quad R = DX$$

が得られる．このとき，Q の各列のベクトルは正規化されており，互いに直交する．

8.3 線形重回帰モデル

$$\boldsymbol{z} := (z_0, z_1, z_2, \ldots, z_r)^\top = R(\hat{\boldsymbol{\beta}} - \boldsymbol{\beta})/\sigma$$

は $(r+1)$ 変量正規分布に従い，その平均は $E[\boldsymbol{z}] = \boldsymbol{0}$ であり，分散は

$$\mathrm{Var}[\boldsymbol{z}] = \frac{1}{\sigma^2}\mathrm{Var}[R(\hat{\boldsymbol{\beta}} - \boldsymbol{\beta})] = \frac{1}{\sigma^2}\mathrm{Var}[R\hat{\boldsymbol{\beta}}] = \frac{1}{\sigma^2}R\,\mathrm{Var}[\hat{\boldsymbol{\beta}}]\,R^\top$$
$$= \frac{1}{\sigma^2}R(\sigma^2 C)R^\top = RCR^\top = RR^{-1}(R^\top)^{-1}R^\top = I_{r+1}$$

となる．よって，$\boldsymbol{z}$ の各要素 z_j は独立に標準正規分布に従う．このとき，

$$\boldsymbol{z}^\top \boldsymbol{z} = \sum_{j=0}^{r} z_j^2 = \frac{1}{\sigma^2}(\hat{\boldsymbol{\beta}} - \boldsymbol{\beta})^\top X^\top X(\hat{\boldsymbol{\beta}} - \boldsymbol{\beta})$$

は自由度 $r+1$ の χ^2 分布に従う．
一方，統計量 $(n-r-1)\hat{\sigma}^2/\sigma^2$ は自由度 $n-r-1$ の χ^2 分布に従い，$\hat{\boldsymbol{\beta}}$ と独立であるので，$\boldsymbol{z}^\top \boldsymbol{z}$ とも独立である．従って，統計量

$$\frac{\boldsymbol{z}^\top \boldsymbol{z}/(r+1)}{\hat{\sigma}^2/\sigma^2} = \frac{(\hat{\boldsymbol{\beta}} - \boldsymbol{\beta})^\top X^\top X(\hat{\boldsymbol{\beta}} - \boldsymbol{\beta})}{(r+1)\hat{\sigma}^2}$$

は自由度 $(r+1, n-r-1)$ の F 分布に従うことが分かる．すなわち，自由度 $(r+1, n-r-1)$ の F 分布に従う統計量 $\hat{F}_{(r+1, n-r-1)}$ が x 以上の値を取る確率が α となる点 x を $F^{(\alpha)}_{(r+1, n-r-1)}$ と書くと，

$$P\left\{\frac{(\hat{\boldsymbol{\beta}} - \boldsymbol{\beta})^\top X^\top X(\hat{\boldsymbol{\beta}} - \boldsymbol{\beta})}{(r+1)\hat{\sigma}^2} < F^{(\alpha)}_{(r+1, n-r-1)}\right\} = 1 - \alpha$$

が成り立つ．これより $100(1-\alpha)\%$ 同時信頼区間として，$\boldsymbol{\beta}$ の $(r+1)$ 次元直交座標空間における楕円体

$$(\hat{\boldsymbol{\beta}} - \boldsymbol{\beta})^\top X^\top X(\hat{\boldsymbol{\beta}} - \boldsymbol{\beta}) < (r+1)\hat{\sigma}^2 F^{(\alpha)}_{(r+1, n-r-1)}$$

が得られる．例えば，単回帰分析の場合 $(r=1)$ には，(β_0, β_1) 平面上の楕円形領域

$$n(\hat{\beta}_0 - \beta_0)^2 + 2(\hat{\beta}_0 - \beta_0)(\hat{\beta}_1 - \beta_1)\sum_{i=1}^{n} x_i + (\hat{\beta}_1 - \beta_1)^2 \sum_{i=1}^{n} x_i^2 < 2\hat{\sigma}^2 F^{(\alpha)}_{(2, n-2)} \tag{8.10}$$

となる．この数値例を第 8.2.6 項の図 8.3 に示す．

8.3.5 偏回帰係数の仮説検定

(1) 個々の偏回帰係数の仮説検定

線形重回帰モデル (8.1) において，j 番目の説明変数 $(x_{1j}, x_{2j}, \ldots, x_{nj})^\top$ を考えることが妥当であるかどうかを個々に判断するために，

$$\text{帰無仮説 } H_0 : \beta_j = 0 \quad ; \quad \text{対立仮説 } H_1 : \beta_j \neq 0$$

を検定する $(0 \leq j \leq r)$．前項で示したように，もし帰無仮説 $H_0 : \beta_j = 0$ が成り立てば，$\hat{\beta}_j$ の **t 値**

$$t_j := \frac{\hat{\beta}_j}{\sqrt{\hat{\sigma}^2 C_{jj}}}$$

は自由度 $n-r-1$ の t 分布に従う．このとき，もし $|t_j|$ が大きな値であれば，自由度 $n-r-1$ の t 分布に従う統計量 $\hat{t}_{n-r-1}$ が $|t_j|$ よりも大きい値を取ることは起こりにくいと考えられる．t 分布は原点の両側に対称な分布であるので，

$$p_j = \begin{cases} 2P\left\{\hat{t}_{n-r-1} > \hat{\beta}_j / \sqrt{\hat{\sigma}^2 C_{jj}}\right\} & \hat{\beta}_j > 0 \text{ のとき} \\ 2P\left\{\hat{t}_{n-r-1} < \hat{\beta}_j / \sqrt{\hat{\sigma}^2 C_{jj}}\right\} & \hat{\beta}_j < 0 \text{ のとき} \end{cases} \quad 0 \leq j \leq r$$

が $\hat{\beta}_j$ の **p 値**である．これは，帰無仮説 H_0 が正しいとするとき，自由度 $n-r-1$ の t 分布に従う統計量が観測結果から計算された t 値よりも（絶対値において）大きくなる確率である．従って，p 値があらかじめ設定された有意水準に比べて小さければ，帰無仮説 H_0 を棄却する，すなわち，j 番目の説明変数を用いることは妥当であると判断する．この判断が間違いである確率が p 値として与えられる．

(2) 線形重回帰モデルの妥当性

線形重回帰モデル全体が妥当であるかどうかを

$$\text{帰無仮説 } H_0 : \beta_1 = \beta_2 = \cdots = \beta_r = 0,$$

対立仮説 H_1 : 少なくとも 1 つの j について $\beta_j \neq 0$

により仮説検定する．

そのために，S_E と S_R は独立であり，S_E/σ^2 は自由度 $n-r-1$ の χ^2 分布に従い，もし上の帰無仮説 H_0 が成り立つならば，S_R/σ^2 は自由度 r の χ^2 分布に従うことを利用する．このとき，F 値

$$F := \frac{S_\mathrm{R}/r}{S_\mathrm{E}/(n-r-1)} = \frac{(n-r-1)R^2}{r(1-R^2)}$$

(R^2 は式 (8.9) に与えられている決定係数) は自由度 $(r, n-r-1)$ の F 分布に従う．帰無仮説 H_0 のもとでは，もし F が大きな値であれば，自由度 $(r, n-r-1)$ の F 分布に従う統計量 $\hat{F}_{(r,n-r-1)}$ が F よりも大きい値を取ることは起こりにくいと考えられる．従って，

$$p = P\{\hat{F}_{(r,n-r-1)} > F\}$$

が p 値である．もし p 値があらかじめ設定された有意水準に比べて小さければ，帰無仮説 H_0 を棄却する，すなわち，線形重回帰モデルは妥当であると判断する（この判断が間違いである確率が p 値である）．

8.3.6　目的変数の推定値と新しい観測値の区間推定

　説明変数の観測値 $\boldsymbol{x}_0 = (1, x_{01}, x_{02}, \ldots, x_{0r})^\top$ に対応する目的変数の推定値 $y_0 = \boldsymbol{x}_0^\top \boldsymbol{\beta}$ が，回帰平面上の予測値 $\hat{y}_0 = \boldsymbol{x}_0^\top \hat{\boldsymbol{\beta}}$ からどれくらい離れているかという区間推定を示す．

　予測値 $\hat{y}_0$ は正規分布に従い，その平均と分散は

$$E[\hat{y}_0] = \boldsymbol{x}_0^\top E[\hat{\boldsymbol{\beta}}] = \boldsymbol{x}_0^\top \boldsymbol{\beta} = y_0 \quad ; \quad \mathrm{Var}[\hat{y}_0] = \boldsymbol{x}_0^\top \mathrm{Var}[\hat{\boldsymbol{\beta}}] \boldsymbol{x}_0 = \sigma^2 \boldsymbol{x}_0^\top C \boldsymbol{x}_0$$

で与えられる．従って，$\hat{y}_0$ は y_0 の不偏点推定であり，統計量

$$\frac{\hat{y}_0 - y_0}{\sqrt{\mathrm{Var}[y_0]}} = \frac{\hat{y}_0 - y_0}{\sqrt{\sigma^2 \boldsymbol{x}_0^\top C \boldsymbol{x}_0}}$$

は標準正規分布に従う．しかし σ^2 は未知である．そこで，$S_E/\sigma^2 = (n-r-1)\hat{\sigma}^2/\sigma^2$ が自由度 $n-r-1$ の χ^2 分布に従い，($\hat{\boldsymbol{\beta}}$ と独立なので) $\hat{y}_0$ と独立であるという性質を用いると，統計量

$$\frac{\hat{y}_0 - y_0}{\sqrt{\sigma^2 \boldsymbol{x}_0^\top C \boldsymbol{x}_0}} \bigg/ \sqrt{\frac{\hat{\sigma}^2}{\sigma^2}} = \frac{\hat{y}_0 - y_0}{\sqrt{\hat{\sigma}^2 \boldsymbol{x}_0^\top C \boldsymbol{x}_0}}$$

は自由度 $n-r-1$ の t 分布に従うことが分かる．これより，目的変数の推定値 y_0 の $100(1-\alpha)\%$ 信頼区間として

$$\hat{y}_0 - t_{n-r-1}^{(\alpha/2)} \sqrt{\hat{\sigma}^2 \boldsymbol{x}_0^\top C \boldsymbol{x}_0} < y_0 < \hat{y}_0 + t_{n-r-1}^{(\alpha/2)} \sqrt{\hat{\sigma}^2 \boldsymbol{x}_0^\top C \boldsymbol{x}_0}$$

が得られる．

説明変数の新しい観測値 $\boldsymbol{x}' = (1, x_1', x_2', \ldots, x_r')^\top$ に対応する目的変数 $y' = (\boldsymbol{x}')^\top \boldsymbol{\beta} + \varepsilon'$ が，回帰平面が与える予測値 $\hat{y}' = (\boldsymbol{x}')^\top \hat{\boldsymbol{\beta}}$ からどれくらい離れているかという区間推定についても，同様にして y' の $100(1-\alpha)\%$ 予測区間として

$$\hat{y}' - t_{n-r-1}^{(\alpha/2)} \sqrt{\hat{\sigma}^2 \{1 + (\boldsymbol{x}')^\top C \boldsymbol{x}'\}} < y' < \hat{y}' + t_{n-r-1}^{(\alpha/2)} \sqrt{\hat{\sigma}^2 \{1 + (\boldsymbol{x}')^\top C \boldsymbol{x}'\}}$$

が得られる．

8.3.7 数 値 例

表 8.1 に示された 2012 年ロンドン・オリンピック体操男子団体予選総合得点の例において，鉄棒の得点を他の 5 種目（床運動，鞍馬，つり輪，跳馬，平行棒）の得点で説明する重回帰分析を行う．8 か国の鉄棒の得点を目的変数とし，8 次列ベクトル $\boldsymbol{y}$ で表す．また，鉄棒以外の 5 種目に関する 8 か国の得点を説明変数群とし，8×6 の行列 X とする．観測値の数は国の数 $n=8$ であり，説明変数の数は $r=5$ である．

$$X = \begin{pmatrix} 1 & 46.165 & 43.965 & 45.332 & 48.000 & 45.182 \\ 1 & 45.066 & 43.466 & 45.799 & 48.166 & 45.666 \\ 1 & 45.832 & 44.833 & 44.199 & 48.333 & 44.024 \\ 1 & 45.332 & 43.266 & 44.766 & 46.533 & 45.758 \\ 1 & 45.632 & 41.199 & 45.099 & 47.683 & 47.124 \\ 1 & 44.932 & 40.865 & 45.124 & 47.633 & 44.965 \\ 1 & 44.599 & 44.233 & 45.166 & 48.515 & 43.765 \\ 1 & 44.333 & 42.932 & 43.165 & 45.765 & 45.366 \end{pmatrix}, \quad \boldsymbol{y} = \begin{bmatrix} 46.698 \\ 44.432 \\ 45.199 \\ 45.233 \\ 43.766 \\ 46.466 \\ 43.532 \\ 44.198 \end{bmatrix}$$

このとき,

$$X^\top X = \begin{pmatrix} 8.00000 & 361.891 & 344.759 & 358.65 & 380.628 & 361.850 \\ 361.891 & 16373.4 & 15596.8 & 16225.3 & 17219.9 & 16369.6 \\ 344.759 & 15596.8 & 14871.2 & 15455.2 & 16405.9 & 15587.3 \\ 358.650 & 16225.3 & 15455.2 & 16083.4 & 17067.8 & 16223.0 \\ 380.628 & 17219.9 & 16405.9 & 17067.8 & 18116.1 & 17213.6 \\ 361.850 & 16369.6 & 15587.3 & 16223.0 & 17213.6 & 16374.7 \end{pmatrix}$$

および

$$X^\top \boldsymbol{y} = (359.524, 16266.1, 15492.8, 16119.0, 17105.9, 16260.6)^\top$$

となる. 回帰係数の推定値 $\hat{\boldsymbol{\beta}}$ は, 式 (8.5) により,

$$\hat{\boldsymbol{\beta}} = (68.0283, 2.1479, -0.5916, 1.1183, -1.5750, -1.5467)^\top$$

となる. この結果は

鉄棒の得点 $\approx 68.028 + 2.1479 \times$ 床運動の得点 $- 0.5916 \times$ 鞍馬の得点
$+ 1.1183 \times$ つり輪の得点 $- 1.5750 \times$ 跳馬の得点
$- 1.5467 \times$ 平行棒の得点

と書くことができる. これは, 鉄棒の得点が床運動, およびつり輪の得点と正の関連性があり, 鞍馬, 跳馬, および平行棒の得点とは負の関連性があること

を示している.

このとき,鉄棒の得点の予測値は

$$\hat{\boldsymbol{y}} = X\hat{\boldsymbol{\beta}} = (46.393, 43.840, 45.163, 45.804, 44.119, 46.259, 44.065, 43.88)^\top$$

で与えられ,実際の観測値との誤差は

$$\boldsymbol{e} = \boldsymbol{y} - \hat{\boldsymbol{y}} = (0.305, 0.592, 0.036, -0.571, -0.353, 0.207, -0.533, 0.317)^\top$$

となっている.予測の中心点は

$$\overline{\boldsymbol{x}} = (1, 45.236, 43.095, 44.831, 47.579, 45.231)^\top \quad ; \quad \overline{y} = 44.9405$$

であるから,$\overline{y} = \overline{\boldsymbol{x}}\hat{\boldsymbol{\beta}}$ が成り立っている.

回帰の当てはまりの良さを見ると,重相関係数は

$$R = \frac{8.4179}{\sqrt{9.7415 \times 8.4179}} = 0.9296$$

であるから,かなり 1 に近く,適合度が高いことが分かる.また,総平方和,回帰平方和,残差平方和は,それぞれ

$$S_\mathrm{T} = 9.7415 \quad ; \quad S_\mathrm{R} = 8.4179 \quad ; \quad S_\mathrm{E} = 1.3237$$

となるので,決定係数は

$$R^2 = \frac{S_\mathrm{R}}{S_\mathrm{T}} = 0.8641$$

である.これらの値を用いた偏回帰係数 $\hat{\beta}_j$ の検定と信頼区間を表 8.3 に示す.

表 8.3 偏回帰係数 β_j $(0 \leq j \leq 5)$ の検定と信頼区間.

j	0	1	2	3	4	5
$\hat{\beta}_j$	68.0283	2.1479	-0.5916	1.1183	-1.5750	-1.5467
$\sqrt{\hat{\sigma}^2 C_{jj}}$	33.5172	0.6619	0.3146	0.6672	0.6783	0.5361
t 値	2.0297	3.2453	-1.8805	1.6761	-2.3218	-2.8848
p 値	0.1795	0.0833	0.2008	0.2357	0.1460	0.1021
下限 60%	4.828	0.900	-1.185	-0.140	-2.854	-2.558
上限 60%	131.229	3.396	0.002	2.376	-0.296	-0.536

例えば，仮説 $\beta_1 = 0$ は 8.3%の確率で棄却できる．また，β_1 の推定値は 2.148 であり，60%の確率で $0.9 < \beta_1 < 3.4$ であるということができる（この信頼区間は狭くない）．

線形重回帰モデルの妥当性を検証するための分散分析では，F 値が

$$F = \frac{S_\mathrm{R}/r}{S_\mathrm{E}/(n-r-1)} = \frac{8.4179/5}{1.3237/2} = 2.5438$$

となるので，自由度 (5,2) の F 分布に従う統計量が F 値より大きい値を取る確率として，p 値は 0.306 となる．従って，上で得られた線形重回帰モデルは約 70%の確率で妥当であると判断できる．

付録 1：回帰分析に現れる統計分布

本章における線形回帰分析に現れる統計分布として，正規分布，χ^2 分布，t 分布，および F 分布の形状を示し，それらの間の関係を述べる．

(1) **正規分布** (normal distribution)

平均 μ と分散 σ^2 をもつ正規分布 $\mathcal{N}(\mu, \sigma^2)$ の密度関数は

$$f(t) = \frac{1}{\sqrt{2\pi\sigma^2}} \exp\left[-\frac{(t-\mu)^2}{2\sigma^2}\right] \quad -\infty < t < \infty$$

で与えられる．特に，正規分布 $\mathcal{N}(0,1)$ を **標準正規分布** (standard normal distribution) という．

平均ベクトル $\boldsymbol{\mu} := (\mu_1, \mu_2, \ldots, \mu_n)^\top$ と分散共分散行列 $\Sigma := (\sigma_{ij}^2)$, $1 \leq i, j \leq n$, をもつ n 次元 **多変量正規分布** $\mathcal{N}(\boldsymbol{\mu}, \Sigma)$ の結合密度関数は

$$f(\boldsymbol{t}) = \frac{1}{\sqrt{(2\pi)^n |\Sigma|}} \exp\left[-\frac{1}{2}(\boldsymbol{t}-\boldsymbol{\mu})^\top \Sigma^{-1} (\boldsymbol{t}-\boldsymbol{\mu})\right], \quad \boldsymbol{t} := (t_1, t_2, \ldots, t_n)^\top$$

で与えられる．ここで，$|\Sigma|$ は Σ の行列式，Σ^{-1} は Σ の逆行列である．

(2) **χ^2 (カイ 2 乗) 分布** (chi-square distribution)

自由度 n の χ^2 分布の密度関数は

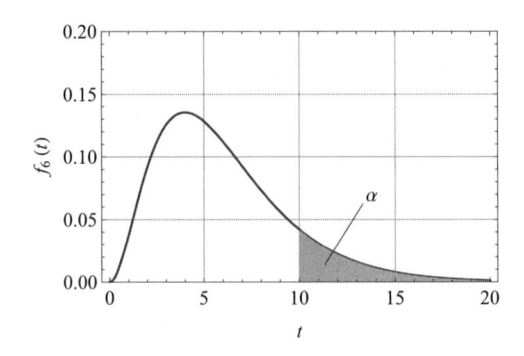

図 8.4 自由度 6 の χ^2 分布の密度関数.

$$f_n(t) = \frac{t^{(n/2)-1}e^{-t/2}}{2^{n/2}\Gamma(n/2)} \qquad t \geq 0$$

で与えられる．ここで $\Gamma(x)$ は**ガンマ関数** (gamma function) である[*5]．図 8.4 に自由度 6 の χ^2 分布の密度関数を示す．自由度 n の χ^2 分布に従う統計量 $\hat{\chi}_n$ が x 以上の値を取る確率が α となる点 x を $100(1-\alpha)$%値と呼び，$\chi_n^{(\alpha)}$ と書く．

$$P\left\{\hat{\chi}_n > \chi_n^{(\alpha)}\right\} = \alpha$$

(3) **t 分布** (t distribution)

Student の t 分布 (Student's t distribution) ともいう[*6]．自由度 n の t 分布の密度関数は

[*5]
$$\Gamma(x) := \int_0^\infty t^{x-1}e^{-t}dt \qquad x > 0$$

n が正の整数のとき　$\Gamma(n) = (n-1)!$ ；$\Gamma\left(\dfrac{1}{2}\right) = \sqrt{\pi}$

n が正の奇数のとき　$\Gamma\left(\dfrac{n}{2}\right) = \left(\dfrac{n}{2}-1\right)\left(\dfrac{n}{2}-2\right)\cdots\left(\dfrac{3}{2}\right)\left(\dfrac{1}{2}\right)\sqrt{\pi}$

[*6] William Sealy Gosset (1876–1937, イギリスの統計学者) は "A. Student" という筆名で (彼が当時働いていたアイルランド Dublin の Guiness 醸造所では従業員が実名で論文を発表することを許可しなかった)，論文 The probable error of a mean, *Biometrika*, Vol.6, No.1, pp.1–25, March 1908 を発表した．

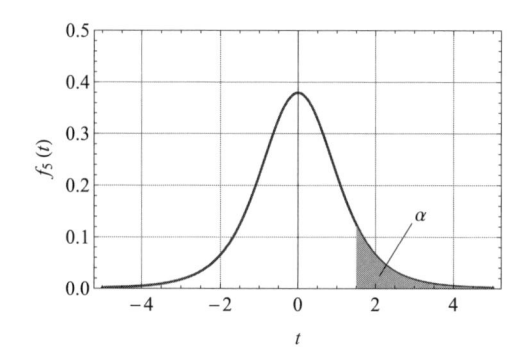

図 8.5 自由度 5 の t 分布の密度関数.

$$f_n(t) = \frac{\Gamma((n+1)/2)}{\sqrt{n\pi}\,\Gamma(n/2)} \left(1 + \frac{t^2}{n}\right)^{-(n+1)/2} \qquad -\infty < t < \infty$$

で与えられる．この分布の密度関数は $t=0$ の両側に対称である．自由度が ∞ の t 分布は標準正規分布である．図 8.5 に自由度 5 の t 分布の密度関数を示す．自由度 n の t 分布に従う統計量 $\hat{t}_n$ が正の領域で x 以上の値を取る確率が α となる点 x を $100(1-\alpha)$%値と呼び，$t_n^{(\alpha)}$ と書く．

$$P\left\{\hat{t}_n > t_n^{(\alpha)}\right\} = \alpha$$

(4) **F 分布** (F distribution)

F 分布は，イギリスの統計学者 Sir Ronald Aylmer Fisher (1890–1962) に因む名称である．

自由度 (m,n) の F 分布の密度関数は

$$f_{(m,n)}(t) = \frac{m^{m/2} n^{n/2} \Gamma((m+n)/2)}{\Gamma(m/2)\Gamma(n/2)} t^{(m-2)/2} (n+mt)^{-(m+n)/2} \qquad t \geq 0$$

で与えられる．図 8.6 に自由度 (5,2) の F 分布の密度関数を示す．自由度 (m,n) の F 分布に従う統計量 $\hat{F}_{(m,n)}$ が x 以上の値を取る確率が α となる点 x を $100(1-\alpha)$%値と呼び，$F_{(m,n)}^{(\alpha)}$ と書く．

$$P\left\{\hat{F}_{(m,n)} > F_{(m,n)}^{(\alpha)}\right\} = \alpha$$

8章 ビジネスデータの線形回帰モデル

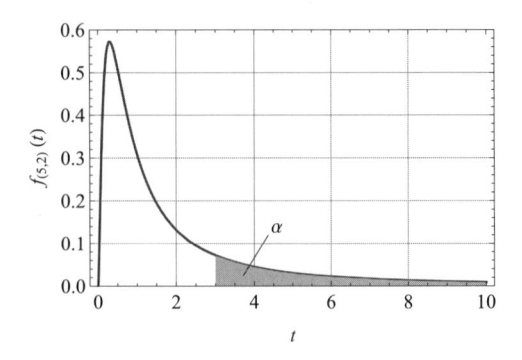

図 8.6 自由度 (5,2) の F 分布の密度関数.

(5) 諸分布の間の関係

  (a) 統計量 X が正規分布 $\mathcal{N}(\mu_1, \sigma_1^2)$ に従い，統計量 Y が正規分布 $\mathcal{N}(\mu_2, \sigma_2^2)$ に従い，X と Y が独立であるとき，統計量 $X+Y$ は正規分布 $\mathcal{N}(\mu_1+\mu_2, \sigma_1^2+\sigma_2^2)$ に従う．

  (b) それぞれ標準正規分布に従う独立な n 個の統計量の 2 乗の和は自由度 n の χ^2 分布に従う．自由度 n の χ^2 分布の平均は n である．

  (c) 統計量 X が自由度 m の χ^2 分布に従い，統計量 Y が自由度 n の χ^2 分布に従い，X と Y が独立であるとき，統計量 $X+Y$ は自由度 $m+n$ の χ^2 分布に従う．

  (d) 統計量 X が標準正規分布に従い，統計量 Y が自由度 n の χ^2 分布に従い，X と Y が独立であるとき，統計量 $X/\sqrt{Y/n}$ は自由度 n の t 分布に従う．

  (e) 統計量 X が自由度 m の χ^2 分布に従い，統計量 Y が自由度 n の χ^2 分布に従い，X と Y が独立であるとき，統計量 $(X/m)/(Y/n)$ は自由度 (m,n) の F 分布に従う．

  (f) 統計量 X が自由度 n の t 分布に従うとき，X^2 は自由度 $(1,n)$ の F 分布に従う．

付録 2：回帰係数の平均と分散共分散の導出

第 8.2.1 項で示された回帰係数の平均と分散共分散に関する性質を導く．

(1) $\quad E[\bar{y}] = \beta_0 + \beta_1 \bar{x} \quad;\quad \mathrm{Var}[\bar{y}] = \dfrac{\sigma^2}{n}$

（証明）

$$E[\bar{y}] = E\left[\frac{1}{n}\sum_{i=1}^{n} y_i\right] = \frac{1}{n}\sum_{i=1}^{n} E[y_i] = \frac{1}{n}\sum_{i=1}^{n}(\beta_0 + \beta_1 x_i) = \beta_0 + \beta_1 \bar{x},$$

$$\mathrm{Var}[\bar{y}] = \mathrm{Var}\left[\frac{1}{n}\sum_{i=1}^{n} y_i\right] = \frac{1}{n^2}\sum_{i=1}^{n} \mathrm{Var}[y_i] = \frac{n\sigma^2}{n^2} = \frac{\sigma^2}{n}$$

(2) $\quad E[\hat{\beta}_0] = \beta_0 \quad;\quad E[\hat{\beta}_1] = \beta_1.$

（証明）

$$E[\hat{\beta}_1] = E\left[\sum_{i=1}^{n} c_i y_i\right] = \sum_{i=1}^{n} c_i E[y_i] = \sum_{i=1}^{n} c_i(\beta_0 + \beta_1 x_i)$$
$$= \beta_0 \sum_{i=1}^{n} c_i + \beta_1 \sum_{i=1}^{n} c_i x_i = \beta_1,$$
$$E[\hat{\beta}_0] = E\left[\bar{y} - \hat{\beta}_1 \bar{x}\right] = E[\bar{y}] - E[\hat{\beta}_1]\bar{x} = \beta_0 + \beta_1 \bar{x} - \beta_1 \bar{x} = \beta_0$$

(3) $\quad E[\bar{y}\hat{\beta}_1] = (\beta_0 + \beta_1 \bar{x})\beta_1 \quad;\quad \mathrm{Cov}[\bar{y}, \hat{\beta}_1] = 0$

（証明）

$$E[\varepsilon_i \hat{\beta}_1] = E\left[\varepsilon_i \sum_{j=1}^{n} c_j y_j\right] = \sum_{j=1}^{n} c_j E[\varepsilon_i(\beta_0 + \beta_1 x_j + \varepsilon_j)]$$
$$= \sum_{j=1}^{n} c_j E[\varepsilon_i \varepsilon_j] = c_i \sigma^2 \qquad 1 \le i \le n,$$
$$E[\bar{y}\hat{\beta}_1] = E\left[\frac{1}{n}\sum_{i=1}^{n} y_i \hat{\beta}_1\right] = E\left[\frac{1}{n}\sum_{i=1}^{n}(\beta_0 + \beta_1 x_i + \varepsilon_i)\hat{\beta}_1\right]$$
$$= \frac{1}{n}\sum_{i=1}^{n}\left\{(\beta_0 + \beta_1 x_i)\beta_1 + E[\varepsilon_i \hat{\beta}_1]\right\}$$

$$= (\beta_0 + \beta_1\overline{x})\beta_1 + \frac{\sigma^2}{n}\sum_{i=1}^{n} c_i = (\beta_0 + \beta_1\overline{x})\beta_1,$$

$$\mathrm{Cov}[\overline{y}, \hat{\beta}_1] = E[\overline{y}\hat{\beta}_1] - E[\overline{y}]E[\hat{\beta}_1] = (\beta_0 + \beta_1\overline{x})\beta_1 - (\beta_0 + \beta_1\overline{x})\beta_1 = 0$$

(4) $\quad \mathrm{Var}[\hat{\beta}_0] = \dfrac{\sigma^2}{nS_{xx}}\sum_{i=1}^{n} x_i^2 \quad ; \quad \mathrm{Var}[\hat{\beta}_1] = \dfrac{\sigma^2}{S_{xx}} \quad ; \quad \mathrm{Cov}[\hat{\beta}_0, \hat{\beta}_1] = -\dfrac{\sigma^2 \overline{x}}{S_{xx}}$

(証明)

$$\mathrm{Var}[\hat{\beta}_1] = \mathrm{Var}\left[\sum_{i=1}^{n} c_i y_i\right] = \sum_{i=1}^{n} c_i^2 \mathrm{Var}[y_i] = \sigma^2 \sum_{i=1}^{n} c_i^2 = \frac{\sigma^2}{S_{xx}},$$

$$\mathrm{Cov}[\hat{\beta}_0, \hat{\beta}_1] = E[\hat{\beta}_0 \hat{\beta}_1] - E[\hat{\beta}_0]E[\hat{\beta}_1] = E[(\overline{y} - \hat{\beta}_1 \overline{x})\hat{\beta}_1] - \beta_0 \beta_1$$

$$= E[\overline{y}\hat{\beta}_1] - E\left[(\hat{\beta}_1)^2\right]\overline{x} - \beta_0 \beta_1$$

$$= (\beta_0 + \beta_1 \overline{x})\beta_1 - \left(\frac{\sigma^2}{S_{xx}} + \beta_1^2\right)\overline{x} - \beta_0 \beta_1 = -\frac{\sigma^2 \overline{x}}{S_{xx}},$$

$$\mathrm{Var}[\hat{\beta}_0] = \mathrm{Var}[\overline{y} - \hat{\beta}_1 \overline{x}] = \mathrm{Var}[\overline{y}] + \overline{x}^2 \mathrm{Var}[\hat{\beta}_1] - 2\overline{x}\mathrm{Cov}[\overline{y}, \hat{\beta}_1]$$

$$= \frac{\sigma^2}{n} + \overline{x}^2 \frac{\sigma^2}{S_{xx}} = \sigma^2 \left(\frac{1}{n} + \frac{\overline{x}^2}{S_{xx}}\right) = \frac{\sigma^2}{nS_{xx}}\left(S_{xx} + n\overline{x}^2\right)$$

$$= \frac{\sigma^2}{nS_{xx}}\sum_{i=1}^{n} x_i^2$$

(5) 第 8.2.2 項で示された 3 つの変動和の期待値を導く.

$$E[S_\mathrm{R}] = \sigma^2 + \beta_1^2 S_{xx} \quad ; \quad E[S_\mathrm{E}] = (n-2)\sigma^2 \quad ; \quad E[S_\mathrm{T}] = (n-1)\sigma^2 + \beta_1^2 S_{xx}$$

(証明)

$$E[S_\mathrm{R}] = E\left[\hat{\beta}_1^2 S_{xx}\right] = S_{xx} E\left[\hat{\beta}_1^2\right] = S_{xx}\left(\mathrm{Var}[\hat{\beta}_1] + E[\hat{\beta}_1]^2\right)$$

$$= S_{xx}\left(\frac{\sigma^2}{S_{xx}} + \beta_1^2\right) = \sigma^2 + \beta_1^2 S_{xx},$$

$$E\left[\sum_{i=1}^{n} y_i^2\right] = \sum_{i=1}^{n} E\left[y_i^2\right] = \sum_{i=1}^{n}\left(\mathrm{Var}[y_i] + E[y_i]^2\right)$$

$$= \sum_{i=1}^{n}\left[\sigma^2 + (\beta_0 + \beta_1 x_i)^2\right]$$

$$= n\sigma^2 + n\beta_0^2 + 2\beta_0\beta_1 n\overline{x} + \beta_1^2 \sum_{i=1}^{n} x_i^2$$

$$= n\sigma^2 + n(\beta_0 + \beta_1\overline{x})^2 + \beta_1^2 S_{xx},$$

$$E\left[\overline{y}^2\right] = \text{Var}[\overline{y}] + (E[\overline{y}])^2 = \frac{\sigma^2}{n} + (\beta_0 + \beta_1\overline{x})^2,$$

$$E[S_{\text{T}}] = E\left[\sum_{i=1}^{n} y_i^2 - n\overline{y}^2\right] = E\left[\sum_{i=1}^{n} y_i^2\right] - nE\left[\overline{y}^2\right]$$

$$= (n-1)\sigma^2 + \beta_1^2 S_{xx},$$

$$E[S_{\text{E}}] = E[S_{\text{T}}] - E[S_{\text{R}}] = (n-2)\sigma^2$$

付録3：S_{E} と S_{R} に関する性質の証明

線形重回帰モデルに必要な行列演算，統計量ベクトルの平均と分散共分散，および非心 χ^2 分布に関する定理と公式を示し，それらを用いて，第 8.2.2 項と第 8.3.3 項で定義された残差平方和 S_{E} と回帰平方和 S_{R} の性質を証明する (Montgomery *et al.*, 2012, pp.577–585)．

(1) 行列の性質

  (a) A が $m \times n$ 行列であり，B が $n \times m$ 行列であるとき[*7]

$$\text{trace}(AB) = \text{trace}(BA)$$

  (b) n 次正方行列 A は，$AA = A$ のとき冪等 (idempotent) であるという．対称な冪等行列 A について

$$\text{rank}(A) = \text{trace}(A)$$

(2) 統計量ベクトル $\boldsymbol{y} := (y_1, y_2, \ldots, y_n)^\top$ の平均と分散共分散行列が

$$\boldsymbol{\mu} := (E[y_1], E[y_2], \ldots, E[y_n])^\top \quad ; \quad V := (\text{Cov}[y_i, y_j])$$

[*7] 正方行列 A の対角要素の和をトレースといい，$\text{trace}(A)$ と表す．

で与えられているとする．定数の n 次正方行列 A に対し

(a) $E[A\boldsymbol{y}] = A\boldsymbol{\mu}$

(b) $\mathrm{Var}[A\boldsymbol{y}] = AVA^\top$
もし $V = \sigma^2 I$ ならば $\mathrm{Var}[A\boldsymbol{y}] = \sigma^2 AA^\top$

(c) $E[\boldsymbol{y}^\top A\boldsymbol{y}] = \mathrm{trace}(AV) + \boldsymbol{\mu}^\top A\boldsymbol{\mu}$
もし $V = \sigma^2 I$ ならば $E[\boldsymbol{y}^\top A\boldsymbol{y}] = \sigma^2 \mathrm{trace}(A) + \boldsymbol{\mu}^\top A\boldsymbol{\mu}$

(3) 非心 χ^2 分布

(a) n 個の統計量 $X_1, X_2, \ldots, X_n$ がそれぞれ独立で，X_i が正規分布 $\mathcal{N}(\mu_i, 1)$ に従うとき ($1 \leq i \leq n$)，統計量 $Y := \sum_{i=1}^n X_i^2$ は非心度 (noncentrality parameter) $\lambda := \sum_{i=1}^n \mu_i^2$ で自由度 n の非心 χ^2 分布に従う．

(b) 統計量 $\boldsymbol{y} := (y_1, y_2, \ldots, y_n)^\top$ が多変量正規分布 $\mathcal{N}(\boldsymbol{\mu}, \sigma^2 I)$ に従い，A が階数 r の対称な冪等行列であるとき，統計量 $\boldsymbol{y}^\top A\boldsymbol{y}/\sigma^2$ は非心度 $\lambda = \boldsymbol{\mu}^\top A\boldsymbol{\mu}/\sigma^2$ で自由度 r の非心 χ^2 分布に従う．特に，$\boldsymbol{y}$ が多変量正規分布 $\mathcal{N}(\boldsymbol{0}, \sigma^2 I)$ に従うとき，統計量 $\boldsymbol{y}^\top \boldsymbol{y}/\sigma^2$ は自由度 n の χ^2 分布に従う．

(4) **2 次形式** (quadratic form)

(a) 統計量 $\boldsymbol{y} := (y_1, y_2, \ldots, y_n)^\top$ が多変量正規分布 $\mathcal{N}(\boldsymbol{\mu}, \sigma^2 I)$ に従い，定数の n 次正方行列 A と B がともに対称な冪等行列であるとき，もし $AB = \mathcal{O}$ ならば $\boldsymbol{y}^\top A\boldsymbol{y}$ と $\boldsymbol{y}^\top B\boldsymbol{y}$ は独立である．
(証明) $A\boldsymbol{y}$ と $B\boldsymbol{y}$ はそれぞれ多変量正規分布に従うので，もし $A\boldsymbol{y}$ と $B\boldsymbol{y}$ が無相関ならば独立である．このとき，$\boldsymbol{y}^\top A\boldsymbol{y} = (A\boldsymbol{y})^\top(A\boldsymbol{y})$ と $\boldsymbol{y}^\top B\boldsymbol{y} = (B\boldsymbol{y})^\top(B\boldsymbol{y})$ も独立である．そして，$\mathrm{Cov}[A\boldsymbol{y}, B\boldsymbol{y}] = \sigma^2 AB$ であるから，もし $AB = \mathcal{O}$ ならば $A\boldsymbol{y}$ と $B\boldsymbol{y}$ は無相関である．

(b) 統計量 $\boldsymbol{y} := (y_1, y_2, \ldots, y_n)^\top$ が多変量正規分布 $\mathcal{N}(\boldsymbol{\mu}, \sigma^2 I)$ に従い，n 次正方定数行列 A が対称な冪等行列であり，B が $r \times n$ の定数行列であるとき，もし $BA = \mathcal{O}$ ならば $\boldsymbol{y}^\top A\boldsymbol{y}$ と $B\boldsymbol{y}$ は独立である．

以上の定理と公式を用いて，S_E と S_R に関する 4 つの性質を証明する．

付録3：S_E と S_R に関する性質の証明

(i) S_E/σ^2 は自由度 $n-r-1$ の χ^2 分布に従い，$E[S_\mathrm{E}] = (n-r-1)\sigma^2$ である．

（証明）まず，式 (8.4) と式 (8.5) を用いて，S_E を次のように表す．

$$S_\mathrm{E} = \sum_{i=1}^n (y_i - \hat{y}_i)^2 = (\boldsymbol{y} - \hat{\boldsymbol{y}})^\top (\boldsymbol{y} - \hat{\boldsymbol{y}}) = (\boldsymbol{y}^\top - \hat{\boldsymbol{\beta}}^\top X^\top)(\boldsymbol{y} - X\hat{\boldsymbol{\beta}})$$
$$= \boldsymbol{y}^\top \boldsymbol{y} - \hat{\boldsymbol{\beta}}^\top X^\top \boldsymbol{y} - \boldsymbol{y}^\top X \hat{\boldsymbol{\beta}} + \hat{\boldsymbol{\beta}}^\top X^\top X \hat{\boldsymbol{\beta}}$$
$$= \boldsymbol{y}^\top \boldsymbol{y} - 2\hat{\boldsymbol{\beta}}^\top X^\top \boldsymbol{y} + \hat{\boldsymbol{\beta}}^\top X^\top \boldsymbol{y} = \boldsymbol{y}^\top \boldsymbol{y} - \hat{\boldsymbol{\beta}}^\top X^\top \boldsymbol{y}$$

ここで，$\hat{\boldsymbol{\beta}}^\top = [(X^\top X)^{-1} X^\top \boldsymbol{y}]^\top = (X^\top \boldsymbol{y})^\top [(X^\top X)^{-1}]^\top = \boldsymbol{y}^\top X (X^\top X)^{-1}$ に注意すると，I_n を n 次単位行列として

$$\frac{S_\mathrm{E}}{\sigma^2} = \frac{1}{\sigma^2} \boldsymbol{y}^\top \left[I_n - X(X^\top X)^{-1} X^\top \right] \boldsymbol{y}$$

と書くことができる．このとき，$U := I_n - X(X^\top X)^{-1} X^\top$ について，$U^\top = U$ および $U^2 = U$ を示すことができるので，U は対称な冪等行列である．従って，S_E/σ^2 は非心 χ^2 分布に従い，その自由度は U の階数で与えられる．U が対称かつ冪等であるので，これは U のトレースに等しく

$$\mathrm{trace}(U) = \mathrm{trace}\left[I_n - X(X^\top X)^{-1} X^\top \right]$$
$$= \mathrm{trace}(I_n) - \mathrm{trace}[X(X^\top X)^{-1} X^\top]$$
$$= \mathrm{trace}(I_n) - \mathrm{trace}[X^\top X (X^\top X)^{-1}]$$
$$= \mathrm{trace}(I_n) - \mathrm{trace}(I_{r+1}) = n - (r+1)$$

である．また，$E[\boldsymbol{y}] = X\boldsymbol{\beta}$ に注意すると，S_E/σ^2 の非心度は

$$\lambda = \frac{1}{\sigma^2} E[\boldsymbol{y}]^\top U E[\boldsymbol{y}] = \frac{1}{\sigma^2} (X\boldsymbol{\beta})^\top \left[I_n - X(X^\top X)^{-1} X^\top \right] (X\boldsymbol{\beta})$$
$$= \frac{1}{\sigma^2} \boldsymbol{\beta}^\top X^\top \left[I_n - X(X^\top X)^{-1} X^\top \right] X\boldsymbol{\beta}$$
$$= \frac{1}{\sigma^2} \boldsymbol{\beta}^\top [X^\top X - X^\top X (X^\top X)^{-1} X^\top X] \boldsymbol{\beta} = 0$$

である．よって，S_E/σ^2 は χ^2 分布に従う．さらに，

$$E[S_\mathrm{E}] = E\left\{\boldsymbol{y}^\top \left[I_n - X(X^\top X)^{-1}X^\top\right]\boldsymbol{y}\right\}$$
$$= \sigma^2 \mathrm{trace}\left[I_n - X(X^\top X)^{-1}X^\top\right] + E[\boldsymbol{y}]^\top U E[\boldsymbol{y}]$$
$$= \sigma^2 \left\{\mathrm{trace}(I_n) - \mathrm{trace}[X^\top X(X^\top X)^{-1}]\right\}$$
$$= \sigma^2 [\mathrm{trace}(I_n) - \mathrm{trace}(I_{r+1})] = (n-r-1)\sigma^2$$

(ii) S_R/σ^2 は非心度 $\lambda = \boldsymbol{\beta}_*^\top (X_\mathrm{C}^\top X_\mathrm{C})\boldsymbol{\beta}_*/\sigma^2$ で自由度 r の非心 χ^2 分布に従い，$E[S_\mathrm{R}] = (r+\lambda)\sigma^2$ である．従って，もし $\boldsymbol{\beta}_* = \boldsymbol{0}$ ならば S_R/σ^2 は自由度 r の χ^2 分布に従い，$E[S_\mathrm{R}] = r\sigma^2$ である．

（証明）n 次列ベクトル $\boldsymbol{1} := (1,1,\ldots,1)^\top$ を用いる．このとき，$\boldsymbol{1}^\top \boldsymbol{1} = n$ であるから，$\overline{y} = (1/n)\sum_{i=1}^n y_i = (\boldsymbol{1}^\top \boldsymbol{1})^{-1}\boldsymbol{1}^\top \boldsymbol{y}$ と書くことができる．これを使って，まず，S_R を次のように表す．

$$S_\mathrm{R} = \sum_{i=1}^n (\hat{y}_i - \overline{y})^2 = (\hat{\boldsymbol{y}} - \boldsymbol{1}\overline{y})^\top (\hat{\boldsymbol{y}} - \boldsymbol{1}\overline{y})$$
$$= [X\hat{\boldsymbol{\beta}} - \boldsymbol{1}(\boldsymbol{1}^\top \boldsymbol{1})^{-1}\boldsymbol{1}^\top \boldsymbol{y}]^\top [X\hat{\boldsymbol{\beta}} - \boldsymbol{1}(\boldsymbol{1}^\top \boldsymbol{1})^{-1}\boldsymbol{1}^\top \boldsymbol{y}]$$
$$= [X(X^\top X)^{-1}X^\top \boldsymbol{y} - \boldsymbol{1}(\boldsymbol{1}^\top \boldsymbol{1})^{-1}\boldsymbol{1}^\top \boldsymbol{y}]^\top$$
$$\times [X(X^\top X)^{-1}X^\top \boldsymbol{y} - \boldsymbol{1}(\boldsymbol{1}^\top \boldsymbol{1})^{-1}\boldsymbol{1}^\top \boldsymbol{y}]$$
$$= \boldsymbol{y}^\top [X(X^\top X)^{-1}X^\top - \boldsymbol{1}(\boldsymbol{1}^\top \boldsymbol{1})^{-1}\boldsymbol{1}^\top]^\top$$
$$\times [X(X^\top X)^{-1}X^\top - \boldsymbol{1}(\boldsymbol{1}^\top \boldsymbol{1})^{-1}\boldsymbol{1}^\top]\,\boldsymbol{y} = \boldsymbol{y}^\top V^\top V \boldsymbol{y}$$

ここで，$V := X(X^\top X)^{-1}X^\top - \boldsymbol{1}(\boldsymbol{1}^\top \boldsymbol{1})^{-1}\boldsymbol{1}^\top$ を定義した．等式

$$X(X^\top X)^{-1}X^\top \boldsymbol{1} = \boldsymbol{1} \quad ; \quad \boldsymbol{1}^\top X(X^\top X)^{-1}X^\top = \boldsymbol{1}^\top$$

に注意すると，$V^\top = V$ および $V^2 = V$ が分かるので，V は対称な冪等行列である．従って，$V^\top V = VV = V$ と書くことができる．よって，

$$\frac{S_\mathrm{R}}{\sigma^2} = \frac{1}{\sigma^2}\boldsymbol{y}^\top V \boldsymbol{y}$$

は非心 χ^2 分布に従い，その自由度は V の階数で与えられる．V が対称かつ冪等であるので，これは V のトレースに等しく

付録 3：S_E と S_R に関する性質の証明

$$\begin{aligned}
\mathrm{trace}(V) &= \mathrm{trace}[X(X^\top X)^{-1}X^\top - \mathbf{1}(\mathbf{1}^\top \mathbf{1})^{-1}\mathbf{1}^\top] \\
&= \mathrm{trace}[X(X^\top X)^{-1}X^\top] - \mathrm{trace}[\mathbf{1}(\mathbf{1}^\top \mathbf{1})^{-1}\mathbf{1}^\top] \\
&= \mathrm{trace}[X^\top X(X^\top X)^{-1}] - \mathrm{trace}[\mathbf{1}^\top \mathbf{1}(\mathbf{1}^\top \mathbf{1})^{-1}] \\
&= \mathrm{trace}[I_{r+1}] - \mathrm{trace}[1] = r+1-1 = r
\end{aligned}$$

である．S_R/σ^2 の非心度を計算するために

$$\boldsymbol{\beta}_* := \begin{bmatrix} \beta_1 \\ \beta_2 \\ \vdots \\ \beta_r \end{bmatrix} \quad ; \quad X_* := \begin{pmatrix} x_{11} & x_{12} & \cdots & x_{1r} \\ x_{21} & x_{22} & \cdots & x_{2r} \\ \vdots & \vdots & \ddots & \vdots \\ x_{n1} & x_{n2} & \cdots & x_{nr} \end{pmatrix}$$

を導入する．このとき，

$$E[\boldsymbol{y}] = X\boldsymbol{\beta} = [\mathbf{1}\ X_*] \begin{bmatrix} \beta_0 \\ \boldsymbol{\beta}_* \end{bmatrix} \quad ; \quad E[\boldsymbol{y}]^\top = (X\boldsymbol{\beta})^\top = [\beta_0\ \boldsymbol{\beta}_*^\top] \begin{bmatrix} \mathbf{1}^\top \\ X_*^\top \end{bmatrix}$$

に注意すると，S_R/σ^2 の非心度は

$$\begin{aligned}
\lambda &= \frac{1}{\sigma^2} E[\boldsymbol{y}]^\top V E[\boldsymbol{y}] \\
&= \frac{1}{\sigma^2}[\beta_0\ \boldsymbol{\beta}_*^\top] \begin{bmatrix} \mathbf{1}^\top \\ X_*^\top \end{bmatrix} [X(X^\top X)^{-1}X^\top - \mathbf{1}(\mathbf{1}^\top \mathbf{1})^{-1}\mathbf{1}^\top][\mathbf{1}\ X_*] \begin{bmatrix} \beta_0 \\ \boldsymbol{\beta}_* \end{bmatrix} \\
&= \frac{1}{\sigma^2}[\beta_0\ \boldsymbol{\beta}_*^\top] \begin{bmatrix} \mathbf{1}^\top X(X^\top X)^{-1}X^\top - \mathbf{1}^\top \mathbf{1}(\mathbf{1}^\top \mathbf{1})^{-1}\mathbf{1}^\top \\ X_*^\top X(X^\top X)^{-1}X^\top - X_*^\top \mathbf{1}(\mathbf{1}^\top \mathbf{1})^{-1}\mathbf{1}^\top \end{bmatrix} [\mathbf{1}\ X_*] \begin{bmatrix} \beta_0 \\ \boldsymbol{\beta}_* \end{bmatrix} \\
&= \frac{1}{\sigma^2}[\beta_0\ \boldsymbol{\beta}_*^\top] \begin{bmatrix} \mathbf{0}_n^\top \\ X_*^\top - X_*^\top \mathbf{1}(\mathbf{1}^\top \mathbf{1})^{-1}\mathbf{1}^\top \end{bmatrix} [\mathbf{1}\ X_*] \begin{bmatrix} \beta_0 \\ \boldsymbol{\beta}_* \end{bmatrix} \\
&= \frac{1}{\sigma^2}[\beta_0\ \boldsymbol{\beta}_*^\top] \begin{bmatrix} 0 & \mathbf{0}_r^\top \\ \mathbf{0}_r & X_*^\top X_* - X_*^\top \mathbf{1}(\mathbf{1}^\top \mathbf{1})^{-1}\mathbf{1}^\top X_* \end{bmatrix} \begin{bmatrix} \beta_0 \\ \boldsymbol{\beta}_* \end{bmatrix} \\
&= \frac{1}{\sigma^2}\boldsymbol{\beta}_*^\top \left[X_*^\top X_* - X_*^\top \mathbf{1}(\mathbf{1}^\top \mathbf{1})^{-1}\mathbf{1}^\top X_* \right] \boldsymbol{\beta}_* \\
&= \frac{1}{\sigma^2}\boldsymbol{\beta}_*^\top (X_\mathrm{C}^\top X_\mathrm{C})\, \boldsymbol{\beta}_*
\end{aligned}$$

8章 ビジネスデータの線形回帰モデル

となる.ここで,n 次列ベクトル $\mathbf{0}_n := (0, 0, \ldots, 0)^\top$ を用いた.X_C は本文中の式 (8.8) に定義されている $n \times r$ 行列である.

さらに,$E[S_\mathrm{R}]$ を次のように計算する.

$$E[S_\mathrm{R}] = E[\boldsymbol{y}^\top V \boldsymbol{y}] = \sigma^2 \mathrm{trace}(V) + E[\boldsymbol{y}]^\top V E[\boldsymbol{y}]$$
$$= r\sigma^2 + \boldsymbol{\beta}_*^\top (X_\mathrm{C}^\top X_\mathrm{C}) \boldsymbol{\beta}_* = (r + \lambda)\sigma^2$$

(iii) S_E と S_R は独立である.

(証明) (i) と (ii) により,$\boldsymbol{y}$ が多変量正規分布 $\mathcal{N}(X\boldsymbol{\beta}, \sigma^2 I)$ に従い,

$$S_\mathrm{E} = \boldsymbol{y}^\top U \boldsymbol{y} \ ; \quad U := I_n - X(X^\top X)^{-1} X^\top,$$
$$S_\mathrm{R} = \boldsymbol{y}^\top V \boldsymbol{y} \ ; \quad V := X(X^\top X)^{-1} X^\top - \mathbf{1}(\mathbf{1}^\top \mathbf{1})^{-1} \mathbf{1}^\top$$

と書くことができて,n 次定数行列 U と V はともに対称な冪等行列である.従って,(4)(a) により,もし $UV = \mathcal{O}$ ならば S_E と S_R は独立である.

$$UV = \left[I_n - X(X^\top X)^{-1} X^\top\right] [X(X^\top X)^{-1} X^\top - \mathbf{1}(\mathbf{1}^\top \mathbf{1})^{-1} \mathbf{1}^\top]$$
$$= X(X^\top X)^{-1} X^\top - \mathbf{1}(\mathbf{1}^\top \mathbf{1})^{-1} \mathbf{1}^\top - X(X^\top X)^{-1} X^\top X(X^\top X)^{-1} X^\top$$
$$\quad + X(X^\top X)^{-1} X^\top \mathbf{1}(\mathbf{1}^\top \mathbf{1})^{-1} \mathbf{1}^\top$$
$$= X(X^\top X)^{-1} X^\top - \mathbf{1}(\mathbf{1}^\top \mathbf{1})^{-1} \mathbf{1}^\top - X(X^\top X)^{-1} X^\top + \mathbf{1}(\mathbf{1}^\top \mathbf{1})^{-1} \mathbf{1}^\top$$
$$= \mathcal{O}$$

(iv) S_E と $\hat{\boldsymbol{\beta}}$ は独立である.

(証明) $\hat{\boldsymbol{\beta}} = B\boldsymbol{y}, B = (X^\top X)^{-1} X^\top$ と書くことができるので,(4)(b) により,もし $BU = \mathcal{O}$ ならば $S_\mathrm{E} = \boldsymbol{y}^\top U \boldsymbol{y}$ と $\hat{\boldsymbol{\beta}}$ は独立である.

$$BU = (X^\top X)^{-1} X^\top \left[I_n - X(X^\top X)^{-1} X^\top\right]$$
$$= (X^\top X)^{-1} X^\top - (X^\top X)^{-1} X^\top X (X^\top X)^{-1} X^\top$$
$$= (X^\top X)^{-1} X^\top - (X^\top X)^{-1} X^\top = \mathcal{O}$$

参考文献

Allen, A. O. (1990), *Probability, Statistics, and Queueing Theory with Computer Science Applications*, Second edition, Academic Press, 1990.

Ayres, I. (2007), *Super Crunchers: Why Thinking by Numbers Is the New Way to be Smart*, Bantam Dell, 2007. イアン・エアーズ著『その数学が戦略を決める』山形浩生 訳, 文藝春秋, 2007 年 11 月.

Montgomery, D. C., E. A. Peck, and G. G. Vining (2012), *Inroduction to Linear Regression Analysis*, Fifth edition, John Wiley & Sons, 2012.

Olympic Games Official London 2012, http://www.london2012.com/gymnastics-artistic/event/men-qualifications/ (2012 年 7 月 30 日アクセス).

著者紹介

イリチュ（佐藤）美佳

　1991 年北海道大学大学院工学研究科情報工学専攻修士課程修了．1994 年同博士後期課程修了．博士（工学）．1994 年北海道武蔵女子短期大学講師．1997 年 Leiden University, Department of Data Theory, Leiden, The Netherlands, Visiting Researcher. 1997 年筑波大学講師社会工学系, 2000 年同助教授．2012 年 University of Paris (UPMC), Department of Databases and Machine Learning, LIP6, Paris, France, Invited Professor. 2011 年筑波大学システム情報系社会工学域准教授, 2013 年同教授．大学院システム情報工学研究科リスク工学専攻担当．研究分野は統計科学，データマイニング．主な著書は, *Fuzzy Clustering Models and Applications* (Springer-Verlag, 1997), *Innovations in Fuzzy Clustering* (Springer-Verlag, 2006).

高木英明

　第 1 章を参照.

9章 サービス・プロフィットチェーン
Service Profit Chain

鈴木秀男 (慶應義塾大学)
hsuzuki@ae.keio.ac.jp

　本章では，Heskettらにより提案されたサービス・プロフィットチェーンの体系を解説し，その応用事例を示す．サービス・プロフィットチェーンは，内部サービスの品質要素から始まり，提供されるサービスコンセプト，顧客評価（外部の品質成果），および経営成果に至るまでの一連の関係性を表す体系図であって，サービス提供組織が高収益を上げるための有効なサービスマネジメント体系であると言うことができる．
　本章の前半では，主な構成概念として，内部サービスの品質，従業員満足度，従業員ロイヤルティと生産性，提供されるサービスコンセプト，顧客評価，顧客満足度，顧客ロイヤルティ，経営成果，およびそれらの関係性の説明を行う．後半では，金融リテールサービスを対象として，サービス・プロフィットチェーンの構成概念をベースに，現場トップのリーダーシップや顧客関係性の構成概念を追加した因果分析の事例を紹介する．

キーワード：内部サービス，従業員満足度，Herzbergの2要因理論，従業員ロイヤルティ，従業員生産性，サービス品質，顧客満足度，SERVQUAL，顧客ロイヤルティ，経営成果，金融リテールサービス，共分散構造分析，パス係数，Cronbachのアルファ信頼性係数，モデルの適合度指標

9.1 はじめに

　サービス・プロフィットチェーン (service profit chain) とは，Heskett et al. (1994, 1997) により提案されたサービスに関する要素の関係性の概念である．具体的には，図9.1に示すように，内部サービスの品質要素（社内のサービスの質，従業員満足度，従業員ロイヤルティ，生産性）から始まり，提供されるサービスコンセプト，顧客評価（顧客満足度，顧客ロイヤルティ），および経営成果（売上成長率，利益率）に至るまでの一連の関係性を体系化したものである．
　内部サービスの品質要素では，サービス提供組織の内部システムの品質（職

9章 サービス・プロフィットチェーン

経営成果
- 売上と成長
- 収益性

顧客評価（外部の品質成果）
- 顧客ロイヤルティ
  - 顧客維持
  - 再購買
  - 他者への推奨
- 顧客満足度
  - 顧客ニーズと合致したサービスの提供

サービスコンセプト
- 顧客サービス価値
  - 顧客にとって質が高く、価値のあるサービス提供

内部サービスの品質要素
- 従業員定着率
- 従業員生産性
- 従業員満足度
- 内部サービス提供システムの品質
  - 職場設計
  - 職務設計
  - 従業員の育成
  - 従業員への報奨・表彰制度
  - サービス提供のためのプロセスツール

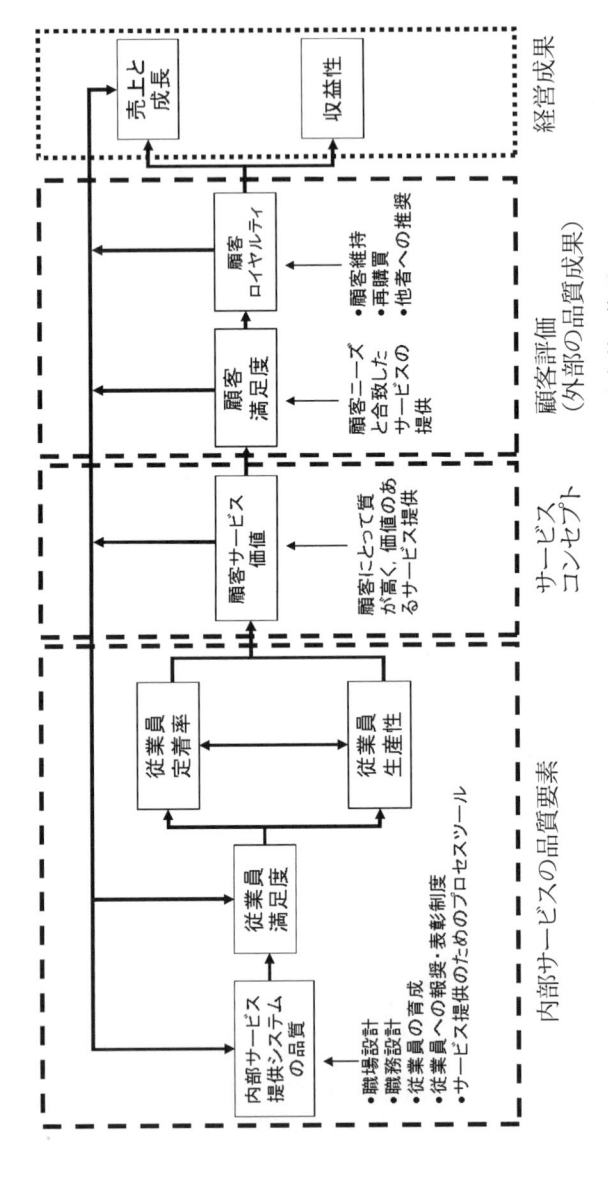

注：Heskett *et al.* (1994) の図 "The Links in the Service-Profit Chain" を加筆・修正．

図 9.1　サービス・プロフィットチェーンの概念図．

294

場・職務設計，人材育成など）が従業員満足度に影響を与え，従業員満足度が従業員定着率や生産性に寄与するとされる．さらに，内部のサービス品質要素の高さが，価値の高いサービスを顧客に提供することになる．提供されたサービスが，顧客満足度→顧客ロイヤルティ（再購買意向や家族・知人への推奨意向）→経営成果に影響を与える．これらの構成概念間の部分的な関係性は，以前からも指摘されていたが，サービス・プロフィットチェーンの概念では，これらの構成概念を一連のパスとして同時に考慮しているところに価値がある．

サービスにおいては，従業員満足度が中核的な要素と言える．多くのサービス分野では，従業員と顧客との接点における相互のやり取りが重要になる．例えば，従業員満足度が高ければ，それだけモチベーションを高めて顧客とも密に接することができる．中長期的には，従業員がその企業に定着することで，経験知・スキルを高めて，それが信頼性・反応性・確実性・共感性・有形性といった部分から構成されるサービス品質（図9.3）の向上につながり，結果として，質の高いサービスが提供されることになる．また，後半の「顧客満足度→顧客ロイヤルティ→経営成果」の一連のパスも重要である．特に，顧客ロイヤルティと経営成果の関係性が注目されている (Reichheld, 2003) が，サービス・プロフィットチェーンの概念では，既に考慮されている．

9.2 内部サービスを顧客サービス価値につなげるパス

本節では，図9.1に示された内部サービスの品質要素から顧客サービス価値までの各構成概念について，それらの間の因果関係を説明する．

9.2.1 内部サービスの品質

内部サービスの品質 (internal service quality) を構成する要素としては，職場設計，職務設計，従業員の育成システム，従業員への報奨・表彰制度，サービス提供のためのプロセス・ツールなどがある．近年では，組織が複雑化しており，各従業員の業務の位置づけや成果と業績評価の結びつきが見えにくくなっている．そのため，サービスプロセスの見える化（可視化）を行うことで，各従業員が自身の仕事の貢献度を理解することができ，そのことで従業員が仕事

に誇りをもち，これらが従業員満足度の向上に寄与するものと考えられる．

9.2.2 従業員満足度

従業員満足度 (employee satisfaction) の要因を説明する体系として，アメリカの心理学者 Frederick Irving Herzberg (1923–2000) が提唱した，動機づけ要因と衛生要因の 2 つで構成される **Herzberg の 2 要因理論**がよく知られている (Herzberg et al., 1959)．

動機づけ要因 (motivators) とは，それが満たされると積極的に動機づけが行われ，さらなる満足感を求めてやる気が増すというものである．ただし，動機づけ要因は，それが満たされない場合でも満足感が減少するだけで，不満足感が増加するわけではない．動機づけ要因の具体的な例としては，仕事（やりがい/適性/量・質），評価（公平性/納得性/透明性），処遇（ポストの納得性），自己の成長（成長実感/人材育成/将来像）などがある (吉田, 2007)．

一方，**衛生要因** (hygiene factors) は，これが満たされないと不満を感じるが，逆にどんなに満たされても満足感・やる気を引き出すことは難しいものである．衛生要因は，改善された直後は大きな満足を感じるが，間もなく，あって当たり前のものとなる．これが低下した場合には注意を要する．衛生要因の具体的な例としては，報酬水準（年収/月給/賞与），福利厚生/労働条件（勤務時間/休暇/職場環境），組織風土（職場の雰囲気），対人関係（上司・部下/協力体制），経営方針（ビジョン/経営陣/帰属意識）などがある (吉田, 2007)．

9.2.3 従業員ロイヤルティ

従業員ロイヤルティを高めるためには，従業員の職務満足度を高めることが必要不可欠である．**従業員ロイヤルティ** (employee loyalty) は，企業・職場に対する忠誠心であり，**定着率** (retention) や勤続年数などの数値に反映される．例えば，ある損害保険会社に対する調査では，不満を抱いている従業員のうちの 30%が「離職したい意向をもっている」と回答しており，彼らの潜在的な離職率は，満足している従業員の 3 倍以上とされる (Heskett et al., 1994)．この調査は，離職率の低さが従業員満足度の高さに（あるいは，離職率の高さが従業員満足度の低さに）密接に関係していることを示唆している．

さらに，多くの研究において，従業員満足度がサービス価値・品質を高め，それが顧客満足度を高めることにつながり，最終的に企業利益を高めるという結果が報告されている (Bernhardt et al., 2000; Harter et al., 2002; Koys, 2003). 従業員満足度を管理する際には，従業員ロイヤルティだけではなく，従業員の生産性，さらには内部サービス品質や顧客満足度との関連性も考えるべきであり，単に従業員満足度を向上させればよいというわけではない．

9.2.4 従業員生産性

従業員の離職による損失として，それまでに投資した採用経費・教育経費などが考えられるが，最も大きな損失は**従業員生産性** (employee productivity) の低下，さらにはそれに伴う顧客満足度の低下である．経験豊富な従業員の生産性は，新人とは比較にならないほどの差がある．例えば，ある自動車ディーラーの販売員に関する調査によると，5～8年の経験がある販売員が経験1年未満の販売員に代わることで生じる月当たりの平均損失は，$36,000の売上高に相当する (Heskett et al., 1994). サービスは労働集約型の作業であり，従業員の知識・スキル・経験に依存する割合が高いことから，従業員のロイヤルティは生産性に大きな影響をもたらす．

従業員定着率が高いことで，知識・スキル・経験をもった従業員の割合が増えることから，生産性も向上し，顧客に対して，価値の高い高品質なサービスを提供することができる．生産性の向上は，利益の増大だけでなく，サービス価格の引き下げにつながり，従って，サービス価値の向上に結びつく．

Heskett et al. (1994) によれば，1990年代に，ある航空会社では，従業員14,000人の86%が労働組合に加入し，その従業員らが必要に応じて様々な仕事をこなせるように配置が設計されていた．また，独自の運行スケジュールと経路を有し，会社としての取り組みにより，1日当たりの搭乗者数は他社と比較して3～4倍であった．この航空会社のパイロットや機体の稼働率は非常に高く，例えば，パイロットの月当たりの平均搭乗時間は，他社が50時間であるのに対して，この会社では70時間であり，全体的に40%も多かった．これらが，この会社が市場価格の60～70%の運賃で営業することができた主な要因である．さらに，価格面だけでなく，定刻どおりの運行や苦情件数の少なさなどに関しても

業界トップ水準にあり,顧客満足度もかなり高かった.この会社の従業員が極めて高価値のサービスを提供していたことは明らかである.

9.3 サービス品質を経営成果につなげるパス

本節では,サービス品質,顧客満足度,および顧客ロイヤルティについて,それぞれの概念と測定方法を述べ,それらが経営成果につながる因果関係を説明する.なお,本節の内容の一部(第9.3.1～9.3.4項前半)は鈴木秀男著『サービス品質の構造を探る』(日本規格協会,2011)に基づく.

9.3.1 サービス品質

顧客サービス価値 (external service value) は,顧客によって認識される総コスト(そのサービスの価格と利用に伴うすべてのコストを含む)に見合った成果(サービス品質)を意味する.サービス品質は顧客サービス価値の重要な要素であることから,その概念や特性の測定について考えてみる.モノの品質特性については,寸法,重さ,動作の速度というような数値化が容易であり,規格との合致度やばらつきの大きさで品質の水準を客観的に捉えることができる.一方,**サービスの無形性**という特徴から,サービスの品質特性をモノの品質特性のように客観的に捉えることは容易ではない.サービス提供までの時間や苦情の件数のように数値化できるものはあるが,それのみでサービス品質の水準を捉えることは難しい.現状では,顧客(サービス利用者)による評価,すなわち**知覚品質** (perceived quality) に頼らざるを得ない.ここでは,**サービス品質** (service quality) を次のように考える.

> ある者(企業または組織)が提供したサービスについて,顧客が今までの経験と認識に基づいて行う評価

私たちは,日常的に「あの店のサービスの質は良い」,「○○さんは仕事がよくできる」というように,サービス品質の評価を知覚に基づいて行っている.このような評価をする際には何らかの評価基準をもっているはずであり,それらを一般化することで,ある程度の客観性を確保することができる.

よく知られたサービス品質の評価測定手法として，Parasuraman *et al.* (1988)によって開発された **SERVQUAL** がある．この方法は，知覚による評価の際には，暗黙的に期待をもちながら，それを基準にして，受けたサービスの良し悪しを判断することが多いと考えられるため，知覚と期待の差として品質を評価するところに特徴がある．

サービス品質の評価 = 知覚された品質 − 期待した品質

SERVQUAL では，信頼性・反応性・確実性・共感性・有形性という5つの次元で評価を測定する．SERVQUAL の測定法の詳細については，鈴木 (2010, 2011)，Zeithaml *et al.* (2013, pp.125–128) などを参照されたい．

9.3.2 顧客満足度

サービスの評価として，**顧客満足度** (customer satisfaction) という概念がよく使われる．一般に，顧客満足は次のように定義される (Looy *et al.*, 2003)．

企業，製品，もしくはサービスに対する顧客の期待と，それらの達成度に対する顧客の知覚との差によって生じる感情

すなわち，顧客が満足するかどうかは，知覚されたサービスが期待を超えるかどうかで決まることになる．

Zeithaml *et al.* (2013, pp.52–57) は，顧客の期待には，**望ましいサービスのレベル**（level of desired service）と**妥当なサービスのレベル**（level of adequate service）に相当する2種類のレベルがあるとする．図9.2 に示すように，「望ましいサービスのレベル」は，顧客がこうあるべきと考えるレベルであり，「妥当なサービスのレベル」は，顧客が許容できる最低限のレベルである．この2種類のレベルの間が**満足許容範囲** (zone of tolerance) であり，顧客は大満足ではないが不満でもないという状態にある．顧客が「望ましいサービスのレベル」を上回るサービスが提供されたと認識した場合は，顧客は大満足する，あるいは感動や**歓喜** (delight) という状態になるとされる．逆に，「妥当なサービスのレベル」を下回るサービスが提供されたと感じると，顧客は**不満** (dissatisfaction) をもつ．

例えば，レストランにおいて，「値段は安いが料理の味はまあまあ，店の雰囲気も悪くはない，しかし注文した料理を持って来るまでの時間が長い」ことが，

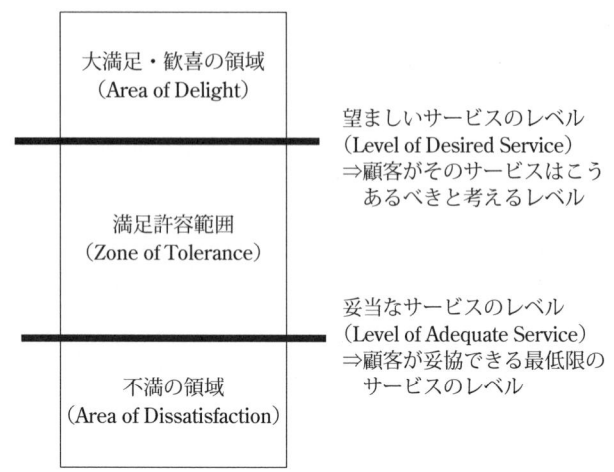

```
┌─────────────────────┐
│   大満足・歓喜の領域    │
│   (Area of Delight)   │  ─── 望ましいサービスのレベル
│                     │      (Level of Desired Service)
├─────────────────────┤      ⇒顧客がそのサービスはこう
│                     │        あるべきと考えるレベル
│    満足許容範囲      │
│  (Zone of Tolerance)  │
│                     │  ─── 妥当なサービスのレベル
├─────────────────────┤      (Level of Adequate Service)
│                     │      ⇒顧客が妥協できる最低限の
│     不満の領域       │        サービスのレベル
│ (Area of Dissatisfaction)│
└─────────────────────┘
```

注：Zeithaml *et al.* (2013, p. 56) の図 3.3 を加筆・修正

図 9.2　サービスに関する 2 種類の期待レベルと満足度の関係.

ある顧客にとっては「妥当なサービスのレベル」かもしれない．また，「高額ではあるが，料理の味は非常に良い，店の雰囲気は落ち着いていて高級感がある，スタッフの接客対応も優れている」などが，その顧客にとっては「望ましいサービスのレベル」であるかもしれない．

上記の定義より明らかなように，顧客満足度は，サービスのレベルだけでなく，期待のレベルにも影響される．当然のことながら，期待は顧客により異なる．期待は，顧客の今までの経験のみならず，得られる情報により形成される．従って，サービス提供者（企業または組織）にとっては，顧客の期待をコントロールする（例えば，あまり高い期待を抱かせない）ことも重要な課題と言える．

9.3.3　顧客ロイヤルティ

近年のマーケティングにおいては，**顧客ロイヤルティ** (customer loyalty) という概念が重視されつつある．Reichheld (2003) は，顧客ロイヤルティを次のように定義する．

> 顧客がその企業から継続的に製品やサービスの提供を受けたい，購入したいと望む意思．

顧客ロイヤルティは，**行動的側面** (behavioral) と**態度的側面** (attitudinal) という2つの側面から考えることができる．前者は，顧客がその企業の製品・サービスを実際に購入・利用するかという側面である．また，後者は，顧客が企業あるいはその企業の製品・サービスに対して抱く忠誠心，愛着，好意，一体感などの態度の側面である．

Dick and Basu (1994) は，ロイヤルティの2つの側面から，顧客のロイヤルティの状態を表9.1に示すように4つに分類する．例えば，あるプロ野球チームに対して強い愛着をもち，実際に高頻度でチケットを購入して球場に足を運ぶファンは，そのチームに対して**真のロイヤルティ** (true loyalty) をもつファンと言える．このような真のロイヤルティをもつファンを増やすことが球団（サービス提供企業）の目標となる．一方，テレビや新聞を見て応援するが，球場に足を運ぶことはほとんどないファンは**潜在的ロイヤルティ** (latent loyalty) をもつファンである．このような人々は潜在的顧客であり，新規顧客獲得のターゲットとするべきである．また，職場の同僚や友人との付き合いで球場に行く人は**見せかけのロイヤルティ** (spurious loyalty) をもっているに過ぎない．このような顧客は，他人からの誘いがなくなれば他のチームのファンにスイッチする可能性が高いので，注意を要する．

顧客ロイヤルティは，購入意向や実際の購入金額・購入回数などの実際の行動で測定される．Reichheld (2003) は，顧客ロイヤルティは「この企業（製品・サービス）を友人や同僚に推奨したいと思いますか」という質問，すなわち他人への推奨意向により効果的に測定することができ，他人への推奨の度合いが高ければ企業の成長性につながると主張する．本当にその企業の製品・サービ

表9.1　顧客ロイヤルティの分類．

		行動的側面	
		高	低
態度的側面	高	真のロイヤルティ	潜在的ロイヤルティ
	低	見せかけのロイヤルティ	低いロイヤルティ

注：Dick and Basu(1994)による．

スに愛着があり，良いと思っているからこそ推奨するのであるから，他人への推奨意向によって真のロイヤルティの度合いが測定できる．また，他人への推奨はポジティブな口コミ (word of mouth) を行うことであるから，新規顧客の増加につながる．従って，顧客ロイヤルティは経営成果との関連性が非常に強く，総合評価にとって極めて有効である．

9.3.4 経営成果

　サービス品質，顧客満足度，顧客ロイヤルティ，および**経営成果**（売上成長率，利益率）の間には，図 9.3 に示すような因果関係があるとされる (鈴木, 2010, 2011; Zeithaml *et al*, 2013, p.79) [1]．すなわち，まず，各サービス要素の良し悪し（サービス品質）の評価が顧客に満足感を与えるかどうかにつながる．顧客満足度は，再購買意向や推奨意向から成る顧客ロイヤルティに影響する．

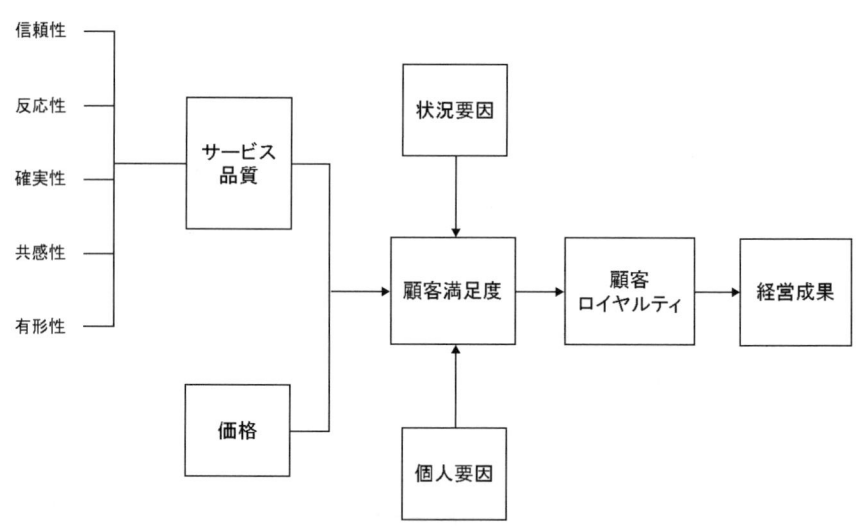

注：Zeithaml *et al.* (2013, p.79) の図 4.1 を加筆・修正．

図 9.3 サービス品質，顧客満足度，顧客ロイヤルティ，および経営成果の因果関係．

---

[1] Zeithaml *et al.* (2013, p.79) の図 4.1 では顧客満足度に与える要因として製品品質 (product quality) も挙げられているが，サービスにおける有形の要素は有形性に含まれると考えて，本図では削除した．

9.3 サービス品質を経営成果につなげるパス

　顧客満足度と顧客ロイヤルティの関係については，Heskett et al. (1994) も図 9.4 を用いて詳細に議論している．ある企業の調査において，顧客満足度に対して 5 ポイントを付けた顧客グループと 4 ポイントを付けた顧客グループのロイヤルティ（再購買意向の割合）を比較すると，前者は後者の 6 倍も多くの顧客が再購買意向を示した．特に，5 ポイントを付けた顧客グループは，その企業の製品・サービスを家族・知人らに推奨している可能性が高く，**伝道者** (apostles) と呼ばれる．伝道者の顧客グループは，表 9.1 における真のロイヤルティをもつ顧客グループに相当する．

　一方，企業にとって，満足度を低く付けたグループ，特に 1 ポイントを付けた顧客グループを減らすことも重要な課題である．1 ポイントを付けた顧客グループは**テロリスト** (terrorists) と呼ばれ，家族・知人らにその企業の製品・サービスを試すことを思い留まらせる可能性がある．テロリストの顧客グループは，

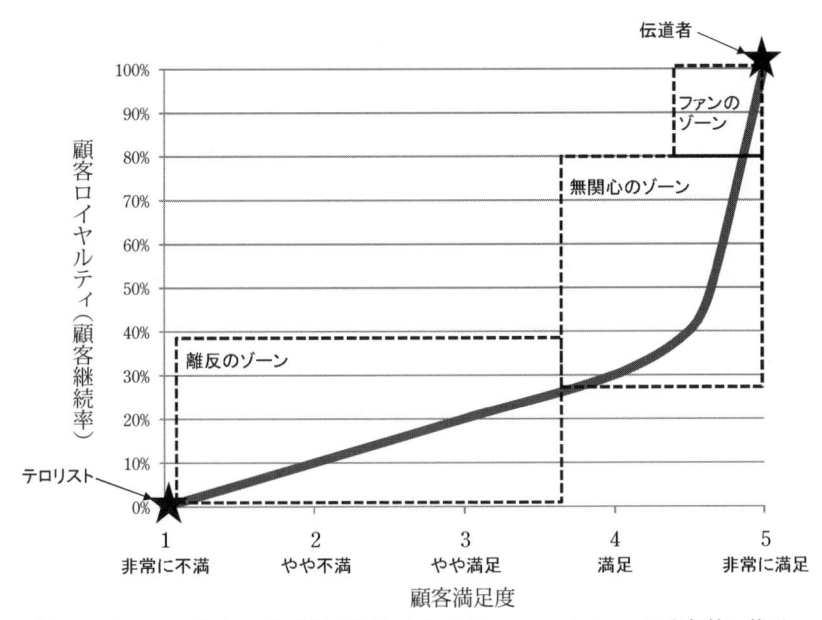

注：Heskett et al. (1994) の図 "A Satisfied Customer is Loyal" を加筆・修正

図 **9.4**　顧客満足度と顧客ロイヤルティの関係．

表 9.1 における低いロイヤルティをもつ顧客グループに相当する．

さらに，再購買意向や推奨意向が実際の売上高や成長率に影響を与える．特に，上述の伝道者となる顧客グループは，ポジティブな口コミ効果により，新規顧客獲得の可能性を増大し，売上成長率の拡大に貢献する．

以上で見たように，内部サービスの品質要素から始まり，サービス品質→顧客満足度→顧客ロイヤルティの関係のパスを捉え，さらにその先の経営成果にどのように結びつけていくかを考えること，すなわち，サービス・プロフィットチェーンは，サービスを収益化するための有効なサービスマネジメントの基本的枠組みである．

9.4 金融リテールサービスの実証分析

本節では，サービス・プロフィットチェーンの実証分析の事例として，筆者自身が行った金融リテールサービスに関する調査を示す．本調査は平成 23 (2011) 年度慶應義塾大学学事振興資金（個人研究特 B）の助成を受けたものである．

筆者は，金融リテールサービスの営業に従事する人（非管理職）を対象にアンケート調査を実施した．調査方法はインターネット調査であり，調査時期は 2011 年 11 月下旬である．

9.4.1 回答者属性と質問への回答結果

アンケート調査への回答者 432 名の属性を表 9.2 に示す．年齢については，30～50 歳が約 70% を占める．性別は男性が 64%，回答者が勤務する金融機関の種類は，銀行と生命保険がそれぞれ 36% と大きな割合を占める．営業職としての勤続年数は，9 年以下の割合が 63% となっている．

以下の項目について，10 段階「1：まったく当てはまらない」～「10：非常に当てはまる」で評価をしてもらった．

(1) 現場トップのリーダーシップ（9 項目）
(2) 会社全体の職務設計（5 項目）
(3) 現場の職務設計（2 項目）

表9.2 金融リテールサービス調査の回答者属性.

(1) 年齢

年齢区分	度数	割合(%)
20〜24歳	14	3.2
25〜29歳	35	8.1
30〜34歳	46	10.6
35〜39歳	72	16.7
40〜44歳	110	25.5
45〜49歳	72	16.7
50〜54歳	50	11.6
55〜59歳	24	5.6
60歳以上	9	2.1
合計	432	100.0

(2) 性別

性別	度数	割合(%)
男性	278	64.4
女性	154	35.6
合計	432	100.0

(3) 勤務する金融機関の業種

種類	度数	割合(%)
銀行	156	36.1
生命保険	154	35.6
損害保険	28	6.5
証券	39	9.0
その他	55	12.7
合計	432	100.0

(4) 営業職の勤続年数

区分	度数	割合(%)
〜1年	80	18.5
2〜4年	106	24.5
5〜9年	85	19.7
10〜14年	54	12.5
15〜19年	87	20.1
20〜29年	18	4.2
30〜39年	2	.5
合計	432	100.0

(4) 業務プロセス（7項目）
(5) 顧客との関係（6項目）
(6) 従業員満足度（3項目）
(7) 従業員ロイヤルティ（2項目）
(8) 会社内部からの品質評価（3項目）
(9) 顧客からの品質評価（4項目）
(10) 経営成果（2項目）

表9.3および9.4に，各設問項目に対する評価の平均値と標準偏差を示す．「(5)顧客との関係」の項目については，平均値が6.0ポイント以上を達成している項目が3つあり，評価水準の高さがうかがえる．一方，「(6)従業員満足度」のうちの2項目について，平均値が5.0ポイントを下回っている．また，「(7)従業員ロイヤルティ」に関連する設問項目「自社に勤務することを知人に勧めた

表9.3 金融リテールサービス調査の設問項目と評価（その1）．

(1) 現場トップのリーダーシップ

設問項目	平均値	標準偏差
営業部長・支社長・支店長は，営業職員に営業プロセスおよび商品改善の提案を奨励している	5.32	2.53
営業部長・支社長・支店長は，職場環境の改善活動の実施に指導性を発揮している	5.20	2.54
営業部長・支社長・支店長は，営業職員の一連の営業活動への積極的な参加を推進している	5.75	2.58
営業部長・支社長・支店長は，営業所・支社・支店の方針管理の実施に指導性を発揮している	5.66	2.48
営業部長・支社長・支店長は，営業職員一人ひとりの営業成績を常時把握している	5.79	2.51
営業部長・支社長・支店長は，営業所・支社・支店全体の業績アップのために有効な戦略を策定している	5.30	2.53
営業部長・支社長・支店長は，短期的な財務成果よりも長期的な目標達成を重視している	5.05	2.65
営業部長・支社長・支店長は，個人・チームの目標に合致した組織の目標を設定し，促進している	5.46	2.52
営業部長・支社長・支店長は，常に自身の活動改善を心掛けている	4.99	2.46

Cronbach のアルファ係数＝0.962

(2) 会社全体の職務設計

設問項目	平均値	標準偏差
会社として社内教育を重視している	5.47	2.37
社内教育の制度に満足している	4.95	2.39
初期研修の充実度に満足している	5.10	2.47
人的資源管理に関わる活動が常に改善されている	4.69	2.30
会社の福利厚生が充実している	5.55	2.65

Cronbach のアルファ係数＝0.937

(3) 現場の職務設計

設問項目	平均値	標準偏差
営業職員の成績優秀者の表彰が，今後のやる気につながる形で実施されている	5.78	2.45
現在の給料が，あなたの業務に適切である	4.85	2.26

Cronbach のアルファ係数＝0.687

(4) 業務プロセス

設問項目	平均値	標準偏差
営業活動のノウハウが営業所・支社・支店内で共有されるシステムが構築されている	5.35	2.35
問題解決を行う会議などの場において，事前に営業職員の意見およびアイディアを得る努力がなされている	4.94	2.32
営業所・支社・支店では，常にムリ・ムダ・ムラの排除が徹底されている	4.75	2.20
自社サービス・営業活動に問題が発見されたとき，即座に是正処置がとられている	5.48	2.28
自社サービスに関する情報が，冊子などの形にされ適切に配布されている	5.72	2.41
営業所・支社・支店がそれ単体としてではなく，本社や他部門と連携して業務を行っている	5.28	2.39
顧客へのサービス提案を行う際に使用する資料が使いやすくまとめられている	5.32	2.33

Cronbach のアルファ係数＝0.931

注：各設問項目は，10段階「1：まったく当てはまらない」～「10：非常に当てはまる」で評価されている．

9.4 金融リテールサービスの実証分析

表 9.4 金融リテールサービス調査の設問項目と評価（その 2）．

(5) 顧客との関係

設問項目	平均値	標準偏差
会社として，顧客との長期的な関係の形成が行われている	6.19	2.29
会社として，顧客と密接なコンタクトをとっている	6.00	2.16
自社サービスに関して，顧客からの意見を得ることを心掛けている	5.87	2.25
顧客からのすべての質問・問い合わせ・苦情に対して，調査が行われている	6.37	2.37
他社サービスに対する自社商品の品質について，顧客の評価データを収集・分析している	5.66	2.29
顧客関連活動が常に改善されている	5.72	2.30

Cronbach のアルファ係数 = 0.939

(6) 従業員満足度

設問項目	平均値	標準偏差
自営業所・支社・支店において，従業員満足度は高いと認識している	4.56	2.21
あなたは，自営業所・支社・支店に満足している	4.86	2.45
あなたは，現在の仕事・営業職という職種に満足している	5.45	2.45

Cronbach のアルファ係数 = 0.843

(7) 従業員ロイヤルティ

設問項目	平均値	標準偏差
あなたは，今後も，自社に勤務し続けたい	5.78	2.62
あなたは，自社に勤務することを知人に勧めたい	4.44	2.54

Cronbach のアルファ係数 = 0.827

(8) 会社内部からの品質評価

設問項目	平均値	標準偏差
自社サービスの質は高いと認識している	5.63	2.27
自社サービスの信頼性は高いと認識している	6.02	2.28
自社サービスは顧客セグメント別(例えば，各年代・性別・顧客優良度別など)に，個別に提案できている	5.61	2.28

Cronbach のアルファ係数 = 0.916

(9) 顧客からの品質評価

設問項目	平均値	標準偏差
自社サービス対する顧客の満足度は高いと認識している	5.61	2.15
自社サービスの質に対する顧客の評価は高いと認識している	5.57	2.13
自社サービスの信頼性に対する顧客の評価は高いと認識している	5.77	2.15
顧客からの苦情率は低いと認識している	5.40	2.09

Cronbach のアルファ係数 = 0.950

(10) 経営成果

設問項目	平均値	標準偏差
自社の主要なサービスのマーケットシェアは高いと認識している	5.51	2.24
自社の利益は向上している	5.28	2.34

Cronbach のアルファ係数 = 0.794

注：各設問項目は，10段階「1：まったく当てはまらない」～「10：非常に当てはまる」で評価されている．

い」の平均値は 4.44 ポイントであり，全項目中で最も低い値となっている．全般的に，従業員の満足度やロイヤルティは高くないと言える．

9.4.2 構成概念の因果関係分析

表 9.3 および 9.4 に示した 10 個の構成概念の間の因果関係の分析のために，**共分散構造分析** (covariance structure analysis) という統計的手法を用いた．共分散構造分析は，仮定した構成概念や観測可能な項目評価の間の因果関係を同時に推定できる手法である．共分散構造分析の詳細については，例えば，朝野ほか (2005)，鈴木 (2010)，豊田 (1998) などを参照されたい．

因果関係の大きさは**パス係数**で表される．共分散構造分析モデルにおけるパス係数には，非標準化係数と標準化係数がある (朝野ほか, 2005, p.122)．**標準化係数**は，すべての変数の分散を 1 に標準化した推定値であり，変数間の関係の強さを相対的に測るパス係数として用いられる．一方，**非標準化係数**は，標準化の操作をしない推定値であり，従属変数の予測に使うパス係数である．非標準化係数の大きさは観測変数の単位に左右されてしまうため，パス係数が高いからといって変数間に強い関連があるとは限らない．

最初に，各構成概念の項目間の**内的整合性**を調べる．表 9.3 および 9.4 には **Cronbach のアルファ信頼性係数**を表示した．この係数の値は，1 に近いほど構成概念の項目間の関連性が高く，その尺度の信頼性が高いことになる．一般には，0.7〜0.8 であればその尺度の信頼性は高いとされる（アルファ信頼性係数の算出方法については，本章末の付録 1 を参照）．アルファ信頼性係数は，「(3) 現場の職務設計」と「(10) 経営成果」を除き，0.8 以上となっており，尺度として信頼できる結果となった．「(3) 現場の職務設計」と「(10) 経営成果」については，共分散構造分析における構成概念から各項目へのパス係数（非標準化係数）が 1%有意で 0 でないと判定されたので，尺度の信頼性に関しては問題ないと言える[*2]．

[*2] 「構成概念（例えば，経営成果）から観測変数（設問項目）へのパス係数が 0 である（1 と制約を入れたパスを除く）」という帰無仮説のもとで仮説検定を行った結果，有意水準 1%で有意となり，帰無仮説は棄却されて，構成概念から観測変数へのパス係数は 0 ではないと判断される．

9.4 金融リテールサービスの実証分析

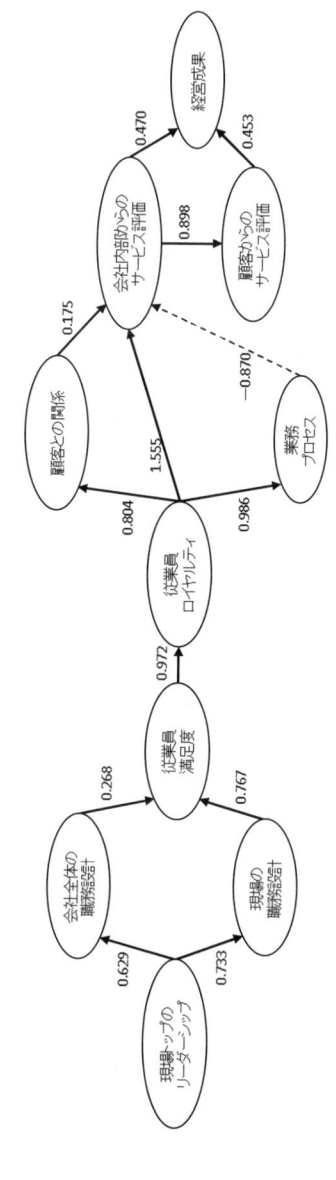

GFI=0.706, AGFI=0.673, CFI=0.880, RMSEA=0.079

注1：本パス図では，構成概念間の関係性のみを示す．
注2：矢印近くの数字は標準化係数の推定値を示す．
注3：実線のパスは，すべて1％有意なパスである．点線は5％有意なパスではないことを示す．

図9.5 金融リテールサービスにおけるサービス・プロフィットチェーンの因果関係の実証分析（共分散構造分析の結果）．

次に，仮定した構成概念間の因果関係および標準化係数の推定値を図9.5に示す．この図の因果関係は，サービス・プロフィットチェーンの概念に基づき作成した．モデルの妥当性については，モデルの適合度指標（構成したモデルがデータにどの程度適合しているかを表す指標）を見ると，GFI=0.706, AGFI=0.673, CFI=0.880, RMSEA=0.079であり，RMSEAの観点からはおおむね妥当である（これらの適合度指標については本章末の付録2を参照）．

パス係数については，「業務プロセス」から「会社内部からのサービス評価」へのパスを除き，すべてのパスが1%有意となった．分析結果から，「現場トップのリーダーシップ」→「現場の職務設計」→「従業員満足度」→「従業員ロイヤルティ」→「会社内部からのサービス評価」→「顧客からのサービス評価」→「経営成果」のパスが有意となり，サービス・プロフィットチェーンの概念が金融リテール分野においても有効に機能していることを示唆している．特に，「従業員満足度」→「従業員ロイヤルティ」の標準化係数が0.972，「従業員ロイヤルティ」→「会社内部からのサービス評価」の標準化係数が1.555となり，「従業員満足度」→「従業員ロイヤルティ」→「会社内部からのサービス評価」というパスの影響度が最も高いと推定された．金融リテールサービスにおいても，従業員満足度の向上が高い顧客サービス価値を生み出すことを支持する結果となった．

9.5 おわりに

サービス・プロフィットチェーンは，内部サービスの品質要素から，提供されるサービスコンセプト，顧客評価および経営成果に至るまでの一連の関係性を表し，サービス提供組織が高収益を上げるための有効なマネジメント体系であると言うことができる．本章では，サービス・プロフィットチェーンを構成する概念とそれらの間の因果関係を説明した後，金融リテールサービスを例に取って，現場トップのリーダーシップや顧客関係性の概念を追加した因果分析の事例を紹介し，現場トップのリーダーシップから経営成果までの主要な一連のパスが有意であることを示した．本事例の分析モデルは，現場トップのリーダーシップがサービス・プロフィットチェーンの基点になることと，現場の職場

設計が従業員満足度や従業員ロイヤルティの向上につながり，それが高いサービス価値をもたらして経営成果につながるという因果関係を再確認するものである．

サービス・プロフィットチェーンは，経営成果につながる顧客サービスの価値向上のための対策を考える際に，各要素に関する部分最適な目標ではなく，重要とされる要素の因果関係の連鎖を意識した全体最適を目指すための各要素の目標設定に有意義である．我が国のサービス分野のマネジメントにおいては，まだ場当たり的であったり，あるいは局所的な対応が少なくないので，今後，サービス・プロフィットチェーンの考え方が，より一層普及・展開していくことが望まれる．

付録1：Cronbach のアルファ信頼性係数

ある構成概念の観測変数となる設問項目（尺度）の信頼性を検証するための分析として，信頼性分析がある．信頼性が高い尺度とは，その概念の設問項目間で整合性があると考えられる．例えば，ある設問項目で高い評価をした回答者は，同じ概念の別の項目でも高い評価をするように，アンケートを設計しなければならない．このような**内的整合性** (internal consistency) をチェックする代表的な指標として，アメリカの教育心理学者 Lee Joseph Cronbach (1916–2001) が1951 年に提案した**アルファ信頼性係数** (alpha reliability coefficient) がある (鈴木, 2010, p.36)．

ある構成概念に関する設問項目の数を p とし，これらの質問に n 人が回答し，回答者 i による設問項目 j の得点が x_{ij} であったとする $(1 \leq i \leq n, 1 \leq j \leq p)$．このとき，設問項目 j の得点の標本平均 $\bar{x}_j$ と**不偏分散** s_j^2 は

$$\bar{x}_j = \frac{1}{n} \sum_{i=1}^{n} x_{ij} \qquad 1 \leq j \leq p$$

$$s_j^2 = \frac{1}{n-1} \sum_{i=1}^{n} (x_{ij} - \bar{x}_j)^2 \qquad 1 \leq j \leq p$$

である．また，設問項目 j と設問項目 k の得点の**不偏共分散** s_{jk} $(j \neq k)$ は

9章 サービス・プロフィットチェーン

$$s_{jk} = \frac{1}{n-1}\sum_{i=1}^{n}(x_{ij}-\bar{x}_j)(x_{ik}-\bar{x}_k) \qquad 1 \leq j,k \leq p$$

である.一方,回答者 i が p 個の設問項目に与えた総得点は

$$y_i = \sum_{j=1}^{p} x_{ij} \qquad 1 \leq i \leq n$$

である.このとき,回答者が与えた総得点の平均 $\bar{y}$ は次のように計算される.

$$\bar{y} = \frac{1}{n}\sum_{i=1}^{n}y_i = \frac{1}{n}\sum_{i=1}^{n}\sum_{j=1}^{p}x_{ij} = \sum_{j=1}^{p}\left(\frac{1}{n}\sum_{i=1}^{n}x_{ij}\right) = \sum_{j=1}^{p}\bar{x}_j$$

さらに,回答者が与えた総得点の不偏分散 s_Y^2 は次のように計算される.

$$\begin{aligned}
s_Y^2 &= \frac{1}{n-1}\sum_{i=1}^{n}(y_i-\bar{y})^2 = \frac{1}{n-1}\sum_{i=1}^{n}\left(\sum_{j=1}^{p}x_{ij} - \sum_{j=1}^{p}\bar{x}_j\right)^2 \\
&= \frac{1}{n-1}\sum_{i=1}^{n}\left[\sum_{j=1}^{p}(x_{ij}-\bar{x}_j)\right]^2 \\
&= \frac{1}{n-1}\sum_{i=1}^{n}\left[\sum_{j=1}^{p}(x_{ij}-\bar{x}_j)^2 + \sum_{j=1}^{p}\sum_{k=1\,(k\neq j)}^{p}(x_{ij}-\bar{x}_j)(x_{ik}-\bar{x}_k)\right] \\
&= \sum_{j=1}^{p}\left[\frac{1}{n-1}\sum_{i=1}^{n}(x_{ij}-\bar{x}_j)^2\right] \\
&\quad + \sum_{j=1}^{p}\sum_{k=1\,(k\neq j)}^{p}\left[\frac{1}{n-1}\sum_{i=1}^{n}(x_{ij}-\bar{x}_j)(x_{ik}-\bar{x}_k)\right] \\
&= \sum_{j=1}^{p}s_j^2 + \sum_{j=1}^{p}\sum_{k=1\,(k\neq j)}^{p}s_{jk}
\end{aligned}$$

これらを用いて,Cronbach のアルファ信頼性係数 α は次式で算出される.

$$\alpha := \frac{p}{p-1}\left\{1 - \frac{\sum_{j=1}^{p}s_j^2}{s_Y^2}\right\} = \frac{p}{p-1}\left\{\frac{\sum_{j=1}^{p}\sum_{k=1\,(k\neq j)}^{p}s_{jk}}{s_Y^2}\right\}$$

設問項目 j と設問項目 k の得点の不偏共分散 s_{jk} の値が大きいほどその項目間の整合性は高いことになる.従って,この値が 1 に近づくほど内的整合性が高い尺度となる.一般には,0.7～0.8 以上であれば妥当であるとされる.

付録 2：共分散構造分析モデルの適合度指標

共分散構造分析を用いた因果モデルは，分析者が集めた事前情報やデータの性質に従って構成される．因果モデルはあくまでも分析者の仮説によって構成されるので，構成しただけではデータの性質を十分に表現している保証はない．このため，パラメータを推定した後，構成したモデルがデータに適合しているか否かを確認する必要がある．ここでは，第 9.4.2 項の分析で用いた GFI，AGFI，CFI および RMSEA の指標について説明する (鈴木, 2010, pp.34–36).

(1) **GFI (Goodness of Fit Index)**

$$\mathrm{GFI} := 1 - \frac{\mathrm{trace}[\{\boldsymbol{\Sigma}(\hat{\boldsymbol{\theta}})^{-1}(\mathbf{S} - \boldsymbol{\Sigma}(\hat{\boldsymbol{\theta}}))\}^2]}{\mathrm{trace}[\{\boldsymbol{\Sigma}(\hat{\boldsymbol{\theta}})^{-1}\mathbf{S}\}^2]}$$

ここで，p を観測変数の数とするとき，$\mathbf{S}$ はデータから直接計算される $p \times p$ の標本分散共分散行列であり，$\boldsymbol{\Sigma}(\hat{\boldsymbol{\theta}})$ は共分散構造分析モデルの推定パラメータベクトル $\hat{\boldsymbol{\theta}}$ から構成される分散共分散行列である．また，trace[·] は括弧内の行列のトレース（対角要素の和）であり，$\boldsymbol{\Sigma}(\hat{\boldsymbol{\theta}})^{-1}$ は $\boldsymbol{\Sigma}(\hat{\boldsymbol{\theta}})$ の逆行列である．定義式から分かるように，モデルに基づく分散共分散行列が標本分散共分散行列に完全に等しければ，GFI = 1 となる．すなわち，GFI はモデルが実際に適合していれば 1 に近づき，ずれるにつれて 0 に近づく性質がある．一般に，GFI の値が 0.95 以上というのが当てはまりの良いモデルと判断される．ただし，GFI には，モデルの良し悪しに関係なく，推定するパラメータの数が増えると良い値になるという性質がある．観測変数の数が増えても 1 に近づく傾向がある．

(2) **AGFI (Adjusted Goodness of Fit Index)**

$$\mathrm{AGFI} := 1 - \frac{n(n+1)}{2df}(1 - \mathrm{GFI})$$

ここで，$df = 1 - p(p+1)/2 - q$ で，q は $\hat{\boldsymbol{\theta}}$ の次元数，すなわち推定するパラメータの数，n は標本の数を表す．GFI は，自由度が小さくなる（パラメータ数が増える）と見かけ上の適合度が改善されるという欠点が

ある.それに対して,AGFIは推定するパラメータ数が増えても,必ずしも値が改善されない指標の1つである.AGFIも,GFIと同様に,1に近づくほど適合度が高い性質がある.一方で,AGFI ≤ GFIの関係がある.一般に,AGFIの値が0.90以上のとき,当てはまりの良いモデルと判断される.

(3) **CFI (Comparative Fit Index)**

$$\mathrm{CFI} := 1 - \frac{\max\{T - df, 0\}}{\max\{T_\mathrm{I} - df_\mathrm{I}, 0\}}$$

ここで,考えている推定モデルのχ^2統計量を$T = (n-1)l_\mathrm{ML}$とする(l_MLは当該推定モデルの最大対数尤度).また,最小モデルと位置づけられる独立モデル(観測変数の分散共分散行列の非対角要素を0としたモデル)のχ^2統計量をT_Iとし,その自由度が$df_\mathrm{I} = p(p+1)/2 - p = p(p-1)/2$とする.このとき,$0 \leq \mathrm{CFI} \leq 1$となる性質があり,CFIは1に近いほどモデルの当てはまりが良いとされる.

(4) **RMSEA (Root Mean Square Error of Approximation)**

$$\mathrm{RMSEA} := \sqrt{\max\left\{\frac{l_\mathrm{ML}}{df} - \frac{1}{n-1}, 0\right\}}$$

RMSEAは,共分散構造分析モデルに特化して,モデルの分布と真の分布との乖離を1自由度当たりの量として表現した指標であり,0.05以下であれば当てはまりが良く,0.1以上であれば当てはまりが悪いと判断される.

参考文献

朝野熙彦・鈴木督久・小島隆矢 (2005), 入門共分散構造分析の実際, 講談社, 2005年12月.

鈴木秀男 (2010), 顧客満足度向上のための手法-サービス品質の獲得-, 日科技連出版社, 2010年2月.

鈴木秀男 (2011), サービス品質の構造を探る-プロ野球の事例から学ぶ-, 日本規格協会, 2011年5月.

豊田秀樹 (1998), 共分散構造分析 [入門編] -構造方程式モデリング-, 朝倉書店, 1998年10月.

参考文献

吉田寿 (2007), 社員満足度の経営－ ES 調査の設計・実施・活用法－, 日本経団連出版, 2007年3月.
Bernhardt, K. L., N. Donthu, and P. A. Kennett (2000), A longitudinal analysis of satisfaction and profitability, *Journal of Business Research*, Vol.47, No.2, pp.161–171, February 2000.
Dick, A. S. and K. Basu (1994), Customer loyalty: toward an integrated conceptual framework, *Journal of the Academy of Marketing Science*, Vol.22, No.2, pp.99–113, Spring 1994.
Harter, J. K., F. L. Schmidt, and T. L. Hayes (2002), Business-unit-level relationship between employee satisfaction, employee engagement, and business outcomes: a meta analysis, *Journal of Applied Psychology*, Vol.87, No.2, pp.268–279, April 2002.
Herzberg, F., B. Mausmer, and B. B. Snyderman (1959), *The Motivation to Work*, John Wiley & Sons, 1959.
Heskett, J. L., T. O. Jones, G. W. Loveman, W. E. Sasser, Jr., and L. A. Schlesinger (1994), Putting the service-profit chain to work, *Harvard Business Review*, Vol.72, No.2, pp.164–174, March–April 1994.
Heskett, J. L., W. E. Sasser, Jr., and L. A. Schlesinger (1997), *The Service Profit Chain: How Leading Companies Link Profit and Growth to Loyalty, Satisfaction, and Value*, The Free Press, April 1997.
Koys, D. J. (2003), How the achievement of human-resources goals drives restaurant performance, *The Cornell Hotel and Restaurant Administration Quarterly*, Vol.44, No.1, pp.17–24, February 2003.
Looy, B. V., P. Gemmel, and R. V. Dierdonck (editors) (2003), *Services Management: An Integrated Approach*, Second edition, Pearson Education, 2003. バート・ヴァン・ローイ, ポール・ゲンメル, ローランド・ヴァン・ディードンク編, 『サービス・マネジメント－総合的アプローチ上』, 白井義男監修, 平林祥訳, ピアソン・エデュケーション, 2004年12月.
Parasuraman, A., V. A. Zeithaml, and L. L. Berry (1988), SERVQUAL: a multiple-item scale for measuring consumer perceptions of service quality, *Journal of Retailing*, Vol.64, No.1, pp.12–40, Spring 1988.
Reichheld, F. F. (2003), The one number you need to grow, *Harvard Business Review*, Vol.81, No.12, pp.46–54, December 2003.
Zeithaml, V. A., M. J. Bitner, and D. D. Gremler (2013), *Services Marketing: Integrating Customer Focus Across the Firm*, Sixth edition, McGraw-Hill/Irwin, 2013.

著者紹介
鈴木秀男

1966年11月東京都に生まれる. 1989年慶應義塾大学理工学部管理工学科卒業. 1992年 Rochester 大学経営大学院修士課程修了. 1993年東京工業大学大学院理工学研究科修士課程経営工学専攻修了. 1996年同博士課程経営工学専攻修了. 博士（工学）. 1996年筑波大学

9 章　サービス・プロフィットチェーン

講師社会工学系．2002 年 6 月同助教授．2007 年 4 月同大学院システム情報工学科准教授．2008 年 4 月慶應義塾大学理工学部管理工学科准教授．2011 年 4 月同教授，現在に至る．研究分野は応用統計解析，品質管理，マーケティング．主な著書は，『顧客満足度向上のための手法－サービス品質の獲得－』（日科技連出版社，2010 年 2 月），『サービス品質の構造を探る－プロ野球の事例から学ぶ－』（日本規格協会，2011 年 5 月）．

10章　成功するサービス経営のアート
The Arts of Successful Service Management

岡田幸彦（筑波大学）
okayu@sk.tsukuba.ac.jp
倉田　久（筑波大学）
kurata@sk.tsukuba.ac.jp
生稲史彦（筑波大学）
fikuine@sk.tsukuba.ac.jp

　サイエンスを使いこなすのはヒトである．「成功するサービス」を生み出すのもヒトである．果たして，ヒトは数理的手法を使いこなして，「成功するサービス」を生み出し続けることができるのであろうか？本章では，この一見大変そうな問題を乗り越えてきたヒトの貴重な経験を2つ紹介する．
　1つ目は，我が国における「成功するサービス」の開発論理を，原価企画の視点から解明しようとした知見である．我が国の「成功するサービス」を生み出している18の高業績事業者では，①効果性のサイエンス，②効率性のサイエンス，③統合のアート，および④仮説検証とサービス進化のサイクル，という4点にまとめることができる類似の方法論を実践している．2つ目として，18事業者の中で特に興味深かった「サイエンスを使いこなすアート」を実現している企業の事例を紹介する．サービスサイエンスでは，こうした実証的研究を蓄積することが求められている．

キーワード：原価・価格・価値，効果性のサイエンス，効率性のサイエンス，統合のアート，数理的手法，高業績事業者，仮説検証，サービス進化，従業員の視点，顧客の視点，問題発見，サイエンスを使いこなすアート．

10.1 経営課題としての「成功するサービス」

　古くはサービスマーケティングやサービスマネジメント，近年ではサービスサイエンスと呼ばれる学際的な学術領域において，「成功するサービス」の定義に関する合意は得られていない．それは，そもそもマーケティング論やオペ

レーションズ・リサーチ (OR) のような個別分野においてさえ，サービスの定義で合意が形成されていないこと，さらには，それぞれの個別分野が目指す「成功」の意味が異なることに起因する．例えばマーケティング論では，提供者側の視点から定義されたサービスと，顧客側の視点から定義されたサービスが，その研究史の中で混在していることが指摘されている (Johns, 1999)．また，本書の各章をご覧いただいて分かるように，それぞれの数理的手法で取り扱うことができるイノベーションの分野を集めても，サービス業が成功する完全な処方箋を与えるまでには至っていない．

一方，「成功するサービス」を目指さなければならないサービス実務においては，彼らなりの「成功するサービス」の定義が存在しているはずである．岡田 (2010) によれば，彼が 2002 年から実施してきた我が国を代表するサービス組織 52 社（115 人）へのインタビュー調査において，理論面と同じく，サービスの定義については類似性を見つけることは困難であった．他方で，「成功するサービス」については，産業・業種の壁を超えて，多くの経営者・実務家が類似のイメージを持っていた．すなわち，39 社（95 人）が，「高い顧客満足」「売上の安定成長」「安定して高い収益性」という 3 つの要件をすべて回答したのである．

この状況は，第 9 章で取り上げた**サービス・プロフィットチェーン** (service profit chain) (Heskett *et al.*, 1994, 1997) というアメリカ発の理想像が，我が国の実務においても広く理想像として適合する可能性を示唆する．一方で，サービス・プロフィットチェーンという理想像を受け入れたとき，「成功するサービス」を実現するために，私たちは数理的手法をどのように使いこなせばよいのであろうか？

10.2 社会科学の規範と経験則

本書で取り上げられている**数理的手法**は，サービス業務の経営において，あくまでも手段である．「成功するサービス」を生み出すという目的に対し，ヒトが手段を選択し，使いこなすことが求められる．そして，その帰結については自己責任である．「数理的手法を適切に使いこなす」ことはヒトにとって永遠の課題であろう．

「数理的手法を適切に使いこなす」というような経営問題について，社会科学では少なくとも以下の2つの研究方法論から学知を蓄積してきた．

- 規範的研究 (normative research)：将来こうあるべきだ
- 実証的研究 (empirical research)：現実はこうなっている

まず挙げられるのは，規範的研究である．この種の研究は，先行研究を基礎にして「将来こうあるべきだ」という姿を演繹的に導くことを主眼とするものであり，文献調査を中心とする文献研究 (bibliographical research) と，応用数学を中心とする分析的研究 (analytical research) に大別される．サービスサイエンスの文脈で言うと，規範的研究は「『成功するサービス』を生み出し続けるために，ヒトは数理的手法をこう使うべきだ」という規範を教えてくれる．

次いで挙げられるのは，実証的研究である．この種の研究は，事実を基礎にして「現実はこうなっている」という姿を帰納的に示すことを主眼とするものであり，歴史資料や事例観察を中心とする定性的実証研究や事例研究 (case study) と，観測データの統計解析を中心とする定量的実証研究や計量研究 (quantitative research) と呼ばれるものに大別される．さらに近年では，これら実証的研究の新展開として，例えば「『成功するサービス』を生み出し続けるために，ヒトは数理的手法をこう使うべきだ」という仮説の確からしさを現実の企業などで試すアクションリサーチ (action research) や，研究室などで試す被験者実験のような実験的研究 (experimental research) が，経営分野でも行われ始めている．サービスサイエンスの文脈で言うと，これらの実証的研究は，「『成功するサービス』を生み出し続けているヒトは数理的手法をこう使っている」という傾向や，「数理的手法をこう使うと『成功するサービス』を生み出し続けられそうである」という因果関係を，経験則として教えてくれる．

筆者らは，社会科学者であり経営学者である．経営学者は，社会現象としての企業組織の経営行動などについて，規範的研究と実証的研究の双方を駆使して仮説の確からしさを競ってきた．そして，確からしい仮説群を体系化したものを「理論」と呼び，それを社会に還元してきた．そのような筆者らの立場からすると，「『成功するサービス』を生み出し続けるために，ヒトは数理的手法をこう使うべきだ」という規範について経営学者が語るには，現時点において研究の蓄積が不十分であると言わざるを得ない．一方，「『成功するサービス』を

生み出し続けているヒトは数理的手法をこう使っている」という傾向に関する経験則については，いまだ反証テストおよび頑健性テストの余地はあるものの，最低限の確からしさが保証された1つの仮説が提示されるに至っている．

そこで，以下では，まず「『成功するサービス』を生み出し続けているヒトは数理的手法をこう使っている」という1つの経験則 (岡田, 2010) を概説する．さらに，本章ならではの新規性として，そこで行われていた興味深い1つの事例を紹介したい．読者は，これらが先進的であるのか，規範としてふさわしいのか，因果関係が成り立つのかなどについて，注意して本章を読み進めていただき，今後の研究動機につなげていただければ幸いである．

10.3 「成功するサービス」はどのようにして生み出されるのか

新しいサービスの開発には，様々な方法論があることが知られている (Johne and Storey, 1998)．その中で，岡田 (2010) は，我が国における「成功するサービス」の開発論理を，原価企画の視点から実証的に解明しようと試みた．

ここで言う**原価企画**（target costing）とは，「製品の企画・開発に当たって，顧客ニーズに適合する品質・価格・信頼性・納期等の目標を設定し，上流から下流までのすべての活動を対象としてそれらの目標の同時的な達成を図る，総合的利益管理活動」(日本会計研究学会, 1996) のことであり，我が国の製造企業が醸成してきた日本的経営の1つとして世界に知られているものである．

10.3.1 サービスの原価企画活動

日本会計研究学会 (1996) で体系化されている製造分野における原価企画と比較すると，サービスの原価企画活動には，少なくとも2点で大きな相違のあることが予想されていた (岡田, 2007)．

まず，顧客の視点から**原価・価格・価値**の関係を作り込んでいく活動として，**顧客ライフサイクル・コスト企画活動**が必要とされるであろうという点である．具体的には，プレ・サービスおよびポスト・サービス段階も含む顧客の活動の作り込みと，その一環としての収益モデルの設計が取り上げられる．次に，顧客ライフサイクル・コスト企画活動との密な関係の中で，サービス提供原価企画

活動が行われるだろうという点である．**サービス提供原価企画活動**とは，サービス組織の視点から「原価・価格・価値」の関係を作り込む活動である．具体的には，異常活動も考慮に入れたサービス提供組織の活動の作り込みと，その一環としてのコストモデルの設計が必要となる．

ここで言う「原価・価格・価値」の関係は，**継続企業の前提** (going concern)，すなわち，継続する企業において成り立っていなければならない一般的な法則である．サービス組織については，まず

$$\text{サービス提供に費やす原価} < \text{顧客が支払う価格} \qquad (10.1)$$

という不等式が成り立って初めて利益が生じる．一方において，

$$\text{顧客が支払う価格} < \text{顧客が認める価値} \qquad (10.2)$$

という不等式が成り立たなければ，顧客はそのサービスを快く購入しないであろう．また，顧客があるサービスを購入したとき，事後的に不等式 (10.2) が成り立っていたと見なされない場合には，顧客は不満を抱いてしまう．要するに，サービス組織と顧客との間の継続的な "win-win" 関係とは，

$$\text{原価} < \text{価格} < \text{価値} \qquad (10.3)$$

という不等式が，互いに納得する適切な水準において成り立っていることであると考えられる．

それでは，継続的な "win-win" 関係の基礎となるサービスの不等式 (10.3) は，どのようにして作り込まれるのであろうか？

10.3.2 高業績事業者におけるサービス開発のパターン

我が国の各産業・業界を代表する規模を有し，前述の「高い顧客満足」「売上の安定成長」「安定して高い収益性」という3要件を達成しているサービス組織を，「成功するサービス」を実現している**高業績事業者**と呼ぶ．岡田 (2010) は，このような高業績事業者の行動パターンを明らかにすべく，該当する匿名18組織に対して，長期継続的なインタビューと行動観察による定性的実証研究を

行った．

　岡田 (2010) によれば，これらの 18 組織は，非常に興味深い類似の方法論によって「成功するサービス」を開発し，改善していた．すべての組織が，岡田 (2007) が予想したサービス原価企画と見なすことができる活動を行っており，さらに，それを定期的に繰り返す方法論を既に試行・実行していたのである．これら一連の活動は，科学的・工学的観点を強調すると，①効果性のサイエンス，②効率性のサイエンス，③統合のアート，および④仮説検証とサービス進化のサイクル，という 4 点として，以下のようにまとめることができる．

(1) 効果性のサイエンス：価値を中心とする「原価・価格・価値」の設計

　　18 組織に共通していた点は，まず，サービスの効果性（価値，品質，および顧客満足度など）に関するデータ収集・分析をもとにして，問題を発見し解決の方向性を探る活動である．そこで明らかになった解決の方向性からコンセプトを創出する組織が半数を占め，その他の組織でも事前に漠然としたコンセプトを有しており，その具体化や確認作業としてこの作業を行った．

　　その際，すべての組織が何らかの形で顧客データ解析を行っていた．そして，そのためのデータベース構築に投資している組織が大半であり，自組織にとって理想的な優良顧客もしくは優良顧客セグメントを明確に定義し，彼らの認知・行動パターンを識別している組織も数多く見られた．それと同時に，従業員データの解析をも重点的に行っている組織が見られた．それらの組織はすべて，自組織が提供するサービスの専門性の高さを維持するために，従業員へのヒアリングや，従業員のスキル・データベースの精査から，問題発見を行っていた．

　　効果性のサイエンス (science of effectiveness) と呼ぶことができるこれらの統計的・計量的手法は，財務分析と併用されている．特に，中長期経営計画を基礎とした次年度予算編成過程の一環として，顧客別もしくは顧客セグメント別の目標収益や客単価水準を設定し，そこから所要利益を差し引き，「競争に生き残るために望ましい姿・あるべき姿」としての目標原価を概算している組織も数多く存在した．そして，これらの活動の中で，

顧客の活動と収益モデルが詳細に設計されている．

(2) 効率性のサイエンス：原価を中心とする「原価・価格・価値」の設計

効果性のサイエンスに次いで，18 組織に共通していた点は，その効果の達成を可能にする最適資源配分の方法を模索する活動である．このとき，先に概算された目標原価およびそれを基礎とした目標費用を制御基準とする組織が数多く見られたが，その他の組織でも，財務分析やベンチマーキングによって，何らかの目標費用を設定していた．ここでの科学的・工学的アプローチでは，目標とする原価・費用水準を確実に達成できるサービス組織の活動とコストモデルの詳細設計が追究されていた．この際，大半の組織が原単位（物量，時間，工数など）を利用して原価の作り込みを行っていた．

ここで使われている手法は多様であった．しかし，数理最適化技術は用いていなくとも，その効率追求思考は共通していた．そのため，**効率性のサイエンス** (science of efficiency) と呼ぶのが適切であろう．具体的には，従業員の配置や勤務スケジューリングに関する数理最適化，機械設備などの配置・配備に関する数理最適化，IC タグなどの情報機器を活用した動線の可視化と分析による効率化，活動の外部化，自動化・IT 化，簡素化，不要活動の中止などが確認された．そして，これらの帰結として，何らかの形で原単位の科学的基準値を設定している組織が存在した．

(3) 統合のアート：バリューエンジニアリング的思考による工夫と決断

効果性のサイエンスを手段とする顧客ライフサイクル・コスト企画活動と，効率性のサイエンスを手段とするサービス提供原価企画活動は，同時並行的に行われている．しかし，すべての組織において，効果性（価値）と効率性（原価）をともに最適化できる解決策をサービス提供システムの詳細設計図に落とし込むことは困難であると言う．

これは，生産性と品質のトレードオフ問題として，Lovelock and Wright (1999, 邦訳, pp.24-25) によって指摘されてきたことである．近年では，すべてのサービスが必ずこの問題に直面するという絶対的なものではなく，その時代の市場や技術水準によって問題の範囲・性質・重要性が変化する

相対的なものである可能性が指摘されている (岡田・荒井, 2009).

すべての組織が，この問題に大きく直面している分野のサービス開発に敢えて取り組んだようである．そして，同じくすべての組織が，未だにこの問題を完全に克服する最適解にたどり着いた経験をしていない．予算的制約，時間的制約，その時代の技術水準による制約，知識・情報不足による制約などにより，最小の妥協によって，現行の最善値を定める決断をせざるを得ないのである．

このようなとき，18組織の大半では，強力な**コンセプトチャンピオン** (concept champion)(藤本・安本, 2000) がこの決断を行い，その他の組織では，開発チーム内で民主的にこの決断を行っている．その際，「コンセプトを壊さない範囲での最低コスト水準」という原則に従って，可能な限り妥協を最小化し，どうしても折り合いがつかない場合には「最後はコストが低い選択肢を採用する」と考える組織が大半である．つまり，効果性のサイエンスと効率性のサイエンスを束ね，所要利益獲得を目指して「原価・価格・価値」の関係を決定する作業を，ヒトが行うのである．これは**統合のアート** (art of integration) と呼ぶべき内容であり，バリューエンジニアリング (value engineering) 的思考の活動となっている．統合のアートによって，機械設備の設計も含むサービス提供システムの詳細設計図が確定する．

(4) 仮説検証とサービス進化のサイクル：より良い「原価・価格・価値」の関係を目指して

このようにして決まった新たなサービス方法は，あくまでも現行の最善値に関する1つの仮説である．最小の妥協によって決定した「原価・価格・価値」の関係が正しかったのか否かは，基本的に事後にしか分からない．特に，典型的なサービスにおいては，オペレーション段階において外部生産要素が関与するため，不確実性が増幅してしまう．そのため，想定どおりの帰結に至っているかどうかを検証できる測定フレームが必須となる．そこで，定期的な顧客満足度・顧客購買履歴の測定，および定期的な従業員満足度・従業員スキルの測定などを実施する中で，すべての組織が財務

的帰結の継続的測定を行っている．具体的には，ほぼすべての組織が月次で財務的帰結を集計・報告しており，1社だけは週次で財務的帰結を集計・報告していた．

会計情報の主な集計・報告の内容は，事業全体の予算差異情報，部門別・責任区分別の予算差異情報，何らかの原価の基準値に従った原価差異情報，顧客別もしくは顧客セグメント別の利益情報などであった．ここで注意すべきは，必ずしもそれら会計情報の質が良いわけではなかった点である．会計情報だけでなく，顧客や従業員関連のデータにも改善の余地がある組織もいくつか見られたが，本調査研究の高業績事業者はすべて，全体として優れた業績測定システムをもち，それらをマネジメント目的で適切に利用していた．

特に興味深いことは，すべての高業績事業者が，オペレーション段階における業績測定を基礎として効果性のサイエンスに戻り，再度このサイクルを回した経験が1回以上ある点である．これは，サービス原価管理サイクル仮説 (岡田, 2006) や最適設計ループ (経済産業省サービス研究ロードマップ WG, 2008) の思考と軌を一にするものであり，**仮説検証とサービス進化のサイクル** (cycle of hypothesis testing and service evolution) と位置づけることができる．この過程は，通常，中長期経営計画を基礎とした次年度予算編成の一環として年次で定期的に行われるが，半年ないし2年でこのサイクルを回している組織もあった．

10.4 サイエンスを使いこなすアートの実践例

岡田 (2010) が示した4段階の行動パターンは，「『成功するサービス』を生み出し続けているヒトは数理的手法をこう使っている」という傾向に関する1つの経験則でしかない．しかしながら，現時点において最も確からしい仮説として，現実の高業績事業者に共通の経営行動パターンを発見した点に，大きな意義があると考えられる．

本節では，岡田 (2010) を踏まえた本章ならではの新規性として，18組織のう

ちのA社が行っていた,興味深いサービス経営のアートを紹介する.なお,ここに示すA社の事例は2005〜2009年に継続して行われた実務の観察結果であり,過去の事実のみを取り扱っていることを強調しておきたい.また,あくまでも筆者らの視点によって整理された事例であることにも注意されたい.

A社の主力サービスは,全国に店舗展開を行うB to Cのビジネスモデルであり,そのサービス内容は,企業が顧客に密着する**ハイコンタクト・サービス** (high-contact service) (Chase, 1978; Lovelock and Wright, 1999, 邦訳, p.58) に分類できる.Lovelock and Wirtz (2011, p.200) が理想とするように,A社はハイコンタクト・サービスであるがゆえに,しっかりとした**サービス・ブループリント** (service blueprint) が作られていた.ブループリントの構造は,岡田 (2005) が「Lovelock型」と名づけた顧客の活動を中心とするサービス提供システムの設計図に相当し,従業員に対するその定期的教育も十分に行われていた.一方で,A社のサービスは専門性が高い.そのため,Zeithaml (1981) が指摘するように,当該サービスの質が良かったかどうかを顧客が事後に客観的に判断することが難しい.そのような状況において,顧客との相互信頼関係をいかに築くかがA社の重要な成功要因であった.

10.4.1　従業員の観点と顧客の観点

A社は,顧客との適切な信頼関係を築くためには,顧客との接点にいる従業員の存在が鍵となると考えてきた.この考え方自体は,サービスマネジメントで古くから言われる**真実の瞬間** (moments of truth) (Normann, 1984) や**サービス・エンカウンタ** (service encounter) (Shostack, 1985) の議論と軌を一にするものであるが,それを実現するためにA社が採った方法が極めて興味深い.A社は,経営者・従業員・顧客が構成する**サービス・マーケティングトライアングル** (service marketing triangle) (Grönroos, 1996) を美しく描くイメージを掲げ,選ばれた一部の店舗において,従業員と顧客の双方に同じ質問をした.

- 従業員に対しての質問:あなたは,お客様の目線で物事を考えていますか?
- 顧客に対しての質問:従業員は,顧客の目線で物事を考えていますか?

このとき,もしもある店舗の従業員の多くが「はい」と答え,同時期に当該店舗を利用した顧客の多くが「いいえ」と答えた場合,経営陣がサービス現場の

従業員に期待することとは異なる「何か」が起こっている可能性があるとA社では考える．A社では，この方法による問題発見をより詳細に行うために，「はい」「いいえ」のような**名義尺度** (nominal scale) ではなく，「非常にそうである」「そうである」「どちらとも言えない」「そうでない」「まったくそうでない」という5段階の**順序尺度** (ordinal scale) [*1]によるデータ収集と，当該データの多様な統計分析を行った．

10.4.2　問題発見の手順

一連のデータ収集および分析の方法論から成るA社における戦略的な**問題発見**の手順は，以下のとおりである．

(1) 戦略的な調査の設計
(2) 質問紙調査などによるデータ収集
(3) データの視覚的整理
(4) 基礎的な統計手法による多様な分析
(5) 追加情報の収集および分析と事実確認
(6) 今後のアクションの決定と実施

定期的な (1)〜(6) の反復によるチェックと問題発見・解決によって，A社のサービスは進化していく．

(1) 戦略的な調査の設計
　　まずA社の事業戦略およびサービスコンセプトを基礎として，なぜ (why) 調査をするのかという調査目的と大綱的な予算を決める．次いで，何を (what) 誰に (whom) どうやって (how) いつ (when) どこで (where) というおおよその順序で，調査方法の全体像が定まっていく．この時点で，調査業務の委託先や，ミステリーショッピング（覆面調査）をどのように利用するかなどの検討も含めて，綿密に議論される．

[*1] この尺度の利用に関する報告を発表した Rensis Likert (1903–1981, アメリカの組織心理学者) に因んで，**Likert 尺度** (Likert scale) とも呼ばれる．

ここで興味深いのが，ミステリーショッピング，来店顧客への質問紙および面接調査，従業員への質問紙および面接調査などについて，可能な限り定量的かつ比較可能になるよう意識した調査の設計が行われていた点である．この帰結として，先に例示した「お客様の目線で物事を考えているか」という**共感性** (empathy) についての2方向からの質問のように，回答者カテゴリ別の具体的な質問項目が決められた．

(2) 質問紙調査などによるデータ収集

(1) で決められた質問項目についてのデータ収集が行われる．従業員は，質問紙に答えることもあれば，面接によって回答することもある．来店顧客も，質問紙に答えることもあれば，面接によって回答することもある．ミステリーショッパー（覆面調査員）には，チェックリストとして質問項目の内容が与えられる．このように，個別の調査方法が複数存在したり，回答者カテゴリが複数存在したりする点が，A社のデータ収集の特徴であった．そして，それらの多様性に対して戦略的に横串を通しており，それらを同様の尺度で計測しようとする点が，A社ならではのアートとして極めて興味深い．例えば，ある質問項目について，「非常にそうである」から「まったくそうでない」までの共通の順序尺度を使って，来店顧客にも従業員にもミステリーショッパーにも問い掛け，データを収集するのである．

(3) データの視覚的整理

データ収集が終わると，データの視覚的整理が行われる．一般的なサービス組織では，顧客へのアンケート調査のみが独立して行われており，回答顧客を性別・年代別のような何らかのセグメントに分類することで，回答分布の特徴を分かりやすく知ろうとする．このときよく使われるのは，棒グラフ，散布図，クロス集計表，レーダーチャートのような簡単な方法である．このような方法はA社でも用いられていた．しかし，A社では，来店顧客と従業員の回答を比較するために，回答者のセグメント別に回答の差の特徴が一目で分かるようにデータが整理された．

第10.4.1項に挙げた質問に対する回答を図10.1に示す棒グラフで見てみよう．顧客の回答（左側の棒）を見ると，全体の50%の顧客が「A社の従業員は顧客の目線で物事を考えている」とは言えないと認識しているよ

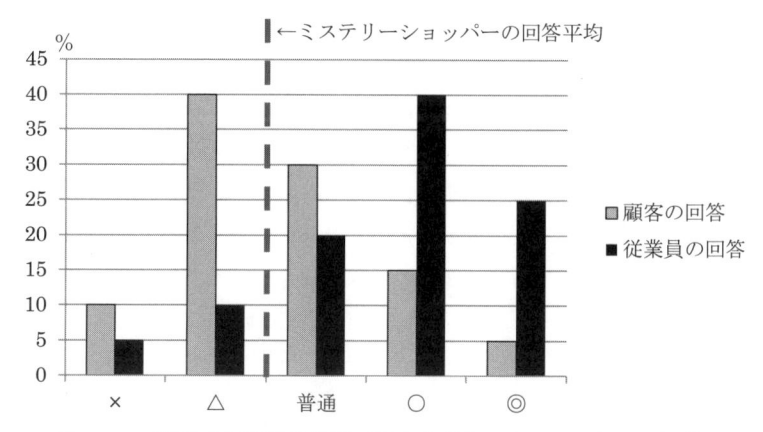

10.4 サイエンスを使いこなすアートの実践例

図10.1 質問「お客様の目線で物事を考えているか？」への回答.

うである．また，従業員の回答（右側の棒）を見ると，全体の65%の従業員が「私たちはお客様の目線で物事を考えている」という認識のようである．こうした対照的な回答分布の一方で，ミステリーショッパーは，顧客の声を支持するかのような評価を行っている．

このような対照的な結果は，後述する「サービスカイゼン研修コース」における複数企業での顧客・従業員調査でもしばしば観察された，再現性が高い現象である．それでは，この仮想例から，読者は何を思うだろうか？以下のような感想が聞こえてきそうである．

- 従業員の働きぶりに何か問題があるのではないか？
- 顧客と従業員の間に何か大きな認識の違いがあるのではないか？
- 経営陣と従業員の間に何か大きな認識の違いがあるのではないか？
- このサービス組織のビジネスモデルに根本的な問題はないか？

実はこの時点では，この仮想例の状況が良いのか悪いのかについては，何も言えない．あくまでも，ある企業が戦略的に重要視する要素についての注意喚起情報として，上の感想のような，さらなる分析の方向性を教えてくれるのみである．

(4) 基礎的な統計手法による多様な分析

こうした多くの気づきのもとで，基礎的な統計手法による多様な分析が行

われる．その際にA社で重用されていたのは，同じ質問紙等で容易に聞くことができる総合満足度や他者への推奨などの質問項目であった．本来ならば，購買履歴や来店頻度などの顧客別収益データと関連づけた分析を行いたいが，それが当時のA社では困難であったため，こうした方法論になったらしい．例えば先の質問例では，顧客の低評価が総合満足度の高低とどのように関係しているか，といった分析がなされる．ここで，もし数ある質問項目の中で特に「顧客の目線で物事を考えているか」の項目が総合満足度に影響を与えていることが重回帰分析や共分散構造分析などによって示されたとすると，次いで，顧客の性別・年齢・利用時間帯によって顧客の低評価の度合いがどのように異なるのかなどが探索的に分析される．一方で，もし顧客の低評価が総合満足度と関係がなさそうであれば，この項目についてのさらなる分析と問題解決の優先順位は低くなる．

(5) 追加情報の収集および分析と事実確認

多様な統計分析がなされたあとで，追加的な情報収集および分析と事実確認が行われる．例えば，当該店舗の当該時期についての動画データの分析や従業員との面談などが始まる．

(6) 今後のアクションの決定と実施

それらの結果として，利益目標を主な制約条件とする今後のアクションの決定と実施がなされる．

10.4.3　サイエンスを使いこなすアートの妙

「成功するサービス」を生み出し続けてきたA社の事例に鑑みて，筆者らが最も強調したいのは，単にツールを現場で適切に使うという域を超えて，第10.3.2項に整理したサイエンスを使いこなすアートの妙である．

我が国の一般的なサービス組織では，そもそもデータ収集と分析の方法論が確立されていない．そのため，サービス組織において紙媒体の資料や電子データが使われずに眠っている状況を，筆者らは数多く目にしてきた．サービス組織の生存上最も重要であると言っても過言ではない会計情報でさえ放置されている様子をしばしば目にする．一方で，前2項で取り上げたA社のような大規

模組織だけでなく，例えばイーグルバス株式会社（埼玉県川越市，谷島賢社長）のような中小規模の組織であっても，データ収集と分析の方法論を確立し，データをもとにして，自組織のより良い姿を議論している科学的なサービス組織が既にいくつも存在する (内藤, 2009, 2010).

それらの科学的なサービス組織の中でもひときわ輝くA社のアートの妙は，A社・顧客・従業員の3者のベクトルの方向を合わせ，ともに発展し続けるための手段として，A社流のデータ収集と分析の方法論を戦略的に確立したことにある．前述のような調査を行うこと自体が，顧客と従業員の行動に良い意味での影響を与えるのである．

A社においてデータ収集と分析の方法論の確立に尽力したB氏は，サービス・マーケティングトライアングルやサービス・プロフィットチェーンなど，欧米発のサービスサイエンスの基礎知識を社内で勉強していた．そして，A社の状況に合わせて，それら欧米の知見を適宜参考にしながら，A社流の方法論を創っていったと言う．このように，サービス分野においても，「お客様は神様です」「カイゼン」「組織は人なり」「欧米から学ぶ」という日本的な経営の知恵が数理的手法とうまく組み合わされたとき，世界が学ぶ日本発の新たなサイエンスを使いこなすアートが生まれるのかもしれない．

10.5　今後の研究課題

「成功するサービス」を実現するために，数理的手法をどのように使いこなせばよいのかという難題は，サービスサイエンスの広大なフロンティアとして，私たちの前に広がっている．今後も，様々な学術分野を背景とする研究者がこのフロンティアを開拓しようとするであろうが，今後の研究課題として，実証的研究を特に重視しなければならない．

しかしながら，本書全体の問題意識でもあるように，我が国のサービス分野では数理的手法を使いこなす慣行がまだ広く根づいていないというのが現状である．このことは，これから実証的研究を蓄積する上での大きな制約となろう．この点については，社会実験的な研究教育の役割が大きいと筆者らは考えている．

筑波大学では，経済産業省からの受託事業（2009～2010年度）および公開講

座(2011〜2013年度)として,**サービスカイゼン研修コース**という産学連携の社会実験的な教育プログラムを開発した(研究代表者:高木英明).このコースでは,本章で取り上げたサービス開発論(効果性のサイエンス,効率性のサイエンス,統合のアート)を基礎として,A社の方法論を受講者が自身のサービス組織で試行することを宿題として課すとともに,本書の主眼であるサービス分野に応用可能な数理的手法を幅広く紹介した.また,本書および本章の内容を基礎とする産学連携研究を行った(高木ほか,2010;倉田ほか,2012).

私たち研究者は,こうした啓蒙活動および社会実験的活動を継続することによって,サービス産業の振興に対する社会貢献とともに,サービスサイエンスの広大なフロンティアを着実に開拓するという学術貢献を同時に追求することができると筆者らは考えている.

サービスサイエンスは無限の可能性がある魅力的な研究分野であることは間違いない.本書を執筆している私たちだけでなく,本書の読者が1人でも多くこの分野に興味をもつことで,適用事例が増大し,それらがより良い社会の構築に結びつくという明るい未来を願って,本章を締めくくることとしたい.

参考文献

岡田幸彦 (2005), サービス・ブループリンティング研究の史的展開と将来の発展方向, 一橋論叢, Vol.134, No.5, pp.949–975, 2005年11月.

岡田幸彦 (2006), サービス組織の原価管理論, 一橋大学大学院商学研究科博士論文, 2006年3月.

岡田幸彦 (2007), サービス原価企画の理論的考察−サービス・マネジメント論を中心として, 日本企業研究のフロンティア 3, pp.107–126, 2007年3月.

岡田幸彦 (2010), サービス原価企画への役割期待−わが国サービス分野のための研究教育に求められる新たな知の体系の構築に向けて−, 會計, Vol.177, No.1, pp.63–78, 2010年1月.

岡田幸彦・荒井耕 (2009), わが国サービス原価管理論の展望, 原価計算研究, Vol.33, No.1, pp.54–63, 2009年3月.

倉田久・生稲史彦・岡田幸彦・高木英明・張勇兵・繁野麻衣子・吉瀬章子 (2012), 経営工学研修の新たなる方向性:筑波大学公開講座の事例より, 日本経営工学会秋季研究大会発表資料, 2012年11月.

経済産業省サービス研究ロードマップ WG (2008), サービス工学分野, 技術戦略マップ 2008, pp.1-14. http://www.meti.go.jp/policy/economy/gijutsu_kakushin/kenkyu_kaihatu/str2008/2_7_2.pdf (2013年12月22日アクセス).

高木英明・岡田幸彦・吉瀬章子・繁野麻衣子 (2010), 顧客志向ビジネス・イノベーションの

参 考 文 献

ためのサービス科学に基づく高度専門職業人育成プログラムの開発,人工知能学会誌,Vol.25, No.5, pp.726-734, 2010 年 9 月.

内藤耕 (2009), サービス工学入門, 東京大学出版会, 2009 年 3 月.

内藤耕 (2010), サービス産業生産性向上入門:実例でよくわかる!, 日刊工業新聞社, 2010 年 4 月.

日本会計研究学会編 (1996), 原価企画研究の課題, 森山書店, 1996 年 9 月.

藤本隆宏・安本雅典編著 (2000), 成功する製品開発-産業間比較の視点, 有斐閣, 2000 年 4 月.

Chase, R. B. (1978), Where does the customer fit in a service operation?, *Harvard Business Review*, Vol.56, No.6, pp.137-142, November-December 1978.

Grönroos, C. (1996), Relationship marketing logic, *Asia-Australia Marketing Journal*, Vol.4, No.1, pp.7-18, 1996.

Heskett, J. L., T. O. Jones, G. W. Loveman, W. E. Sasser, Jr., and L. A. Schlesinger (1994), Putting the service-profit chain to work, *Harvard Business Review*, Vol.72, No.2, pp.164-174, March-April 1994.

Heskett, J. L., W. E. Sasser, Jr., and L. A. Schlesinger (1997), *The Service Profit Chain: How Leading Companies Link Profit and Growth to Loyalty, Satisfaction, and Value*, The Free Press, April 1997.

Johne, A. and C. Storey (1998), New service development: a review of the literature and annotated bibliography, *European Journal of Marketing*, Vol.32, No.3/4, pp.184-251, 1998.

Johns, N. (1999), What is this thing called service?, *European Journal of Marketing*, Vol.33, No.9/10, pp.958-974, 1999.

Lovelock, C. and J. Wirtz (2011), *Services Marketing: People, Technology, Strategy*, Seventh edition, Prentice Hall, 2011.

Lovelock, C. H. and L. Wright (1999), *Principles of Service Marketing and Management*, Prentice Hall, 1999. クリストファー・ラブロック+ローレン・ライト著『サービス・マーケティング原理』小宮路雅博監訳, 高畑泰・藤井大拙訳, 白桃書房, 2002 年 7 月.

Normann, R. (1984), *Service Management: Strategy and Leadership in the Service Business*, John Wiley & Sons, July 1984.

Shostack, G. L. (1985), Planning the service encounter. In: *The Service Encounter: Managing Employee/Customer Interaction in Service Business*, edited by J. A. Czepiel, M. R. Solomon, and C. F. Surprenant, pp.243-254, Lexington Books, March 1985.

Zeithaml, V. A. (1981), How consumer evaluation processes differ between goods and services. In: *Marketing of Services*, edited by J. H. Donnelly and W. R. George, pp.186-190, American Marketing Association, 1981.

著者紹介

岡田 幸彦
　1978年8月東京都世田谷区に生まれる．2001年横浜国立大学経営学部卒業，2006年一橋大学大学院商学研究科修了．博士（商学）．一橋大学大学院商学研究科講師（ジュニアフェロー），筑波大学大学院システム情報工学研究科講師，同准教授を経て，2011年筑波大学システム情報系社会工学域准教授，現在に至る．統計数理研究所客員准教授．研究分野は，会計学，サービス工学．日本会計研究学会学会賞受賞．筑波大学リサーチユニット「サービス組織の経営学」代表として，倉田久・生稲史彦・竹原浩太・川村大伸とともに経営組を組織し，「科学の街・つくば」ならではの研究教育に挑戦する．サービス学会発起人．

倉田 久
　1991年東京大学農学部農業経済学科卒業．1998年 Pennsylvania State University, Smeal College of Business Administration, Master of Science Program 修了．2006年 University of Wisconsin-Milwaukee, Luber School of Business. Ph.D. in Business Administration. 2007年国際教養大学国際教養学部非常勤講師，2008年国際大学大学院国際経営学研究科講師．2010年筑波大学大学院システム情報工学研究科准教授，2011年同システム情報系社会工学域准教授，現在に至る．主な研究分野は，サプライチェーンマネジメント，オペレーションズマネジメント，およびサービスマネジメント．INFORMS, POMS, 日本経営工学会，経営情報学会会員．オペレーションズ・マネジメント＆ストラテジー学会理事 (2011–)．

生稲 史彦
　1995年東京大学経済学部経済学科卒業．1998年東京大学大学院経済学研究科修士課程修了，経済学修士．2003年東京大学大学院経済学研究科博士課程単位取得退学．2007年博士（経済学）．2004年一橋大学イノベーション研究センター専任講師，2006年文京学院大学経営学部専任講師，2009年同准教授．2011年筑波大学システム情報系社会工学域准教授，現在に至る．主な研究分野は，製品開発論，Management of Technology (MOT)，イノベーション論．特に，コンテンツ，ソフトウェア，ITサービスを中心に実証研究を進めている．著書に『開発生産性のディレンマ―デジタル化時代のイノベーション・パターン』（有斐閣，2012年，組織学会高宮賞受賞）．組織学会，進化経済学会会員．サービス学会発起人．

索 引

> この索引では，事項と人名を一緒にして五十音順に並べてあります（英語は，発音したときの音を日本語と見なします）．また，中項目のもとに関連する小項目を集め，学習が進んだ読者の便宜に供します．

あ
Erlang, Agner Krarup, 49, 50
Erlang の C 公式, 66, 81, 92, 94, 119
Erlang 分布, 54, 61, 69
RMSEA, 309, 314
IHIP, 15
アウトバウンド・コール, 111
後処理時間, 103, 105, 110, 125, 126, 130
安定条件, 57, 65, 94, 119
安定なシステム, 55, 73

い
EMSR-b 法, 225, 227, 242
イールドマネジメント, 12, 13, 212
異質性 (サービス), 15
1 次解決率 (コールセンター), 108
一様分布, 26
一対比較行列, 140, 173, 174
一対比較値, 139
遺伝的アルゴリズム, 132
　　　　パラメータ・フリー――, 132
イノベーション, 3, 4, 13, 14, 16
入れ子構造 (RM), 223, 229, 233, 240
インバウンド・コール, 110

う
win-win 関係, 321
上乗せ (コールセンター), 129

え
AHP, 137, 138
ANP, 138, 157
AGFI, 309, 310, 313
衛生要因, 296
エクスプレス・レーン, 10, 77
SSME, 3
F 値, 259, 275
F 分布, 260, 273, 275, 281, 282
Engset, Tore Olaus, 49, 50

お
凹関数, 239, 243
応答時間, 103, 109, 118
　　　　分布関数, 119, 120, 122, 135
　　　　平均, 108, 119, 120, 122, 134
応答率, 103, 107, 108, 123–125
大きいことはいいことだ, 75
オーバーブッキング, 235
オペレーションズ・リサーチ, 4, 15, 50, 318
オペレータの数, 102, 103, 115, 118, 122–125, 130
音声自動応答装置 (IVR), 108, 115, 130

か
回帰係数, 251
回帰直線, 253
回帰平方和, 255, 269, 285
回帰平面, 267, 268
階数 (行列), 149, 286
解析 (システム), 12, 13
階層化意思決定法, 137
階層構造ネットワーク, 152
χ^2 (カイ 2 乗) 分布, 257, 259, 261, 269–273, 275, 276, 279, 282, 286, 287

索 引

科学技術基本計画, 4
隔日勤務ダイヤ, 190
確実性 (サービス), 295, 299, 302
確率行列, 160
確率誤差, 251, 265
賢い地球, 13
仮説検証とサービス進化のサイクル, 324, 325
仮説検定, 258, 274, 275, 308
　　帰無仮説, 258, 274, 308
　　対立仮説, 258, 274, 275
傾き (回帰直線), 253
傾き (流体近似), 34
稼働期間, 87, 88
稼働率, 102, 110
可約な行列, 152, 166
頑健性 (AHP), 145
看護配置基準, 185, 193
完全整合 (AHP), 147
ガントチャート, 179, 184
感度分析 (AHP), 145
ガンマ関数, 280

き

幾何学的確率, 21
幾何分布, 57, 67
幾何平均法, 141, 153, 165
疑似 Poisson 過程, 114, 116–118, 133
木構造, 152
期待過剰費用, 215
期待不足費用, 215
規範的研究, 319
規模の経済, 73, 75, 97
君の名は, 20
既約な行列, 160, 166
キャパシティプランニング, 12, 13
キャンセル, 235, 237
QR 分解, 272
共感性 (サービス), 295, 299, 302, 328
共分散構造分析, 308, 313, 330
業務行程, 201
業務内容, 182–184
行列のできるラーメン店, 7, 20

強連結 (有向グラフ), 160, 167
勤務時間帯, 182–184
勤務表作成, 178, 209
金融リテールサービス, 304

く

区間推定, 256, 260, 270, 275
口コミ, 302
Clark-Fisher の仮説, 2
クラウド・コンピューティング, 13
Gram-Schmidt の正規直交化法, 272
Cronbach のアルファ信頼性係数, 306–308, 311

け

経営成果, 298, 302, 305
経験経済, 2
経験と勘, 3, 102, 181
継続企業の前提, 321
決定係数 (回帰分析), 256, 270
限界座席価値, 221, 228, 232, 243
限界分析, 215
原価・価格・価値, 320–324
原価企画, 320
謙虚な客, 87
Kendall の記号, 55, 63, 116, 118

こ

強引な客, 87
効果性のサイエンス, 322
工業経済, 2
高業績事業者, 321, 325
後着順サービス, 36, 84–92
　　911 救急電話, 36
構内交換機 (PBX), 102, 113, 127
効率性のサイエンス, 323
考慮的制約条件, 193, 198, 203
コール自動分配 (ACD), 102
コールセンター, 101
顧客サービス価値, 298
顧客の観点, 326
顧客満足, 5, 103, 112, 131, 299, 318, 321, 324

索 引

歓喜, 299
許容範囲, 299
妥当なサービスのレベル, 299
望ましいサービスのレベル, 299
不満, 299
顧客ライフサイクル・コスト企画活動, 320
顧客ロイヤルティ, 301
 行動的側面, 301
 再購買意向, 295, 302–304
 真の——, 301
 潜在的——, 301
 態度的側面, 301
 他人への推奨意向, 295, 301–304, 330
 テロリスト, 303
 伝道者, 303
 低い——, 301, 303
 見せかけの——, 301
呼 (コール) 源, 114, 116–118, 123, 124
誤差分散, 251, 257, 265, 270
Gosset, William Sealy, 280
呼損率, 102, 116, 120, 121, 123, 124
5 段階評価, 139, 327
個別スケジュール, 202
混み具合
 M/M/1, 58
 M/M/m, 65
 ——の指標, 58
 分散と集中待ち行列, 73
固有値, 140, 149
固有値問題, 140, 149
固有ベクトル法, 140, 173
Galton, Sir Francis, 250
コンセプト・チャンピオン, 324
コンタクトセンター, 111
コンピュータ・サイエンス, 5, 14
コンピュータ・テレフォニー, 102

さ

Saaty, Thomas L., 137
サーバの人数, 55, 63, 66, 93, 97, 117
 増員の効果, 71
サーバの満足度, 97

サービス
 ——イノベーション, 4, 13, 14
 ——エンカウンタ, 326
 ——ドミナントロジック, 2, 15
 ——ブループリント, 326
 ——プロフィットチェーン, 293, 318, 331
 ——マーケティングトライアングル, 326, 331
 ハイコンタクト——, 326
サービスカイゼン研修コース, 332
サービス規律, 35, 84
サービス経済, 2
サービス工学, 4, 13
サービスサイエンス, 2–4, 103, 133, 317, 331
サービス時間, 35, 40, 53, 55, 63
サービス進化, 324
サービス提供原価企画活動, 321
サービス品質, 106, 111, 112, 298
サービス率, 38, 53
サービスレベル (コールセンター), 105–110, 113, 118, 119, 127
SERVQUAL, 299
サイエンスを使いこなすアート, 325
再呼, 107, 125, 126
最終目標 (AHP), 152, 153
最小 2 乗法, 252, 267
再生過程, 25
最短順サービス, 38, 84–87
最長順サービス, 84–87
最適期待収入, 219, 228, 232, 237
最適性方程式, 221, 228, 232, 237–239
残差, 254, 266
残差平方和, 255, 269, 285
3 段階評価, 139
散布図, 262, 328
3 分診療, 77

し

CFI, 309, 310, 314
GFI, 309, 310, 313
時間割作成, 209

337

索　引

資源管理, 102
指数分布, 23, 52, 53, 55, 62, 63, 93, 114–116, 118
システム内客数, 30, 35, 39, 68, 75, 81, 83
　　M/M/1, 55, 58
　　M/M/m, 63, 65
実証的研究, 319, 331
シフト制約条件, 192, 193, 195, 199, 201, 204
社会経済のサービス化, 3
社会的不正, 10
収益性, 105, 111, 112
重回帰分析, 250, 265, 330
収穫逓減の法則, 73, 221
周期的スケジュール, 188–191
従業員
　　――生産性, 131, 297
　　――定着率, 296, 297
　　――の観点, 326
　　――満足度, 131, 296, 297, 305, 325
　　――離職率, 131, 296
　　――ロイヤルティ, 296, 305
重相関係数, 255
重要業績指標 (KPI), 105, 130
主固有値, 140, 141, 146, 149, 152, 160, 167–170, 172
shrinkage (コールセンター), 129
順序尺度, 327, 328
状態確率, 55, 64
状態推移率図, 56
消滅性 (サービス), 15, 178
真実の瞬間 (サービス), 326
新聞売り子問題, 218
信頼区間, 256
　　回帰係数の――, 257
　　誤差分散の――, 257, 270
　　偏回帰係数の――, 271
　　偏回帰係数の同時――, 264, 272
信頼性 (サービス), 295, 299, 302

す

数理最適化, 181, 188, 192, 198, 208
数理的手法, 318, 331
スケジュール対象期間, 187, 188, 194, 197, 201, 204
スタック, 36
スタッフ・スケジューリング, 178
　　飲食店スタッフ, 180, 188
　　航空機の乗務員, 189
　　コールセンター, 128, 130, 131
　　タクシー運転手, 190, 193
　　病棟看護師, 178, 193, 200
　　保育士, 185, 193
　　訪問介護士, 179, 185, 193, 204
　　――に関する言葉, 209
スタッフ制約条件, 193, 194, 197, 199, 201, 205
Student の t 分布, 280
スポーツ・アナリティクス, 250

せ

正確性 (コールセンター), 105, 106
正規化 (AHP), 140, 141, 158
正規化条件 (待ち行列), 25, 56, 64
正規分布, 216, 217, 224, 226, 251, 260, 265, 279, 282
　　多変量――, 268, 269, 273, 279, 286
　　標準――, 216, 257, 261, 273, 276, 279, 281, 282
正規方程式 (回帰分析), 252, 267
制御 (システム), 12, 13
成功するサービス, 317
整合度 (AHP), 147, 174
生産性, 3, 105, 110–112
静的モデル (RM), 219, 227, 242
性能評価, 12
製品品質, 302
節 (スケジューリング), 184
設計 (システム), 12, 13
接続品質 (コールセンター), 105, 106
絶対的制約条件, 193, 198
切片 (回帰直線), 253

338

説明変数, 249, 251, 265
0-1 整数計画問題, 199
線形回帰, 250
線形重回帰モデル, 264, 265, 274
線形単回帰モデル, 251
先着順サービス, 10, 35, 39, 55, 61, 69, 83–91, 119, 120, 122, 135
戦略的顧客, 242

そ
総合評価 (AHP), 138, 144, 150
総合評価 (ANP), 157–161
総平方和, 256, 269
双方向評価 (ANP), 161, 165

た
対角行列, 272
ダイヤモンド・レーン, 77
対応品質, 105, 106, 108, 131
第 3 の場所 (スターバックス), 77
対数最小 2 乗法, 153
対数尤度, 314
代替案 (AHP), 152, 153
楕円形領域 (同時信頼区間), 264, 273
タブー探索法, 132
単回帰分析, 250, 251

ち
遅延時間, 40, 71, 72, 75, 81, 83
　　　　M/M/1, 59, 62
　　　　M/M/m, 68, 70
知覚品質, 15, 298
置換行列, 167
中心点, 254, 268
超行列 (AHP), 150, 171
超行列 (ANP), 159, 165, 169
長蛇の列, 79

つ
通話時間, 103, 110, 114, 115, 117, 118
筑波大学附属病院, 42

て
出合いの問題, 20
t 値, 259, 274
t 分布, 258–262, 271, 274, 276, 280, 282
定常状態, 39
データマイニング, 14, 249
寺田寅彦, 27
転置行列, 143

と
動機づけ要因, 296
統計量, 252
統合のアート, 323, 324
同時性 (生産と消費の), 15, 76, 104, 177
到着過程, 51, 55, 63, 74, 114, 116, 118
到着時間間隔, 23–27, 52, 54, 114
到着率, 23, 29, 35, 51, 55, 63, 114
動的オーバーブッキングモデル, 235
動的計画法, 220, 228, 232, 237
動的モデル (RM), 227, 235, 242
等比数列, 56, 65
特性方程式 (固有値問題), 140, 142, 148
凸関数, 60, 72
トラフィック強度, 56
トレース (行列), 285, 313

な
ナース・スケジューリング, 200
内的整合性 (設問項目), 308, 311
内点解, 214
内部サービスの品質, 295

に
2 項分布, 236, 237
2 次形式, 286
2 段階評価, 139

の
農業経済, 2
ノーショウ, 235, 236

索 引

は
Palm/Erlang の A モデル, 134
バスあと何分？, 10
パス係数, 308, 310
PASTA, 52, 58, 61, 66, 68
はずれ値, 263
バスを待つ, 22
バリューエンジニアリング, 323, 324
Palmisano レポート, 3
Pareto 最適性, 161
反応性 (サービス), 295, 299, 302

ひ
p 値, 259, 274, 275
ビジネス・アナリティクス, 13, 249
非心 χ^2 分布, 269, 286–288
非心度, 269, 286–289
非通話稼働, 129–131
ビッグデータ, 13, 249
人を待つ, 20
非標準化パス係数, 308, 309
評価基準 (AHP), 152, 153
標準化パス係数, 308–310
標準誤差, 258, 271
標準偏差, 217
病床稼働率, 43
病棟看護師スケジューリング, 200–204
標本経路, 30, 35, 36, 85
標本平均, 252, 268, 311
非割込み優先サービス, 93

ふ
ファーストクラス, 10, 92
ファストパス (ディズニーリゾート), 92
ファストフード, 11, 79, 188
フィードバック構造ネットワーク, 160
不完全ガンマ関数, 134
輻輳, 7
ブッキングリミット, 214
Fisher, Sir Ronald Aylmer, 281
部分積分, 26, 33, 214
部分問題軸アプローチ, 202
不偏共分散, 311, 312

不偏点推定, 254, 261, 268, 275
不偏分散, 311, 312
ブロック下三角行列, 152, 166
プロテクションレベル, 213, 215, 216, 222, 229, 239
　　最適——, 215–218
プロフィットマネジメント, 212
Frobenius の定理, 168
　　可約な非負行列に対する——, 169
　　既約な非負行列に対する——, 160, 168, 171
　　Min-Max 定理, 161, 164, 172, 173
Frobenius の標準形, 167, 169, 171
分散共分散行列, 268, 279, 285, 313
分散分析, 255, 256, 269

へ
平均サービス時間, 53
平均在院日数, 41–43
平均値の加法性, 58
平均値への回帰, 250
平均到着時間間隔, 23
平衡方程式 (待ち行列), 56, 64
冪集合, 233
冪等行列, 285, 287, 288, 290
Herzberg の 2 要因理論, 296
Bellman の最適性原理, 220
Perron の定理, 141, 167, 168
Perron-Frobenius の定理, 138, 166
偏回帰係数, 265

ほ
Poisson 過程, 51, 54, 55, 63, 74, 93, 114, 116–118, 133
Poisson 分布, 51, 65
保育士の配置基準, 185, 193
訪問介護士スケジューリング, 204–208
歩行時間, 80
ボルドーワインの品質, 250

ま
待合室内客数, 40, 58, 59, 68, 75, 81
待合室の容量, 55, 63, 115, 117, 118

待合せ放棄, 116–119, 121, 134
待合せ放棄率, 107, 116, 120, 121, 134
待ち行列, 6, 39, 49
 M(n)/M/s/($s+m$)——, 117, 121
 M/M/1——, 53, 71
 M/M/s——, 117, 118
 M/M/s/($s+m$)——, 117, 119
 M/M/m——, 63, 71, 78, 81
 鞍替え, 73, 74
 最短の列に並ぶ, 74, 83
 集中——, 73
 フォーク並び——, 78, 81
 分散——, 73
 待合せ放棄 M/M/s——, 134
 優先順位がある客, 92
待ち行列理論, 20, 50, 96, 103
 参考書, 50
 2人の始祖, 50
待ち時間, 40, 52, 53, 72, 75, 81, 84
 M/M/1, 59, 61
 M/M/m, 68
 ——の心理, 8–11
 ——のパラドックス, 27
 ——の分散, 62, 70, 77, 88, 91, 92
 最短順サービス, 84–87
 優先順位がある客, 94
待つ確率, 66, 81, 95, 118, 120, 122, 134

み
右固有ベクトル, 140
右主固有ベクトル, 140, 168
右正規主固有ベクトル, 140
ミステリーショッパー, 328, 329
ミステリーショッピング, 327, 328
3つのI (賢い地球), 13

む
無記憶性 (指数分布), 24, 53, 97, 116
無形性 (サービス), 2, 15, 178, 298
無限呼源, 114, 116–119, 125, 134

め
名義尺度, 327
Mayo Clinic, 43

も
目的関数, 198, 203, 207, 214
目的変数, 249, 260, 265, 275
モデルの適合度指標, 310, 313
モノづくり, 2, 4, 96
モバイル, 13
問題発見, 322, 327

ゆ
有意水準, 259, 309
有形性 (サービス), 295, 299, 302
有限呼源, 114, 116, 117, 121, 125
有向グラフ, 151, 160, 167

よ
要員配置計画, 128
予測区間, 262, 276
予測値, 253, 260, 267, 275

ら
Lagrange の未定乗数法, 154
ランキング, 137
ランダム順サービス, 84, 91, 92

り
Likert 尺度, 327
離散的購買選択モデル, 232
Little, John D. C., 29
Little の定理, 29
 行列名人になろう, 38, 98
Little の定理 (応用), 39
 大学生の在学年数, 41
 ダムの水滞留時間, 43
 地球上の炭素循環, 45
 地球上の水循環, 44
 病院の患者在院日数, 42
 待ち行列, 39, 58, 59, 68, 74, 95
Little の定理 (証明), 30
 解析的方法, 33

索 引

　　　　Stidham による証明, 30–33
　　　　滞在時間に対する課金, 34
　　　　流体近似, 33
Little の定理 (標本経路), 35
　　　　後着順サービス, 36
　　　　先着順サービス, 35
Littlewood の式, 215
流体近似解析, 97, 127
隣接行列, 151, 167

れ

レベニューマネジメント, 211, 212
　　　　価格をベースとした——, 242
　　　　量をベースとした——, 242
Length of Stay (LOS), 41

ろ

ロンドン・オリンピック, 250, 262, 276

わ

ワークフォース・マネジメント, 103, 128–133
Watson (質問応答システム), 14
割り当て (スタッフ・スケジューリング)
　　　　——の時間単位, 184, 192
　　　　——の要素, 182
割り当ての方法, 184
　　　　選択型, 184–187, 193, 196
　　　　単一型, 184, 194, 195, 197
　　　　単一選択型, 186, 187
　　　　単一分割型, 185, 201
　　　　複数型, 184, 187, 195
　　　　複数選択型, 187
　　　　複数分割型, 185, 204
　　　　分割型, 184, 192, 195

編著者紹介

高木　英明（たかぎ　ひであき）

1950 年	兵庫県淡路島に生まれる．
1972 年	東京大学理学部物理学科卒業
1974 年	東京大学大学院理学系研究科物理学専攻修士課程修了
1974-93 年	日本アイ・ビー・エム株式会社勤務
1983 年	University of California, Los Angeles, Ph.D. in Computer Science
1993 年	筑波大学教授社会工学系，2002-03 年　筑波大学副学長（研究担当）
2012 年より	筑波大学システム情報系長，大学執行役員
学会活動	IEEE Fellow（1993），IFIP Silver Core（2000）
	日本オペレーションズ・リサーチ学会フェロー（2010），監事（2013-14）
専門分野	オペレーションズ・リサーチ，情報通信ネットワーク，サービス科学
主要著作	Analysis of Polling Systems（MIT Press, 1986）
	Queueing Systems: A Foundation of Performance Evaluation，全 3 巻（Elsevier, 1991-93）
	Spectrum Requirement Planning in Wireless Communications : Model and Methodology for IMT-Advanced.（共編著，Wiley, 2008）

サービスサイエンスことはじめ
――数理モデルとデータ分析によるイノベーション

2014 年 8 月 20 日初版発行

編著者　高木　英明

発行所　筑波大学出版会
〒 305-8577
茨城県つくば市天王台 1-1-1
電話（029）853-2050
http://www.press.tsukuba.ac.jp/

発売所　丸善出版株式会社
〒 101-0051
東京都千代田区神田神保町 2-17
電話（03）3512-3256
http://pub.maruzen.co.jp/

編集・制作協力　丸善プラネット株式会社

©Hideaki TAKAGI, 2014　　　　　　　　　　Printed in Japan

組版・印刷・製本／三美印刷株式会社
ISBN978-4-904074-30-5 C3063